Gola Hümmerich
Datenschutzrecht

Teil 3: Datenschutzrecht der Länder

EDV und Recht

Band 10

Herausgegeben von

Prof. Dr. jur. Dr. rer. nat. Herbert Fiedler, Bonn

Teil 1: Das Bundesdatenschutzgesetz · Verfassungsrechtlicher Datenschutz · Internationaler Datenschutz
Teil 2: Einzelvorschriften des Bundes zum Datenschutz
Teil 4: Datenschutz in der Praxis

1979

J. Schweitzer Verlag · Berlin

Datenschutzrecht

Erläuterte Rechtsvorschriften und Materialien zum Datenschutz

Teil 3: Datenschutzrecht der Länder

von

Peter Gola
Klaus Hümmerich

unter Mitarbeit von
Lotte Tuner

1979

J. Schweitzer Verlag · Berlin

Peter Gola
Rechtsanwalt, Datenschutzbeauftragter der Gesellschaft für Mathematik und Datenverarbeitung, Schloß Birlinghoven, 5205 St. Augustin

Dr. jur. Klaus Hümmerich
Assessor, Datenschutzbeauftragter der Kernforschungsanlage Jülich 5170 Jülich

Dr. jur. Lotte Tuner
Wissenschaftliche Angestellte im Institut für Datenverarbeitung im Rechtswesen der Gesellschaft für Mathematik und Datenverarbeitung, Schloß Birlinghoven, 5205 St. Augustin

Zitiervorschlag: Gola/Hümmerich, Datenschutzrecht III, Seite . . .

CIP-Kurztitelaufnahme der Deutschen Bibliothek

Gola, Peter:
Datenschutzrecht : erl. Rechtsvorschriften u. Materialien zum Datenschutz / von Peter Gola ; Klaus Hümmerich. Unter Mitarb. von Lotte Tuner. – Berlin : Schweitzer.
Teil 1 u. 2 verf. von Peter Gola ; Klaus Hümmerich ; Uwe Kerstan.
NE: Hümmerich, Klaus:; Kerstan, Uwe:
Teil 3. Datenschutzrecht der Länder. – 1979.
(EDV und Recht ; Bd. 10)
ISBN 3-8059-0495-9

Satz: Fotosatz Tutte, Salzweg-Passau · Druck: Karl Gerike, Berlin
Bindearbeiten: Dieter Mikolai, Berlin. Printed in Germany

Vorwort

Hiermit legen wir Datenschutzrecht Teil 3 vor. Daß sich das Erscheinen dieses
Bandes verzögert hat, ist darauf zurückzuführen, daß die parlamentarische Be-
ratung der Länderdatenschutzgesetze mehr Zeit in Anspruch genommen hat als
ursprünglich vermutet worden war. Zwar haben Hamburg und Baden-Württem-
berg bis heute noch keine Datenschutzgesetze verabschiedet. Das hindert uns
aber inzwischen nicht mehr, Teil 3 endlich herauszubringen.
Auf diesem Wege möchten wir uns bei Frau Dr. Lotte Tuner bedanken, die durch
großen Einsatz die Grundlagen für die Erläuterungen im 8. Kapitel gelegt hat.
Herr Uwe Kerstan wird an der Herausgabe weiterer Bände dieses Buches nicht
mehr beteiligt sein. Wir bedanken uns auf diesem Wege für seine bisherige Mit1-
arbeit.
Unser Dank gilt schließlich Frau Ursula Wollsiefen, die die maschinenschrift-
liche Fassung unserer Texte besorgt und dabei unermüdlichen Einsatz gezeigt hat.
Frau Referendarin Elisabeth Marx war so freundlich, die Anfertigung des Sach-
registers zu übernehmen.

Birlinghoven/Jülich, im März 1979

Peter Gola Dr. Klaus Hümmerich

Inhaltsverzeichnis

Abkürzungsverzeichnis

a.A.	anderer Ansicht
a.a.O.	am angegebenen Ort
Abs.	Absatz
ADV	automatisierte Datenverarbeitung
ADVG NW	Gesetz über die Organisation der automatisierten Datenverarbeitung Nordrhein-Westfalen
AKDB	Anstalt für kommunale Datenverarbeitung in Bayern
a.M.	anderer Meinung
Anm.	Anmerkung
Art.	Artikel
Az.	Aktenzeichen
BAG	Bundesarbeitsgericht
BAGE	Entscheidungen des Bundesarbeitsgerichts (Band, Seite)
Bay	Bayern
BayDSG	Bayerisches Datenschutzgesetz
BayEDVG	Gesetz über die Organisation der Datenverarbeitung im Freisaat Bayern
BB	Der Betriebs-Berater (Jahr, Seite)
BBG	Bundesbeamtengesetz
BDSG	Bundesdatenschutzgesetz
Beisp.	Beispiel
Begr.	Begründung
BetrVG	Betriebsverfassungsgesetz
BFH	Bundesfinanzhof
BGB	Bürgerliches Gesetzbuch
BGBl	Bundesgesetzblatt
BGH	Bundesgerichtshof
BGHSt	Entscheidungen des Bundesgerichtshofs in Strafsachen (Band, Seite)
BGHZ	Entscheidungen des Bundesgerichtshofs in Zivilsachen (Band, Seite)
BImSchG	Bundesimmissionsschutzgesetz
BKA	Bundeskriminalamt
BlnDSG	Gesetz über den Datenschutz in der Berliner Verwaltung
BlStSozArbR	Blätter für Steuerrecht, Sozialversicherung und Arbeitsrecht (Jahr, Seite)
BR	Deutscher Bundesrat
BrDSG	Bremisches Datenschutzgesetz
BT	Deutscher Bundestag
BVerfG	Bundesverfassungsgericht
BVerfGE	Entscheidungen des Bundesverfassungsgerichts (Band, Seite)
BVerwG	Bundesverwaltungsgericht
BVerwGE	Entscheidungen des Bundesverwaltungsgerichts (Band, Seite)
BW	Baden-Württemberg
BWEDVG	Gesetz über die Datenzentrale Baden-Württemberg
BZRG	Bundeszentralregistergesetz
DANA	Datenschutz-Nachrichten (Heft, Jahr, Seite)
DB	Der Betrieb (Jahr, Seite)

d. h.	das heißt
DISPOL	Informationssystem der Polizei (digitales integriertes Breitband-sondernetz)
DÖV	Die öffentliche Verwaltung (Jahr, Seite)
Dr.	Drucksache
DSB	betrieblicher Datenschutzbeauftragter oder Datenschutzberater (Jahr, Seite)
DSG NW	Gesetz zum Schutz vor Mißbrauch bei der Datenverarbeitung, Nord-rhein-Westfalen
DSG SH	Gesetz zum Schutz vor Mißbrauch personenbezogener Daten bei der Datenverarbeitung, Schleswig-Holstein
DSWR	Datenverarbeitung in Steuer, Wirtschaft, Recht (Jahr, Seite)
DuD	Datenschutz und Datensicherung
DuD	Datenschutz und Datensicherung (Jahr, Seite)
DV	Datenverarbeitung
DVBl	Deutsches Verwaltungsblatt (Jahr, Seite)
DVD	Deutsche Vereinigung für Datenschutz, Bonn
DVR	Datenverarbeitung im Recht (Jahr, Seite)
EDV	Elektronische Datenverarbeitung
EichG	Eichgesetz
EKD	Evangelische Kirche in Deutschland
Fn.	Fußnote
GaststättenG	Gaststättengesetz
GDD	Gesellschaft für Datenschutz und Datensicherung, Bonn
GesBl	Gesetzblatt
GewO	Gewerbeordnung
GG	Grundgesetz
ggf.	gegebenenfalls
GMD	Gesellschaft für Mathematik und Datenverarbeitung, St. Augustin
GV oder GVBl oder GVOBl	Gesetz- und Verordnungsblatt (wird in den einzelnen Bundesländern unterschiedlich abgekürzt)
HandwO	Handwerksordnung
HDSG	Hessisches Datenschutzgesetz
HEPAS	Hessisches Planungsinformations- und Analysesystem
HmbDSG	Hamburgisches Datenschutzgesetz (Vorentwurf)
h. M.	herrschende Meinung
HMG	Hessisches Meldegesetz
HZD	Hessische Zentrale für Datenverarbeitung
i.d.R.	in der Regel
IKD	Internationaeler Kongreß für Datenverarbeitung
INPOL	Inforamtionssystem der Polizei
Kap.	Kapitel
KDZ	Kommunale Datenverarbeitungszentrale
KGRZ	Kommunales Gebietsrechenzentrum
KGSt	Kommunale Gemeinschaftsstelle für Verwaltungsvereinfachung
KiDSG	Kirchliches Datenschutzgesetz

LDatG oder DSG Rh.-Pf.	Landesdatenschutzgesetz Rheinland-Pfalz
LDSG	Landesdatenschutzgesetz
LOG	Landesorganisationsgesetz
MittVw	Mitteilungen für die Verwaltung der Freien- und Hansestadt Hamburg
m.w.N.	mit weiteren Nachweisen
NADIS	nachrichtendienstliches Informationssystem
NDSG	Niedersächsisches Datenschutzgesetz
n.F.	neue Fassung
NJW	Neue Juristische Wochenschrift (Jahr, Seite)
online-adl-nachrichten	(Jahr, Seite)
OwiG	Ordnungswidrigkeitengesetz
ÖVD	Öffentliche Verwaltung und Datenverarbeitung (Heft, Jahr, Seite)
PIOS	Personen, Institutionen, Sachen (Informationssystem des BKA)
RegEntw.	Regierungsentwurf
RHO	Rechnungshofsordnung (Hamburg)
RKD	Rechenzentrum für Kirche und Diakonie
Schl.-H. oder SH	Schleswig-Holstein
SDSG	Gesetz zum Schutz vor Mißbrauch bei der Datenverarbeitung, Saarland
StGB	Strafgesetzbuch
StPO	Strafprozeßordnung
VAG	Versicherungsaufsichtsgesetz
VO	Verordnung
Vorentw.	Vorentwurf
VwVfG	Verwaltungsverfahrensgesetz (Bund)
WM	Wertpapier-Mitteilungen (Jahr, Seite)
ZParl	Zeitschrift Das Parlament
ZPO	Zivilprozeßordnung

8. Kapitel: Die Datenschutzgesetze der Länder

I. Rechtsnormen

1. Bayerisches Gesetz zum Schutz vor Mißbrauch personenbezogener Daten bei der Datenverarbeitung (Bayerisches Datenschutzgesetz–Bay DSG) Vom 28. April 1978 (GVBl 1978, 165)

Erster Abschnitt. Allgemeine Vorschriften

Art. 1: Aufgabe und Gegenstand des Datenschutzes
(1) Aufgabe des Datenschutzes ist es, durch den Schutz personenbezogener Daten vor Mißbrauch bei ihrer Speicherung, Übermittlung, Veränderung und Löschung (Datenverarbeitung) der Beeinträchtigung schutzwürdiger Belange der Betroffenen entgegenzuwirken.
(2) Dieses Gesetz schützt personenbezogene Daten, die in Dateien gespeichert, verändert, gelöscht oder aus Dateien übermittelt werden. Für personenbezogene Daten, die nicht zur Übermittlung an Dritte bestimmt sind und in nicht automatisierten Verfahren verarbeitet werden, gilt von den Vorschriften dieses Gesetzes nur Art. 15 Abs. 1 mit der Maßgabe, daß angemessene technische und organisatorische Schutzmaßnahmen zu treffen sind.

Art. 2: Anwendungsbereich
(1) Die Vorschriften dieses Gesetzes – ausgenommen der Sechste Abschnitt – gelten für die Verarbeitung personenbezogener Daten durch die Gerichte, die Behörden und die sonstigen öffentlichen Stellen des Freistaates Bayern, der Gemeinden und Gemeindeverbände und die sonstigen der Aufsicht des Freistaates Bayern unterstehenden juristischen Personen des öffentlichen Rechts und deren Vereinigungen (öffentliche Stellen).
(2) Besondere Vorschriften über den Datenschutz, über Verschwiegenheitspflichten oder über Verfahren der Rechtspflege gehen den Vorschriften dieses Gesetzes vor.

Art. 3: Verarbeitung personenbezogener Daten im Auftrag
(1) Die Vorschriften dieses Gesetzes gelten für öffentliche Stellen auch insoweit, als personenbezogene Daten in deren Auftrag durch andere Personen oder Stellen verarbeitet werden. In diesen Fällen ist der Auftragnehmer unter besonderer Berücksichtigung der Eignung der von ihm getroffenen technischen und organisatorischen Maßnahmen sorgfältig auszuwählen.
(2) Die Vorschriften dieses Gesetzes gelten mit Ausnahme der Art. 14 und 15 sowie des Fünften und Siebten Abschnitts nicht für öffentliche Stellen, soweit sie personenbezogene Daten im Auftrag verarbeiten. In diesen Fällen ist die Verarbeitung personenbezogener Daten in jeder ihrer in Art. 1 Abs. 1 genannten Phasen nur im Rahmen der Weisungen des Auftraggebers zulässig.

Art. 4: Zulässigkeit der Datenverarbeitung
(1) Die Verarbeitung personenbezogener Daten, die von diesem Gesetz geschützt werden, ist in jeder ihrer in Art. 1 Abs. 1 genannten Phasen nur zulässig, wenn
1. dieses Gesetz oder eine andere Rechtsvorschrift sie erlaubt oder
2. der Betroffene eingewilligt hat.
(2) Die Einwilligung bedarf der Schriftform, soweit nicht wegen besonderer Umstände eine andere Form angemessen ist; wird die Einwilligung zusammen mit anderen Erklärungen schriftlich erteilt, ist der Betroffene hierauf schriftlich besonders hinzuweisen. Der Betroffene ist in geeigneter Weise über die Bedeutung der Einwilligung aufzuklären.

Art. 5: Begriffsbestimmungen
(1) Im Sinne dieses Gesetzes sind personenbezogene Daten Einzelangaben über persönli-

che oder sachliche Verhältnisse einer bestimmten oder bestimmbaren natürlichen Person (Betroffener).

(2) Im Sinne dieses Gesetzes ist

1. Speichern (Speicherung) das Erfassen, Aufnehmen oder Aufbewahren von Daten auf einem Datenträger zum Zwecke ihrer weiteren Verwendung;
2. Übermitteln (Übermittlung) das Bekanntgeben gespeicherter oder durch Datenverarbeitung unmittelbar gewonnener Daten an Dritte in der Weise, daß die Daten durch die speichernde Stelle weitergegeben oder zur Einsichtnahme namentlich zum Abruf bereitgehalten werden;
3. Verändern (Veränderung) das inhaltliche Umgestalten gespeicherter Daten;
4. Löschen (Löschung) das Unkenntlichmachen gespeicherter Daten;

ungeachtet der dabei angewendeten Verfahren.

(3) Im Sinne dieses Gesetzes ist

1. speichernde Stelle jede öffentliche Stelle, die Daten für sich selbst speichert oder durch andere speichern läßt;
2. Dritter jede Person oder Stelle außerhalb der speichernden Stelle, ausgenommen der Betroffene oder diejenigen Personen und Stellen, die in den Fällen der Nummer 1 im Geltungsbereich des Grundgesetzes im Auftrag tätig werden;
3. eine Datei eine gleichartig aufgebaute Sammlung von Daten, die nach bestimmten Merkmalen erfaßt und geordnet, nach anderen bestimmten Merkmalen umgeordnet und ausgewertet werden kann, ungeachtet der dabei angewendeten Verfahren; nicht hierzu gehören Akten und Aktensammlungen, es sei denn, daß sie durch automatisierte Verfahren umgeordnet und ausgewertet werden können.

Zweiter Abschnitt. Schutzrechte

Art. 6: Anrufung des Landesbeauftragten für den Datenschutz

Jedermann kann sich – unbeschadet des allgemeinen Petitionsrechts oder anderer Rechte – an den Landesbeauftragten für den Datenschutz mit dem Vorbringen wenden, daß bei der Verarbeitung seiner personenbezogenen Daten durch öffentliche Stellen seine schutzwürdigen Belange beeinträchtigt werden.

Art. 7: Einsicht in das Datenschutzregister

(1) Jedermann kann in das vom Landesbeauftragten für den Datenschutz geführte Datenschutzregister Einsicht nehmen. Für die Einsichtnahme werden Kosten nicht erhoben.

(2) Das Datenschutzregister enthält die Angabe der öffentlichen Stellen, die personenbezogene Daten in automatisierten Verfahren verarbeiten, eine Darstellung des Dateiinhalts und die Angabe der Stellen, denen Daten regelmäßig übermittelt werden.

(3) Der Landesbeauftragte für den Datenschutz veröffentlicht mindestens einmal im Jahr eine Übersicht über den Inhalt des Datenschutzregisters.

(4) Wer ein berechtigtes Interesse glaubhaft macht, kann sich Auszüge aus dem Datenschutzregister anfertigen lassen.

(5) Das Nähere zur Ausführung der Absätze 1 bis 4 regelt die Staatsregierung durch Rechtsverordnung. Dabei können aus Gründen des Gemeinwohls der Inhalt des Datenschutzregisters und der Anspruch auf Einsicht beschränkt werden, insbesondere hinsichtlich solcher Stellen, gegenüber denen nach Art. 8 Abs. 2 kein Auskunftsanspruch besteht.

Art. 8: Auskunftsanspruch

(1) Dem Betroffenen ist auf Antrag von der speichernden Stelle Auskunft zu erteilen über die zu seiner Person gespeicherten Daten und die Stellen, denen Daten in automatisierten Verfahren regelmäßig übermittelt werden. Ergibt die Auskunft, daß Daten unrichtig sind, werden Kosten, die für die Auskunft erhoben wurden, zurückerstattet.

(2) Kein Auskunftsanspruch nach Absatz 1 besteht gegenüber

1. Gerichten und anderen Einrichtungen der Rechtspflege, soweit sie strafverfolgend, strafvollstreckend oder strafvollziehend tätig werden;

2. dem Ministerpräsidenten und den zur Entscheidung über Gnadensachen befugten Stellen, soweit sie in Gnadensachen tätig werden;
3. der Polizei, soweit sie strafverfolgend oder zur Aufrechterhaltung der öffentlichen Sicherheit und Ordnung tätig wird;
4. Behörden, soweit sie Steuern verwalten oder strafverfolgend oder in Bußgeldverfahren tätig werden und
5. Verfassungsschutzbehörden.

(3) Die Auskunftserteilung unterbleibt im Einzelfall, soweit
1. die Auskunft die rechtmäßige Erfüllung der durch Rechtsnorm der speichernden Stelle zugewiesenen Aufgaben gefährden würde;
2. die Auskunft die öffentliche Sicherheit oder Ordnung gefährden oder sonst dem Wohle des Bundes oder eines Landes Nachteile bereiten würde;
3. die personenbezogenen Daten oder die Tatsache ihrer Speicherung nach einer Rechtsnorm oder ihrem Wesen nach, namentlich wegen der überwiegenden berechtigten Interessen einer dritten Person, geheimgehalten werden müssen.

(4) Der Auskunftsanspruch erstreckt sich nicht auf personenbezogene Daten, die nach Art. 20 Abs. 1 Satz 2 gesperrt sind; über sie ist nach pflichtgemäßem Ermessen Auskunft zu geben. Er erstreckt sich ferner nicht auf die Datenübermittlung an Stellen, denen gegenüber nach Absatz 2 kein Auskunftsanspruch besteht.

Art. 9: Berichtigungsanspruch

(1) Der Betroffene kann verlangen, daß zu seiner Person gespeicherte unrichtige Daten berichtigt werden.

(2) Steht die Unrichtigkeit personenbezogener Daten fest, so kann der Betroffene verlangen, daß sie gelöscht werden, wenn richtige Daten nicht ermittelt werden können.

Art. 10: Anspruch auf Sperrung

Der Betroffene kann verlangen, daß zu seiner Person gespeicherte Daten gesperrt werden, wenn
1. er ein berechtigtes Interesse an der Sperrung darlegt oder
2. wenn deren Richtigkeit von ihm bestritten wird und sich weder die Richtigkeit noch die Unrichtigkeit feststellen läßt.

Art. 11: Anspruch auf Löschung

Der Betroffene kann verlangen, daß zu seiner Person gespeicherte Daten gelöscht werden, wenn
1. ihre Speicherung unzulässig ist oder
2. ihre Kenntnis für die speichernde Stelle zur rechtmäßigen Erfüllung der ihr durch Rechtsnorm zugewiesenen Aufgaben nicht mehr erforderlich ist.

Art. 12: Unterlassungsanspruch, Beseitigungsanspruch

(1) Der Betroffene kann verlangen, daß eine Beeinträchtigung seiner schutzwürdigen Belange unterlassen oder beseitigt wird, wenn diese nach Berichtigung, Sperrung oder Löschung andauert.

(2) Der Anspruch richtet sich gegen den Träger der öffentlichen Stelle, von der die Beeinträchtigung ausgeht.

Art. 13: Anspruch auf Schadensausgleich

(1) Werden in Ausübung öffentlicher Gewalt Daten entgegen den Vorschriften dieses Gesetzes oder einer besonderen Vorschrift über den Datenschutz in einer anderen Rechtsvorschrift verarbeitet, so haftet für den entstandenen Vermögensschaden der Träger der speichernden Stelle nach Maßgabe der folgenden Vorschriften.

(2) Der Vermögensschaden wird in Geld ausgeglichen, und zwar bis zu einem Höchstbetrag von 250000 Deutsche Mark je Betroffenem und je schadenstiftendem Ereignis.

(3) Der Vermögensschaden ist nicht auszugleichen, wenn er auch bei der Beachtung der erforderlichen Sorgfalt nicht hätte vermieden werden können. Dies gilt nicht, soweit der Ge-

schädigte durch die Rechtsverletzung eine vermögenswerte Einbuße in einem durch ein Grundrecht unmittelbar geschützten Rechtsbestand erlitten hat. Entfällt der Schadensausgleich nach Satz 1, kann eine billige Entschädigung geleistet werden.
(4) Hat bei der Entstehung des Vermögensschadens ein Verschulden des Betroffenen mitgewirkt, so ist § 254 des Bürgerlichen Gesetzbuches entsprechend anzuwenden.
(5) Für den Anspruch auf Schadensausgleich steht der Rechtsweg vor den ordentlichen Gerichten offen.
(6) Weitergehende Ansprüche bleiben unberührt.

Dritter Abschnitt. Einzelvorschriften für die öffentlichen Stellen

Art. 14: Datengeheimnis

(1) Den im Rahmen des Art. 2 oder im Auftrag der dort genannten Stellen bei der Datenverarbeitung beschäftigten Personen ist untersagt, geschützte personenbezogene Daten unbefugt zu einem anderen als dem zur jeweiligen rechtmäßigen Aufgabenerfüllung gehörenden Zweck zu verarbeiten, bekanntzugeben, zugänglich zu machen oder sonst zu nutzen.
(2) Personen, die in automatisierten Verfahren tätig werden, sind bei der Aufnahme ihrer Tätigkeit nach Maßgabe von Absatz 1 zu verpflichten. Ihre Pflichten bestehen auch nach Beendigung ihrer Tätigkeit fort.

Art. 15: Technische und organisatorische Maßnahmen

(1) Wer im Rahmen dieses Gesetzes personenbezogene Daten verarbeitet, hat die technischen und organisatorischen Maßnahmen zu treffen, die erforderlich sind, um die Ausführung der Vorschriften dieses Gesetzes zu gewährleisten. Erforderlich sind Maßnahmen nur, wenn ihr Aufwand in einem angemessenen Verhältnis zu dem angestrebten Schutzzweck steht.
(2) Werden personenbezogene Daten automatisch verarbeitet, sind zur Ausführung der Vorschriften dieses Gesetzes Maßnahmen zu treffen, die je nach der Art der zu schützenden personenbezogenen Daten geeignet sind,

1. Unbefugten den Zugang zu Datenverarbeitungsanlagen, mit denen personenbezogene Daten verarbeitet werden, zu verwehren (Zugangskontrolle);
2. Personen, die bei der Verarbeitung personenbezogener Daten tätig sind, daran zu hindern, daß sie Datenträger unbefugt entfernen (Abgangskontrolle);
3. die unbefugte Eingabe in den Speicher sowie die unbefugte Kenntnisnahme, Veränderung oder Löschung gespeicherter personenbezogener Daten zu verhindern (Speicherkontrolle);
4. die Benutzung von Datenverarbeitungssystemen, aus denen oder in die personenbezogene Daten durch selbsttätige Einrichtungen übermittelt werden, durch unbefugte Personen zu verhindern (Benutzerkontrolle);
5. zu gewährleisten, daß die zur Benutzung eines Datenverarbeitungssystems Berechtigten durch selbsttätige Einrichtungen ausschließlich auf die ihrer Zugriffsberechtigung unterliegenden personenbezogenen Daten zugreifen können (Zugriffskontrolle);
6. zu gewährleisten, daß überprüft und festgestellt werden kann, an welche Stellen personenbezogene Daten durch selbsttätige Einrichtungen übermittelt werden können (Übermittlungskontrolle);
7. zu gewährleisten, daß nachträglich überprüft und festgestellt werden kann, welche personenbezogenen Daten zu welcher Zeit von wem in Datenverarbeitungssysteme eingegeben worden sind (Eingabekontrolle);
8. zu gewährleisten, daß personenbezogene Daten, die im Auftrag verarbeitet werden, nur entsprechend den Weisungen des Auftraggebers verarbeitet werden können (Auftragskontrolle);
9. zu gewährleisten, daß bei der Übermittlung personenbezogener Daten sowie beim Transport entsprechender Datenträger diese nicht unbefugt gelesen, verändert oder gelöscht werden können (Transportkontrolle);

10. die innerbehördliche oder innerbetriebliche Organisation so zu gestalten, daß sie den besonderen Anforderungen des Datenschutzes gerecht wird (Organisationskontrolle).

Art. 16: Datenspeicherung und -veränderung

(1) Das Speichern und das Verändern personenbezogener Daten ist zulässig, wenn es zur rechtmäßigen Erfüllung der durch Rechtsnorm der speichernden Stelle zugewiesenen Aufgaben erforderlich ist.

(2) Werden Daten beim Betroffenen auf Grund einer Rechtsvorschrift erhoben, dann ist er auf sie, sonst auf die Freiwilligkeit seiner Angaben hinzuweisen.

(3) Zur Berichtigung sind Daten zu ändern, wenn es der Betroffene nach Art. 9 Abs. 1 verlangt oder die Unrichtigkeit der Daten auf andere Weise erkannt wird. Von der Berichtigung sind unverzüglich die Stellen zu verständigen, denen im Rahmen einer regelmäßigen Datenübermittlung die unrichtigen Daten übermittelt wurden; im übrigen liegt die Verständigung im pflichtgemäßen Ermessen.

Art. 17: Datenübermittlung innerhalb des öffentlichen Bereichs

(1) Die Übermittlung personenbezogener Daten an andere öffentliche Stellen ist zulässig, wenn sie zur rechtmäßigen Erfüllung der durch Rechtsnorm der übermittelnden Stelle oder dem Empfänger zugewiesenen Aufgaben erforderlich ist.

(2) Unterliegen die personenbezogenen Daten einem Berufs- oder besonderen Amtsgeheimnis und sind sie der übermittelnden Stelle von der zur Verschwiegenheit verpflichteten Person in Ausübung ihrer Berufs- oder Amtspflicht übermittelt worden, ist für die Zulässigkeit der Übermittlung ferner erforderlich, daß der Empfänger die Daten zur Erfüllung des gleichen Zweckes benötigt, zu dem sie die übermittelnde Stelle erhalten hat.

(3) Andere öffentliche Stelle im Sinne des Absatzes 1 ist jede öffentliche Stelle im Geltungsbereich des Grundgesetzes, die andere Aufgaben wahrnimmt oder einen anderen räumlichen Bereich hat als die abgebende Stelle. Als andere Stelle gelten auch – ausgenommen in den Finanzämtern – Teile derselben Stelle mit anderen Aufgaben oder anderem räumlichen Bereich.

(4) Keine Datenübermittlung im Sinne des Absatzes 1 ist die Weitergabe von Daten an eine andere Stelle, die im Auftrag der weitergebenden Stelle deren Daten verarbeitet, sowie ihre Rückgabe an die auftraggebende Stelle.

Art. 18: Datenübermittlung an Stellen außerhalb des öffentlichen Bereichs

(1) Die Übermittlung personenbezogener Daten an Personen und an andere Stellen als die in Art. 17 bezeichneten ist zulässig, wenn sie zur rechtmäßigen Erfüllung der durch Rechtsnorm der übermittelnden Stelle zugewiesenen Aufgaben erforderlich ist oder soweit der Empfänger ein berechtigtes Interesse an der Kenntnis der zu übermittelnden Daten glaubhaft macht und dadurch schutzwürdige Belange des Betroffenen nicht beeinträchtigt werden.

(2) Unterliegen die personenbezogenen Daten einem Berufs- oder besonderen Amtsgeheimnis und sind sie der übermittelnden Stelle von der zur Verschwiegenheit verpflichteten Person in Ausübung ihrer Berufs- oder Amtspflicht übermittelt worden, ist für die Zulässigkeit der Übermittlung ferner erforderlich, daß die gleichen Voraussetzungen gegeben sind, unter denen sie die zur Verschwiegenheit verpflichtete Person übermitteln dürfte.

(3) Für die Übermittlung an Behörden und sonstige Stellen außerhalb des Geltungsbereichs des Grundgesetzes sowie an über- und zwischenstaatliche Stellen finden die Absätze 1 und 2 nach Maßgabe der für diese Übermittlung geltenden Gesetze und Vereinbarungen Anwendung.

(4) Soweit gegenüber öffentlichen Stellen nach Art. 8 Abs. 2 kein Auskunftsanspruch besteht, übermitteln diese nach Absatz 1 keine personenbezogenen Daten an andere Personen oder Stellen, es sei denn, daß das öffentliche Interesse es erfordert.

(5) Der Empfänger darf die übermittelten Daten nur für den Zweck verwenden, zu dessen Erfüllung sie ihm übermittelt wurden.

Art. 19: Rechtsverordnungen zur Datenübermittlung

(1) Die Staatsregierung, die Staatskanzlei und die Staatsministerien können durch Rechtsverordnung für bestimmte Sachgebiete die Voraussetzungen näher regeln, unter denen personenbezogene Daten innerhalb des öffentlichen Bereichs und an Stellen außerhalb des öffentlichen Bereichs übermittelt werden dürfen. Dabei sind die schutzwürdigen Belange der Betroffenen, berechtigte Interessen Dritter und die Belange einer wirtschaftlichen und zweckmäßigen Verwaltung miteinander abzuwägen. In der Rechtsverordnung sind die für die Übermittlung bestimmten Daten, deren Empfänger und der Zweck der Übermittlung zu bezeichnen.

(2) Unter den gleichen Voraussetzungen kann durch Rechtsverordnung auch die Übermittlung anderer personenbezogener Daten, als der in Art. 1 Abs. 2 genannten, näher geregelt werden.

Art. 20: Sperrung und Löschung von Daten

(1) Personenbezogene Daten sind zu sperren, wenn es der Betroffene nach Art. 10 verlangt. Sie sind ferner zu sperren, wenn ihre Kenntnis für die speichernde Stelle zur rechtmäßigen Erfüllung der ihr durch Rechtsnorm zugewiesenen Aufgaben nicht mehr erforderlich ist.

(2) Gesperrte Daten sind mit einem entsprechenden Vermerk zu versehen; sie dürfen nicht mehr verarbeitet, insbesondere übermittelt, oder sonst genutzt werden, es sei denn, daß die Nutzung zu wissenschaftlichen Zwecken, zur Behebung einer bestehenden Beweisnot oder aus sonstigen im überwiegenden Interesse der speichernden Stelle oder eines Dritten liegenden Gründen unerläßlich ist oder der Betroffene in die Nutzung eingewilligt hat.

(3) Personenbezogene Daten können gelöscht werden, wenn ihre Kenntnis für die speichernde Stelle zur rechtmäßigen Erfüllung der ihr durch Rechtsnorm zugewiesenen Aufgaben nicht mehr erforderlich ist und kein Grund zu der Annahme besteht, daß durch die Löschung schutzwürdige Belange des Betroffenen beeinträchtigt werden.

(4) Personenbezogene Daten sind zu löschen, wenn es der Betroffene nach Art. 9 Abs. 2 oder Art. 11 verlangt oder wenn ihre Speicherung unzulässig ist.

Vierter Abschnitt. Sondervorschriften für bestimmte öffentliche Stellen

Art. 21: Bayerischer Rundfunk

(1) Für den Bayerischen Rundfunk gilt dieses Gesetz nach Maßgabe der Absätze 2 bis 4 entsprechend.

(2) Oberste Dienstbehörde im Sinne von Art. 26 ist der Intendant des Bayerischen Rundfunks.

(3) Statt der Art. 27 bis 30 gilt folgendes: Der Intendant des Bayerischen Rundfunks beruft mit Zustimmung des Verwaltungsrates einen Beauftragten für den Datenschutz im Bayerischen Rundfunk. Der Beauftragte überwacht die Einhaltung des Datenschutzes im Bayerischen Rundfunk. Er ist insoweit an Weisungen nicht gebunden. Bei Beanstandungen verständigt er den Intendanten und den Verwaltungsrat. Er erstattet den Organen des Bayerischen Rundfunks jährlich einen Bericht über seine Tätigkeit; diesen übermittelt er auch dem Landesbeauftragten für den Datenschutz.

(4) Werden personenbezogene Daten ausschließlich zu eigenen publizistischen Zwecken verarbeitet, ist von den Vorschriften dieses Gesetzes im übrigen nur Art. 15 anzuwenden.

Art. 22: Öffentliche Stellen, die am Wettbewerb teilnehmen

(1) Soweit öffentliche Stellen am Wettbewerb teilnehmen, sind auf sie, auf ihre Zusammenschlüsse und Verbände von den Vorschriften dieses Gesetzes nur der Fünfte Abschnitt – ausgenommen Art. 26 Abs. 2 – anzuwenden. Im übrigen sind die Vorschriften des Gesetzes zum Schutz vor Mißbrauch personenbezogener Daten bei der Datenverarbeitung (Bundesdatenschutzgesetz – BDSG) vom 27. Januar 1977 (BGBl I S. 201), mit Ausnahme des Zweiten Abschnittes und der §§ 28 bis 30 sowie der §§ 38 bis 40, anzuwenden.

(2) Für öffentlich-rechtliche Kreditinstitute, ihre Zusammenschlüsse und Verbände gelten die Vorschriften des Bundesdatenschutzgesetzes, die auf privatrechtliche Kreditinstitute anzuwenden sind.
(3) Die Bayerische Versicherungskammer und ihre Anstalten gelten im Sinne des Art. 17 Abs. 1 als eine einzige Stelle.

Art. 23: Amtliche Statistik

(1) Werden personenbezogene Daten für eine durch Rechtsvorschrift angeordnete statistische Erhebung verarbeitet, gelten von den Vorschriften dieses Gesetzes nur Art. 15 und der Fünfte Abschnitt.
(2) Das Statistische Landesamt und die anderen speichernden öffentlichen Stellen dürfen personenbezogene Daten im Sinne des Absatzes 1 nur dem Statistischen Bundesamt, den fachlich zuständigen obersten Bundes- und Landesbehörden oder den von ihnen bestimmten Stellen sowie den fachlich zuständigen Behörden der Gemeinden und Gemeindeverbände und nur insoweit übermitteln, als es die die statistische Erhebung anordnende Rechtsvorschrift zuläßt und in den Erhebungsdrucksachen bekanntgegeben wird.
(3) Als Rechtsvorschrift im Sinne des Absatzes 1 gilt auch die Genehmigung nach Art. 7 des Gesetzes Nr. 61 zur Vereinheitlichung und Vereinfachung der Statistik vom 28. Februar 1947 (BayBS I S. 317), zuletzt geändert durch Gesetz vom 19. Februar 1971 (GVBl S. 65).

Art. 24: Meldebehörden

(1) Abweichend von Art. 18 dürfen die Meldebehörden folgende personenbezogene Daten einzelner bestimmter Betroffener an Personen oder andere nichtöffentliche Stellen übermitteln (Melderegisterauskunft): Namen, akademische Grade und Anschriften.
(2) Abweichend von Art. 18 dürfen die Meldebehörden personenbezogene Daten einer Vielzahl Betroffener nur übermitteln, wenn dies im öffentlichen Interesse liegt.
(3) Soweit Meldebehörden an andere öffentliche Stellen personenbezogene Daten durch Weitergabe der Meldescheine übermitteln, ist Art. 17 Abs. 1 erst ab 1. Januar 1983 anzuwenden.

Art. 25: Öffentlich-rechtliche Religionsgesellschaften

(1) Personenbezogene Daten dürfen in entsprechender Anwendung des Art. 17 von der speichernden Stelle an Stellen der öffentlich-rechtlichen Religionsgesellschaften übermittelt werden, soweit die empfangende Stelle die Daten zur Erfüllung ihrer öffentlichen Aufgaben benötigt und ausreichender Datenschutz sichergestellt ist.
(2) Soweit personenbezogene Daten nach Absatz 1 an Stellen der öffentlich-rechtlichen Religionsgesellschaften übermittelt werden, sind die Vorschriften des Fünften Abschnitts entsprechend anzuwenden.

Fünfter Abschnitt. Überwachung des Datenschutzes bei öffentlichen Stellen

Art. 26: Aufgaben der obersten Dienstbehörde

(1) Die oberste Dienstbehörde ist für die Einhaltung des Datenschutzes in ihrem Bereich verantwortlich.
(2) Der erstmalige Einsatz von automatisierten Verfahren, mit denen personenbezogene Daten verarbeitet werden, bedarf hinsichtlich der Datenarten und der regelmäßigen Datenübermittlung der schriftlichen Freigabe durch die oberste Dienstbehörde oder die von ihr ermächtigte Behörde. Entsprechendes gilt für wesentliche Änderungen der Verfahren.
(3) Sollen auf einer Datenverarbeitungsanlage personenbezogene Daten aus verschiedenen Verwaltungszweigen verarbeitet werden, dann bedarf es der Zustimmung der beteiligten obersten Dienstbehörden.
(4) Entscheidungen nach den Absätzen 2 und 3 sind dem Landesbeauftragten für den Datenschutz unverzüglich mitzuteilen.

Art. 27: Landesbeauftragter für den Datenschutz

(1) Die Staatsregierung ernennt mit Zustimmung des Landtags einen Landesbeauftragten für den Datenschutz.

(2) Der Landesbeauftragte für den Datenschutz ist in Erfüllung seiner Aufgaben nach diesem Gesetz an Weisungen nicht gebunden; er untersteht der Dienstaufsicht des Ministerpräsidenten.
(3) Der Landesbeauftragte für den Datenschutz bedient sich einer Geschäftsstelle, die bei der Staatskanzlei eingerichtet wird. Ihre Dienstkräfte werden auf Vorschlag des Landesbeauftragten für den Datenschutz ernannt. Der Landesbeauftragte für den Datenschutz ist Dienstvorgesetzter dieser Dienstkräfte. Sie sind in ihrer Tätigkeit nach diesem Gesetz nur an seine Weisungen gebunden.
(4) Die Personal- und Sachmittel werden im Einzelplan des Ministerpräsidenten und der Staatskanzlei gesondert ausgewiesen.

Art. 28: Aufgaben des Landesbeauftragten für den Datenschutz

(1) Der Landesbeauftragte für den Datenschutz überwacht die Einhaltung des Datenschutzes bei allen öffentlichen Stellen. Er führt das Datenschutzregister nach Art. 7.
(2) Der Landesbeauftragte für den Datenschutz ist von allen öffentlichen Stellen in der Erfüllung seiner Aufgaben zu unterstützen. Ihm sind alle zur Erfüllung seiner Aufgaben notwendigen Auskünfte zu geben und auf Anforderung alle Unterlagen über die Verarbeitung personenbezogener Daten zur Einsicht vorzulegen. Er hat ungehinderten Zutritt zu allen Räumen, in denen öffentliche Stellen Daten verarbeiten.
(3) Für die in Art. 8 Abs. 2 genannten öffentlichen Stellen gilt Absatz 2 nur gegenüber dem Landesbeauftragten selbst und den von ihm schriftlich besonders damit Beauftragten. Die Sätze 2 und 3 von Absatz 2 gelten nicht, soweit das zuständige Staatsministerium im Einzelfall feststellt, daß die Einsicht in Unterlagen und Akten die Sicherheit des Bundes oder eines Landes gefährden würde.
(4) Der Landesbeauftragte für den Datenschutz erstattet alljährlich dem Landtag und der Staatsregierung einen Bericht über seine Tätigkeit. Er gibt dabei auch einen Überblick über die technischen und organisatorischen Maßnahmen nach Art. 15 und regt Verbesserungen des Datenschutzes an.
(5) Der Landtag, der Senat oder die Staatsregierung können den Landesbeauftragten für den Datenschutz ersuchen, bestimmte Vorgänge aus seinem Aufgabenbereich zu überprüfen.
(6) Die Berichte nach den Absätzen 4 und 5 sind im Beirat beim Landesbeauftragten für den Datenschutz vorzuberaten.

Art. 29: Beirat beim Landesbeauftragten für den Datenschutz

(1) Beim Landesbeauftragten für den Datenschutz wird ein Beirat gebildet. Er besteht aus elf Mitgliedern. Es bestellen
sechs Mitglieder der Landtag,
ein Mitglied der Senat,
ein Mitglied die Staatsregierung,
ein Mitglied die kommunalen Spitzenverbände,
ein Mitglied das Staatsministerium für Arbeit und Sozialordnung aus dem Bereich der gesetzlichen Sozialversicherungsträger,
ein Mitglied der Verband freier Berufe e.V. in Bayern.
Für jedes Beiratsmitglied wird zugleich ein Stellvertreter bestellt.
(2) Die Mitglieder des Beirats werden für vier Jahre, die Mitglieder des Landtags für die Wahldauer des Landtags bestellt; sie sind in ihrer Tätigkeit an Aufträge und Weisungen nicht gebunden.
(3) Der Beirat unterstützt den Landesbeauftragten für den Datenschutz in seiner Arbeit. Er gibt sich eine Geschäftsordnung.
(4) Der Beirat tritt auf Antrag jedes seiner Mitglieder oder des Landesbeauftragten für den Datenschutz zusammen. Den Vorsitz führt ein Mitglied des Landtags.
(5) Der Landesbeauftragte für den Datenschutz nimmt an allen Sitzungen teil. Er verständigt den Beirat von Maßnahmen nach Art. 30 Abs. 1. Vor Maßnahmen nach Art. 30 Abs. 2 ist dem Beirat Gelegenheit zur Stellungnahme zu geben.

(6) Die Mitglieder des Beirats haben, auch nach ihrem Ausscheiden, über die ihnen bei ihrer Tätigkeit bekanntgewordenen Angelegenheiten Verschwiegenheit zu bewahren. Dies gilt nicht für Tatsachen, die offenkundig sind oder ihrer Bedeutung nach keiner Geheimhaltung bedürfen.

Art. 30: Beanstandung durch den Landesbeauftragten für den Datenschutz

(1) Der Landesbeauftragte für den Datenschutz beanstandet festgestellte Verletzungen von Vorschriften über den Datenschutz und fordert ihre Behebung in angemessener Frist. Die oberste Dienstbehörde und die Aufsichtsbehörde sind davon zu verständigen.
(2) Wird die Beanstandung nicht behoben, so fordert der Landesbeauftragte für den Datenschutz von der obersten Dienstbehörde und der Aufsichtsbehörde binnen angemessener Frist geeignete Maßnahmen. Hat das nach Ablauf dieser Frist keinen Erfolg, verständigt der Landesbeauftragte für den Datenschutz den Landtag und die Staatsregierung.

Sechster Abschnitt. Aufsichtsbehörden für die Datenverarbeitung nichtöffentlicher Stellen

Art. 31: Aufsichtsbehörden

(1) Aufsichtsbehörden im Sinne von § 30 Abs. 1 und § 40 Abs. 1 des Bundesdatenschutzgesetzes sind die Regierungen. Sie führen das Register nach § 39 des Bundesdatenschutzgesetzes. Sie sind zuständige öffentliche Stellen nach § 26 Abs. 4 Nr. 2 und § 34 Abs. 4 des Bundesdatenschutzgesetzes.
(2) Das Staatsministerium des Innern erläßt im Einvernehmen mit dem Staatsministerium für Wirtschaft und Verkehr und nach Anhörung des Landesbeauftragten für den Datenschutz die zum Vollzug des Dritten und Vierten Abschnitts des Bundesdatenschutzgesetzes notwendigen allgemeinen Verwaltungsvorschriften; soweit andere Geschäftsbereiche berührt sind, auch mit deren Einvernehmen.
(3) Die Aufsichtsbehörden und der Landesbeauftragte für den Datenschutz tauschen regelmäßig die in Erfüllung ihrer Aufgaben gewonnenen Erfahrungen aus. Die Aufsichtsbehörden können auch im Einzelfall mit Zustimmung des Landesbeauftragten für den Datenschutz Bedienstete der Geschäftsstelle des Landesbeauftragten für den Datenschutz mit der Vornahme von Handlungen nach § 30 Abs. 2 und 3 und § 40 des Bundesdatenschutzgesetzes beauftragen, sofern die Aufgaben des Landesbeauftragten für den Datenschutz dadurch nicht beeinträchtigt werden.

Art. 32: Mitwirkung des Technischen Überwachungsvereins

(1) Die Regierungen bedienen sich zur Erfüllung ihrer Aufgaben nach §§ 30 und 40 des Bundesdatenschutzgesetzes des Technischen Überwachungsvereins Bayern e. V.; dieser nimmt insoweit eigene Aufgaben wahr. Die Bediensteten des Technischen Überwachungsvereins Bayern e. V. haben die in § 30 Abs. 3 des Bundesdatenschutzgesetzes genannten Rechte; auch ihnen gegenüber besteht die in § 30 Abs. 2 des Bundesdatenschutzgesetzes genannte Auskunftspflicht.
(2) Der Technische Überwachungsverein Bayern e. V. erhebt für seine Tätigkeit Gebühren und Auslagen. Schuldner ist in den Fällen des § 30 des Bundesdatenschutzgesetzes der Überprüfte, wenn Mängel festgestellt werden, sonst derjenige, der die Tätigkeit veranlaßt; für Unterstützungen des Beauftragten für den Datenschutz (§ 30 Abs. 1 Satz 2 des Bundesdatenschutzgesetzes) ist Schuldner die natürliche oder juristische Person, Gesellschaft oder andere Personenvereinigung des privaten Rechts, die den Beauftragten für den Datenschutz bestellt hat. Schuldner in den Fällen des § 40 des Bundesdatenschutzgesetzes ist der Überwachte.
(3) Das Staatsministerium des Innern wird ermächtigt, durch Rechtsverordnung im Einvernehmen mit dem Staatsministerium der Finanzen die Gebühren und Auslagen des Technischen Überwachungsvereins Bayern e. V. festzusetzen. Die Höhe der Gebühren und Auslagen ist nach dem Aufwand und nach der Bedeutung der Leistung für den Schuldner zu bemessen.

Art. 33: Kosten der Regierungen

Die Erhebung von Kosten (Gebühren und Auslagen) durch die Regierungen bestimmt sich nach dem Kostengesetz. Abweichend von Art. 2 Abs. 1 des Kostengesetzes gilt jedoch Art. 32 Abs. 2 Sätze 2 und 3 entsprechend.

Siebter Abschnitt. Strafvorschrift, Schlußvorschriften

Art. 34: Strafvorschrift

(1) Mit Freiheitsstrafe bis zu einem Jahr oder mit Geldstrafe wird bestraft, wer unbefugt von diesem Gesetz geschützte personenbezogene Daten, die nicht offenkundig sind,
1. übermittel oder verändert oder
2. abruft oder sich aus in Behältnissen verschlossenen Dateien verschafft.

(2) Handelt der Täter gegen Entgelt oder in der Absicht, sich oder einen anderen zu bereichern oder einen anderen zu schädigen, so ist die Strafe Freiheitsstrafe bis zu zwei Jahren oder Geldstrafe.

(3) Die Tat wird nur auf Antrag verfolgt.

Art. 35: Änderung des Gesetzes über die Organisation der elektronischen Datenverarbeitung im Freistaat Bayern

Art. 16 des Gesetzes über die Organisation der elektronischen Datenverarbeitung im Freistaat Bayern vom 12. Oktober 1970 (GVBl S. 457), zuletzt geändert durch Gesetz vom 24. Juli 1974 (GVBl S. 354), erhält folgende Fassung:

„Art. 16

(1) Mit Freiheitsstrafe bis zu einem Jahr oder mit Geldstrafe wird bestraft, wer
1. sich ein fremdes Geheimnis, namentlich ein zum persönlichen Lebensbereich gehörendes Geheimnis oder ein Betriebs- oder Geschäftsgeheimnis, das im Zusammenhang mit der Datenverarbeitung im Sinne dieses Gesetzes ermittelt oder erfaßt worden ist, unbefugt verschafft oder
2. ein solches unbefugt erlangtes Geheimnis unbefugt offenbart oder verwertet.

(2) Handelt der Täter gegen Entgelt oder in der Absicht, sich oder einen anderen zu bereichern, oder einen anderen zu schädigen, so ist die Strafe Freiheitsstrafe bis zu zwei Jahren oder Geldstrafe.

(3) Die Absätze 1 und 2 gelten nur, wenn die Tat nicht in anderen Vorschriften mit Strafe bedroht ist.

(4) Die Tat wird nur auf Antrag verfolgt."

Art. 36: Änderung des Bayerischen Besoldungsgesetzes

Das Bayerische Besoldungsgesetz in der Fassung des § 1 des Bayerischen Anpassungsgesetzes zum Zweiten Gesetz zur Vereinheitlichung und Neuregelung des Besoldungsrechts in Bund und Ländern vom 23. Dezember 1976 (GVBl S. 570), geändert durch Art. 6a des Haushaltsgesetzes 1977/1978 vom 24. Mai 1977 (GVBl S. 199), wird wie folgt geändert: In der Anlage – Besoldungsordnung B – wird in Besoldungsgruppe 6 vor dem Amt des Ministerialdirigenten – als Direktor des Senatsamts – eingefügt:
„Landesbeauftragter für den Datenschutz".

Art. 37: Inkrafttreten; Übergangsbestimmungen

(1) Dieses Gesetz ist dringlich. Es tritt am 1. Mai 1978 in Kraft. Abweichend davon treten die Art. 34 und 35 am 1. Juni 1978 und Art. 15 am 1. Januar 1979 in Kraft.

(2) Das Datenschutzregister (Art. 7) ist bis zum 1. Januar 1979 einzurichten.

(3) Bis zum 1. Januar 1983 genügt es, wenn die in Art. 8 Abs. 3 Nr. 1, Art. 11 Nr. 2, Art. 16 Abs. 1, Art. 17 Abs. 1, Art. 18 Abs. 1 und Art. 20 Abs. 1 und 3 genannten Aufgaben öffentliche Aufgaben sind. Für die Träger der gesetzlichen Sozialversicherung, ihre Verbände sowie die Kassenärztliche Vereinigung Bayerns und die Kassenzahnärztliche Vereinigung Bayerns ist Satz 1 unbefristet anzuwenden.

2. Gesetzentwurf der Landesregierung von Baden-Württemberg

Gesetz zum Schutz vor Mißbrauch personenbezogener Daten bei der Datenverarbeitung (Landesdatenschutzgesetz–LDSG) Drucksache 7/2550 v. 11. 11. 77

1. Abschnitt: Allgemeine Vorschriften

§ 1: Aufgabe und Gegenstand des Datenschutzes

(1) Aufgabe des Datenschutzes ist es, durch den Schutz personenbezogener Daten vor Mißbrauch bei ihrer Speicherung, Übermittlung, Veränderung und Löschung (Datenverarbeitung) der Beeinträchtigung schutzwürdiger Belange der Betroffenen entgegenzuwirken.
(2) Dieses Gesetz schützt personenbezogene Daten, die in Dateien gespeichert, verändert, gelöscht oder aus Dateien übermittelt werden. Für personenbezogene Daten, die nicht zur Übermittlung an Dritte bestimmt sind und in nicht automatisierten Verfahren verarbeitet werden, gilt von den Vorschriften dieses Gesetzes nur § 8.
(3) Dieses Gesetz schützt personenbezogene Daten nicht, die durch den Süddeutschen Rundfunk und den Südwestfunk ausschließlich zu eigenen publizistischen Zwecken verarbeitet werden; § 8 Abs. 1 bleibt unberührt.

§ 2: Anwendungsbereich

(1) Die Vorschriften dieses Gesetzes gelten für Behörden und sonstige öffentliche Stellen des Landes, der Gemeinden und Gemeindeverbände und der sonstigen der Aufsicht des Landes unterstehenden juristischen Personen des öffentlichen Rechts und für deren Vereinigungen.
(2) Für öffentlich-rechtliche Unternehmen mit eigener Rechtspersönlichkeit, die am Wettbewerb teilnehmen, sind die Vorschriften des Bundesdatenschutzgesetzes mit Ausnahme des Zweiten Abschnitts sowie die auf Grund des Bundesdatenschutzgesetzes erlassenen Rechtsvorschriften entsprechend anzuwenden. Satz 1 gilt nicht für Zweckverbände.
(3) Soweit die Datenverarbeitung frühere, bestehende oder zukünftige dienst- oder arbeitsrechtliche Rechtsverhältnisse betrifft, gelten anstelle der §§ 9 bis 14 dieses Gesetzes die §§ 23 bis 27 sowie § 42 Abs. 1 Nr. 1 und Abs. 2 und § 43 Abs. 3 des Bundesdatenschutzgesetzes entsprechend.

§ 3: Datenverarbeitung im Auftrag

(1) Die Vorschriften dieses Gesetzes gelten für die in § 2 Abs. 1 genannten Stellen auch insoweit, als personenbezogene Daten in deren Auftrag durch andere Personen oder Stellen verarbeitet werden. In diesen Fällen ist der Auftragnehmer unter besonderer Berücksichtigung der Eignung der von ihm getroffenen technischen und organisatorischen Maßnahmen (§ 8 Abs. 1) sorgfältig auszuwählen.
(2) Von den Vorschriften dieses Gesetzes gelten die §§ 9 bis 14 und § 21 nicht für die in § 2 Abs. 1 genannten Stellen, soweit sie personenbezogene Daten im Auftrag verarbeiten. In diesen Fällen ist die Verarbeitung personenbezogener Daten in jeder ihrer in § 1 Abs. 1 genannten Phasen nur im Rahmen der Weisungen des Auftraggebers zulässig.
(3) Für juristische Personen, Gesellschaften und andere Personenvereinigungen des privaten Rechts, bei denen dem Land oder einer der Aufsicht des Landes unterstehenden juristischen Person des öffentlichen Rechts die Mehrheit der Anteile gehört oder die Mehrheit der Stimmen zusteht, gilt der 3. Abschnitt dieses Gesetzes entsprechend, soweit diese Personen oder Personenvereinigungen personenbezogene Daten im Auftrag einer der in § 2 Abs. 1 genannten Stellen verarbeiten. Soweit diese Personen oder Personenvereinigungen personenbezogene Daten im Auftrag eines der in § 2 Abs. 2 genannten Unternehmen verarbeiten, gelten die §§ 38 bis 40 des Bundesdatenschutzgesetzes entsprechend.

§ 4: Begriffsbestimmungen

(1) Im Sinne dieses Gesetzes sind personenbezogene Daten Einzelangaben über persönliche oder sachliche Verhältnisse einer bestimmten oder bestimmbaren natürlichen Person (Betroffener).

(2) Im Sinne dieses Gesetzes ist

1. Speichern (Speicherung) das Erfassen, Aufnehmen oder Aufbewahren von Daten auf einem Datenträger zum Zwecke ihrer weiteren Verwendung,
2. Übermitteln (Übermittlung) das Bekanntgeben gespeicherter oder durch Datenverarbeitung unmittelbar gewonnener Daten an Dritte in der Weise, daß die Daten durch die speichernde Stelle weitergegeben oder zur Einsichtnahme, namentlich zum Abruf, bereitgehalten werden,
3. Verändern (Veränderung) das inhaltliche Umgestalten gespeicherter Daten,
4. Löschen (Löschung) das Unkenntlichmachen gespeicherter Daten

ungeachtet der dabei angewendeten Verfahren.

(3) Im Sinne dieses Gesetzes ist

1. speichernde Stelle jede der in § 2 Abs. 1 genannten Stellen, die Daten für sich selbst speichert oder durch andere speichern läßt,
2. Dritter jede Person oder Stelle außerhalb der speichernden Stelle, ausgenommen der Betroffene oder diejenigen Personen und Stellen, die in den Fällen der Nummer 1 im Geltungsbereich des Grundgesetzes im Auftrag tätig werden,
3. eine Datei eine gleichartig aufgebaute Sammlung von Daten, die nach bestimmten Merkmalen erfaßt und geordnet, nach anderen bestimmten Merkmalen umgeordnet und ausgewertet werden kann, ungeachtet der dabei angewendeten Verfahren; nicht hierzu gehören Akten und Aktensammlungen, es sei denn, daß sie durch automatisierte Verfahren umgeordnet und ausgewertet werden können.

§ 5: Zulässigkeit der Datenverarbeitung

(1) Die Verarbeitung personenbezogener Daten, die von diesem Gesetz geschützt werden, ist in jeder ihrer in § 1 Abs. 1 genannten Phasen nur zulässig, wenn

1. dieses Gesetz oder eine andere Rechtsvorschrift sie erlaubt oder
2. der Betroffene eingewilligt hat.

(2) Die Einwilligung bedarf der Schriftform, soweit nicht wegen besonderer Umstände eine andere Form angemessen ist; wird die Einwilligung zusammen mit anderen Erklärungen schriftlich erteilt, ist der Betroffene hierauf schriftlich besonders hinzuweisen.

§ 6: Rechte des Betroffenen

Jeder hat nach Maßgabe der §§ 13 und 14 ein Recht auf

1. Auskunft über die zu seiner Person gespeicherten Daten,
2. Berichtigung der zu seiner Person gespeicherten Daten, wenn sie unrichtig sind,
3. Sperrung der zu seiner Person gespeicherten Daten, wenn sich weder deren Richtigkeit noch deren Unrichtigkeit feststellen läßt oder nach Wegfall der ursprünglich erfüllten Voraussetzungen für die Speicherung,
4. Löschung der zu seiner Person gespeicherten Daten, wenn ihre Speicherung unzulässig war oder, wahlweise neben dem Recht auf Sperrung, nach Wegfall der ursprünglich erfüllten Voraussetzungen für die Speicherung.

2. Abschnitt: Datenverarbeitung der Behörden und sonstigen öffentlichen Stellen

§ 7: Datengeheimnis

(1) Den im Rahmen von § 1 Abs. 2 und § 2 Abs. 1 oder im Auftrag der dort genannten Personen oder Stellen bei der Datenverarbeitung beschäftigten Personen ist untersagt, geschützte personenbezogene Daten unbefugt zu einem anderen als dem zur jeweiligen rechtmäßigen Aufgabenerfüllung gehörenden Zweck zu verarbeiten, bekanntzugeben, zugänglich zu machen oder sonst zu nutzen.

(2) Diese Personen sind bei der Aufnahme ihrer Tätigkeit nach Maßgabe von Absatz 1 zu verpflichten. Ihre Pflichten bestehen auch nach Beendigung ihrer Tätigkeit fort.

§ 8: Technische und organisatorische Maßnahmen

(1) Wer im Rahmen von § 1 Abs. 2 und § 2 Abs. 1 oder im Auftrag der dort genannten Personen oder Stellen personenbezogene Daten verarbeitet, hat die technischen und organisatorischen Maßnahmen zu treffen, die erforderlich sind, um die Ausführung der Vorschriften dieses Gesetzes, insbesondere die in der Anlage zu diesem Gesetz genannten Anforderungen zu gewährleisten. Erforderlich sind Maßnahmen nur, wenn ihr Aufwand in einem angemessenen Verhältnis zu dem angestrebten Schutzzweck steht.
(2) Die Landesregierung wird ermächtigt, durch Rechtsverordnung die in der Anlage genannten Anforderungen nach dem jeweiligen Stand der Technik oder Organisation fortzuschreiben. Stand der Technik und Organisation im Sinne dieses Gesetzes ist der Entwicklungsstand fortschrittlicher Verfahren, Einrichtungen oder Betriebsweisen, der die praktische Eignung einer Maßnahme zur Gewährleistung der Durchführung dieses Gesetzes gesichert erscheinen läßt. Bei der Bestimmung des Standes der Technik und Organisation sind insbesondere vergleichbare Verfahren, Einrichtungen oder Betriebsweisen heranzuziehen, die mit Erfolg im Betrieb erprobt worden sind.

§ 9: Datenspeicherung und -veränderung

(1) Das Speichern und das Verändern personenbezogener Daten ist zulässig, wenn es zur rechtmäßigen Erfüllung der in der Zuständigkeit der speichernden Stelle liegenden Aufgaben erforderlich ist.
(2) Werden Daten beim Betroffenen auf Grund einer Rechtsvorschrift erhoben, dann ist er auf sie, sonst auf die Freiwilligkeit seiner Angaben hinzuweisen.

§ 10: Datenübermittlung innerhalb des öffentlichen Bereichs

(1) Die Übermittlung personenbezogener Daten an Behörden und sonstige öffentliche Stellen ist zulässig, wenn sie zur rechtmäßigen Erfüllung der in der Zuständigkeit der übermittelnden Stelle oder des Empfängers liegenden Aufgaben erforderlich ist.
(2) Unterliegen die personenbezogenen Daten einem Berufs- oder besonderen Amtsgeheimnis und sind sie der übermittelnden Stelle von der zur Verschwiegenheit verpflichteten Person in Ausübung ihrer Berufs- oder Amtspflicht übermittelt worden, ist für die Zulässigkeit der Übermittlung ferner erforderlich, daß der Empfänger die Daten zur Erfüllung des gleichen Zweckes benötigt, zu dem sie die übermittelnde Stelle erhalten hat.

§ 11: Datenübermittlung an Stellen außerhalb des öffentlichen Bereichs

(1) Die Übermittlung personenbezogener Daten an Personen und an andere Stellen als die in § 10 bezeichneten ist zulässig, wenn sie zur rechtmäßigen Erfüllung der in der Zuständigkeit der übermittelnden Stelle liegenden Aufgaben erforderlich ist oder soweit der Empfänger ein berechtigtes Interesse an der Kenntnis der zu übermittelnden Daten glaubhaft macht und dadurch schutzwürdige Belange des Betroffenen nicht beeinträchtigt werden.
(2) Unterliegen die personenbezogenen Daten einem Berufs- oder besonderen Amtsgeheimnis und sind sie der übermittelnden Stelle von der zur Verschwiegenheit verpflichteten Person in Ausübung ihrer Berufs- oder Amtspflicht übermittelt worden, ist für die Zulässigkeit der Übermittlung ferner erforderlich, daß die gleichen Voraussetzungen gegeben sind, unter denen sie die zur Verschwiegenheit verpflichtete Person übermitteln dürfte.
(3) Für die Übermittlung an Behörden und sonstige Stellen außerhalb des Geltungsbereichs des Grundgesetzes sowie an über- und zwischenstaatliche Stellen finden die Absätze 1 und 2 nach Maßgabe der für diese Übermittlung geltenden Gesetze und Vereinbarungen Anwendung.
(4) Der Empfänger darf die übermittelten personenbezogenen Daten nur für den Zweck verwenden, zu dessen Erfüllung sie ihm übermittelt wurden.
(5) Die übermittelnde Stelle kann die Datenübermittlung mit Auflagen versehen, die den Datenschutz beim Empfänger sicherstellen.

§ 12: Veröffentlichung über die gespeicherten Daten

(1) Behörden und sonstige öffentliche Stellen geben
1. die Art der von ihnen oder in ihrem Auftrag gespeicherten personenbezogenen Daten,
2. die Aufgaben, zu deren Erfüllung die Kenntnis dieser Daten erforderlich ist,
3. den betroffenen Personenkreis,
4. die Stellen, an die sie personenbezogene Daten regelmäßig übermitteln sowie
5. die Art der zu übermittelnden Daten

unverzüglich nach der ersten Einspeicherung in dem für ihren Bereich bestehenden Veröffentlichungsblatt für amtliche Bekanntmachungen bekannt. Auf Antrag sind dem Betroffenen die bisherigen Bekanntmachungen zugänglich zu machen.

(2) Absatz 1 gilt nicht
1. für das Landesamt für Verfassungsschutz, die Polizeidienststellen, die Behörden der Staatsanwaltschaft sowie für Behörden, soweit sie personenbezogene Daten in Erfüllung ihrer gesetzlichen Aufgaben im Anwendungsbereich der Abgabenordnung zur Überwachung und Prüfung in Dateien speichern,
2. für die personenbezogenen Daten, die deshalb nach § 14 Abs. 2 Satz 2 gesperrt sind, weil sie auf Grund gesetzlicher Aufbewahrungsvorschriften nicht nach § 14 Abs. 3 Satz 1 gelöscht werden dürfen,
3. für gesetzlich vorgeschriebene Register oder sonstige auf Grund von Rechts- oder veröffentlichten Verwaltungsvorschriften zu führende Dateien, soweit die Art der in ihnen gespeicherten personenbezogenen Daten, die Aufgaben, zu deren Erfüllung die Kenntnis dieser Daten erforderlich ist, der betroffene Personenkreis, die Stellen, an die personenbezogene Daten regelmäßig übermittelt werden, sowie die Art der zu übermittelnden Daten in Rechts- oder veröffentlichten Verwaltungsvorschriften festgelegt sind,
4. für personenbezogene Daten von Schülern im Schulbereich, es sei denn, daß sie innerhalb einer Schulart einheitlich für den Bezirk eines oder mehrerer Oberschulämter erhoben werden.

(3) Die Landesregierung wird ermächtigt, durch Rechtsverordnung für die in § 2 Abs. 1 genannten Behörden und sonstigen öffentlichen Stellen das Veröffentlichungsblatt sowie das Verfahren der Veröffentlichung zu bestimmen.

§ 13: Auskunft an den Betroffenen

(1) Dem Betroffenen ist auf Antrag Auskunft über die zu seiner Person gespeicherten Daten zu erteilen. In dem Antrag soll die Art der personenbezogenen Daten, über die Auskunft erteilt werden soll, näher bezeichnet werden. Die speichernde Stelle bestimmt das Verfahren, insbesondere die Form der Auskunftserteilung nach pflichtgemäßem Ermessen.

(2) Absatz 1 gilt nicht in den Fällen des § 12 Abs. 2 Nr. 1 und 2.

(3) Die Auskunftserteilung unterbleibt, soweit
1. die Auskunft die rechtmäßige Erfüllung der in der Zuständigkeit der speichernden Stelle liegenden Aufgaben gefährden würde,
2. die Auskunft die öffentliche Sicherheit oder Ordnung gefährden oder sonst dem Wohle des Bundes oder eine Landes Nachteile bereiten würde,
3. die personenbezogenen Daten oder die Tatsache ihrer Speicherung nach einer Rechtsvorschrift oder ihrem Wesen nach, namentlich wegen der überwiegenden berechtigten Interessen einer dritten Person, geheimgehalten werden müssen,
4. die Auskunft sich auf die Übermittlung personenbezogener Daten an die in § 12 Abs. 2 Nr. 1 genannten Behörden bezieht.

(4) Die Auskunftserteilung ist gebührenpflichtig. Die Landesregierung wird ermächtigt, durch Rechtsverordnung die gebührenpflichtigen Tatbestände und die Höhe der Gebühr näher zu bestimmen sowie für bestimmte Tatbestände Ausnahmen von der Gebührenpflicht zuzulassen. Die Gebühren dürfen nur zur Deckung des unmittelbar auf Amtshandlungen dieser Art entfallenden Verwaltungsaufwandes erhoben werden. Ausnahmen von der Gebührenpflicht sind insbesondere in den Fällen zuzulassen, in denen durch besondere Umstände die Annahme gerechtfertigt wird, daß personenbezogene Daten unrichtig oder unzu-

lässig gespeichert werden, oder in denen die Auskunft zur Berichtigung oder Löschung gespeicherter personenbezogener Daten geführt hat. Im übrigen findet das Landesgebührengesetz Anwendung.

§ 14: Berichtigung, Sperrung und Löschung von Daten

(1) Personenbezogene Daten sind zu berichtigen, wenn sie unrichtig sind.

(2) Personenbezogene Daten sind zu sperren, wenn ihre Richtigkeit vom Betroffenen bestritten wird und sich weder die Richtigkeit noch die Unrichtigkeit feststellen läßt. Sie sind ferner zu sperren, wenn ihre Kenntnis für die speichernde Stelle zur rechtmäßigen Erfüllung der in ihrer Zuständigkeit liegenden Aufgaben nicht mehr erforderlich ist. Gesperrte Daten sind mit einem entsprechenden Vermerk zu versehen; sie dürfen nicht mehr verarbeitet, insbesondere übermittelt, oder sonst genutzt werden, es sei denn, daß die Nutzung zu wissenschaftlichen Zwecken, zur Behebung einer bestehenden Beweisnot oder aus sonstigen im überwiegenden Interesse der speichernden Stelle oder eines Dritten liegenden Gründen unerläßlich ist oder der Betroffene in die Nutzung eingewilligt hat.

(3) Personenbezogene Daten können gelöscht werden, wenn ihre Kenntnis für die speichernde Stelle zur rechtmäßigen Erfüllung der in ihrer Zuständigkeit liegenden Aufgaben nicht mehr erforderlich ist, kein Grund zu der Annahme besteht, daß durch die Löschung schutzwürdige Belange des Betroffenen beeinträchtigt werden, und gesetzliche Aufbewahrungsvorschriften nicht entgegenstehen. Sie sind zu löschen, wenn ihre Speicherung unzulässig war oder wenn es in den Fällen des Absatzes 2 Satz 2 der Betroffene verlangt, es sei denn, daß gesetzliche Aufbewahrungsvorschriften entgegenstehen.

3. Abschnitt: Überwachung des Datenschutzes bei Behörden und sonstigen öffentlichen Stellen

§ 15: Verwaltungsvorschriften

Das Innenministerium erläßt im Einvernehmen mit den anderen Ministerien die zur Ausführung dieses Gesetzes erforderlichen Verwaltungsvorschriften. Die obersten Landesbehörden erlassen im Benehmen mit dem Innenministerium jeweils für ihren Geschäftsbereich Verwaltungsvorschriften, die die Ausführung dieses Gesetzes, bezogen auf die besonderen Verhältnisse in dem jeweiligen Geschäftsbereich und die sich daraus ergebenden besonderen Erfordernisse für den Datenschutz, regeln.

§ 16: Bestellung und Rechtsstellung eines Landesbeauftragten für den Datenschutz

(1) Es ist ein Landesbeauftragter für den Datenschutz zu bestellen. Dieser muß die Befähigung zum Richteramt oder zum höheren Verwaltungsdienst haben.

(2) Der Landesbeauftragte für den Datenschutz ist Beamter auf Zeit und wird für die Dauer von acht Jahren berufen.

(3) Der Landesbeauftragte für den Datenschutz ist in Ausübung seines Amtes unabhängig und nur dem Gesetz unterworfen.

(4) Der Landesbeauftragte für den Datenschutz wird beim Innenministerium eingerichtet. Er untersteht der Dienstaufsicht des Innenministeriums. Dem Landesbeauftragten für den Datenschutz ist die für die Erfüllung seiner Aufgaben notwendige Personal- und Sachausstattung zur Verfügung zu stellen; sie ist im Einzelplan des Innenministeriums in einem eigenen Kapitel auszuweisen. Die Besetzung der Personalstellen erfolgt im Benehmen mit dem Landesbeauftragten für den Datenschutz.

(5) Ist der Landesbeauftragte für den Datenschutz länger als sechs Wochen an der Ausübung seines Amtes verhindert, kann das Innenministerium einen Vertreter für die Dauer der Verhinderung mit der Wahrnehmung der Geschäfte beauftragen; der Landesbeauftragte für den Datenschutz soll dazu gehört werden. Bei einer kürzeren Verhinderung oder bis eine Regelung nach Satz 1 getroffen ist, führt der leitende Beamte der Dienststelle des Landesbeauftragten für den Datenschutz dessen Geschäfte.

§ 17: Aufgaben des Landesbeauftragten für den Datenschutz

(1) Der Landesbeauftragte für den Datenschutz überwacht die Einhaltung der Vorschriften dieses Gesetzes sowie anderer Vorschriften über den Datenschutz bei den in § 2 Abs. 1 genannten Behörden und sonstigen öffentlichen Stellen, ausgenommen die Gerichte, soweit sie nicht in Verwaltungsangelegenheiten tätig werden. Zu diesem Zweck kann er Empfehlungen zur Verbesserung des Datenschutzes geben, insbesondere kann er die Landesregierung und einzelne Ministerien sowie die übrigen in § 2 Abs. 1 genannten Behörden und sonstigen öffentlichen Stellen in Fragen des des Datenschutzes beraten.

(2) Auf Anforderung des Landtags oder der Landesregierung hat der Landesbeauftragte für den Datenschutz Gutachten zu erstellen; außerdem hat er auf Anforderung der Landesregierung Berichte zu erstatten. Darüber hinaus erstattet er dem Landtag jedes Jahr bis zum 31. März, erstmals zum 31. März 1979 einen Tätigkeitsbericht. Der Landesbeauftragte für den Datenschutz kann sich jederzeit an den Landtag wenden.

(3) Die in Absatz 1 Satz 1 genannten Behörden und sonstigen öffentlichen Stellen sind verpflichtet, den Landesbeauftragten für den Datenschutz und seine Beauftragten bei der Erfüllung ihrer Aufgaben zu unterstützen. Ihnen ist dabei insbesondere

1. Auskunft zu ihren Fragen sowie Einsicht in alle Unterlagen und Akten zu gewähren, die in Zusammenhang mit der Verarbeitung personenbezogener Daten stehen, namentlich in die gespeicherten Daten und in die Datenverarbeitungsprogramme,
2. jederzeit Zutritt in alle Diensträume zu gewähren.

Die Sätze 1 und 2 gelten für die in § 12 Abs. 2 Nr. 1 genannten Behörden mit der Maßgabe, daß die Unterstützung nur dem Landesbeauftragten für den Datenschutz selbst und den von ihm schriftlich besonders damit betrauten Beauftragten zu gewähren ist. Satz 2 gilt für die in § 12 Abs. 2 Nr. 1 genannten Behörden nicht, soweit die jeweils zuständige oberste Landesbehörde im Einzelfall feststellt, daß die Sicherheit des Bundes oder eines Landes gefährdet ist.

§ 18: Datenschutzregister

(1) Der Landesbeauftragte für den Datenschutz führt ein Register der automatisch betriebenen Dateien, in denen personenbezogene Daten gespeichert werden (Datenschutzregister).

(2) Die in § 17 Abs. 1 Satz 1 genannten Behörden und sonstigen öffentlichen Stellen haben dem Landesbeauftragten für den Datenschutz spätestens gleichzeitig mit der ersten Einspeicherung insbesondere folgende Angaben einschließlich der Änderungen zu dem Datenschutzregister mitzuteilen:

1. die Bezeichnung der Behörde und sonstigen öffentlichen Stelle,
2. die Bezeichnung der Datei,
3. die Art der gespeicherten personenbezogenen Daten,
4. die Aufgaben, zu deren Erfüllung die Kenntnis dieser Daten erforderlich ist,
5. den betroffenen Personenkreis,
6. die Stellen, an die sie personenbezogene Daten regelmäßig übermitteln,
7. die Art der zu übermittelnden Daten.

(3) Das Landesamt für Verfassungsschutz ist von der Mitteilungspflicht nach Absatz 2 ausgenommen. Zu den Dateien der übrigen in § 12 Abs. 2 Nr. 1 genannten Behörden führt der Landesbeauftragte für den Datenschutz ein besonderes Register. Es beschränkt sich auf eine Übersicht über Art und Verwendungszweck der gespeicherten Daten. Absatz 4 findet auf dieses Register keine Anwendung.

(4) Das Datenschutzregister kann von jedermann eingesehen werden. Wer ein berechtigtes Interesse glaubhaft macht, kann sich Auszüge aus dem Datenschutzregister anfertigen lassen; § 13 Abs. 4 gilt entsprechend.

(5) Das Innenministerium wird ermächtigt, die Ausführung der Absätze 2 und 3 durch Rechtsverordnung zu regeln.

§ 19: Beanstandungen durch den Landesbeauftragten für den Datenschutz

(1) Stellt der Landesbeauftragte für den Datenschutz Verstöße gegen die Vorschriften die-

ses Gesetzes oder gegen andere Datenschutzbestimmungen oder sonstige Mängel bei der Verarbeitung personenbezogener Daten fest, so beanstandet er dies

1. bei den Behörden und sonstigen öffentlichen Stellen des Landes gegenüber der zuständigen obersten Landesbehörde,
2. bei den Gemeinden, Gemeindeverbänden und den sonstigen der Aufsicht des Landes unterstehenden juristischen Personen des öffentlichen Rechts sowie bei deren Vereinigungen gegenüber dem Organ, das sie vertritt,

und fordert zur Stellungnahme innerhalb einer von ihm zu bestimmenden Frist auf. In den Fällen von Satz 1 Nr. 2 unterrichtet der Landesbeauftragte für den Datenschutz gleichzeitig die zuständige Aufsichtsbehörde.

(2) Der Landesbeauftragte für den Datenschutz kann von einer Beanstandung absehen oder auf eine Stellungnahme der betroffenen Stelle verzichten, wenn es sich um unerhebliche Mängel handelt.

(3) Mit der Beanstandung kann der Landesbeauftragte für den Datenschutz Vorschläge zur Beseitigung der Mängel und zur sonstigen Verbesserung des Datenschutzes verbinden.

(4) Die nach Absatz 1 Satz 1 abzugebende Stellungnahme soll auch eine Darstellung der Maßnahmen enthalten, die auf Grund der Beanstandung des Landesbeauftragten für den Datenschutz getroffen worden oder beabsichtigt sind. Die in Absatz 1 Satz Nr. 2 genannten Stellen leiten der zuständigen Aufischtsbehörde eine Abschrift ihrer Stellungnahme an den Landesbeauftragten für den Datenschutz zu.

§ 20: Anrufung des Landesbeauftragten für den Datenschutz

Jedermann kann sich an den Landesbeauftragten für den Datenschutz wenden, wenn er der Ansicht ist, bei der Verarbeitung seiner personenbezogenen Daten durch eine der in § 17 Abs. 1 Satz 1 genannten Behörden oder sonstigen öffentlichen Stellen in seinen Rechten verletzt worden zu sein.

4. Abschnitt: Sonderbestimmungen

§ 21: Datenverarbeitung für wissenschaftliche Zwecke

(1) Hochschulen und andere öffentliche Einrichtungen mit der Aufgabe unabhängiger wissenschaftlicher Forschung können für bestimmte Forschungsvorhaben personenbezogene Daten speichern oder verändern, wenn der Betroffene eingewilligt hat oder wenn seine schutzwürdigen Belange wegen der Art der Daten, wegen ihrer Offenkundigkeit oder wegen der Art ihrer Verwendung nicht beeinträchtigt werden. Unter den Voraussetzungen von Satz 1 können ihnen die in § 2 Abs. 1 und 2 genannten Behörden und sonstigen öffentlichen Stellen personenbezogene Daten übermitteln.

(2) Die nach Absatz 1 verarbeiteten personenbezogenen Daten dürfen von den in Absatz 1 Satz 1 genannten Einrichtungen nur übermittelt werden, wenn der Betroffene eingewilligt hat.

(3) Die Veröffentlichung von Forschungsergebnissen, soweit sie personenbezogene Daten enthalten, ist nur zulässig, wenn der Betroffene eingewilligt hat.

(4) § 5 Abs. 2 und § 9 Abs. 2 sind entsprechend anzuwenden.

(5) Bei der Veröffentlichung nach § 12 Abs. 1 und der Mitteilung nach § 18 Abs. 2 darf die Beschreibung der Aufgaben, zu deren Erfüllung die Kenntnis der personenbezogenen Daten erforderlich ist, auf die Angabe „Forschungsvorhaben" beschränkt werden.

§ 22: Öffentlich-rechtliche Religionsgesellschaften

Die Übermittlung personenbezogener Daten an Stellen der öffentlich-rechtlichen Religionsgesellschaften ist in entsprechender Anwendung des § 10 zulässig, sofern sichergestellt ist, daß bei dem Empfänger ausreichende Datenschutzmaßnahmen getroffen werden.

§ 23: Süddeutscher Rundfunk und Südwestfunk

(1) Die Vorschriften des 3. Abschnitts gelten nicht für den Süddeutschen Rundfunk und den Südwestfunk.

(2) Der Süddeutsche Rundfunk und der Südwestfunk bestellen jeweils einen Rundfunkbeauftragten für den Datenschutz. Die Bestellung erfolgt durch den Intendanten mit Zustimmung des Verwaltungsrats.
(3) Der Rundfunkbeauftragte für den Datenschutz überwacht die Einhaltung der Vorschriften dieses Gesetzes sowie anderer Vorschriften über den Datenschutz. Er ist insoweit an Weisungen nicht gebunden und nur dem Gesetz unterworfen; er untersteht der Dienstaufsicht des Intendanten. Die Tätigkeit des Rundfunkbeauftragten für den Datenschutz kann neben einer anderen Tätigkeit für die Rundfunkanstalt übernommen werden.
(4) Für Beanstandungen gilt § 19 entsprechend mit der Maßgabe, daß Beanstandungen an den Intendanten unter gleichzeitiger Unterrichtung des Verwaltungsrats zu richten sind. Dem Verwaltungsrat ist auch die zu der Beanstandung abgegebene Stellungnahme des Intendanten zuzuleiten. Der Rundfunkbeauftragte für den Datenschutz erstattet dem Verwaltungsrat und dem Intendanten jährlich einen Bericht über seine Tätigkeit.
(5) Der Rundfunkbeauftragte für den Datenschutz ist, auch nach Beendigung seiner Tätigkeit, verpflichtet, über die ihm bei seiner dienstlichen Tätigkeit bekannt gewordenen Angelegenheiten Verschwiegenheit zu bewahren. Dies gilt nicht für Mitteilungen im dienstlichen Verkehr oder über Tatsachen, die offenkundig sind oder ihrer Bedeutung nach keiner Geheimhaltung bedürfen. Er darf ohne Genehmigung über Angelegenheiten im Sinne von Satz 1 weder vor Gericht noch außergerichtlich aussagen oder Erklärungen abgeben. Die Genehmigung erteilt der Intendant.
(6) Für die Anrufung des Rundfunkbeauftragten für den Datenschutz gilt § 20 entsprechend.

§ 24: Änderung des Meldegesetzes

Das Gesetz über das Meldewesen (Meldegesetz) vom 7. März 1960 (GBl. S. 67), zuletzt geändert durch Gesetz vom 26. November 1974 (GBl. S. 508), wird wie folgt geändert:
1. Nach § 15 wird folgender Abschnitt eingefügt:
„IIa. Datenübermittlung aus dem Melderegister."

§ 15a: Einsichtnahme in das Melderegister

Die Polizeidienststellen sind befugt, zur rechtmäßigen Erfüllung der in ihrer Zuständigkeit liegenden Aufgaben jederzeit in das Melderegister Einsicht zu nehmen.

§ 15b: Auskunft aus dem Melderegister an Stellen außerhalb des öffentlichen Bereichs

(1) Die Meldebehörde darf Personen und anderen als den in § 10 und § 22 des Landesdatenschutzgesetzes bezeichneten Stellen Auskunft aus dem Melderegister nur nach Maßgabe der Absätze 2 bis 8 erteilen. Die Auskunft an den Betroffenen bestimmt sich nach § 13 Abs. 1 bis 3 des Landesdatenschutzgesetzes.
(2) Die Meldebehörde darf Auskunft über Namen, akademische Grade und Anschriften einer oder mehrerer namentlich bezeichneter Personen erteilen.
(3) Soweit jemand ein berechtigtes Interesse nachweist, darf ihm die Meldebehörde außerdem Auskunft erteilen über
1. Geburtsdatum,
2. Geburtsort,
3. frühere Familiennamen,
4. Familienstand (beschränkt auf die Angabe, ob verheiratet oder nicht),
5. Beruf,
6. Staatsangehörigkeit,
7. frühere Anschriften,
8. Datum des Beziehens und des Auszugs aus der Wohnung,
9. Todesdatum

einer anderen namentlich bezeichneten Person.
(4) Auskunft über Namen, akademische Grade, Anschriften und Beruf mehrerer im Auskunftsersuchen namentlich nicht bezeichneter Personen darf die Meldebehörde nur erteilen,

wenn die Auskunft im öffentlichen Interesse liegt. Die Auskunft darf keine Auswertung anderer als der in den Absätzen 2 und 3 genannten personenbezogenen Daten voraussetzen.

(5) Für Auskünfte nach den Absätzen 3 und 4 gilt § 11 Abs. 4 und 5 des Landesdatenschutzgesetzes.

(6) Die Auskunft darf nicht erteilt werden, wenn Tatsachen die Annahme rechtfertigen, daß durch die Auskunftserteilung schutzwürdige Belange des Betroffenen oder einer anderen Person beeinträchtigt werden können.

(7) Der Betroffene kann verlangen, daß die Meldebehörde Auskünfte nach den Absätzen 2 bis 4 über seine Person verweigert, soweit er ein berechtigtes Ineresse nachweist. Die Auskunftssperre nach Satz 1 endet mit Ablauf des dritten Jahres nach der Antragstellung. Der Betroffene kann den Antrag erneut stellen.

(8) Wird eine Auskunft über eine Person beantragt, für die eine Auskunftssperre nach Absatz 7 besteht, so darf die Meldebehörde die Auskunft nur erteilen, wenn das Interesse des Antragstellers an der Erteilung der Auskunft das Interesse des Betroffenen an der Verweigerung der Auskunft überwiegt. Der Betroffene ist vor der Erteilung der Auskunft zu hören."

2. § 17 wird wie folgt geändert:
   a) In Absatz 1 werden in Nummer 2 der Beistrich durch einen Punkt ersetzt und die Nummer 3 gestrichen.
   b) Absatz 2 erhält folgende Fassung: „(2) Für Amtshandlungen der Meldebehörden sind Gebühren zu erheben. Das Innenministerium wird ermächtigt, durch Rechtsverordnung die gebührenpflichtigen Tatbestände und die Höhe der Gebühr näher zu bestimmen sowie für bestimmte Tatbestände Ausnahmen von der Gebührenpflicht zuzulassen. Die Gebühren sind nach dem Verwaltungsaufwand und nach dem wirtschaftlichen oder sonstigen Interesse des Gebührenschuldners zu bemessen. Im übrigen findet das Kommunalabgabengesetz Anwendung."
   c) Der bisherige Absatz 2 wird Absatz 3.
3. § 18 wird wie folgt geändert:
   a) In Absatz 1 werden der Punkt durch einen Beistrich ersetzt und folgende Nummer angefügt: „4. entgegen § 15b Abs. 5 in Verbindung mit § 11 Abs. 5 des Landesdatenschutzgesetzes eine vollziehbare Auflage nicht, nicht rechtzeitig oder nicht vollständig erfüllt."
   b) Absatz 2 erhält folgende Fassung: „(2) Ordnungswidrig handelt, wer gegenüber der Meldebehörde unrichtige oder unvollständige Angaben macht, die für die Erteilung einer Auskunft nach § 15b Abs. 3 oder 4 erheblich sind, und sich dadurch eine solche Auskunft verschafft."
   c) Der bisherige Absatz 2 wird Absatz 3 und erhält folgende Fassung: „(3) Die Ordnungswidrigkeit nach Absatz 1 Nr. 1 bis 3 kann mit einer Geldbuße bis zu tausend Deutsche Mark, die Ordnungswidrigkeit nach Absatz 1 Nr. 4 kann mit einer Geldbuße bis zu fünftausend Deutsche Mark, in besonders schweren Fällen bis zu zwanzigtausend Deutsche Mark, die Ordnungswidrigkeit nach Absatz 2 kann mit einer Geldbuße bis zu fünfzigtausend Deutsche Mark geahndet werden."
   d) Der bisherige Absatz 3 wird Absatz 4.

§ 25: Änderung des Landesbesoldungsgesetzes

Das Landesbesoldungsgesetz in der Fassung des ... [Landesanpassungsgesetzes] vom ... (GBl. S ...) wird wie folgt geändert: In der Anlage zu § 2 wird in der Landesbesoldungsordnung B bei Besoldungsgruppe B 4 eingefügt: „Landesbeauftragter für den Datenschutz".

5. Abschnitt: Straf- und Bußgeldvorschriften

§ 26: Straftaten

(1) Wer unbefugt von diesem Gesetz geschützte personenbezogene Daten, die nicht offenkundig sind,

1. übermittelt oder verändert oder
2. abruft oder sich aus in Behältnissen verschlossenen Dateien verschafft,

wird mit Freiheitsstrafe bis zu einem Jahr oder mit Geldstrafe bestraft.

(2) Handelt der Täter gegen Entgelt oder in der Absicht, sich oder einen anderen zu bereichern oder einen anderen zu schädigen, so ist die Strafe Freiheitsstrafe bis zu zwei Jahren oder Geldstrafe.

(3) Die Tat wird nur auf Antrag verfolgt. Den Antrag kann auch der Landesbeauftragte für den Datenschutz stellen.

§ 27: Ordnungswidrigkeiten

(1) Ordnungswidrig handelt, wer gegenüber einer Behörde oder sonstigen öffentlichen Stelle unrichtige oder unvollständige Angaben macht, die für die Datenübermittlung (§ 11) erheblich sind, und sich dadurch von diesem Gesetz geschützte personenbezogene Daten, die nicht offenkundig sind, verschafft.

(2) Ordnungswidrig handelt, wer vorsätzlich oder fahrlässig eine vollziehbare Auflage nach § 11 Abs. 5 nicht, nicht rechtzeitig oder nicht vollständig erfüllt.

(3) Die Ordnungswidrigkeit nach Absatz 1 kann mit einer Geldbuße bis zu fünfzigtausend Deutsche Mark, die Ordnungswidrigkeit nach Absatz 2 kann mit einer Geldbuße bis zu fünftausend Deutsche Mark, in besonders schweren Fällen bis zu zwanzigtausend Deutsche Mark, geahndet werden.

6. Abschnitt: Übergangs- und Schlußvorschriften

§ 28: Übergangsvorschriften

(1) Die Veröffentlichung über personenbezogene Daten (§ 12), die beim Inkrafttreten dieses Gesetzes schon gespeichert waren, hat binnen eines Jahres nach Inkrafttreten dieses Gesetzes zu erfolgen.

(2) Soweit Meldebehörden im Zeitpunkt des Inkrafttretens dieses Gesetzes an Behörden und sonstige öffentliche Stellen personenbezogene Daten durch Weitergabe der Meldescheine übermitteln, ist § 10 erst ab 1. Januar 1982 anzuwenden.

(3) Der Landesbeauftragte für den Datenschutz ist bis zum 1. April 1978 zu bestellen.

(4) Die Mitteilung nach § 18 Abs. 2 über personenbezogene Daten, die beim Inkrafttreten dieses Gesetzes schon gespeichert waren, ist bis zum 1. April 1979 vorzunehmen.

§ 29: Weitergeltende Vorschriften

Soweit besondere Rechtsvorschriften des Bundes oder des Landes auf in Dateien gespeicherte personenbezogene Daten anzuwenden sind, gehen sie den Vorschriften dieses Gesetzes vor.

§ 30: Inkrafttreten

Dieses Gesetz tritt am 1. Januar 1978 in Kraft. Abweichend davon treten in Kraft:

1. § 12 Abs. 3, § 13 Abs. 4 Satz 2 bis 4, § 18 Abs. 4 Satz 2 Halbsatz 2, § 18 Abs. 5 und § 24 Nr. 2, ausgenommen Buchstabe b Satz 1 und 4, am Tage nach der Verkündung,
2. § 2 Abs. 2 Satz 1 und § 3 Abs. 3 Satz 2 dieses Gesetzes, soweit sie die Bestellung eines Beauftragten für den Datenschutz vorschreiben, am 1. April 1978,
3. § 18 Abs. 2 und § 20 am 1. Juli 1978,
4. § 8 am 1. Januar 1979.

Anlage: (Zu § 8 Abs. 1 Satz 1)

Werden personenbezogene Daten automatisch verarbeitet, sind zur Ausführung der Vorschriften dieses Gesetzes Maßnahmen zu treffen, die je nach der Art der zu schützenden personenbezogenen Daten geeignet sind,

1. Unbefugten den Zugang zu Datenverarbeitungsanlagen, mit denen personenbezogene Daten verarbeitet werden, zu verwehren (Zugangskontrolle),
2. Personen, die bei der Verarbeitung personenbezogener Daten tätig sind, daran zu hindern, Datenträger unbefugt zu entfernen (Abgangskontrolle),

3. die unbefugte Eingabe in den Speicher sowie die unbefugte Kenntnisnahme, Veränderung oder Löschung gespeicherter personenbezogener Daten zu verhindern (Speicherkontrolle),
4. die Benutzung von Datenverarbeitungssystemen, aus denen oder in die personenbezogene Daten durch Selbsttätige Einrichtungen übermittelt werden, durch Unbefugte zu verhindern (Benutzerkontrolle).
5. zu gewährleisten, daß die zur Benutzung eines Datenverarbeitungssystems Berechtigten durch selbsttätige Einrichtungen ausschließlich auf die ihrer Zugriffsberechtigung unterliegenden personenbezogenen Daten zugreifen können (Zugriffskontrolle),
6. zu gewährleisten, daß überprüft und festgestellt werden kann, an welche Stellen personenbezogene Daten durch selbsttätige Einrichtungen übermittelt werden können (Übermittlungskontrolle),
7. zu gewährleisten, daß nachträglich überprüft und festgestellt werden kann, welche personenbezogenen Daten zu welcher Zeit von wem in Datenverarbeitungssysteme eingegeben worden sind (Eingabekontrolle),
8. zu gewährleisten, daß personenbezogene Daten, die im Auftrag verarbeitet werden, nur entsprechend den Weisungen des Auftraggebers verarbeitet werden können (Auftragskontrolle),
9. zu gewährleisten, daß bei der Übermittlung personenbezogener Daten sowie beim Transport entsprechender Datenträger diese nicht unbefugt gelesen, verändert oder gelöscht werden können (Transportkontrolle),
10. die innerbehördliche oder innerbetriebliche Organisation so zu gestalten, daß sie den besonderen Anforderungen des Datenschutzes gerecht wird (Organisationskontrolle).

3. Gesetz über den Datenschutz in der Berliner Verwaltung (Berliner Datenschutzgesetz – Bln DSG) Vom 12. Juli 1978 (GVBl 1978/49, 1317)

Erster Abschnitt. Allgemeine Vorschriften

§ 1: Anwendungsbereich

(1) Zum Datenschutz nach Maßgabe dieses Gesetzes sind alle Behörden und sonstigen öffentlichen Stellen des Landes Berlin, der landesunmittelbaren Körperschaften, Stiftungen und Anstalten des öffentlichen Rechts (§ 28 AZG) verpflichtet.
(2) Für öffentlich-rechtliche Unternehmen, die am Wettbewerb teilnehmen, gelten die §§ 2 und 9 bis 15 dieses Gesetzes nicht. Für diese Unternehmen gelten die §§ 23 bis 27, 31 bis 37, 42 und 43 des Bundesdatenschutzgesetzes vom 27. Januar 1977 –BDSG – (BGBl I S. 201/ GVBl. S. 346).
(3) Für die Behörden der Landespostdirektion sowie die Behörden der Zoll- und Verbrauchsteuerverwaltung und der Sondervermögens- und Bauverwaltung der Oberfinanzdirektion Berlin sowie für die Monopolverwaltung für Branntwein Berlin gelten die Vorschriften des Bundesdatenschutzgesetzes entsprechend.
(4) Abweichend von den Absätzen 1 und 2 gelten anstelle der §§ 9 bis 14 dieses Gesetzes die §§ 23 bis 27, 42 und 43 BDSG, soweit die Datenverarbeitung frühere, bestehende oder zukünftige dienst- oder arbeitsrechtliche Rechtsverhältnisse betrifft.

§ 2: Verarbeitung personenbezogener Daten im Auftrag

(1) Die Vorschriften dieses Gesetzes gelten für die in § 1 genannten Behörden und sonstigen öffentlichen Stellen auch insoweit, als personenbezogene Daten in deren Auftrag durch andere Personen oder Stellen verarbeitet werden. In diesen Fällen ist der Auftragnehmer unter besonderer Berücksichtigung der Eignung der von ihm getroffenen technischen und organisatorischen Maßnahmen (§ 5 Abs. 1) sorgfältig auszuwählen.
(2) Für die in § 1 genannten Behörden und sonstigen öffentlichen Stellen gelten die §§ 9 bis 14 dieses Gesetzes nicht, soweit sie personenbezogene Daten im Auftrag verarbeiten. In die-

sen Fällen ist die Verarbeitung personenbezogener Daten in jeder ihrer in § 3 Abs. 1 genannten Phasen nur im Rahmen der Weisungen des Auftraggebers zulässig.
(3) Für juristische Personen, Gesellschaften und andere Personenvereinigungen des privaten Rechts, bei denen dem Land Berlin oder einer landesunmittelbaren Körperschaft, Anstalt oder Stiftung des öffentlichen Rechts die Mehrheit der Anteile gehört oder die Mehrheit der Stimmen zusteht, gelten die Vorschriften des Vierten Abschnittes entsprechend, soweit diese Personen oder Personenvereinigungen in den Fällen des Absatzes 1 Satz 1 im Auftrag tätig werden. Hinsichtlich der Befugnisse nach § 25 Abs. 1 wird das Grundrecht der Unverletzlichkeit der Wohnung (Art. 13 des Grundgesetzes, Art. 19 Abs. 2 Satz 1 der Verfassung von Berlin) für die Betriebs- und Geschäftszeit eingeschränkt.

§ 3: Aufgabe und Gegenstand des Datenschutzes

(1) Aufgabe des Datenschutzes ist es, durch den Schutz personenbezogener Daten vor Mißbrauch bei ihrer Speicherung, Übermittlung, Veränderung und Löschung (Datenverarbeitung) der Beeinträchtigung schutzwürdiger Belange der Betroffenen entgegenzuwirken.
(2) Dieses Gesetz schützt personenbezogene Daten, die von Behörden oder sonstigen öffentlichen Stellen (§ 1) in Dateien gespeichert, verändert, gelöscht oder aus Dateien übermittelt werden.
(3) Für personenbezogene Daten, die nicht zur Übermittlung an Dritte bestimmt sind und in nicht automatisierten Verfahren verarbeitet werden, gelten die Vorschriften dieses Gesetzes nur insoweit, als sie Maßnahmen der Datensicherung vorschreiben.
(4) Dieses Gesetz schützt personenbezogene Daten nicht, die durch Unternehmen oder Hilfsunternehmen der Presse, des Rundfunks oder des Films ausschließlich zu eigenen publizistischen Zwecken verarbeitet werden; § 5 Abs. 1 bleibt unberührt.

§ 4: Begriffsbestimmungen

(1) Im Sinne dieses Gesetzes sind personenbezogene Daten Einzelangaben über persönliche oder sachliche Verhältnisse einer bestimmten oder bestimmbaren natürlichen Person (Betroffener).
(2) Im Sinne dieses Gesetzes ist
1. Speichern (Speicherung) das Erfassen, Aufnehmen oder Aufbewahren von Daten auf einem Datenträger zum Zwecke ihrer weiteren Verwendung,
2. Übermitteln (Übermittlung) das Bekanntgeben gespeicherter oder durch Datenverarbeitung unmittelbar gewonnener Daten an Dritte in der Weise, daß die Daten durch die speichernde Stelle weitergegeben oder zur Einsichtnahme namentlich zum Abruf bereitgehalten werden,
3. Verändern (Veränderung) das inhaltliche Umgestalten gespeicherter Daten,
4. Löschen (Löschung) das Unkenntlichmachen gespeicherter Daten,

ungeachtet der dabei angewendeten Verfahren.
(3) Im Sinne dieses Gesetzes ist
1. speichernde Stelle jede der in § 1 genannten Behörden und sonstigen öffentlichen Stellen, die Daten für sich selbst speichert oder durch andere speichern läßt.
2. Dritter jede Person oder Stelle außerhalb der speichernden Stelle, ausgenommen der Betroffene oder diejenigen Personen und Stellen, die in den Fällen der Nr. 1 im Geltungsbereich des Grundgesetzes im Auftrag tätig werden,
3. eine Datei eine gleichartig aufgebaute Sammlung von Daten, die nach bestimmten Merkmalen erfaßt und geordnet, nach anderen bestimmten Merkmalen umgeordnet und ausgewertet werden kann, ungeachtet der dabei angewendeten Verfahren; nicht hierzu gehören Akten und Aktensammlungen, es sei denn, daß sie durch automatisierte Verfahren umgeordnet und ausgewertet werden können.

§ 5: Technische und organisatorische Maßnahmen

(1) Wer im Rahmen des § 3 Abs. 2 oder im Auftrag der dort genannten Behörden oder sonstigen öffentlichen Stellen personenbezogene Daten verarbeitet, hat die technischen und organisatorischen Maßnahmen zu treffen, die erforderlich sind, um die Ausführung der Vor-

schriften dieses Gesetzes, insbesondere die in der Anlage zu diesem Gesetz genannten Anforderungen, zu gewährleisten. Erforderlich sind Maßnahmen nur, wenn ihr Aufwand in einem angemessenen Verhältnis zu dem angestrebten Schutzzweck steht.
(2) Der Senat wird ermächtigt, durch Rechtsverordnung die in der Anlage genannten Anforderungen nach dem jeweiligen Stand der Technik und Organisation fortzuschreiben. Stand der Technik und Organisation im Sinne dieses Gesetzes ist der Entwicklungsstand fortschrittlicher Verfahren, Einrichtungen oder Betriebsweisen, der die praktische Eignung einer Maßnahme zur Gewährleistung der Durchführung dieses Gesetzes gesichert erscheinen läßt. Bei der Bestimmung des Standes der Technik und Organisation sind insbesondere vergleichbare Verfahren, Einrichtungen oder Betriebsweisen heranzuziehen, die mit Erfolg im Betrieb erprobt worden sind. Die Anlage ist den fortzuschreibenden Änderungen der Anlage zu § 6 Abs. 1 Satz 1 BDSG anzupassen.

Zweiter Abschnitt. Voraussetzungen der Datenverarbeitung und Rechte der Betroffenen

§ 6: Zulässigkeit der Datenverarbeitung

Die Verarbeitung personenbezogener Daten, die von diesem Gesetz geschützt werden, ist in jeder ihrer in § 3 Abs. 1 genannten Phasen nur zulässig, wenn
1. dieses Gesetz oder eine andere Rechtsvorschrift sie erlaubt oder
2. der Betroffene eingewilligt hat.

Die Einwilligigung bedarf der Schriftform, soweit nicht wegen besonderer Umstände eine andere Form angemessen ist; wird die Einwilligung zusammen mit anderen Erklärungen schriftlich erteilt, ist der Betroffene hierauf schriftlich besonders hinzuweisen.

§ 7: Rechte des Betroffenen

Jeder hat nach Maßgabe dieses Gesetzes ein Recht auf
1. Auskunft über die zu seiner Person gespeicherten Daten,
2. Berichtigung der zu seiner Person gespeicherten Daten, wenn sie unrichtig sind,
3. Sperrung der zu seiner Person gespeicherten Daten, wenn sich weder deren Richtigkeit noch deren Unrichtigkeit feststellen läßt oder nach Wegfall der ursprünglich erfüllten Voraussetzungen für die Speicherung,
4. Löschung der zu seiner Person gespeicherten Daten, wenn ihre Speicherung unzulässig war oder – wahlweise neben dem Recht auf Sperrung – nach Wegfall der ursprünglich erfüllten Voraussetzungen für die Speicherung.
5. Sperrung der Übermittlung der zu seiner Person gespeicherten Daten an Stellen außerhalb des öffentlichen Bereichs.

§ 8: Datengeheimnis

(1) Den im Rahmen des § 3 Abs. 2 oder im Auftrag der dort genannten Behörden oder sonstigen öffentlichen Stellen bei der Datenverarbeitung beschäftigten Personen ist untersagt, geschützte personenbezogene Daten unbefugt zu einem anderen als dem zur jeweiligen rechtmäßigen Aufgabenerfüllung gehörenden Zweck zu verarbeiten, bekanntzugeben, zugänglich zu machen oder sonst zu nutzen.
(2) Diese Personen sind bei der Aufnahme ihrer Tätigkeit nach Maßgabe von Absatz 1 zu verpflichten. Ihre Pflichten bestehen auch nach Beendigung ihrer Tätigkeit fort.

§ 9: Datenspeicherung und -veränderung

(1) Das Speichern und das Verändern personenbezogener Daten ist zulässig, wenn es zur rechtmäßigen Erfüllung der in der Zuständigkeit der speichernden Stelle liegenden Aufgaben erforderlich ist.
(2) Werden Daten beim Betroffenen aufgrund einer Rechtsvorschrift erhoben, dann ist er auf sie, sonst auf die Freiwilligkeit seiner Angaben hinzuweisen.

§ 10: Datenübermittlung innerhalb des öffentlichen Bereichs

(1) Die Übermittlung personenbezogener Daten an Behörden und sonstige öffentliche

Stellen ist zulässig, wenn sie zur rechtmäßigen Erfüllung der in der Zuständigkeit der übermittelnden Stelle oder des Empfängers liegenden Aufgaben erforderlich ist. Unterliegen die personenbezogenen Daten einem Berufs- oder besonderen Amtsgeheimnis (§ 45 Satz 2 Nr. 1, Satz 3 BDSG) und sind sie der übermittelnden Stelle von der zur Verschwiegenheit verpflichteten Person in Ausübung ihrer Berufs- oder Amtspflicht übermittelt worden, ist für die Zulässigkeit der Übermittlung ferner erforderlich, daß der Empfänger die Daten zur Erfüllung des gleichen Zweckes benötigt, zu dem sie die übermittelnde Stelle erhalten hat.
(2) Die Übermittlung personenbezogener Daten an Stellen der öffentlich-rechtlichen Religionsgesellschaften ist in entsprechender Anwendung der Vorschriften über die Datenübermittlung an Behörden und sonstige öffentliche Stellen zulässig, sofern sichergestellt ist, daß bei dem Empfänger ausreichende Datenschutzmaßnahmen getroffen werden.
(3) Über die Zulässigkeit der Datenübermittlung entscheidet die übermittelnde Stelle.

§ 11: Datenübermittlung an Stellen außerhalb des öffentlichen Bereichs

Die Übermittlung personenbezogener Daten an Personen und andere Stellen als die in § 10 bezeichneten ist nach Einwilligung des Betroffenen zulässig, wenn sie zur rechtmäßigen Erfüllung der in der Zuständigkeit der übermittelnden Stelle liegenden Aufgaben erforderlich ist oder soweit der Empfänger ein berechtigtes Interesse an der Kenntnis der zu übermittelnden Daten glaubhaft macht. Unterliegen die personenbezogenen Daten einem Berufs- oder besonderen Amtsgeheimnis (§ 45 Satz 2 Nr. 1, Satz 3 BDSG) und sind sie der übermittelnden Stelle von der zur Verschwiegenheit verpflichteten Person in Ausübung ihrer Berufs- oder Amtspflicht übermittelt worden, ist für die Zulässigkeit der Übermittlung ferner erforderlich, daß die gleichen Voraussetzungen gegeben sind, unter denen sie die zur Verschwiegenheit verpflichtete Person übermitteln durfte. Für die Übermittlung an Behörden und sonstige Stellen außerhalb des Geltungsbereichs des Grundgesetzes sowie an über- und zwischenstaatliche Stellen finden die Sätze 1 und 2 nach Maßgabe der für diese Übermittlung geltenden Gesetze und Vereinbarungen Anwendung.

§ 12: Veröffentlichungen über die gespeicherten Daten

(1) Behörden und sonstige öffentliche Stellen geben
1. die Art der von ihnen oder in ihrem Auftrag gespeicherten personenbezogenen Daten,
2. die Aufgaben, zu deren Erfüllung die Kenntnis dieser Daten erforderlich ist,
3. den betroffenen Personenkreis,
4. die Stellen, an die sie personenbezogene Daten regelmäßig übermitteln, sowie
5. die Art der zu übermittelnden Daten

unverzüglich nach der ersten Einspeicherung im Amtsblatt für Berlin und im Landespressedienst bekannt. Auf Antrag sind den Betroffenen die bisherigen Bekanntmachungen zugänglich zu machen.
(2) Absatz 1 gilt nicht
1. für das Landesamt für Verfassungsschutz, die Behörden der Staatsanwaltschaft und der Polizei, soweit diese nicht Ordnungsaufgaben wahrnimmt, sowie für Landesfinanzbehörden, soweit sie personenbezogene Daten in Erfüllung ihrer gesetzlichen Aufgaben im Anwendungsbereich der Aufgabenordnung zur Überwachung und Prüfung in Dateien speichern.
2. für die personenbezogenen Daten, die deshalb nach § 14 Abs. 2 Satz 2 gesperrt sind, weil sie aufgrund gesetzlicher Aufbewahrungsvorschriften nicht nach § 14 Abs. 3 Satz 1 gelöscht werden dürfen,
3. für gesetzlich vorgeschriebene Register oder sonstige aufgrund von Rechts- oder veröffentlichten Verwaltungsvorschriften zu führende Dateien, soweit die Art der in ihnen gespeicherten personenbezogenen Daten, die Aufgaben, zu deren Erfüllung die Kenntnis dieser Daten erforderlich ist, der betroffene Personenkreis, die Stellen, an die personenbezogene Daten regelmäßig übermittelt werden, sowie die Art der zu übermittelnden Daten in Rechts- oder veröffentlichten Verwaltungsvorschriften festgelegt sind.

(3) Der Senat wird ermächtigt, durch Rechtsverordnung für die in § 1 genannten Behörden

und sonstigen öffentlichen Stellen das Veröffentlichungsblatt sowie das Verfahren der Veröffentlichung zu bestimmen.

§ 13: Auskunft an den Betroffenen

(1) [1]Dem Betroffenen ist auf Antrag Auskunft über die zu seiner Person gespeicherten Daten sowie über die Empfänger der nicht unter § 12 Abs. 1 Nr. 4 fallenden Übermittlungen der letzten zwei Jahre zu erteilen, soweit er nicht auf andere Weise davon Kenntnis erhalten hat. [2]Dabei ist auf die Veröffentlichungen nach § 12 Abs. 1 Nr. 4 und die Möglichkeiten der Übermittlung durch selbsttätige Einrichtungen hinzuweisen. [3]In dem Antrag soll die Art der personenbezogenen Daten, über die Auskunft erteilt werden soll, näher bezeichnet werden. Der Senat wird ermächtigt, durch Rechtsverordnung das Verfahren der Auskunftserteilung, insbesondere die Einrichtung gemeinsamer Auskunftsstellen, zu regeln.

(2) Absatz 1 gilt nicht in den Fällen des § 12 Abs. 2 Nr. 1 und 2.

(3) Die Auskunftserteilung unterbleibt, soweit

1. die Auskunft die rechtmäßige Erfüllung der in der Zuständigkeit der speichernden Stelle liegenden Aufgaben gefährden würde,
2. die Auskunft die öffentliche Sicherheit oder Ordnung gefährden oder sonst dem Wohle des Bundes oder eines Landes Nachteile bereiten würde,
3. die personenbezogenen Daten oder die Tatsache ihrer Speicherung nach einer Rechtsvorschrift oder ihrem Wesen nach, namentlich wegen der überwiegenden berechtigten Interessen einer dritten Person, geheimgehalten werden müssen,
4. die Auskunft sich auf die Übermittlung personenbezogener Daten an die in § 12 Abs. 2 Nr. 1 genannten Behörden bezieht.

(4) Das Gesetz über Gebühren und Beiträge vom 22. Mai 1957 (GVBl S. 516), zuletzt geändert durch Gesetz vom 30. Oktober 1969 (GVBl S. 2252), findet mit der Maßgabe Anwendung, daß

1. Verwaltungsgebühren nur zur Deckung des unmittelbar auf Amtshandlungen dieser Art entfallenden Verwaltungsaufwandes vorzusehen sind,
2. Ausnahmen von der Gebührenpflicht in den Fällen zuzulassen sind, in denen durch besondere Umstände die Annahme gerechtfertigt wird, daß personenbezogene Daten unrichtig oder unzulässig gespeichert werden, oder in denen die Auskunft zur Berichtigung oder Löschung gespeicherter personenbezogener Daten geführt hat.

§ 14: Berichtigung, Sperrung und Löschung von Daten

(1) Personenbezogene Daten sind zu berichtigen, wenn sie unrichtig sind.

(2) Personenbezogene Daten sind zu sperren, wenn ihre Richtigkeit vom Betroffenen bestritten wird und sich weder die Richtigkeit noch die Unrichtigkeit feststellen läßt. Sie sind ferner zu sperren, wenn ihre Kenntnis für die speichernde Stelle zur rechtmäßigen Erfüllung der in ihrer Zuständigkeit liegenden Aufgaben nicht mehr erforderlich ist. Gesperrte Daten sind mit einem entsprechenden Vermerk zu versehen; sie dürfen nicht mehr verarbeitet, insbesondere übermittelt oder sonst genutzt werden, es sei denn, daß die Nutzung zu wissenschaftlichen Zwecken oder zur Behebung einer bestehenden Beweisnot unerläßlich ist oder der Betroffene in die Nutzung eingewilligt hat.

(3) Personenbezogene Daten sind zu löschen, wenn ihre Kenntnis für die speichernde Stelle zu rechtmäßigen Erfüllung der in ihrer Zuständigkeit liegenden Aufgaben nicht mehr erforderlich ist und kein Grund zu der Annahme besteht, daß durch die Löschung schutzwürdige Belange des Betroffenen beeinträchtigt werden. Sie sind zu löschen, wenn ihre Speicherung unzulässig war oder wenn es in den Fällen des Absatzes 2 Satz 2 der Betroffene verlangt.

(4) Von der Berichtigung gemäß Absatz 1 sowie von der Sperrung gemäß Absatz 2 und der Löschung gemäß Absatz 3 sind unverzüglich die Stellen zu verständigen, denen die Daten im Rahmen regelmäßiger Datenübermittlung übermittelt wurden.

§ 15: Schadenersatz- und Unterlassungsanspruch

(1) Wird der Betroffene durch eine nach diesem Gesetz oder anderen Vorschriften über den Datenschutz rechtswidrige automatische Datenverarbeitung in seinen schutzwürdigen

Belangen beeinträchtigt, so hat ihm diejenige Stelle (§ 1 Abs. 1), die die Daten verarbeitet oder nach § 2 Abs. 1 verarbeiten läßt, den daraus entstehenden Vermögensschaden zu ersetzen. Der Ersatzpflichtige haftet jedem Betroffenen für jedes schädigende Ereignis bis zu einem Betrag von 250000,– DM. Sind weitere Rechtsverletzungen zu besorgen, so kann der Betroffene Unterlassung verlangen.
(2) Schadenersatz- und Unterlassungsansprüche aufgrund anderer Vorschriften bleiben unberührt.

§ 16: Durchführung des Datenschutzes in der Landesverwaltung

Der Präsident des Abgeordnetenhauses, die Mitglieder des Senats, der Präsident des Rechnungshofs, die Bezirke sowie die landesunmittelbaren Körperschaften, Anstalten und Stiftungen des öffentlichen Rechts, über die von einem Mitglied des Senats lediglich Staatsaufsicht ausgeübt wird, haben jeweils für ihren Geschäftsbereich die Ausführung dieses Gesetzes sowie anderer Rechtsvorschriften über den Datenschutz sicherzustellen. Sie haben insbesondere dafür zu sorgen, daß

1. eine Übersicht über die Art der gespeicherten personenbezogenen Daten und über die Aufgaben, zu deren Erfüllung die Kenntnis dieser Daten erforderlich ist, sowie über deren regelmäßige Empfänger geführt und
2. die ordnungsgemäße Anwendung der Datenverarbeitungsprogramme, mit deren Hilfe personenbezogene Daten verarbeitet werden sollen, überwacht wird.

Dritter Abschnitt. Information des Abgeordnetenhauses und der Bezirksverordnetenversammlungen

§ 17

(1) Die in § 1 genannten Behörden und sonstigen öffentlichen Stellen haben dem Abgeordnetenhaus, dessen verfassungsmäßigen Organen und den Fraktionen des Abgeordnetenhauses die von diesen im Rahmen ihrer Aufgaben verlangten Auskünfte über Daten zu erteilen, soweit entsprechende Programme für automatisiert geführt Dateien vorliegen. Personenbezogene Daten dürfen an diese Institutionen zur Erfüllung ihrer Aufgaben nur herausgegeben werden, wenn die in § 32 Abs. 3 BDSG genannten Voraussetzungen erfüllt sind.
(2) Dieselbe Verpflichtung besteht gegenüber den Bezirksverordnetenversammlungen, ihren verfassungsmäßigen Organen und ihren Fraktionen, soweit diese im Rahmen ihrer Zuständigkeiten Auskünfte über Daten verlangen.
(3) Die Absätze 1 und 2 gelten nicht für Unternehmen gemäß § 1 Abs. 2 dieses Gesetzes.

Vierter Abschnitt. Berliner Datenschutzbeauftragter

§ 18: Bestellung und Entlassung

(1) Der Berliner Datenschutzbeauftragte wird auf Vorschlag des Senats vom Abgeordnetenhaus mit den Stimmen der Mehrheit seiner Mitglieder gewählt und vom Senat ernannt.
(2) Der Datenschutzbeauftragte leistet vor dem Präsidenten des Abgeordnetenhauses folgenden Eid:
„Ich schwöre, mein Amt gerecht und unparteiisch getreu dem Grundgesetz, der Verfassung von Berlin und den Gesetzen zu führen und meine ganze Kraft hierfür einzusetzen. So wahr mir Gott helfe."
Der Eid kann auch ohne religiöse Beteuerung geleistet werden.
(3) Die Amtszeit des Datenschutzbeauftragten beträgt fünf Jahre. Die Wiederwahl ist zulässig. Vor Ablauf seiner Amtszeit kann der Datenschutzbeauftragte gegen seinen Willen nur entlassen werden, wenn Gründe vorliegen, die bei einem Richter auf Lebenszeit die Entlassung aus dem Dienst rechtfertigen.

§ 19: Rechtsstellung des Datenschutzbeauftragten

(1) Der Datenschutzbeauftragte steht nach Maßgabe dieses Gesetzes in einem öffentlich-rechtlichen Amtsverhältnis.

(2) Der Datenschutzbeauftragte wird als oberste Landesbehörde eingerichtet; er ist in Ausübung seines Amtes unabhängig und nur dem Gesetz unterworfen. Er untersteht der Dienstaufsicht des Präsidenten des Abgeordnetenhauses.

(3) Der Datenschutzbeauftragte darf neben seinem Amt kein weiteres besoldetes Amt und kein Gewerbe ausüben und weder der Leitung oder dem Aufsichtsrat oder Verwaltungsrat eines auf Erwerb gerichteten Unternehmens noch einer Regierung oder einer gesetzgebenden Körperschaft des Bundes oder eines Landes angehören. Er darf nicht gegen Entgelt außergerichtliche Gutachten abgeben. Seine Rechtsstellung wird im übrigen durch Vertrag geregelt.

§ 20: Verschwiegenheitspflicht

Der Datenschutzbeauftragte ist, auch nach Beendigung seines Amtsverhältnisses, verpflichtet, über die ihm amtlich bekanntgewordenen Angelegenheiten Verschwiegenheit zu bewahren. Dies gilt nicht für Mitteilungen im dienstlichen Verkehr oder über Tatsachen, die offenkundig sind oder ihrer Bedeutung nach keiner Geheimhaltung bedürfen. Der Datenschutzbeauftragte darf, auch wenn er nicht mehr im Amt ist, über solche Angelegenheiten ohne Genehmigung des Präsidenten des Abgeordnetenhauses weder vor Gericht noch außergerichtlich Aussagen oder Erklärungen abgeben.

§ 21: Aufgaben des Datenschutzbeauftragten

(1) Der Datenschutzbeauftragte kontrolliert die Einhaltung der Vorschriften dieses Gesetzes sowie anderer Vorschriften über den Datenschutz bei den in § 1 Abs. 1 und 2 genannten Behörden und sonstigen öffentlichen Stellen, ausgenommen die Gerichte, soweit sie nicht in Verwaltungsangelegenheiten tätig werden. Zu diesem Zweck kann er Empfehlungen zur Verbesserung des Datenschutzes geben; insbesondere kann er den Senat und einzelne Mitglieder des Senats sowie die übrigen in § 1 Abs. 1 und 2 genannten Behörden und sonstigen öffentlichen Stellen in Fragen des Datenschutzes beraten.

(2) Der Datenschutzbeauftragte beobachtet die Auswirkungen der automatischen Datenverarbeitung auf die Arbeitsweise und die Entscheidungsbefugnisse der in § 1 Abs. 1 und 2 genannten Behörden und sonstigen öffentlichen Stellen dahingehend, ob sie zu einer Beschränkung der Kontrollmöglichkeiten durch die Volksvertretung führen. Er kann Maßnahmen zum Schutz gegen derartige Auswirkungen anregen. Der Datenschutzbeauftragte informiert sich über die Einführung neuer Automationsvorhaben im Bereich der in § 1 Abs. 1 und 2 genannten Behörden und sonstigen öffentlichen Stellen.

(3) Der Datenschutzbeauftragte wirkt auf die Zusammenarbeit mit den Behörden und sonstigen öffentlichen Stellen, die für die Kontrolle der Einhaltung der Vorschriften über den Datenschutz im Bund und in den Ländern zuständig sind, sowie mit den Aufsichtsbehörden nach den §§ 30, 40 BDSG hin.

§ 22: Dateienregister

Der Datenschutzbeauftragte führt ein Register der automatisch betriebenen Dateien, in denen personenbezogene Daten gespeichert werden. Das Register kann von jedem eingesehen werden. Die in § 21 Abs. 1 Satz 1 genannten Behörden und sonstigen öffentlichen Stellen sind verpflichtet, die von ihnen automatisch betriebenen Dateien beim Datenschutzbeauftragten anzumelden. Das Landesamt für Verfassungsschutz ist von der Meldepflicht ausgenommen. Zu den Dateien der übrigen in § 12 Abs. 2 Nr. 1 genannten Landesbehörden und zu den Dateien der Unternehmen gemäß § 1 Abs. 2 wird ein besonderes Register geführt. Es beschränkt sich auf eine Übersicht über Art und Verwendungszweck. Satz 2 findet auf diese Register keine Anwendung. Das Nähere regelt der Senat durch Rechtsverordnung.

§ 23: Beanstandungen durch den Datenschutzbeauftragten

(1) Stellt der Datenschutzbeauftragte Verstöße gegen die Vorschriften dieses Gesetzes

oder gegen andere Datenschutzbestimmungen oder sonstige Mängel bei der Verarbeitung personenbezogener Daten fest, so beanstandet er dies

1. bei Behörden und sonstigen Stellen des Landes Berlin gegenüber dem zuständigen Mitglied des Senats, dem Präsidenten des Abgeordnetenhauses oder dem Präsidenten des Rechnungshofs,
2. bei den landesunmittelbaren Körperschaften, Anstalten und Stiftungen des öffentlichen Rechts sowie bei Vereinigungen solcher Körperschaften, Anstalten und Stiftungen gegenüber dem Vorstand oder dem sonst vertretungsberechtigten Organ

und fordert zur Stellungnahme innerhalb einer von ihm zu bestimmenden Frist auf. In den Fällen von Satz 1 Nr. 2 unterrichtet der Datenschutzbeauftragte gleichzeitig auch die zuständige Aufsichtsbehörde.

(2) Der Datenschutzbeauftragte kann von einer Beanstandung absehen oder auf eine Stellungnahme der betroffenen Stelle verzichten, wenn es sich um unerhebliche Mängel handelt.

(3) Mit der Beanstandung kann der Datenschutzbeauftragte Vorschläge zur Beseitigung der Mängel und zur sonstigen Verbesserung des Datenschutzes verbinden.

(4) Die gemäß Absatz 1 Satz 1 abzugebende Stellungnahme soll auch eine Darstellung der Maßnahmen enthalten, die aufgrund der Beanstandung des Datenschutzbeauftragten getroffen worden sind. Die in Absatz 1 Satz 1 Nr. 2 genannten Stellen leiten der zuständigen Aufsichtsbehörde eine Abschrift ihrer Stellungnahme an den Datenschutzbeauftragten zu.

§ 24: Anrufung des Datenschutzbeauftragten

Jedermann kann sich an den Datenschutzbeauftragten wenden, wenn er der Ansicht ist, bei der Verarbeitung seiner personenbezogenen Daten durch die in § 1 Abs. 1 und 2 genannten Behörden oder sonstigen öffentlichen Stellen in seinen Rechten verletzt worden zu sein. Für die Datenverarbeitung von Gerichten gilt dies nur, soweit sie in Verwaltungsangelegenheiten tätig werden.

§ 25: Unterstützung des Datenschutzbeauftragten

Die in § 21 Abs. 1 Satz 1 genannten Behörden und sonstigen öffentlichen Stellen sind verpflichtet, den Datenschutzbeauftragten und seine Beauftragten bei der Erfüllung ihrer Aufgaben zu unterstützen. Ihnen ist dabei insbesondere

1. Auskunft zu ihren Fragen sowie Einsicht in alle Unterlagen und Akten zu gewähren, die im Zusammenhang mit der Verarbeitung personenbezogener Daten stehen, namentlich in die gespeicherten Daten und in die Datenverarbeitungsprogramme,
2. jederzeit Zutritt in alle Diensträume zu gewähren.

Die Sätze 1 und 2 gelten für die in § 12 Abs. 2 Nr. 1 genannten Behörden mit der Maßgabe, daß die Unterstützung nur dem Datenschutzbeauftragten selbst und den von ihm schriftlich besonders damit betrauten Beauftragten zu gewähren ist. Satz 2 gilt für die in § 12 genannten Behörden nicht, soweit das jeweils zuständige Mitglied des Senats im Einzelfall feststellt, daß die Einsicht in die Unterlagen und Akten die Sicherheit des Bundes oder eines Landes gefährdet.

§ 26: Berichte und Gutachten

(1) Auf Anforderung des Abgeordnetenhauses oder des Senats hat der Datenschutzbeauftragte Gutachten zu erstellen und Berichte zu erstatten.

(2) Außerdem hat er dem Abgeordnetenhaus und dem Regierenden Bürgermeister jährlich, erstmals zum 1. Januar 1979, einen Bericht über das Ergebnis seiner Tätigkeit vorzulegen. Der Regierende Bürgermeister führt eine Stellungnahme des Senats zu dem Bericht herbei und legt diesen regelmäßig innerhalb von weiteren zwei Monaten dem Abgeordnetenhaus vor.

(3) Auf Ersuchen des Abgeordnetenhauses, des Petitionsausschusses des Abgeordnetenhauses oder des Senats hat der Datenschutzbeauftragte ferner Hinweisen auf Angelegenheiten und Vorgänge, die seinen Aufgabenkreis unmittelbar betreffen, nachzugehen. Der Datenschutzbeauftragte kann sich jederzeit an das Abgeordnetenhaus wenden.

§ 27: Der Datenschutzbeauftragte des Senders Freies Berlin

(1) Die Vorschriften des Vierten Abschnittes gelten nicht für die Rundfunkanstalt „Sender Freies Berlin".

(2) Der Rundfunkrat der Rundfunkanstalt „Sender Freies Berlin" bestellt für die Dauer von jeweils fünf Jahren einen Beauftragten für den Datenschutz; nach dem Ende der Amtszeit bleibt der Beauftragte für den Datenschutz bis zur Neuwahl im Amt. Vor Ablauf seiner Amtszeit kann der Beauftragte für den Datenschutz nur abberufen werden, wenn Tatsachen vorliegen, die bei einem Beamten die Entlassung aus dem Dienst rechtfertigen würden. Er kann jederzeit von seinem Amt zurücktreten.

(3) Der Beauftragte für den Datenschutz ist bei der Ausübung seines Amtes frei von Weisungen; die Dienstaufsicht obliegt dem Rundfunkrat. Er darf wegen der Erfüllung seiner Aufgabe als Beauftragter für den Datenschutz nicht benachteiligt werden. § 20 gilt entsprechend mit der Maßgabe, daß die Aussagegenehmigung der Intendant erteilt.

(4) Der Beauftragte für den Datenschutz überwacht die Ausführung dieses Gesetzes sowie anderer Vorschriften über den Datenschutz durch die Rundfunkanstalt „Sender Freies Berlin". § 25 gilt entsprechend.

(5) Jedermann kann sich an den Beauftragten für den Datenschutz wenden, wenn er annimmt, bei der Verarbeitung seiner personenbezogenen Daten durch die Rundfunkanstalt „Sender Freies Berlin" in seinen Rechten verletzt worden zu sein.

(6) Für Beanstandungen durch den Beauftragten für den Datenschutz gilt § 23 entsprechend mit der Maßgabe, daß die Beanstandungen an den Intendanten zu richten sind und der Rundfunkrat zu benachrichtigen ist.

(7) Der Beauftragte für den Datenschutz erstattet dem Rundfunkrat jährlich, erstmals zum 1. Januar 1979, schriftlich einen Bericht über seine Tätigkeit, der zunächst vom Verwaltungsrat zu prüfen ist. Er erstattet darüber hinaus besondere Berichte, wenn der Rundfunkrat es beschließt.

Fünfter Abschnitt. Schlußvorschriften

§ 28: Straftaten

(1) Wer unbefugt von diesem Gesetz geschützte personenbezogene Daten, die nicht offenkundig sind,
1. übermittelt oder verändert oder
2. abruft oder sich aus in Behältnissen verschlossenen Dateien verschafft,
wird mit Freiheitsstrafe bis zu einem Jahr oder mit Geldstrafe bestraft.

(2) Handelt der Täter gegen Entgelt oder in der Absicht, sich oder einen anderen zu bereichern oder einen anderen zu schädigen, so ist die Strafe Freiheitsstrafe bis zu zwei Jahren oder Geldstrafe.

(3) Die Tat wird nur auf Antrag verfolgt.

§ 29: Übergangsvorschrift

(1) Die Veröffentlichung über personenbezogene Daten (§ 12), die beim Inkrafttreten des Gesetzes schon gespeichert waren, hat binnen eines Jahres nach Inkrattreten des Gesetzes zu erfolgen.

(2) Soweit die Meldebehörde an andere Behörden oder sonstige öffentliche Stellen personenbezogene Daten durch Weitergabe der Meldescheine übermittelt, ist § 10 Abs. 1 Satz 1 erst vom 1. Januar 1982 an anzuwenden.

§ 30: Weitergeltende Vorschriften

Soweit besondere landesrechtliche Vorschriften auf in Dateien gespeicherte personenbezogene Daten anzuwenden sind, gehen sie den Vorschriften dieses Gesetzes vor.

§ 31: Aufsichtsbehörde nach dem Bundesdatenschutzgesetz

Aufsichtsbehörde nach den §§ 30, 40 BDSG ist der Senator für Inneres.

§ 32: Änderung des Meldegesetzes

Das Gesetz über das Meldewesen (Meldegesetz) in der Fassung vom 1. Juli 1970 (GVBl S. 996), geändert durch Gesetz vom 26. November 1974 (GVBl S. 2746), wird wie folgt geändert:

1. Nach § 17 wird folgender neuer Abschnitt III eingefügt:

III. Auskunft aus dem Melderegister

§ 17a

(1) Anderen Personen als dem Betroffenen darf Auskunft aus dem Melderegister nur über Namen, akademische Grade und Anschriften einzelner bestimmter Personen erteilt werden. Auskunft aus dem Melderegister nach Satz 1 über die Daten einer Vielzahl von namentlich bezeichneten Personen (Massenauskunft) darf nur erteilt werden, wenn sie im öffentlichen Interesse liegt.

(2) Soweit jemand ein berechtigtes Interesse glaubhaft macht, darf ihm außerdem Auskunft aus dem Melderegister erteilt werden über

1. Geburtstag,
2. Geburtsort,
3. früheren Familiennamen,
4. Familienstand, beschränkt auf die Angabe, ob verheiratet oder nicht,
5. Beruf,
6. Staatsangehörigkeit,
7. frühere Anschriften,
8. Datum des Beziehens und des Auszugs aus der Wohnung,
9. Sterbetag

einer anderen namentlich bezeichneten Person.

(3) Auskunft aus dem Melderegister über Namen, akademische Grade und Anschriften mehrerer nicht namentlich bezeichneter Personen (Gruppenauskunft) darf erteilt werden, wenn sie im öffentlichen Interesse liegt. Die Gruppenauskunft darf keine Auswertung anderer als der in Satz 1 genannten personenbezogenen Daten voraussetzen.

(4) Die Auskunft aus dem Melderegister ist nicht zulässig, wenn Tatsachen die Annahme rechtfertigen, daß dem Betroffenen oder einer anderen Person aus einer Auskunftserteilung eine Gefahr für Leben, Gesundheit, die persönliche Freiheit oder andere schutzwürdige Belange erwachsen kann.

2. Die bisherigen Abschnitte III bis VI werden Abschnitte IV bis VII.

§ 33: Inkrafttreten

Dieses Gesetz tritt am Tage nach der Verkündung im Gesetz- und Verordnungsblatt für Berlin in Kraft. Abweichend davon treten § 5 und die Anlage zu § 5 Abs. 1 Satz 1 am 1. Januar 1979 in Kraft.

Anlage zu § 5 Abs. 1 Satz 1

Werden personenbezogene Daten automatisch verarbeitet, sind zur Ausführung der Vorschriften dieses Gesetzes Maßnahmen zu treffen, die je nach der Art der zu schützenden personenbezogenen Daten geeignet sind,

1. Unbefugten den Zugang zu Datenverarbeitungsanlagen, mit denen personenbezogene Daten verarbeitet werden, zu verwehren (Zugangskontrolle),
2. Personen, die bei der Verarbeitung personenbezogener Daten tätig sind, daran zu hindern, daß sie Datenträger unbefugt entfernen (Abgangskontrolle),
3. die unbefugte Eingabe in den Speicher sowie die unbefugte Kenntnisnahme, Veränderung oder Löschung gespeicherter personenbezogener Daten zu verhindern (Speicherkontrolle),
4. die Benutzung von Datenverarbeitungssystemen, aus denen oder in die personenbezo-

gene Daten durch selbsttätige Einrichtungen übermittelt werden, durch unbefugte Personen zu verhindern (Benutzerkontrolle),

5. zu gewährleisten, daß die zur Benutzung eines Datenverarbeitungssystems Berechtigten durch selbsttätige Einrichtungen ausschließlich auf die ihrer Zugriffsberechtigung unterliegenden personenbezogenen Daten zugreifen können (Zugriffskontrolle),
6. zu gewährleisten, daß überprüft und festgestellt werden kann, an welche Stellen personenbezogene Daten durch selbsttätige Einrichtungen übermittelt werden können (Übermittlungskontrolle),
7. zu gewährleisten, daß nachträglich überprüft und festgestellt werden kann, welche personenbezogenen Daten zu welcher Zeit von wem in Datenverarbeitungssysteme eingegeben worden sind (Eingabekontrolle),
8. zu gewährleisten, daß personenbezogene Daten, die im Auftrag verarbeitet werden, nur entsprechend den Weisungen des Auftraggebers verarbeitet werden können (Auftragskontrolle),
9. zu gewährleisten, daß bei der Übermittlung personenbezogener Daten sowie beim Transport entsprechender Datenträger diese nicht unbefugt gelesen, verändert oder gelöscht werden können (Transportkontrolle),
10. die innerbehördliche oder innerbetriebliche Organisation so zu gestalten, daß sie den besonderen Anforderungen des Datenschutzes gerecht wird (Organisationskontrolle).

4. Gesetz zum Schutz vor Mißbrauch personenbezogener Daten bei der Datenverarbeitung (Bremisches Datenschutzgesetz – Br DSG –) vom 19. Dezember 1977, GBl 1977/47, S. 393

Erster Abschnitt: Allgemeine Vorschriften

§ 1: Aufgabe und Gegenstand des Datenschutzes

(1) Aufgabe des Datenschutzes ist es, durch den Schutz personenbezogener Daten vor Mißbrauch bei ihrer Speicherung, Übermittlung, Veränderung und Löschung (Datenverarbeitung) der Beeinträchtigung schutzwürdiger Belange der Betroffenen entgegenzuwirken.

(2) Dieses Gesetz schützt personenbezogene Daten, die von Behörden und sonstigen öffentlichen Stellen des Landes, der Gemeinden und der sonstigen der Aufsicht des Landes unterstehenden juristischen Personen des öffentlichen Rechts und deren Vereinigungen, in Dateien gespeichert, verändert, gelöscht oder aus Dateien übermittelt werden. Für die Gerichte und Behörden der Staatsanwaltschaft gilt dieses nur, wenn sie Verwaltungsaufgaben erledigen. Für personenbezogene Daten, die nicht zur Übermittlung an Dritte bestimmt sind und in nicht-automatisierten Verfahren verarbeitet werden, gelten von den Vorschriften dieses Gesetzes nur § 6, soweit er die Verpflichtung enthält, technische und organisatorische Maßnahmen zum Schutz dieser Daten gegenüber Dritten zu treffen, und § 21.

(3) Für am Wettbewerb teilnehmende öffentlich-rechtliche Unternehmen der in Absatz 2 Satz 1 genannten Rechtsträger gelten anstelle der § 7 Abs. 1 und 2 §§ 10 bis 16 und 21 dieses Gesetzes die folgenden Vorschriften des Bundesdatenschutzgesetzes:

1. §§ 23 bis 27, soweit sie geschützte personenbezogene Daten als Hilfsmittel für die Erfüllung ihrer Geschäftszwecke oder Ziele verarbeiten,
2. §§ 32 bis 35, soweit sie geschäftsmäßig geschützte personenbezogene Daten zum Zwecke der Übermittlung speichern und übermitteln; dabei ist es unerheblich, ob die Daten vor der Übermittlung verändert werden,
3. § 36, soweit sie geschäftsmäßig geschützte personenbezogene Daten zum Zweck der Veränderung speichern, sie derart verändern, daß diese Daten sich weder auf eine bestimmte Person beziehen noch eine solche erkennen lassen (anonymisieren), und sie in dieser Form übermitteln,

4. § 37, soweit sie geschäftsmäßig geschützte personenbezogene Daten im Auftrag als Dienstleistungsunternehmen verarbeiten.

Die Vorschriften des Satzes 1 gelten für die dort genannten Unternehmen auch insoweit, als die Verarbeitung personenbezogener Daten in deren Auftrag durch andere Personen oder Stellen betrieben wird. In diesen Fällen ist der Auftragnehmer unter besonderer Berücksichtigung der Eignung der von ihm getroffenen technischen und organisatorischen Maßnahmen (§ 6 Abs. 1) sorgfältig auszuwählen.

(4) Soweit die Datenverarbeitung frühere, bestehende oder zukünftige dienst- oder arbeitsrechtliche Rechtsverhältnisse betrifft, gelten anstelle der §§ 10, 11, 13 bis 16 dieses Gesetzes die §§ 23 bis 27 des Bundesdatenschutzgesetzes entsprechend.

(5) Dieses Gesetz schützt personenbezogene Daten nicht, die durch den Rundfunk ausschließlich zu eigenen publizistischen Zwecken verarbeitet werden; § 6 Abs. 1 bleibt unberührt.

§ 2: Begriffsbestimmungen

(1) Im Sinne dieses Gesetzes sind personenbezogene Daten Einzelangaben über persönliche oder sachliche Verhältnisse einer bestimmten oder bestimmbaren natürlichen Person (Betroffener).

(2) Im Sinne dieses Gesetzes ist

1. Speichern (Speicherung) das Erfassen, Aufnehmen oder Aufbewahren von Daten auf einem Datenträger zum Zwecke ihrer weiteren Verwendung,
2. Übermitteln (Übermittlung) das Bekanntgeben gespeicherter oder durch Datenverarbeitung unmittelbar gewonnener Daten an Dritte in der Weise, daß die Daten durch die speichernde Stelle weitergegeben oder zur Einsichtnahme, namentlich zum Abruf, bereitgehalten werden,
3. Verändern (Veränderung) das inhaltliche Umgestalten gespeicherter Daten,
4. Löschen (Löschung) das Unkenntlichmachen gespeicherter Daten ungeachtet der dabei angewendeten Verfahren.

(3) Im Sinne dieses Gesetzes ist

1. speichernde Stelle jede der in § 1 Abs. 2 genannten Stellen, die Daten für sich selbst speichert oder durch andere speichern läßt,
2. Dritter jede Person oder Stelle außerhalb der speichernden Stelle, ausgenommen der Betroffene oder diejenigen Stellen, die in den Fällen der Nummer 1 im Geltungsbereich des Grundgesetzes im Auftrag tätig werden,
3. eine Datei eine gleichartig aufgebaute Sammlung von Daten, die nach bestimmten Merkmalen erfaßt und geordnet, nach anderen bestimmten Merkmalen umgeordnet und ausgewertet werden kann, ungeachtet der dabei angewendeten Verfahren; nicht hierzu gehören Akten und Aktensammlungen, es sei denn, daß sie durch automatisierte Verfahren umgeordnet und ausgewertet werden können.

§ 3: Zulässigkeit der Datenverarbeitung

Die Verarbeitung personenbezogener Daten, die von diesem Gesetz geschützt werden, ist in jeder ihrer in § 1 Abs. 1 genannten Phasen nur zulässig, wenn

1. dieses Gesetz oder eine andere Rechtsvorschrift sie erlaubt oder
2. der Betroffene eingewilligt hat.

Die Einwilligung bedarf der Schriftform, soweit nicht wegen besonderer Umstände eine andere Form angemessen ist; wird die Einwilligung zusammen mit anderen Erklärungen schriftlich erteilt, ist der Betroffene hierauf schriftlich besonders hinzuweisen.

§ 4: Rechte der Betroffenen

Jeder hat nach Maßgabe dieses Gesetzes ein Recht auf

1. Auskunft über die zu seiner Person gespeicherten Daten (§ 15),
2. Berichtigung der zu seiner Person gespeicherten Daten, wenn sie unrichtig sind (§ 16),
3. Sperrung der zu seiner Person gespeicherten Daten, wenn sich weder deren Richtigkeit

noch deren Unrichtigkeit feststellen läßt oder nach Wegfall der ursprünglich erfüllten Voraussetzungen für die Speicherung (§ 16),
4. Löschung der zu seiner Person gespeicherten Daten, wenn ihre Speicherung unzulässig war oder wenn im Falle der Nummer 3 die Richtigkeit der gespeicherten Daten von der speichernden Stelle nicht bewiesen werden kann oder – wahlweise neben dem Recht auf Sperrung – nach Wegfall der ursprünglich erfüllten Voraussetzungen für die Speicherung (§ 16),
5. Anrufung des Landesbeauftragten für den Datenschutz (§ 23).

§ 5: Datengeheimnis

(1) Den im Rahmen des § 1 Abs. 2 oder im Auftrag der dort genannten Stellen bei der Datenverarbeitung beschäftigten Personen ist untersagt, geschützte personenbezogene Daten unbefugt zu einem anderen als dem zur jeweiligen rechtmäßigen Aufgabenerfüllung gehörenden Zweck zu verarbeiten, bekanntzugeben, zugänglich zu machen oder sonst zu nutzen.
(2) Diese Personen sind bei der Aufnahme ihrer Tätigkeit nach Maßgabe von Absatz 1 zu verpflichten. Ihre Pflichten bestehen auch nach Beendigung ihrer Tätigkeit fort.

§ 6: Technische und organisatorische Maßnahmen

(1) Wer im Rahmen des § 1 Abs. 2 oder im Auftrag der dort genannten Stellen personenbezogene Daten verarbeitet, hat die technischen und organisatorischen Maßnahmen zu treffen, die erforderlich sind, um die Ausführung der Vorschriften dieses Gesetzes, insbesondere die in der Anlage zu diesem Gesetz genannten Anforderungen zu gewährleisten. Erforderlich sind Maßnahmen nur, wenn der Aufwand in einem angemessenen Verhältnis zu dem angestrebten Schutzzweck steht.
(2) Der Senat wird ermächtigt, durch Rechtsverordnung die in der Anlage genannten Anforderungen nach dem jeweiligen Stand der Technik und Organisation fortzuschreiben. Stand der Technik und Organisation im Sinne dieses Gesetzes ist der Entwicklungsstand fortschrittlicher Verfahren, Einrichtungen oder Betriebsweisen, der die praktische Eignung einer Maßnahme zur Gewährleistung der Durchführung dieses Gesetzes gesichert erscheinen läßt. Bei der Bestimmung des Standes der Technik und Organisation sind insbesondere vergleichbare Verfahren, Einrichtungen oder Betriebsweisen heranzuziehen, die mit Erfolg im Betrieb erprobt worden sind.

§ 7: Verarbeitung personenbezogener Daten im Auftrag

(1) Die Vorschriften dieses Gesetzes gelten für die in § 1 Abs. 2 genannten Stellen auch insoweit, als personenbezogene Daten in deren Auftrag durch andere Personen oder Stellen verarbeitet werden. In diesen Fällen ist der Auftragnehmer unter besonderer Berücksichtigung der Eignung der von ihm getroffenen technischen und organisatorischen Maßnahmen (§ 6 Abs. 1) sorgfältig auszuwählen. Sofern die Vorschriften dieses Gesetzes auf den Auftragnehmer keine Anwendung finden, ist der Auftraggeber verpflichtet, sicherzustellen, daß der Auftragnehmer die Bestimmungen dieses Gesetzes beachtet und sich der Kontrolle des Landesbeauftragten für den Datenschutz unterwirft.
(2) Die Vorschriften des zweiten Abschnitts gelten nicht für die in § 1 Abs. 2 genannten Stellen, soweit sie personenbezogene Daten im Auftrag verarbeiten. In diesen Fällen ist die Verarbeitung personenbezogener Daten in jeder ihrer in § 1 Abs. 1 genannten Phasen nur im Rahmen der Weisungen des Auftraggebers zulässig.
(3) Für juristische Personen, Gesellschaften und andere Personenvereinigungen des privaten Rechts, bei denen dem Land, einer Gemeinde oder einer der Aufsicht des Landes unterstehenden juristischen Personen des öffentlichen Rechts die Mehrheit der Anteile gehört oder die Mehrheit der Stimmen zusteht, gelten die Vorschriften des Dritten Abschnitts entsprechend, soweit diese Personen oder Personenvereinigungen in den Fällen des Absatzes 1 Satz 1 im Auftrag tätig werden.

§ 8: Durchführung des Datenschutzes

Die Behörden und sonstigen öffentlichen Stellen des Landes, einer Gemeinde und der sonstigen der Aufsicht des Landes unterstehenden juristischen Personen des öffentlichen

Rechts und deren Vereinigungen haben jeweils für ihren Bereich die Ausführung dieses Gesetzes sowie anderer Rechtsvorschriften über den Datenschutzes sicherzustellen. Sie haben insbesondere dafür zu sorgen, daß

1. eine Übersicht über die Art der gespeicherten personenbezogenen Daten und über die Aufgaben, zu deren Erfüllung die Kenntnis dieser Daten erforderlich ist, sowie über deren regelmäßige Empfänger geführt und
2. die ordnungsgemäße Anwendung der Datenverarbeitungsprogramme, mit deren Hilfe personenbezogene Daten verarbeitet werden sollen, überwacht wird.

§ 9: Allgemeine Verwaltungsvorschriften

Die senatorischen Behörden haben jeweils für ihren Geschäftsbereich allgemeine Verwaltungsvorschriften zu erlassen, die die Ausführung dieses Gesetzes, bezogen auf die besonderen Verhältnisse in dem jeweiligen Geschäftsbereich und die sich daraus ergebenden besonderen Erfordernisse für den Datenschutz regeln.

Zweiter Abschnitt. Datenverarbeitungeitung der Behörden und sonstigen öffentlichen Stellen

§ 10: Datenspeicherung und -veränderung

(1) Das Speichern und das Verändern personenbezogener Daten ist zulässig, wenn es zur rechtmäßigen Erfüllung der in der Zuständigkeit der speichernden Stelle liegenden Aufgaben erforderlich ist.

(2) Werden Daten beim Betroffenen auf Grund einer Rechtsvorschrift erhoben, dann ist er auf sie, sonst auf die Freiwilligkeit seiner Angaben hinzuweisen.

§ 11: Datenübermittlung innerhalb des öffentlichen Bereichs

(1) Die Übermittlung personenbezogener Daten an Behörden und sonstige öffentliche Stellen ist zulässig, wenn sie zur rechtmäßigen Erfüllung der in der Zuständigkeit der übermittelnden Stelle oder des Empfängers liegenden Aufgaben erforderlich ist. Unterliegen die personenbezogenen Daten einem Berufs- oder besonderen Amtsgeheimnis (§ 45 Satz 2 Nr. 1, Satz 3 des Bundesdatenschutzgesetzes) und sind sie der übermittelnden Stelle von der zur Verschwiegenheit verpflichteten Person in Ausübung ihres Berufs- oder Amtspflicht übermittelt worden, ist für die Zulässigkeit der Übermittlung ferner erforderlich, daß der Empfänger die Daten zur Erfüllung des gleichen Zweckes benötigt, zu dem sie die übermittelnde Stelle erhalten hat.

(2) Die Übermittlung personenbezogener Daten an Stellen der öffentlich-rechtlichen Religionsgesellschaften ist in entsprechender Anwendung der Vorschriften über die Datenübermittlung an Behörden und sonstige öffentliche Stellen zulässig, sofern sichergestellt ist, daß bei dem Empfänger ausreichende Datenschutzmaßnahmen getroffen werden.

§ 12: Auskunftsrecht der Bürgerschaft (Landtag) und der kommunalen Vertretungsorgane

(1) Der Senat ist verpflichtet, der Bürgerschaft (Landtag) und auf Antrag einer Fraktion die im Rahmen ihrer Zuständigkeiten verlangten Auskünfte aufgrund der im Auftrage der in § 1 Abs. 2 genannten Stellen vom Rechenzentrum der bremischen Verwaltung automatisiert geführten Dateien zu geben, soweit Programme zur Auswertung vorhanden sind. Diese Auskünfte dürfen keine personenbezogenen Daten enthalten. Den Auskünften darf ein gesetzliches Verbot oder ein wichtiges öffentliches Interesse nicht entgegenstehen. Dem Auskunftsrecht der Bürgerschaft steht ein wichtiges öffentliches Interesse in der Regel nicht entgegen.

(2) Das Auskunftsrecht nach Absatz 1 besteht auch gegenüber dem Magistrat der Stadt Bremerhaven hinsichtlich der von seiner Datenverarbeitungszentrale automatisiert geführten Dateien. Auskunftsersuchen sind dem Magistrat der Stadt Bremerhaven über den Senat zuzuleiten.

(3) Ein Auskunftsrecht nach Absatz 1 steht im Rahmen ihrer Zuständigkeiten auch der Stadtbürgerschaft der Stadt Bremen und deren Fraktionen gegenüber dem Senat und der Stadtverordnetenversammlung der Stadt Bremerhaven und deren Fraktionen gegenüber dem Magistrat zu.

(4) Der Antrag der Fraktionen ist über den Präsidenten der Bürgerschaft (Landtag/Stadtbürgerschaft) bzw. den Stadtverordnetenvorsteher der Stadtverordnetenversammlung Bremerhaven zu leiten.

§ 13: Datenübermittlung an Stellen außerhalb des öffentlichen Bereichs

Die Übermittlung personenbezogener Daten an Personen und an andere Stellen als die in § 11 bezeichneten ist zulässig, wenn sie zur rechtmäßigen Erfüllung der in der Zuständigkeit der übermittelnden Stelle liegenden Aufgaben erforderlich ist oder soweit der Empfänger ein berechtigtes Interesse an der Kenntnis der zu übermittelnden Daten glaubhaft macht und dadurch schutzwürdige Belange des Betroffenen nicht beeinträchtigt werden. Unterliegen die personenbezogenen Daten einem Berufs- oder besonderen Amtsgeheimnis (§ 45 Satz 2 Nr. 1, Satz 3 des Bundesdatenschutzgesetzes) und sind sie der übermittelnden Stelle von der zur Verschwiegenheit verpflichteten Person in Ausübung ihrer Berufs- oder Amtspflicht übermittelt worden, ist für die Zulässigkeit der Übermittlung ferner erforderlich, daß die gleichen Voraussetzungen gegeben sind, unter denen sie die zur Verschwiegenheit verpflichtete Person übermitteln dürfte. Für die Übermittlung an Behörden und sonstige Stellen außerhalb des Geltungsbereichs des Grundgesetzes sowie an über- und zwischenstaatliche Stellen finden die Sätze 1 und 2 nach Maßgabe der für diese Übermittlung geltenden Gesetze und Vereinbarungen Anwendung.

§ 14: Veröffentlichung über die gespeicherten Daten

(1) Die in § 1 Abs. 2 genannten Stellen geben
1. die Art der von ihnen oder in ihrem Auftrag gespeicherten personenbezogenen Daten,
2. die Aufgaben, zu deren Erfüllung die Kenntnis dieser Daten erforderlich ist,
3. den betroffenen Personenkreis,
4. die Stellen, an die sie personenbezogene Daten regelmäßig übermitteln, sowie
5. die Art der zu übermittelnden Daten

unverzüglich nach der ersten Einspeicherung im Amtsblatt der Freien Hansestadt Bremen bekannt. Auf Antrag sind dem Betroffenen die bisherigen Bekanntmachungen zugänglich zu machen.

(2) Absatz 1 gilt nicht
1. für das Landesamt für Verfassungschutz, die Behörden der Staatsanwaltschaft, das Landeskriminalamt und die Behörden der Polizei, soweit sie strafverfolgend oder im Rahmen der vorbeugenden Verbrechensbekämpfung tätig werden, sowie für die Finanzbehörden des Landes und der Gemeinden, soweit sie personenbezogene Daten in Erfüllung ihrer gesetzlichen Aufgaben im Anwendungsbereich der Abgabenordnungen zur Überwachung und Prüfung in Dateien speichern,
2. für die personenbezogenen Daten, die deshalb nach § 16 Abs. 2 Satz 2 gesperrt sind, weil sie auf Grund gesetzlicher Aufbewahrungsvorschriften nicht nach § 16 Abs. 3 Satz 1 gelöscht werden dürfen,
3. für gesetzlich vorgeschriebene Register oder sonstige auf Grund von Rechts- oder veröffentlichten Verwaltungsvorschriften zu führende Dateien, soweit die Art der in ihnen gespeicherten personenbezogenen Daten, die Aufgaben, zu deren Erfüllung die Kenntnis dieser Daten erforderlich ist, der betroffene Personenkreis, die Stellen, an die personenbezogene Daten regelmäßig übermittelt werden, sowie die Art der zu übermittelnden Daten in Rechts- oder veröffentlichten Verwaltungsvorschriften festgelegt sind.

(3) Der Senat wird ermächtigt, durch Rechtsverordnung das Verfahren der Veröffentlichung zu bestimmen.

§ 15: Auskunft an den Betroffenen

(1) Dem Betroffenen ist auf Antrag Auskunft über die zu seiner Person gespeicherten Da-

ten und die Stellen, denen Daten regelmäßig übermittelt werden, zu erteilen. In dem Antrag soll die Art der personenbezogenen Daten, über die Auskunft erteilt werden soll, näher bezeichnet werden. Die speichernde Stelle bestimmt das Verfahren, insbesondere die Form der Auskunftserteilung, nach pflichtgemäßem Ermessen.

(2) Absatz 1 gilt nicht in den Fällen des § 14 Abs. 2 Nr. 1 und 2.

(3) Die Auskunftserteilung unterbleibt, soweit

1. die Auskunft die rechtmäßige Erfüllung der in der Zuständigkeit der speichernden Stelle liegenden Aufgaben gefährden würde,
2. die Auskunft die öffentliche Sicherheit oder Ordnung gefährden oder sonst dem Wohle des Bundes oder eines Landes Nachteile bereiten würde,
3. die personenbezogenen Daten oder die Tatsache ihrer Speicherung nach einer Rechtsvorschrift oder ihrem Wesen nach, namentlich wegen der überwiegenden berechtigten Interessen einer dritten Person, geheimgehalten werden müssen,
4. die Auskunft sich auf die Übermittlung personenbezogener Daten an die in § 14 Abs. 2 Nr. 1 dieses Gesetzes und die in § 12 Abs. 2 Nr. 1 des Bundesdatenschutzgesetzes genannten Behörden bezieht.

(4) Die Auskunftserteilung ist gebührenpflichtig. Der Senat wird ermächtigt, durch Rechtsverordnung die gebührenpflichtigen Tatbestände und die Höhe der Gebühr näher zu bestimmen sowie Ausnahmen von der Gebührenpflicht zuzulassen. Die Gebühren dürfen nur zur Deckung des unmittelbar auf Amtshandlungen dieser Art entfallenden Verwaltungsaufwandes erhoben werden. Ausnahmen von der Gebührenpflicht sind insbesondere in den Fällen zuzulassen, in denen durch besondere Umstände die Annahme gerechtfertigt wird, daß personenbezogene Daten unrichtig oder unzulässig gespeichert werden oder in denen die Auskunft zur Berichtigung oder Löschung gespeicherter personenbezogener Daten geführt hat. Im übrigen findet das bremische Gebührengesetz Anwedung.

§ 16: Berichtigung, Sperrung und Löschung von Daten

(1) Personenbezogene Daten sind zu berichtigen, wenn sie unrichtig sind.

(2) Personenbezogene Daten sind zu sperren, wenn ihre Richtigkeit vom Betroffenen bestritten wird und sich weder die Richtigkeit noch die Unrichtigkeit feststellen läßt. Sie sind ferner zu sperren, wenn ihre Kenntnis für die speichernde Stelle zur rechtmäßigen Erfüllung der in ihrer Zuständigkeit liegenden Aufgaben nicht mehr erforderlich ist. Gesperrte Daten sind mit einem entsprechenden Vermerk zu versehen; sie dürfen nicht mehr verarbeitet, insbesondere übermittelt, oder sonst genutzt werden, es sei denn, daß die Nutzung zu wissenschaftlichen Zwecken, zur Behebung einer bestehenden Beweisnot oder aus sonstigen im überwiegenden Interesse der speichernden Stelle oder eines Dritten liegenden Gründen unerläßlich ist oder der Betroffene in die Nutzung eingewilligt hat.

(3) Personenbezogene Daten können gelöscht werden, wenn ihre Kenntnis für die speichernde Stelle zur rechtmäßigen Erfüllung der in ihrer Zuständigkeit liegenden Aufgaben nicht mehr erforderlich ist und kein Grund zu der Annahme besteht, daß durch die Löschung schutzwürdige Belange des Betroffenen beeinträchtigt werden und das Staatsarchiv ein Interesse an der Übernahme verneint hat. Sie sind zu löschen, wenn ihre Speicherung unzulässig war oder wenn die speichernde Stelle die Richtigkeit der gemäß Absatz 2 Satz 1 gesperrten Daten nicht beweisen kann oder wenn es in den Fällen des Absatzes 2 Satz 2 der Betroffene verlangt.

(4) Von der Berichtigung gemäß Absatz 1 sowie von der Sperrung gemäß Absatz 2 Satz 1 und der Löschung gemäß Absatz 3 Satz 2 sind unverzüglich die Stellen zu verständigen, denen die Daten im Rahmen regelmäßiger Datenübermittlung übermittelt wurden.

(5) Der Senat wird ermächtigt, durch Rechtsverordnung Fristen festzulegen, nach deren Ablauf die in § 1 Abs. 2 genannten Stellen zur Löschung oder Sperrung gespeicherter Daten verpflichtet sind.

Dritter Abschnitt. Überwachung des Datenschutzes

§ 17: Berufung und Rechtsstellung des Landesbeauftragten für den Datenschutz

(1) Der Landesbeauftragte für den Datenschutz wird auf Vorschlag des Senats von der Bürgerschaft (Landtag) gewählt und vom Senat ernannt.
(2) Ist der Landesbeauftragte für den Datenschutz vorübergehend an der Ausübung seines Amtes verhindert, kann der Senat einen Vertreter mit der Wahrnehmung der Geschäfte beauftragen.

§ 18: Weisungsfreiheit

(1) Der Landesbeauftragte für den Datenschutz ist unbeschadet seiner Verpflichtungen aus den §§ 19 bis 28 frei von Weisungen.

§ 19: Verschwiegenheitspflicht

Der Landesbeauftragte für den Datenschutz bleibt auch nach Beendigung seines Amtsverhältnisses verpflichtet, über die ihm bei seiner amtlichen Tätigkeit bekanntgewordenen Angelegenheiten Verschwiegenheit zu bewahren. Dies gilt nicht für Mitteilungen im dienstlichen Verkehr oder über Tatsachen, die offenkundig sind oder ihrer Bedeutung nach keiner Geheimhaltung bedürfen. Er darf über die der Verschwiegenheitspflicht unterliegenden Angelegenheiten ohne Genehmigung weder vor Gericht noch außergerichtlich aussagen. Die Genehmigung erteilt der Senat.

§ 20: Aufgaben

(1) Der Landesbeauftragte für den Datenschutz überwacht die Einhaltung der Vorschriften dieses Gesetzes sowie anderer Vorschriften über den Datenschutz bei den in § 1 Abs. 2 genannten Behörden und Stellen. Zu diesem Zweck kann er Empfehlungen zur Verbesserung des Datenschutzes geben, insbesondere kann er den Senat und die einzelnen Senatoren sowie die übrigen in § 1 Abs. 2 genannten Stellen in Fragen des Datenschutzes beraten. Der Landesbeauftragte für den Datenschutz kontrolliert die Einhaltung der Datenschutzvorschriften auch bei den Stellen, die sich gemäß § 7 Abs. 1 Satz 3 seiner Kontrolle unterworfen haben.
(2) Der Landesbeauftragte für den Datenschutz beobachtet die Auswirkungen der automatisierten Datenverarbeitung auf die Arbeitsweise und die Entscheidungsbefugnisse der in § 1 Abs. 2 genannten Stellen dahingehend, ob sie zu einer Verschiebung der Gewaltenteilung zwischen den Verfassungsorganen des Landes, der gesetzlichen Aufgaben der Organe der Gemeinden und der Aufgabentrennung zwischen der staatlichen Verwaltung und der kommunalen Selbstverwaltung führen. Er kann Maßnahmen anregen, die ihm geeignet erscheinen, derartige Auswirkungen zu verhindern.
(3) Die in Absatz 1 genannten Behörden und Stellen sind verpflichtet, den Landesbeauftragten für den Datenschutz und seine Beauftragten bei der Erfüllung ihrer Aufgaben zu unterstützen. Sie können dabei insbesondere

1. von den in Absatz 1 genannten Stellen Auskunft zu den Fragen sowie Einsicht in die Unterlagen und Akten verlangen, die im Zusammenhang mit der Verarbeitung personenbezogener Daten stehen, namentlich in die gespeicherten Daten, die Datenverarbeitungsprogramme und die Programmunterlagen,
2. die in Absatz 1 genannten Stellen jederzeit unangemeldet aufsuchen und ihre Dienst- und Geschäftsräume betreten.
3. Die Sätze 1 und 2 gelten für das Landesamt für Verfassungsschutz, das Landeskriminalamt und die Behörden der Polizei, soweit sie strafverfolgend oder im Rahmen der vorbeugenden Verbrechensbekämpfung tätig werden, mit der Maßgabe, daß die Unterstützung nur dem Landesbeauftragten für den Datenschutz selbst oder seinem Vertreter nach § 17 Abs. 2 zu gewähren ist. Satz 2 gilt für diese Behörden nicht, soweit der zuständige Senator im Einzelfall feststellt, daß die Einsicht in Unterlagen und Akten die Sicherheit des Bundes oder eines Landes gefährdet.

§ 21: Dateienregister

Der Landesbeauftragte für den Datenschutz führt ein Register der Dateien, in denen personenbezogene Daten gespeichert werden. Das Register kann von jedem eingesehen werden. Die in § 1 Abs. 2 genannten Stellen sind verpflichtet, die von ihnen betriebenen Dateien beim Landesbeauftragten für den Datenschutz anzumelden. Das Landesamt für Verfassungsschutz ist von der Meldepflicht ausgenommen. Zu den Dateien der Behörden der Staatsanwaltschaft, des Landeskriminalamtes und der Behörden der Polizei, soweit sie strafverfolgend oder im Rahmen der vorbeugenden Verbrechensbekämpfung tätig werden, sowie der Finanzbehörden des Landes und der Gemeinden, soweit sie personenbezogene Daten in Erfüllung ihrer gesetzlichen Aufgaben im Anwendungsbereich der Abgabeordnung zur Überwachung und Prüfung enthalten, wird ein besonderes Register geführt. Es beschränkt sich auf eine Übersicht über Art und Verwendungszweck. Satz 2 findet auf diese Register keine Anwendung. Das nähere regelt der Senat durch Rechtsverordnung.

§ 22: Beanstandungen

(1) Stellt der Landesbeauftragte für den Datenschutz Verstöße gegen die Vorschriften dieses Gesetzes oder gegen andere Datenschutzbestimmungen oder sonstige Mängel bei der Verarbeitung personenbezogener Daten fest, so beanstandet er dies
1. bei Behörden und sonstigen Stellen des Landes und der Stadtgemeinde Bremen gegenüber dem zuständigen Senator,
2. bei Behörden und sonstigen Stellen der Stadtgemeinde Bremerhaven gegenüber dem Magistrat,
3. bei den juristischen Personen des öffentlichen Rechts sowie bei Vereinigungen solcher juristischer Personen gegenüber dem Vorstand oder dem sonst vertretungsberechtigten Organ

und fordert zur Stellungnahme innerhalb einer von ihm zu bestimmenden Frist auf. In den Fällen der Nummern 2 und 3 unterrichtet der Landesbeauftragte für Datenschutz gleichzeitig auch die zuständige Aufsichtsbehörde; bei sonstigen Mängeln jedoch nur, wenn seinen Beanstandungen nicht unverzüglich abgeholfen wird.

(2) Der Landesbeauftragte für den Datenschutz kann von einer Beanstandung absehen oder auf eine Stellungnahme der betroffenen Stelle verzichten, wenn es sich um unerhebliche Mängel handelt.

(3) Mit der Beanstandung kann der Landesbeauftragte für den Datenschutz Vorschläge zur Beseitigung der Mängel und zur sonstigen Verbesserung des Datenschutzes verbinden.

(4) Die gemäß Absatz 1 abzugebende Stellungnahme soll auch eine Darstellung der Maßnahmen enthalten, die aufgrund der Beanstandung des Landesbeauftragten für den Datenschutz getroffen worden sind. Die in Absatz 1 Nr. 2 und 3 genannten Stellen leiten der zuständigen Aufsichtsbehörde eine Abschrift ihrer Stellungnahme an den Landesbeauftragten für den Datenschutz zu.

§ 23: Anrufungsrecht

Jedermann kann sich an den Landesbeauftragten für den Datenschutz wenden, wenn er annimmt, bei der Verarbeitung seiner personenbezogenen Daten durch die in § 1 Abs. 2 genannten Stellen in seinen Rechten verletzt worden zu sein.

§ 24: Untersuchungen für die Bürgerschaft (Landtag) und die kommunalen Vertretungsorgane

Die Bürgerschaft (Landtag), die Fraktionen der Bürgerschaft (Landtag) und die in § 12 Abs. 3 genannten Vertretungsorgane können verlangen, daß der Landesbeauftragte für den Datenschutz untersucht, aus welchen Gründen Auskunftsersuchen gemäß § 15 nicht oder nicht ausreichend beantwortet wurden.

§ 25: Erstattung von Gutachten

(1) Die Bürgerschaft (Landtag) und der Senat können den Landesbeauftragten für den Da-

tenschutz mit der Erstattung von Gutachten oder der Durchführung von Untersuchungen in Datenschutzfragen betrauen.

(2) Der Magistrat der Stadt Bremerhaven kann beim Senat beantragen, den Landesbeauftragten für den Datenschutz mit einem Auftrag nach Absatz 1 zu betrauen.

§ 26: Jahresbericht

(1) Bis zum 31. März jeden Jahres, erstmals zum 31. März 1979, hat der Landesbeauftragte für den Datenschutz der Bürgerschaft (Landtag) und dem Präsidenten des Senats einen Bericht über das Ergebnis seiner Tätigkeit vorzulegen.

(2) Der Präsident des Senats führt eine Stellungnahme des Senats zu dem Bericht herbei und legt diese der Bürgerschaft (Landtag) vor.

(3) Zwischenberichte sind zulässig. Sie sind nach Absatz 2 zu behandeln.

§ 27: Personal und Sachmittel

(1) Dem Landesbeauftragten für den Datenschutz ist das für die Erfüllung seiner Aufgaben notwendige Personal zur Verfügung zu stellen.

(2) Die Personal- und Sachausstattung des Landesbeauftragten für den Datenschutz ist im Einzelplan in einem eigenen Kapitel auszuweisen.

(3) Für bestimmte Einzelfragen kann der Datenschutzbeauftragte auch Dritte zur Mitarbeit heranziehen.

§ 28: Parlamentsausschuß

Zur Durchführung der parlamentarischen Kontrolle des Datenschutzes nach diesem Gesetz wählt die Bürgerschaft (Landtag) einen ständigen Parlamentsausschuß.

Vierter Abschnitt, Sonderbestimmung für Radio Bremen

§ 29: Sonderbestimmung für Radio Bremen

(1) Die Vorschriften des Dritten Abschnittes dieses Gesetzes finden auf Radio Bremen keine Anwendung.

(2) Der Rundfunkrat von Radio Bremen bestellt einen Beauftragten der Anstalt für den Datenschutz. Dieser ist in der Ausübung seines Amtes unabhängig und nur dem Gesetz unterworfen; im übrigen untersteht er der Dienstaufsicht des Verwaltungsrates. Der Beauftragte überwacht die Einhaltung dieses Gesetzes und anderer Vorschriften über den Datenschutz bei der gesamten Tätigkeit der Anstalt; er kann auch weitere Aufgaben innerhalb der Anstalt übernehmen, Satz 2 findet insoweit keine Anwendung. Für Beanstandungen gilt § 22 entsprechend; an die Stelle der in § 22 Abs. 1 Nr. 3 genannten Stellen tritt der Intendant, an die Stelle der in § 22 Abs. 1 Satz 2 genannten Aufsichtsbehörde der Rundfunkrat. Der Beauftragte für den Datenschutz erstattet dem Rundfunkrat jährlich, erstmals zum 31. März 1979, einen Bericht über seine Tätigkeit.

Fünfter Abschnitt, Strafvorschrift

§ 30: Straftaten

(1) Wer unbefugt von diesem Gesetz geschützte personenbezogene Daten, die nicht offenkundig sind,

1. übermittelt, verändert, speichert oder löscht oder
2. abruft oder sich aus in Behältnissen verschlossenen Dateien verschafft, wird mit Freiheitsstrafe bis zu einem Jahr oder mit Geldstrafe bestraft.

(2) Handelt der Täter gegen Entgelt oder in der Absicht, sich oder einen anderen zu bereichern oder einen anderen zu schädigen, so ist die Strafe Freiheitsstrafe bis zu zwei Jahren oder Geldstrafe.

(3) Die Tat wird nur auf Antrag verfolgt, neben dem Betroffenen ist auch der Landesbeauftragte für den Datenschutz antragsberechtigt.

Sechster Abschnitt. Übergangs- und Schlußvorschriften

§ 31: Übergangsvorschriften

(1) Die Veröffentlichung über personenbezogene Daten (§ 14), die beim Inkrafttreten des Gesetzes schon gespeichert waren, hat binnen eines Jahres nach Inkrafttreten des Gesetzes zu erfolgen.

(2) Abweichend von § 13 dürfen die Meldebehörden folgende personenbezogene Daten eines oder mehrerer vom Empfänger namentlich bezeichneter Betroffener an Personen und andere Stellen als die in § 11 bezeichneten übermitteln:
Familiennamen, Vornamen, akademische Grade und Anschriften (Melderegisterauskunft).

(3) Abweichend von § 13 dürfen die Meldebehörden personenbezogene Daten mehrerer, vom Empfänger im einzelnen nicht näher bezeichneter Personen nur übermitteln, wenn dies im öffentlichen Interesse liegt.

(4) Soweit Meldebehörden an andere öffentliche Stellen personenbezogene Daten durch Weitergabe der Meldescheine übermitteln, ist § 11 Abs. 1 erst ab 1. Januar 1980 anzuwenden.

§ 32: Besondere Vorschriften

Soweit besondere Rechtsvorschriften des Landes auf in Dateien gespeicherte personenbezogene Daten anzuwenden sind, gehen sie den Vorschriften dieses Gesetzes vor.

§ 33: Änderung beamten- und besoldungsrechtlicher Vorschriften

(1) Das Bremische Beamtengesetz in der Fassung der Bekanntmachung vom 8. Mai 1973 (Brem. GBl. S. 131 – 2040-a-1), zuletzt geändert durch Gesetz vom 19. Dezember 1977 (Brem. GBl. S. 385), wird wie folgt geändert:
§ 6 Abs. 4 Satz 1 erhält folgende Fassung:
„Die hauptamtlichen Magistratsmitglieder der Stadtgemeinde Bremerhaven und die hauptamtlichen Ortsamtsleiter bei den bremischen Ortsämtern werden in das Beamtenverhältnis auf Zeit für die Dauer von zwölf Jahren, der Landesbeauftragte für den Datenschutz in das Beamtenverhältnis auf Zeit für die Dauer von acht Jahren berufen.“

(2) Das Bremische Besoldungsgesetz in der Fassung des Gesetzes zur Anpassung des Landesrechts an das Zweite Gesetz zur Vereinheitlichung und Neuregelung des Besoldungsrechts in Bund und Ländern – 2. Bes VNG – und an andere dienstrechtliche Vorschriften des Bundes vom 5. Juli 1976 (Brem. GBl. S. 165) wird wie folgt geändert:
In Anlage 1 wird unter der Besoldungsgruppe A 16 die Amtsbezeichnung „Landesbeauftragter für den Datenschutz“ eingefügt.

§ 34: Inkrafttreten

Dieses Gesetz tritt am 1. Januar 1978 in Kraft. Abweichend davon treten in Kraft:
1. § 9, § 14 Abs. 3, § 17, § 21 letzter Satz, § 27, § 33 und § 34 am Tage nach der Verkündung des Gesetzes,
2. § 6 und die Anlage zu § 6 Abs. 1 Satz 1 am 1. Januar 1979.

Anlage zu § 6 Abs. 1 Satz 2

Werden personenbezogene Daten automatisch verarbeitet, sind zur Ausführung der Vorschriften dieses Gesetzes Maßnahmen zu treffen, die je nach der Art der zu schützenden personenbezogenen Daten geeignet sind,

1. Unbefugten den Zugang zu Datenverarbeitungsanlagen, mit denen personenbezogenen Daten verarbeitet werden, zu verwehren (Zugangskontrolle),
2. Personen, die bei der Verarbeitung personenbezogener Daten tätig sind, daran zu hindern, daß sie Datenträger unbefugt entfernen (Abgangskontrolle),
3. die unbefugte Eingabe in den Speicher sowie die unbefugte Kenntnisnahme, Veränderung oder Löschung gespeicherter personenbezogener Daten zu verhindern (Speicherkontrolle),
4. die Benutzung von Datenverarbeitungssystemen, aus denen oder in die personenbezo-

gene Daten durch selbsttätige Einrichtungen übermittelt werden, durch unbefugte Personen zu verhindern (Benutzerkontrolle),
5. zu gewährleisten, daß die zur Benutzung eines Datenverarbeitungssystems Berechtigten durch selbsttätige Einrichtungen ausschließlich auf die ihrer Zugriffsberechtigung unterliegenden personenbezogenen Daten zugreifen können (Zugriffskontrolle),
6. zu gewährleisten, daß überprüft und festgestellt werden kann, an welche Stellen personenbezogene Daten durch selbsttätige Einrichtungen übermittelt werden können (Übermittlungskontrolle),
7. zu gewährleisten, daß nachträglich überprüft und festgestellt werden kann, welche personenbezogene Daten zu welcher Zeit von wem in Datenverarbeitungssysteme eingegeben worden sind (Eingabekontrolle),
8. zu gewährleisten, daß personenbezogene Daten, die im Auftrag verarbeitet werden, nur entsprechend den Weisungen des Auftraggebers verarbeitet werden können (Auftragskontrolle),
9. zu gewährleisten, daß bei der Übermittlung personenbezogener Daten sowie beim Transport entsprechender Datenträger diese nicht unbefugt gelesen, verändert oder gelöscht werden können (Transportkontrolle),
10. die innerbehördliche oder innerbetriebliche Organisation so zu gestalten, daß sie den besonderen Anforderungen des Datenschutzes gerecht wird (Organisationskontrolle).

5. Vorentwurf eines hamburgischen Datenschutzgesetzes (Vorentw. Hmb DSG)

Erster Abschnitt. Allgemeine Vorschriften

§ 1: Aufgabe und Gegenstand des Datenschutzes

(1) Aufgabe des Datenschutzes ist es, durch den Schutz personenbezogener Daten vor Mißbrauch bei ihrer Speicherung, Übermittlung, Veränderung und Löschung (Datenverarbeitung) der Beeinträchtigung schutzwürdiger Belange der Betroffenen entgegenzuwirken.
(2) Dieses Gesetz schützt personenbezogene Daten, die in Dateien gespeichert, verändert, gelöscht oder aus Dateien übermittelt werden. Für personenbezogene Daten, die nicht zur Übermittlung an Dritte bestimmt sind und in nicht automatisierten Verfahren verarbeitet werden, gilt von den Vorschriften dieses Gesetzes nur § 8, soweit er die Verpflichtung enthält, technische und organisatorische Maßnahmen zum Schutz dieser Daten gegenüber Dritten zu treffen.

§ 2: Anwendungsbereich

(1) Dieses Gesetz gilt für Behörden und sonstige öffentliche Stellen der Freien und Hansestadt Hamburg, der landesunmittelbaren Körperschaften, Anstalten und Stiftungen des öffentlichen Rechts sowie für Vereinigungen solcher Körperschaften, Anstalten und Stiftungen.
(2) Für öffentlich-rechtliche Unternehmen, die am Wettbewerb teilnehmen und die Voraussetzungen von Absatz 1 erfüllen, gelten anstelle der §§ 9 bis 14 dieses Gesetzes
1. die §§ 23 bis 27 des Bundesdatenschutzgesetzes vom 27. Januar 1977 (Bundesgesetzblatt I Seite 201), soweit sie geschützte personenbezogene Daten als Hilfsmittel für die Erfüllung ihrer Geschäftszwecke oder Ziele verarbeiten;
2. die §§ 32 bis 35 des Bundesdatenschutzgesetzes, soweit sie geschäftsmäßig geschützte personenbezogene Daten zum Zweck der Übermittlung speichern und übermitteln; dabei ist es unerheblich, ob die Daten vor der Übermittlung verändert werden;
3. § 36 des Bundesdatenschutzgesetzes, soweit diese Unternehmen geschäftsmäßig geschützte personenbezogene Daten zum Zweck der Veränderung speichern, sie derart verändern, daß diese Daten sich weder auf eine bestimmte Person beziehen noch eine solche erkennen lassen (anonymisieren), und sie in dieser Form übermitteln;

4. § 37 des Bundesdatenschutzgesetzes, soweit diese Unternehmen geschäftsmäßig geschützte personenbezogene Daten im Auftrag als Dienstleistungsunternehmen verarbeiten.

(3) Soweit in den Fällen des Absatzes 1 die Datenverarbeitung frühere, bestehende oder zukünftige dienst- oder arbeitsrechtliche Rechtsverhältnisse betrifft, gelten anstelle der §§ 9 bis 14 dieses Gesetzes die §§ 23 bis 27 des Bundesdatenschutzgesetzes entsprechend.

§ 3: Verarbeitung personenbezogener Daten im Auftrag

(1) Die Vorschriften dieses Gesetzes gelten für die in § 2 Absatz 1 genannten Stellen auch insoweit, als personenbezogene Daten in deren Auftrag durch andere Personen oder Stellen verarbeitet werden. In diesen Fällen ist der Auftragnehmer unter besonderer Berücksichtigung der Eignung der von ihm getroffenen technischen und organisatorischen Maßnahmen (§ 8 Absatz 1) sorgfältig auszuwählen.

(2) Die Vorschriften der §§ 9 bis 14 gelten nicht für die in § 2 Absatz 1 genannten Stellen, soweit sie personenbezogene Daten im Auftrag verarbeiten. In diesen Fällen ist die Verarbeitung personenbezogener Daten in jeder ihrer in § 1 Absatz 1 genannten Phasen nur im Rahmen der Weisungen des Auftraggebers zulässig.

(3) Für juristische Personen, Gesellschaften und andere Personenvereinigungen des privaten Rechts, bei denen der Freien und Hansestadt Hamburg oder einer landesunmittelbaren Körperschaft, Anstalt oder Stiftung des öffentlichen Rechts die Mehrheit der Anteile gehört oder die Mehrheit der Stimmen zusteht, gelten die Vorschriften des Dritten Abschnitts entsprechend, soweit diese Personen oder Personenvereinigungen in den Fällen des Absatzes 1 Satz 1 im Auftrag tätig werden.

§ 4: Begriffsbestimmungen

(1) Im Sinne dieses Gesetzes sind personenbezogene Daten Einzelangaben über persönliche oder sachliche Verhältnisse einer bestimmten oder bestimmbaren natürlichen Person (Betroffener).

(2) Im Sinne dieses Gesetzes ist

1. Speichern (Speicherung) das Erfassen, Aufnehmen oder Aufbewahren von Daten auf einem Datenträger zum Zwecke ihrer weiteren Verwendung,
2. Übermitteln (Übermittlung) das Bekanntgeben gespeicherter oder durch Datenverarbeitung unmittelbar gewonnener Daten an Dritte in der Weise, daß die Daten durch die speichernde Stelle weitergegeben oder zur Einsichtnahme, namentlich zum Abruf bereitgehalten werden,
3. Verändern (Veränderung) das inhaltliche Umgestalten gespeicherter Daten,
4. Löschen (Löschung) das Unkenntlichmachen gespeicherter Daten,

ungeachtet der dabei angewendeten Verfahren.

(3) Im Sinne dieses Gesetzes ist

1. speichernde Stelle jede der in § 2 Absatz 1 genannten Stellen, die Daten für sich selbst speichert oder durch andere speichern läßt,
2. Dritter jede Person oder Stelle außerhalb der speichernden Stelle, ausgenommen der Betroffene oder diejenigen Personen und Stellen, die in den Fällen der Nummer 1 im Geltungsbereich des Grundgesetzes im Auftrag tätig werden,
3. eine Datei eine gleichartig aufgebaute Sammlung von Daten, die nach bestimmten Merkmalen erfaßt und geordnet, nach anderen bestimmten Merkmalen umgeordnet und ausgewertet werden kann, ungeachtet der dabei angewendeten Verfahren; nicht hierzu gehören Akten und Aktensammlungen, es sei denn, daß sie durch automatisierte Verfahren umgeordnet und auch bewertet werden können.

Zweiter Abschnitt. Inhalt des Datenschutzes

§ 5: Zulässigkeit der Datenverarbeitung

Die Verarbeitung personenbezogener Daten, die von diesem Gesetz geschützt werden, ist in jeder ihrer in § 1 Absatz 1 genannten Phasen nur zulässig, wenn

1. dieses Gesetz oder eine andere Rechtsvorschrift sie erlaubt oder
2. der Betroffene eingewilligt hat.

Die Einwilligung bedarf der Schriftform, soweit nicht wegen besonderer Umstände eine andere Form angemessen ist; wird die Einwilligung zusammen mit anderen Erklärungen schriftlich erteilt, ist der Betroffene hierauf schriftlich besonders hinzuweisen.

§ 6: Rechte des Betroffenen

Jeder hat nach Maßgabe dieses Gesetzes ein Recht auf

1. Auskunft über die zu seiner Person gespeicherten Daten,
2. Berichtigung der zu seiner Person gespeicherten Daten, wenn sie unrichtig sind,
3. Sperrung der zu seiner Person gespeicherten Daten, wenn sich weder deren Richtigkeit noch deren Unrichtigkeit feststellen läßt oder nach Wegfall der ursprünglich erfüllten Voraussetzungen für die Speicherung,
4. Löschung der zu seiner Person gespeicherten Daten, wenn ihre Speicherung unzulässig war oder – wahlweise neben dem Recht auf Sperrung – nach Wegfall der ursprünglich erfüllten Voraussetzungen für die Speicherung.

§ 7: Datengeheimnis

(1) Den im Rahmen des § 2 Absatz 1 oder im Auftrag der dort genannten Personen oder Stellen bei der Datenverarbeitung beschäftigten Personen ist untersagt, geschützte personenbezogene Daten unbefugt zu einem anderen als dem zur jeweiligen rechtmäßigen Aufgabenerfüllung gehörenden Zweck zu verarbeiten, bekanntzugeben, zugänglich zu machen oder sonst zu nutzen.

(2) Diese Personen sind bei der Aufnahme ihrer Tätigkeit nach Maßgabe von Absatz 1 zu verpflichten. Ihre Pflichten bestehen auch nach Beendigung ihrer Tätigkeit fort.

§ 8: Technische und organisatorische Maßnahmen

(1) Wer im Rahmen des § 2 Absatz 1 oder im Auftrag der dort genannten Personen oder Stellen personenbezogene Daten verarbeitet, hat die technischen und organisatorischen Maßnahmen zu treffen, die erforderlich sind, um die Ausführung der Vorschriften dieses Gesetzes, insbesondere die in der Anlage zu diesem Gesetz genannten Anforderungen zu gewährleisten. Erforderlich sind Maßnahmen nur, wenn ihr Aufwand in einem angemessenen Verhältnis zu dem angestrebten Schutzzweck steht.

(2) Der Senat wird ermächtigt, durch Rechtsverordnung die in der Anlage genannten Anforderungen nach dem jeweiligen Stand der Technik und Organisation fortzuschreiben. Stand der Technik und Organisation im Sinne dieses Gesetzes ist der Entwicklungsstand fortschrittlicher Verfahren, Einrichtungen oder Betriebsweisen, der die praktische Eignung einer Maßnahme zur Gewährleistung der Durchführung dieses Gesetzes gesichert erscheinen läßt. Bei der Bestimmung des Standes der Technik und Organisation sind insbesondere vergleichbare Verfahren, Einrichtungen oder Betriebsweisen heranzuziehen, die mit Erfolg im Betrieb erprobt worden sind.

§ 9: Datenspeicherung und -veränderung

(1) Das Speichern und das Verändern personenbezogener Daten ist zulässig, wenn es zur rechtmäßigen Erfüllung der in der Zuständigkeit der speichernden Stelle liegenden Aufgaben erforderlich ist.

(2) Werden Daten beim Betroffenen auf Grund einer Rechtsvorschrift erhoben, dann ist er auf sie, sonst auf die Freiwilligkeit seiner Angaben hinzuweisen.

§ 10: Datenübermittlung innerhalb des öffentlichen Bereichs

(1) Die Übermittlung personenbezogener Daten an Behörden und sonstige öffentliche Stellen ist zulässig, wenn sie zur rechtmäßigen Erfüllung der in der Zuständigkeit der übermittelnden Stelle oder des Empfängers liegenden Aufgaben erforderlich ist. Unterliegen die personenbezogenen Daten einem Berufs- oder besonderen Amtsgeheimnis (§ 45 Satz 2 Nummer 1 und Satz 3 des Bundesdatenschutzgesetzes) und sind sie der übermittelnden Stelle von der zur Verschwiegenheit verpflichteten Person in Ausübung ihrer Berufs- oder

Amtspflicht übermittelt worden, ist für die Zulässigkeit der Übermittlung ferner erforderlich, daß der Empfänger die Daten zur Erfüllung des gleichen Zweckes benötigt, zu dem sie die übermittelnde Stelle erhalten hat.
(2) Die Übermittlung personenbezogener Daten an Stellen der öffentlich-rechtlichen Religionsgesellschaften ist in entsprechender Anwendung der Vorschriften über die Datenübermittlung an Behörden und sonstige öffentliche Stellen zulässig, sofern sichergestellt ist, daß bei dem Empfänger ausreichende Datenschutzmaßnahmen getroffen werden.

§ 10a: Auskunft der Meldebehörde an Privatpersonen

(1) Anderen Personen als den Betroffenen darf von der Meldebehörde Auskunft nur über folgende Daten einer oder mehrerer namentlich bezeichneter Personen erteilt werden:
1. Familienname,
2. Vorname(n),
3. akademische Grade,
4. Anschrift.

Massenauskünfte dürfen nur erteilt werden, wenn sie im öffentlichen Interesse liegen.
(2) Soweit jemand ein berechtigtes Interesse glaubhaft macht, darf ihm außerdem Auskunft erteilt werden über
1. Geburtsdatum,
2. Geburtsort,
3. frühere Familiennamen,
4. Familienstand, beschränkt auf die Angabe, ob verheiratet oder nicht,
5. Beruf,
6. Staatsangehörigkeit,
7. frühere Anschriften,
8. Datum des Beziehens und des Auszugs aus der Wohnung,
9. Todesdatum

einer anderen Person.
(3) Auskunft über Familiennamen, Vornamen, akademische Grade oder Anschriften mehrerer im Auskunftsersuchen im einzelnen nicht näher bezeichneter Personen darf erteilt werden, wenn die Auskunft im öffentlichen Interesse liegt. Die Auskunft darf keine Auswertung anderer als der in Satz 1 genannten personenbezogenen Daten voraussetzen.
(4) Die Auskunft ist nicht zulässig, wenn Tatsachen die Annahme rechtfertigen, daß dem Betroffenen oder einer anderen Person aus einer Auskunftserteilung eine Gefahr für Leben, Gesundheit oder die persönliche Freiheit erwachsen kann. Die Auskunft ist ferner nicht zulässig, soweit die Einsicht in einen Eintrag im Geburtenbuch nach § 61 Absatz 2 Satz 2 des Personenstandsgesetzes vom . . . (. . .) nicht gestattet werden darf.
(5) Der Betroffene kann verlangen, daß Auskünfte nach Absatz 2 Nummern 1 bis 6 über seine Person verweigert werden. Wer ein berechtigtes Interesse nachweist, kann verlangen, daß jede Auskunft über seine Person verweigert wird.

§ 11: Datenübermittlung an Stellen außerhalb des öffentlichen Bereichs

Die Übermittlung personenbezogener Daten an Personen und an andere Stellen als die in § 10 bezeichneten ist zulässig, wenn sie zur rechtmäßigen Erfüllung der in der Zuständigkeit der übermittelnden Stelle liegenden Aufgaben erforderlich ist oder soweit der Empfänger ein berechtigtes Interesse an der Kenntnis der zu übermittelnden Daten glaubhaft macht und dadurch schutzwürdige Belange des Betroffenen nicht beeinträchtigt werden. Unterliegen die personenbezogenen Daten einem Berufs- oder besonderen Amtsgeheimnis (§ 45 Satz 2 Nummer 1 und Satz 3 des Bundesdatenschutzgesetzes) und sind sie der übermittelnden Stelle von der zur Verschwiegenheit verpflichteten Person in Ausübung ihrer Berufs- oder Amtspflicht übermittelt worden, ist für die Zulässigkeit der Übermittlung ferner erforderlich, daß die gleichen Voraussetzungen gegeben sind, unter denen sie die zur Verschwiegenheit verpflichtete Person übermitteln dürfte. Für die Übermittlung an Behörden und sonstige Stellen außerhalb des Geltungsbereichs des Grundgesetzes sowie an über- und zwischenstaatliche Stellen finden die Sätze 1 und 2 nach Maßgabe der für diese Übermittlung geltenden Gesetze und Vereinbarungen Anwendung.

§ 12: Veröffentlichung über die gespeicherten Daten

(1) Behörden und sonstige öffentliche Stellen geben
1. die Art der von ihnen oder in ihrem Auftrag gespeicherten personenbezogenen Daten,
2. die Aufgaben, zu deren Erfüllung die Kenntnis dieser Daten erforderlich ist,
3. den betroffenen Personenkreis,
4. die Stellen, an die sie personenbezogene Daten regelmäßig übermitteln sowie
5. die Art der zu übermittelnden Daten

unverzüglich nach der ersten Einspeicherung in den für ihren Bereich bestehenden Veröffentlichungsblatt für amtliche Bekanntmachungen bekannt. Auf Antrag sind dem Betroffenen die bisherigen Bekanntmachungen zugänglich zu machen.

(2) Absatz 1 gilt nicht
1. für das Landesamt für Verfassungsschutz, die Behörden der Staatsanwaltschaft und der Polizei sowie für Landesfinanzbehörden, soweit sie personenbezogene Daten in Erfüllung ihrer gesetzlichen Aufgaben im Anwendungsbereich der Abgabenordnung zur Überwachung und Prüfung in Dateien speichern,
2. für die personenbezogenen Daten, die deshalb nach § 14 Absatz 2 Satz 2 gesperrt sind, weil sie auf Grund gesetzlicher Aufbewahrungsvorschriften nicht nach § 14 Absatz 3 Satz 1 gelöscht werden dürfen,
3. für gesetzlich vorgeschriebene Register oder sonstige auf Grund von Rechts- oder veröffentlichten Verwaltungsvorschriften zu führende Dateien, soweit die Art der in ihnen gespeicherten personenbezogenen Daten, die Aufgaben, zu deren Erfüllung die Kenntnis dieser Daten erforderlich ist, der betroffene Personenkreis, die Stellen, an die personenbezogene Daten regelmäßig übermittelt werden, sowie die Art der zu übermittelnden Daten in Rechts- oder veröffentlichten Verwaltungsvorschriften festgelegt sind.

(3) Der Senat wird ermächtigt, durch Rechtsverordnung für die in § 2 Absatz 1 genannten Behörden und sonstigen öffentlichen Stellen das Veröffentlichungsblatt sowie das Verfahren der Veröffentlichung zu bestimmen.

§ 13: Auskunft an den Betroffenen

(1) Dem Betroffenen ist auf Antrag Auskunft über die zu seiner Person gespeicherten Daten zu erteilen. In dem Antrag soll die Art der personenbezogenen Daten, über die Auskunft erteilt wwerden soll, näher bezeichnet werden. Die speichernde Stelle bestimmt das Verfahren, insbesondere die Form der Auskunftserteilung nach pflichtgemäßem Ermessen.

(2) Absatz 1 gilt nicht in den Fällen des § 12 Absatz 2 Nummer 1 und 2.

(3) Die Auskunftserteilung unterbleibt, soweit
1. die Auskunft die rechtmäßige Erfüllung der in der Zuständigkeit der speichernden Stelle liegenden Aufgaben gefährden würde,
2. die Auskunft die öffentliche Sicherheit oder Ordnung gefährden oder sonst dem Wohle des Bundes oder eines Landes Nachteile bereiten würde,
3. die personenbezogenen Daten oder die Tatsache ihrer Speicherung nach einer Rechtsvorschrift oder ihrem Wesen nach, namentlich wegen der überwiegenden berechtigten Interessen einer dritten Person, geheimgehalten werden müssen,
4. die Auskunft sich auf die Übermittlung personenbezogener Daten an die in § 12 Absatz 2 Nummer 1 genannten Behörden bezieht.

(4) Die Auskunftserteilung ist gebührenpflichtig. Die Gebühren dürfen nur zur Deckung des unmittelbar auf Amtshandlungen dieser Art entfallenden Verwaltungsaufwandes erhoben werden. Ausnahmen von der Gebührenpflicht sind insbesondere in den Fällen zuzulassen, in denen durch besondere Umstände die Annahme gerechtfertigt wird, daß personenbezogene Daten unrichtig oder unzulässig gespeichert werden, oder in denen die Auskunft zur Berichtigung oder Löschung gespeicherter personenbezogener Daten geführt hat.

§ 14: Berichtigung, Sperrung und Löschung von Daten

(1) Personenbezogene Daten sind zu berichtigen, wenn sie unrichtig sind.

(2) Personenbezogene Daten sind zu sperren, wenn ihre Richtigkeit vom Betroffenen bestritten wird und sich weder die Richtigkeit noch die Unrichtigkeit feststellen läßt. Sie sind ferner zu sperren, wenn ihre Kenntnis für die speichernde Stelle zur rechtmäßigen Erfüllung der in ihrer Zuständigkeit liegenden Aufgaben nicht mehr erforderlich ist. Gesperrte Daten sind mit einem entsprechenden Vermerk zu versehen; sie dürfen nicht mehr verarbeitet, insbesondere übermittelt, oder sonst genutzt werden, es sei denn, daß die Nutzung zu wissenschaftlichen Zwecken, zur Behebung einer bestehenden Beweisnot oder aus sonstigen im überwiegenden Interesse der speichernden Stelle oder eines Dritten liegenden Gründen unerläßlich ist oder der Betroffene in die Nutzung eingewilligt hat.

(3) Personenbezogene Daten können gelöscht werden, wenn ihre Kenntnis für die speichernde Stelle zur rechtmäßigen Erfüllung der in ihrer Zuständigkeit liegenden Aufgaben nicht mehr erforderlich ist und kein Grund zu der Annahme besteht, daß durch die Löschung schutzwürdige Belange des Betroffenen beeinträchtigt werden. Sie sind zu löschen, wenn ihre Speicherung unzulässig war oder wenn es in den Fällen des Absatzes 2 Satz 2 der Betroffene verlangt.

§ 15: Durchführung des Datenschutzes

Die Behörden der Freien und Hansestadt Hamburg sowie die landesunmittelbaren Körperschaften, Anstalten und Stiftungen des öffentlichen Rechts haben jeweils für ihren Geschäftsbereich die Ausführung dieses Gesetzes sowie anderer Rechtsvorschriften über den Datenschutz sicherzustellen. Sie haben insbesondere dafür zu sorgen, daß

1. eine Übersicht über die Art der gespeicherten personenbezogenen Daten und über die Aufgaben, zu deren Erfüllung die Kenntnis dieser Daten erforderlich ist, sowie über deren regelmäßige Empfänger geführt und
2. die ordnungsgemäße Anwendung der Datenverarbeitungsprogramme, mit deren Hilfe personenbezogene Daten verarbeitet werden sollen, überwacht wird.

Dritter Abschnitt. Hamburgischer Datenschutzbeauftragter

§ 16: Berufung, Amtsdauer

(1) Die Bürgerschaft wählt auf Vorschlag des Senats den Hamburgischen Datenschutzbeauftragten. Er wird für die Dauer der jeweiligen Wahlperiode der Bürgerschaft gewählt und vom Senat bestellt.

(2) Nach dem Ende der Wahlperiode bleibt der Hamburgische Datenschutzbeauftragte bis zur Berufung eines Nachfolgers im Amt. Die Wiederberufung ist zulässig.

(3) Außer durch die Berufung eines Nachfolgers (Absatz 2 Satz 1) endet das Amt durch Entlassung. Der Senat entläßt den Hamburgischen Datenschutzbeauftragten, wenn dieser es verlangt oder wenn die Bürgerschaft ihn auf Vorschlag des Senats aus Gründen abwählt, die bei einem Beamten die Entfernung aus dem Dienst rechtfertigen.

§ 17: Rechtsstellung

(1) Der Hamburgische Datenschutzbeauftragte steht in einem öffentlich-rechtlichen Amtsverhältnis. Das Amt kann auch einem Beamten im Nebenamt, einem beurlaubten Beamten oder einem Ruhestandsbeamten übertragen werden.

(2) In Ausübung seines Amtes ist der Hamburgische Datenschutzbeauftragte unabhängig und nur dem Gesetz unterworfen. Er untersteht der Rechtsaufsicht des Senats.

(3) Die Vergütung ist durch Vertrag zu regeln.

(4) Der Hamburgische Datenschutzbeauftragte ist, auch nach Beendigung seines Amtsverhältnisses, verpflichtet, über die ihm amtlich bekanntgewordenen Angelegenheiten Verschwiegenheit zu bewahren. Dies gilt nicht für Mitteilungen im dienstlichen Verkehr oder über Tatsachen, die offenkundig sind oder ihrer Bedeutung nach keiner Geheimhaltung bedürfen. Er darf über solche Angelegenheiten ohne Genehmigung weder vor Gericht noch außergerichtlich aussagen. Die Genehmigung erteilt der Senat.

(5) Die für die Erfüllung seiner Aufgaben notwendige Personal- und Sachausstattung ist dem Hamburgischen Datenschutzbeauftragten vom Senat zur Verfügung zu stellen.

§ 18: Aufgaben

(1) Der Hamburgische Datenschutzbeauftragte kontrolliert die Einhaltung der Vorschriften dieses Gesetzes sowie anderer Vorschriften über den Datenschutz bei den in § 2 Absatz 1 genannten Behörden und sonstigen öffentlichen Stellen, ausgenommen die Gerichte, soweit sie nicht in Verwaltungsangelegenheiten tätig werden. Zu diesem Zwecke kann er Empfehlungen zur Verbesserung des Datenschutzes geben, insbesondere kann er den Senat und die übrigen in § 2 Absatz 1 genannten Behörden und sonstigen Stellen in Fragen des Datenschutzes beraten.

(2) Auf Anforderung des Senats hat der Hamburgische Datenschutzbeauftragte Gutachten zu erstellen und Berichte zu erstatten. Außerdem erstattet er dem Senat regelmäßig jährlich, erstmals zum 1. Januar 1979, einen Tätigkeitsbericht, den dieser mit einer eigenen Stellungnahme der Bürgerschaft vorlegt. Auf Ersuchen des Senats geht der Hamburgische Datenschutzbeauftragte ferner Hinweisen auf Angelegenheiten und Vorgänge nach, die seinen Aufgabenbereich unmittelbar betreffen.

(3) Die in Absatz 1 Satz 1 genannten Behörden und sonstigen Stellen sind verpflichtet, den Hamburgischen Datenschutzbeauftragten und seine Beauftragten bei der Erfüllung ihrer Aufgaben zu unterstützen. Ihnen ist dabei insbesondere

1. Auskunft zu ihren Fragen sowie Einsicht in alle Unterlagen und Akten zu gewähren, die in Zusammenhang mit der Verarbeitung personenbezogener Daten stehen, namentlich in die gespeicherten Daten und in die Datenverarbeitungsprogramme,
2. jederzeit Zutritt in alle Diensträume zu gewähren.

Die Sätze 1 und 2 gelten für die in § 12 Absatz 2 Nummer 1 genannten Behörden mit der Maßgabe, daß die Unterstützung nur dem Hamburgischen Datenschutzbeauftragten selbst und den von ihm schriftlich besonders damit betrauten Beauftragten zu gewähren ist. Satz 2 gilt für die in § 12 Absatz 2 Nummer 1 genannten Behörden nicht, soweit der Senat im Einzelfall feststellt, daß die Einsicht in Unterlagen und Akten die Sicherheit des Bundes oder eines Landes gefährdet.

(4) Der Hamburgische Datenschutzbeauftragte führt ein Register der automatisch betriebenen Dateien, in denen personenbezogene Daten gespeichert werden. Das Register kann von jedem eingesehen werden. Die in Absatz 1 Satz 1 genannten Behörden und sonstigen Stellen sind verpflichtet, die von ihnen automatisch betriebenen Dateien beim Hamburgischen Datenschutzbeauftragten anzumelden. Das Landesamt für Verfassungsschutz ist von der Meldepflicht ausgenommen. Zu den Dateien der übrigen in § 12 Absatz 2 Nummer 1 genannten Behörden wird ein besonderes Register geführt. Es beschränkt sich auf eine Übersicht über Art und Verwendungszweck. Satz 2 findet auf dieses Register keine Anwendung. Das Nähere regelt der Senat durch Rechtsverordnung.

§ 19: Beanstandungen

(1) Stellt der Hamburgische Datenschutzbeauftragte Verstöße gegen die Vorschriften dieses Gesetzes oder gegen andere Datenschutzbestimmungen oder sonstige Mängel bei der Verarbeitung personenbezogener Daten fest, so beanstandet er dies

1. bei der Verwaltung der Freien und Hansestadt Hamburg gegenüber dem Senat,
2. bei den landesunmittelbaren Körperschaften, Anstalten und Stiftungen des öffentlichen Rechts sowie bei Vereinigungen solcher Körperschaften, Anstalten und Stiftungen gegenüber dem Vorstand oder dem sonst vertretungsberechtigten Organ

und fordert zur Stellungnahme innerhalb einer von ihm zu bestimmenden Frist auf. In den Fällen von Satz 1 Nummer 2 unterrichtet der Hamburgische Datenschutzbeauftragte gleichzeitig auch die zuständige Aufsichtsbehörde.

(2) Der Hamburgische Datenschutzbeauftragte kann von einer Beanstandung absehen oder auf eine Stellungnahme der betroffenen Stelle verzichten, wenn es sich um unerhebliche Mängel handelt.

(3) Mit der Beanstandung kann der Hamburgische Datenschutzbeauftragte Vorschläge zur

Beseitigung der Mängel und zur sonstigen Verbesserung des Datenschutzes verbinden.
(4) Die gemäß Absatz 1 Satz 1 abzugebende Stellungsnahme soll auch eine Darstellung der Maßnahmen enthalten, die auf Grund der Beanstandung des Hamburgischen Datenschutzbeauftragten getroffen worden sind. Die in Absatz 1 Satz 1 Nummer 2 genannten Stellen leiten der zuständigen Aufsichtsbehörde eine Abschrift ihrer Stellungnahme an den Hamburgischen Datenschutzbeauftragten zu.

§ 20: Anrufung

Jedermann kann sich an den Hamburgischen Datenschutzbeauftragten wenden, wenn er der Ansicht ist, bei der Verarbeitung seiner personenbezogenen Daten durch die in § 2 Absatz 1 genannten Behörden oder sonstigen öffentlichen Stellen, ausgenommen die Gerichte, soweit sie nicht in Verwaltungsangelegenheiten tätig werden, in seinen Rechten verletzt worden zu sein.

Vierter Abschnitt. Strafvorschrift, Übergangs- und Schlußvorschriften

§ 21: Straftaten

(1) Wer unbefugt von diesem Gesetz geschützte personenbezogene Daten, die nicht offenkundig sind,
1. übermittelt oder verändert oder
2. abruft oder sich aus in Behältnissen verschlossenen Dateien verschafft,
wird mit Freiheitsstrafe bis zu einem Jahr oder mit Geldstrafe bestraft.
(2) Handelt der Täter gegen Entgelt oder in der Absicht, sich oder einen anderen zu bereichern oder einen anderen zu schädigen, so ist die Strafe Freiheitsstrafe bis zu zwei Jahren oder Geldstrafe.
(3) Die Tat wird nur auf Antrag verfolgt.

§ 22: Übergangsvorschrift

Die Veröffentlichung über personenbezogene Daten (§ 12), die beim Inkrafttreten des Gesetzes schon gespeichert waren, hat binnen eines Jahres nach Inkrafttreten des Gesetzes zu erfolgen.

§ 23: Weitergeltende Vorschriften

Soweit besondere Rechtsvorschriften der Freien und Hansestadt Hamburg auf in Dateien gespeicherte personenbezogene Daten anzuwenden sind, gehen sie den Vorschriften dieses Gesetzes vor. Zu den vorrangigen Vorschriften gehören namentlich:
1. Vorschriften über die Geheimhaltung von dienstlich oder sonst in Ausübung des Berufs erworbenen Kenntnissen, zum Beispiel § 4 des Gesetzes über die Statistik in der Hafenschiffahrt vom 28. September 1970 (Hamburgisches Gesetz- und Verordnungsblatt Seite 267); § 3 Absatz 4 des Gesetzes über die Kreditkommission vom 24. September 1964 (Hamburgisches Gesetz und Verordnungsblatt Seite 201); § 2 Abs. 5 des Gesetzes über die Kommission für Bodenordnung vom 22. Dezember 1960 (Hamburgisches Gesetz- und Verordnungsblatt Seite 473) mit der Änderung vom 5. März 1971 (Hamburgisches Gesetz- und Verordnungsblatt Seite 45);
2. Vorschriften über die Verpflichtung, die Beschränkung oder das Verbot der Speicherung, Übermittlung oder Veröffentlichung von Einzelangaben über Personen, zum Beispiel § 13 des Kirchensteuergesetzes vom 15. Oktober 1973 (Hamburgisches Gesetz- und Verordnungsblatt Seite 431); § 7 des Gesetzes über das Meldewesen vom 3. Oktober 1961 (Hamburgisches Gesetz- und Verordnungsblatt Seite 311); § 23 des Hundesteuergesetzes in der Fassung vom 9. Januar 1973 (Hamburgisches Gesetz- und Verordnungsblatt Seite 1);
3. Vorschriften über die Beschränkungen der Einsicht in Unterlagen durch Dritte, zum Beispiel § 78 Absatz 2 Satz 3 des Hamburgischen Personalvertretungsgesetzes in der Fassung vom 20. Januar 1976 (Hamburgisches Gesetz- und Verordnungsblatt Seite 15);
4. Vorschriften über die Einsicht des Beamten in seine Personalakten, zum Beispiel § 94 des

Hamburgischen Beamtengesetzes in der Fassung vom 21. Mai 1974 (Hamburgisches Gesetz- und Verordnungsblatt Seite 167);

5. Vorschriften über die Verpflichtung zur Verarbeitung personenbezogener Daten bei der Rechnungslegung einschließlich Buchführung und sonstiger Aufzeichnungen, zum Beispiel § 71 der Haushaltsordnung der Freien und Hansestadt Hamburg vom 23. Dezember 1971 (Hamburgisches Gesetz- und Verordnungsblatt Seite 261).

§ 24: Änderung des Meldegesetzes

In das Gesetz über das Meldewesen vom 3. Oktober 1961 (Hamburgisches Gesetz- und Verordnungsblatt Seite 311) mit der Änderung vom 2. März 1970 (Hamburgisches Gesetz- und Verordnungsblatt Seite 90) wird folgender § 10a eingefügt:

§ 25: Inkrafttreten

Dieses Gesetz tritt am 1. Januar 1978 in Kraft. Abweichend davon treten in Kraft:

1. § 12 Absatz 3 und § 18 Absatz 4 Satz 3 am Tage nach der Verkündung des Gesetzes,
2. § 8 und die Anlage zu § 8 Absatz 1 Satz 1 am 1. Januar 1979.

Anlage zu § 8 Absatz 1 Satz 1

Werden personenbezogene Daten automatisch verarbeitet, sind zur Ausführung der Vorschriften dieses Gesetzes Maßnahmen zu treffen, die je nach der Art der zu schützenden personenbezogenen Daten geeignet sind,

1. Unbefugten den Zugang zu Datenverarbeitungsanlagen, mit denen personenbezogene Daten verarbeitet werden, zu verwehren (Zugangskontrolle),
2. Personen, die bei der Verarbeitung personenbezogener Daten tätig sind, daran zu hindern, daß sie Datenträger unbefugt entfernen (Abgangskontrolle),
3. die unbefugte Eingabe in den Speicher sowie die unbefugte Kenntnisnahme, Veränderung oder Löschung gespeicherter personenbezogener Daten zu verhindern (Speicherkontrolle),
4. die Benutzung von Datenverarbeitungssystemen, aus denen oder in die personenbezogene Daten durch selbsttätige Einrichtungen übermittelt werden, durch unbefugte Personen zu verhindern (Benutzerkontrolle),
5. zu gewährleisten, daß die zur Benutzung eines Datenverarbeitungssystems Berechtigten durch selbsttätige Einrichtungen ausschließlich auf die ihrer Zugriffsberechtigung unterliegenden personenbezogenen Daten zugreifen können (Zugriffskontrolle),
6. zu gewährleisten, daß überprüft und festgestellt werden kann, an welche Stellen personenbezogene Daten durch selbsttätige Einrichtungen übermittelt werden können (Übermittlungskontrolle),
7. zu gewährleisten, daß nachträglich überprüft und festgestellt werden kann, welche personenbezogenen Daten zu welcher Zeit von wem in Datenverarbeitungssysteme eingegeben worden sind (Eingabekontrolle),
8. zu gewährleisten, daß personenbezogene Daten, die im Auftrag verarbeitet werden, nur entsprechend den Weisungen des Auftraggebers verarbeitet werden können (Auftragskontrolle),
9. zu gewährleisten, daß bei der Übermittlung personenbezogener Daten sowie beim Transport entsprechender Datenträger diese nicht unbefugt gelesen, verändert oder gelöscht werden können (Transportkontrolle),
10. die innerbehördliche oder innerbetriebliche Organisation so zu gestalten, daß sie den besonderen Anforderungen des Datenschutzes gerecht wird (Organisationskontrolle).

6. Hessisches Datenschutzgesetz (H DSG) Vom 31. Januar 1978, GVBl I, 7.2.1978, Nr. 4, S. 95

Erster Teil. Allgemeine Vorschriften

§ 1: Aufgabe und Gegenstand

(1) Aufgabe des Gesetzes ist es,

1. den Bürger durch Verhinderung des Mißbrauchs bei der Verarbeitung (Speicherung, Übermittlung, Veränderung und Löschung) personenbezogener Daten zu schützen und einer Beeinträchtigung schutzwürdiger Belange entgegenzuwirken,
2. das auf dem Grundsatz der Gewaltenteilung beruhende verfassungsmäßige Gefüge des Staates, insbesondere der Verfassungsorgane des Landes und der Organe der kommunalen Selbstverwaltung untereinander und zueinander, vor einer Veränderung infolge der automatisierten Datenverarbeitung zu bewahren.

(2) Dieses Gesetz schützt personenbezogene Daten, die in Dateien gespeichert, verändert, gelöscht oder aus Dateien übermittelt werden. Für personenbezogene Daten, die nicht zur Übermittlung an Dritte bestimmt sind und in nicht automatisierten Verfahren verarbeitet werden, gilt von den Vorschriften dieses Gesetzes nur § 10, soweit er die Verpflichtung enthält, technische und organisatorische Maßnahmen zum Schutz dieser Daten gegenüber Dritten zu treffen.

§ 2: Begriffsbestimmungen

(1) Im Sinne dieses Gesetzes sind personenbezogene Daten Einzelangaben über persönliche und sachliche Verhältnisse einer bestimmten oder bestimmbaren natürlichen Person (Betroffener).

(2) Im Sinne dieses Gesetzes ist

1. Speichern (Speicherung) das Erfassen, Aufnehmen oder Aufbewahren von Daten auf einem Datenträger zum Zwecke ihrer weiteren Verwendung,
2. Übermitteln (Übermittlung) das Bekanntgeben gespeicherter oder durch Datenverarbeitung unmittelbar gewonnener Daten an Dritte in der Weise, daß die Daten durch die speichernde Stelle weitergegeben oder zur Einsichtnahme, namentlich zum Abruf bereitgehalten werden,
3. Verändern (Veränderung) das inhaltliche Umgestalten gespeicherter Daten,
4. Sperren (Sperrung) das Verhindern weiterer Verarbeitung oder sonstiger Nutzung gespeicherter Daten,
5. Löschen (Löschung) das Unkenntlichmachen gespeicherter Daten, ungeachtet der dabei angewendeten Verfahren.

(3) Im Sinne dieses Gesetzes ist

1. speichernde Stelle jede der in § 3 Abs. 1 genannten Stellen, die Daten für sich selbst speichert oder durch andere speichern läßt,
2. Dritter jede Person oder Stelle außerhalb der speichernden Stelle, ausgenommen der Betroffene oder diejenigen Personen und Stellen, die in den Fällen der Nr. 1 im Geltungsbereich des Grundgesetzes im Auftrag tätig werden,
3. eine Datei eine gleichartig aufgebaute Sammlung von Daten, die nach bestimmten Merkmalen erfaßt und geordnet, nach anderen bestimmten Merkmalen umgeordnet und ausgewertet werden kann, ungeachtet der dabei angewendeten Verfahren; nicht hierzu gehören Akten und Aktensammlungen, es ei denn, daß sie durch automatisierte Verfahren umgeordnet und ausgewertet werden können.

§ 3: Anwendungsbereich

(1) Dieses Gesetz gilt für Behörden und sonstige öffentliche Stellen des Landes, der Gemeinden und Gemeindeverbände und der sonstigen der Aufsicht des Landes unterstehenden juristischen Personen des öffentlichen Rechts und für deren Vereinigungen.

(2) Für öffentlich-rechtliche Unternehmen, die am Wettbewerb teilnehmen und die Vor-

aussetzungen von Abs. 1 erfüllen, gelten anstelle der §§ 4, 8 Abs. 2 und 11 bis 19 dieses Gesetzes

1. nach Maßgabe des § 22 Abs. 1 Satz 2 des Bundesdatenschutzgesetzes vom 27. Januar 1977 (BGBl I S. 201) die §§ 22 Abs. 2 und 3, 23 bis 27 des Bundesdatenschutzgesetzes, soweit sie Datenverarbeitung für eigene Zwecke betreiben,
2. nach Maßgabe des § 31 Abs. 1 des Bundesdatenschutzgesetzes der § 31 Abs. 2 und die §§ 32 bis 37 des Bundesdatenschutzgesetzes, soweit sie Datenverarbeitung für fremde Zwecke betreiben.

Für öffentlich-rechtliche Kreditinstitute und Versicherungsunternehmen sowie ihre Zusammenschlüsse und Verbände gelten außerdem anstelle der §§ 20 bis 31 dieses Gesetzes die §§ 28 bis 30 und 38 bis 40 des Bundesdatenschutzgesetzes.

(3) Dieses Gesetz gilt nicht für den Hessischen Rundfunk, soweit er personenbezogene Daten ausschließlich zu eigenen publizistischen Zwecken verarbeitet. § 10 Abs. 1 bleibt unberührt.

(4) Soweit die Datenverarbeitung frühere, bestehende oder zukünftige dienst- oder arbeitsrechtliche Rechtsverhältnisse betrifft, gelten anstelle der §§ 11 und 12, 16 bis 19 dieses Gesetzes die §§ 23, 24 Abs. 1, 25 bis 27 des Bundesdatenschutzgesetzes entsprechend.

§ 4: Verarbeitung personenbezogener Daten im Auftrag

(1) Die Vorschriften dieses Gesetzes gelten für die in § 3 Abs. 1 genannten Stellen auch insoweit, als personenbezogene Daten in deren Auftrag durch andere Personen oder Stellen verarbeitet werden. In diesen Fällen ist der Auftragnehmer unter besonderer Berücksichtigung der Eignung der von ihm getroffenen technischen und organisatorischen Maßnahmen (§ 10 Abs. 1) sorgfältig auszuwählen. Sofern die Vorschriften dieses Gesetzes auf den Auftragnehmer keine Anwendung finden, ist der Auftraggeber verpflichtet vertraglich sicherzustellen, daß der Auftragnehmer die Bestimmungen dieses Gesetzes beachtet und sich der Kontrolle des Hessischen Datenschutzbeauftragten unterwirft.

(2) Die Vorschriften des Zweiten Teiles gelten nicht für die in § 3 Abs. 1 genannten Stellen, soweit sie personenbezogene Daten im Auftrag verarbeiten. In diesen Fällen ist die Verarbeitung personenbezogener Daten in jeder ihrer in § 1 Abs. 1 genannten Phasen nur im Rahmen der Weisungen des Auftraggebers zulässig.

(3) Für juristische Personen, Gesellschaften und andere Personenvereinigungen des privaten Rechts, bei denen dem Land oder einer der Aufsicht des Landes unterstehenden Körperschaft, Anstalt oder Stiftung des öffentlichen Rechts die Mehrheit, der Anteile gehört oder die Mehrheit der Stimmen zusteht, gelten die §§ 20 bis 31 entsprechend, soweit diese Personen oder Personenvereinigungen in den Fällen des Abs. 1 Satz 1 im Auftrag tätig werden.

§ 5: Durchführung des Datenschutzes

Die obersten Landesbehörden, Gemeinden und Gemeindeverbände sowie die sonstigen der Aufsicht des Landes unterstehenden juristischen Personen des öffentlichen Rechts haben jeweils für ihren Bereich die Ausführung dieses Gesetzes sowie anderer Rechtsvorschriften über den Datenschutz sicherzustellen. Sie haben insbesondere dafür zu sorgen, daß

1. eine Übersicht über die Art der gespeicherten personenbezogenen Daten und über die Aufgabe, zu deren Erfüllung die Kenntnis der Daten erforderlich ist, sowie deren regelmäßige Empfänger geführt und
2. die ordnungsgemäße Anwendung der Datenverarbeitungsprogramme, mit deren Hilfe personenbezogene Daten verarbeitet werden sollen, überwacht wird.

§ 6: Allgemeine Verwaltungsvorschriften

Die obersten Landesbehörden erlassen jeweils für ihren Geschäftsbereich allgemeine Verwaltungsvorschriften, die die Ausführung dieses Gesetzes, bezogen auf die besonderen Verhältnisse in dem jeweiligen Geschäftsbereich, und die sich daraus ergebenden besonderen Erfordernisse für den Datenschutz regeln.

§ 7: Zulässigkeit der Datenverarbeitung

Die Verarbeitung personenbezogener Daten, die von diesem Gesetz geschützt werden, ist in

jeder ihrer in § 1 Abs. 1 genannten Phasen nur zulässig, wenn
1. dieses Gesetz oder eine andere Rechtsvorschrift sie erlaubt oder
2. der Betroffene eingewilligt hat.

Die Einwilligung bedarf der Schriftform, soweit nicht wegen besonderer Umstände eine andere Form angemessen ist; wird die Einwilligung zusammen mit anderen Erklärungen schriftlich erteilt, ist der Betroffene hierauf schriftlich besonders hinzuweisen.

§ 8: Rechte des Betroffenen

(1) Jeder hat nach Maßgabe dieses Gesetzes ein Recht auf
1. Auskunft über die zu seiner Person gespeicherten Daten (§ 18),
2. Berichtigung der zu seiner Person gespeicherten Daten, wenn sie unrichtig sind (§ 19 Abs. 1),
3. Sperrung der zu seiner Person gespeicherten Daten, wenn sich weder deren Richtigkeit noch deren Unrichtigkeit feststellen läßt, oder nach Wegfall der ursprünglich erfüllten Voraussetzungen für die Speicherung (§ 19 Abs. 2),
4. Löschung der zu seiner Person gespeicherten Daten, wenn ihre Speicherung unzulässig war oder – wahlweise neben dem Recht auf Sperrung – nach Wegfall der ursprünglich erfüllten Voraussetzungen für die Speicherung (§ 19 Abs. 3),
5. Anrufung des Datenschutzbeauftragten, wenn er annimmt, bei der Verarbeitung seiner personenbezogenen Daten in seinen Rechten verletzt worden zu sein (§§ 27 und 31 Abs. 6).

(2) Wird der Betroffene durch eine nach diesem Gesetz oder nach anderen Vorschriften über den Datenschutz unzulässige Datenverarbeitung in seinen schutzwürdigen Belangen beeinträchtigt, so hat ihm die Stelle, die die Datenverarbeitung selbst betreibt oder in Auftrag gegeben hat, den daraus entstehenden Schaden zu ersetzen. Der Ersatzpflichtige haftet jedem Betroffenen für jedes schädigende Ereignis bis zu einem Betrage von zweihundertfünfzigtausend Deutsche Mark. Weitergehende sonstige Schadensersatzansprüche bleiben unberührt.

§ 9: Datengeheimnis

(1) Den im Rahmen des § 3 Abs. 1 oder im Auftrag der dort genannten Stellen bei der Datenverarbeitung beschäftigten Personen ist untersagt, geschützte personenbezogene Daten unbefugt zu einem anderen als dem zur jeweiligen rechtmäßigen Aufgabenerfüllung gehörenden Zweck zu verarbeiten, bekanntzugeben, zugänglich zu machen oder sonst zu nutzen.
(2) Diese Personen sind bei der Aufnahme ihrer Tätigkeit nach Maßgabe von Abs. 1 zu verpflichten. Ihre Pflichten bestehen auch nach Beendigung ihrer Tätigkeit fort.

§ 10: Technische und organisatorische Maßnahmen

(1) Wer im Rahmen des § 3 Abs. 1 oder im Auftrag der dort genannten Stellen personenbezogene Daten verarbeitet, hat die technischen und organisatorischen Maßnahmen zu treffen, die erforderlich sind, um die Ausführung der Vorschriften dieses Gesetzes, insbesondere die in der Anlage zu diesem Gesetz genannten Anforderungen zu gewährleisten. Erforderlich sind Maßnahmen nur, wenn ihr Aufwand in einem angemessenen Verhältnis zu dem angestrebten Schutzzweck steht.
(2) Die Landesregierung wird ermächtigt, durch Rechtsverordnung die in der Anlage genannten Anforderungen nach dem jeweiligen Stand der Technik und Organisation fortzuschreiben. Stand der Technik und Organisation im Sinne dieses Gesetzes ist der Entwicklungsstand fortschrittlicher Verfahren, Einrichtungen oder Betriebsweisen, der die praktische Eignung einer Maßnahme zur Gewährleistung der Durchführung dieses Gesetzes gesichert erscheinen läßt. Bei der Bestimmung des Standes der Technik und Organisation sind insbesondere vergleichbare Verfahren, Einrichtungen oder Betriebsweisen heranzuziehen, die mit Erfolg im Betrieb erprobt worden sind.

Zweiter Teil. Einzelregelungen für den Datenschutz

§ 11: Datenspeicherung und -veränderung

(1) Das Speichern und das Verändern personenbezogener Daten ist zulässig, wenn es zur rechtmäßigen Erfüllung der in der Zuständigkeit der speichernden Stelle liegenden Aufgaben erforderlich ist.

(2) Werden Daten beim Betroffenen auf Grund einer Rechtsvorschrift erhoben, dann ist er auf sie, sonst auf die Freiwilligkeit seiner Angaben hinzuweisen. Dem Betroffenen dürfen aus einer Verweigerung der Einwilligung keine Rechtsnachteile entstehen.

§ 12: Datenübermittlung innerhalb des öffentlichen Bereichs

(1) Die Übermittlung personenbezogener Daten an Behörden und sonstige öffentliche Stellen ist zulässig, wenn sie zur rechtmäßigen Erfüllung der in der Zuständigkeit der übermittelnden Stelle oder des Empfängers liegeden Aufgaben erforderlich ist. Unterliegen die personenbezogenen Daten einem Berufs- oder besonderen Amtsgeheimnis (§ 45 Satz 2 Nr. 1 und Satz 3 des Bundesdatenschutzgesetzes) und sind sie der übermittelnden Stelle von der zur Verschwiegenheit verpflichteten Person in Ausübung ihrer Berufs- oder Amtspflicht übermittelt worden, ist für die Zulässigkeit der weiteren Übermittlung ferner erforderlich, daß der Empfänger die Daten zur Erfüllung des gleichen Zweckes benötigt, zu dem sie die übermittelnde Stelle erhalten hat.

(2) Die Übermittlung personenbezogener Daten an Stellen der öffentlich-rechtlichen Religionsgesellschaften ist in entsprechender Anwendung der Vorschriften über die Datenübermittlung an Behörden und sonstige öffentliche Stellen zulässig, sofern sichergestellt ist, daß bei dem Empfänger ausreichende Datenschutzmaßnahmen getroffen werden.

§ 13: Auskunftsrecht des Landtags und der kommunalen Vertretungsorgane

(1) Die Hessische Zentrale für Datenverarbeitung, die Kommunalen Gebietsrechenzentren und die Landesbehörden, die Datenverarbeitungsanlagen betreiben, sind verpflichtet, dem Landtag, dem Präsidenten des Landtags und den Fraktionen des Landtags die von diesen im Rahmen ihrer Zuständigkeiten verlangten Auskünfte auf Grund der gespeicherten Daten zu geben, soweit Programme zur Auswertung vorhanden sind. Die Auskünfte dürfen keine personenbezogenen Daten enthalten. Den Auskünften darf ein gesetzliches Verbot oder ein öffentliches Interesse nicht entgegenstehen; dem Auskunftsrecht des Landtags steht ein öffentliches Interesse in der Regel nicht entgegen. Der Landtag hat Zugriff zu den Daten, soweit durch technische Maßnahmen sichergestellt ist, daß die Grenzen der Sätze 1 bis 3 eingehalten werden.

(2) Der Landtag kann von der Landesregierung Auskünfte über die bestehenden Dateien verlangen, die für Auskünfte oder den Zugriff nach Abs. 1 geeignet sind. Das Auskunftsverlangen kann sich erstrecken auf:
1. Name des Verfahrens mit kurzer Funktionsbeschreibung,
2. vorhandene Dateien,
3. Aufbau der Datensätze mit Angaben über den Inhalt und die Ordnungskriterien,
4. vorhandene Auswertungsprogramme,
5. zuständige Behörde.

(3) Das Auskunftsrecht des Abs. 1 steht im Rahmen ihrer Zuständigkeiten den Gemeindevertretungen und den Kreistagen sowie deren Fraktionen und den entsprechenden Organen anderer in § 3 Abs. 1 genannten Körperschaften und Anstalten gegenüber der Hessischen Zentrale für Datenverarbeitung, dem zuständigen Kommunalen Gebietsrechenzentrum und den Behörden der Gemeinden und Gemeindeverbänden zu, die Datenverarbeitungsanlagen betreiben. Der Antrag der Fraktionen ist in den Gemeinden über den Gemeindevorstand, in den Kreisen über den Kreisausschuß zu leiten.

§ 14: Untersuchungen für den Landtag und die kommunalen Vertretungsorgane

Der Landtag, der Präsident des Landtags, die Fraktionen des Landtags und die in § 13 Abs. 3 genannten Vertretungsorgane können verlangen, daß der Hessische Datenschutzbeauftragte untersucht, aus welchen Gründen Auskunftsersuchen nicht oder nicht ausreichend beantwortet wurden.

§ 15: Datenverarbeitung für wissenschaftliche Zwecke

(1) Hochschulen und andere öffentliche Einrichtungen mit der Aufgabe unabhängiger wissenschaftlicher Forschung können im Rahmen ihrer Aufgaben für bestimmte Forschungsvorhaben personenbezogene Daten speichern und verändern; hierfür können ihnen die in § 3 Abs. 1 genannten Behörden und öffentlichen Stellen personenbezogene Daten übermitteln. Die Datenverarbeitung nach Satz 1 ist nur zulässig, wenn die Betroffenen eingewilligt haben oder wenn ihre schutzwürdigen Belange wegen der Art der Daten, wegen ihrer Offenkundigkeit oder wegen der Art der Verwendung nicht beeinträchtigt werden.
(2) Die nach Abs. 1 gespeicherten, veränderten und übermittelten personenbezogenen Daten dürfen nur mit Einwilligung der Betroffenen weiter übermittelt werden.

§ 16: Datenübermittlung an Stellen außerhalb des öffentlichen Bereichs

(1) Die Übermittlung personenbezogener Daten an Personen und an andere Stellen als die in § 12 bezeichneten ist zulässig, wenn sie zur rechtmäßigen Erfüllung der in der Zuständigkeit der übermittelnden Stelle liegenden Aufgaben erforderlich ist oder soweit der Empfänger ein berechtigtes Interesse an der Kenntnis der zu übermittelnden Daten glaubhaft macht und dadurch schutzwürdige Belange des Betroffenen nicht beeinträchtigt werden. Unterliegen die personenbezogenen Daten einem Berufs- oder besonderen Amtsgeheimnis (§ 45 Satz 2 Nr. 1 und Satz 3 des Bundesdatenschutzgesetzes) und sind sie der übermittelnden Stelle von der zur Verschwiegenheit verpflichteten Person in Ausübung ihrer Berufs- oder Amtspflicht übermittelt worden, ist für die Zulässigkeit der Übermittlung ferner erforderlich, daß die gleichen Voraussetzungen gegeben sind, unter denen sie die zur Verschwiegenheit verpflichtete Person übermitteln dürfte. Für die Übermittlung an Behörden und sonstige Stellen außerhalb des Geltungsbereichs dieses Gesetzes sowie an über- und zwischenstaatliche Stellen finden Satz 1 und 2 nach Maßgabe der für diese Übermittlung geltenden Gesetze und Vereinbarungen Anwendung.
(2) Der Empfänger darf die übermittelten Daten nur für den Zweck verwenden, zu dessen Erfüllung sie ihm übermittelt wurden.

§ 17: Veröffentlichung über die gespeicherten Daten

(1) Behörden und sonstige öffentliche Stellen geben
1. die Art der von ihnen oder in ihrem Auftrag gespeicherten personenbezogenen Daten,
2. die Aufgaben, zu deren Erfüllung die Kenntnis dieser Daten erforderlich ist,
3. den betroffenen Personenkreis,
4. die Stellen, an die sie personenbezogene Daten regelmäßig übermitteln sowie
5. die Art der zu übermittelnden Daten unverzüglich nach der ersten Einspeicherung in dem für ihren Bereich bestehenden Veröffentlichungsblatt für amtliche Bekanntmachungen bekannt. Soweit eine Veröffentlichung im Staatsanzeiger für das Land Hessen erfolgt ist, genügt ein Hinweis auf diese Veröffentlichung. Auf Antrag sind dem Betroffenen die bisherigen Bekanntmachungen und im Falle des Satzes 2 die Veröffentlichung im Staatsanzeiger zugänglich zu machen.

(2) Abs. 1 gilt nicht
1. a) für das Landesamt für Verfassungsschutz, das Landeskriminalamt, die Behörden der Staatsanwaltschaft und der Polizei,
   b) für Landesfinanzbehörden, soweit sie personenbezogene Daten in Erfüllung ihrer gesetzlichen Aufgaben im Anwendungsbereich der Abgabenordnung zur Überwachung und Prüfung in Dateien speichern,
2. für die personenbezogenen Daten, die deshalb nach § 19 Abs. 2 Satz 2 gesperrt sind, weil sie auf Grund gesetzlicher Aufbewahrungsvorschriften nicht nach § 19 Abs. 3 Satz 1 gelöscht werden dürfen,
3. für gesetzlich vorgeschriebene Register oder sonstige auf Grund von Rechts- oder veröffentlichten Verwaltungsvorschriften zu führende Dateien, soweit die Art der in ihnen ge-

speicherten personenbezogenen Daten, die Aufgaben, zu deren Erfüllung die Kenntnis dieser Daten erforderlich ist, der betroffene Personenkreis, die Stellen, an die personenbezogene Daten regelmäßig übermittelt werden, sowie die Art der zu übermittelnden Daten in Rechts- oder veröffentlichten Verwaltungsvorschriften festgelegt sind.

(3) Die Landesregierung wird ermächtigt, durch Rechtsverordnung für die in § 3 Abs. 1 genannten Behörden und sonstigen öffentlichen Stellen das Veröffentlichungsblatt sowie das Verfahren der Veröffentlichung zu bestimmen.

§ 18: Auskunft an den Betroffenen

(1) Dem Betroffenen ist auf Antrag Auskunft über die zu seiner Person gespeicherten Daten zu erteilen. In dem Antrag soll die Art der personenbezogenen Daten, über die Auskunft erteilt werden soll, näher bezeichnet werden. Die speichernde Stelle bestimmt das Verfahren, insbesondere die Form der Auskunftserteilung nach pflichtgemäßem Ermessen.

(2) Abs. 1 gilt nicht in den Fällen des § 17 Abs. 2 Nr. 1 und 2.

(3) Die Auskunftserteilung unterbleibt, soweit

1. die Auskunft die rechtmäßige Erfüllung der in der Zuständigkeit der speichernden Stelle liegenden Aufgaben gefährden würde,
2. die Auskunft die öffentliche Sicherheit oder Ordnung gefährden oder sonst dem Wohle des Bundes oder des Landes Nachteile bereiten würde,
3. die personenbezogenen Daten oder die Tatsache ihrer Speicherung nach einer Rechtsvorschrift oder ihrem Wesen nach, namentlich wegen der überwiegenden berechtigten Interessen einer dritten Person, geheimgehalten werden müssen,
4. die Auskunft sich auf die Übermittlung personenbezogener Daten an die in § 17 Abs. 2 Nr. 1 genannten Behörden bezieht.

(4) Die Auskunftserteilung ist gebührenpflichtig. Die Landesregierung wird ermächtigt, durch Rechtsverordnung die gebührenpflichtigen Tatbestände und die Höhe der Gebühr näher zu bestimmen sowie Ausnahmen von der Gebührenpflicht zuzulassen. Die Gebühren dürfen nur zur Deckung des unmittelbar auf Amtshandlungen dieser Art entfallenden Verwaltungsaufwandes erhoben werden. Ausnahmen von der Gebührenpflicht sind insbesondere in den Fällen zuzulassen, in denen durch besondere Umstände die Annahme gerechtfertigt wird, daß personenbezogene Daten unrichtig oder unzulässig gespeichert werden, oder in denen die Auskunft zur Berichtigung oder Löschung gespeicherter personenbezogener Daten geführt hat. Im übrigen findet das Hessische Verwaltungskostengesetz Anwendung.

§ 19: Berichtigung, Sperrung und Löschung von Daten

(1) Personenbezogene Daten sind zu berichtigen, wenn sie unrichtig sind.

(2) Personenbezogene Daten sind zu sperren, wenn ihre Richtigkeit vom Betroffenen bestritten wird und sich weder die Richtigkeit noch die Unrichtigkeit feststellen läßt. Sie sind ferner zu sperren, wenn ihre Kenntnis für die speichernde Stelle zur rechtmäßigen Erfüllung der in ihrer Zuständigkeit liegenden Aufgaben nicht mehr erforderlich ist. Gesperrte Daten sind mit einem entsprechenden Vermerk zu versehen; sie dürfen nicht mehr verarbeitet, insbesondere übermittelt, oder sonst genutzt werden, es sei denn, daß die Nutzung zu wissenschaftlichen Zwecken, zur Behebung einer bestehenden Beweisnot oder aus sonstigen im überwiegenden Interesse der speichernden Stelle oder eines Dritten liegenden Gründen unerläßlich ist oder der Betroffene in die Nutzung eingewilligt hat.

(3) Personenbezogene Daten können gelöscht werden, wenn ihre Kenntnis für die speichernde Stelle zur rechtmäßigen Erfüllung der in ihrer Zuständigkeit liegenden Aufgaben nicht mehr erforderlich ist und kein Grund zu der Annahme besteht, daß durch die Löschung schutzwürdige Belange des Betroffenen beeinträchtigt werden. Sie sind zu löschen, wenn ihre Speicherung unzulässig war oder wenn es in den Fällen des Abs. 2 Satz 2 der Betroffene verlangt.

(4) Die Landesregierung wird ermächtigt, durch Rechtsverordnung Fristen festzulegen, nach deren Ablauf die in § 3 Abs. 1 genannten Stellen zur Löschung oder Sperrung gespeicherter Daten verpflichtet werden.

Dritter Teil. Hessischer Datenschutzbeauftragter

§ 20: Rechtsstellung

(1) Der Landtag wählt auf Vorschlag der Landesregierung den Hessischen Datenschutzbeauftragten.
(2) Der Präsident des Landtags verpflichtet den Hessischen Datenschutzbeauftragten vor dem Landtag, sein Amt gerecht zu verwalten und die Verfassung des Landes Hessen und das Grundgesetz für die Bundesrepublik Deutschland getreulich zu wahren.
(3) Der Hessische Datenschutzbeauftragte steht nach Maßgabe dieses Gesetzes in einem öffentlich-rechtlichen Amtsverhältnis. Das Amt kann auch einem Beamten im Nebenamt, einem beurlaubten Beamten oder einem Ruhestandsbeamten übertragen werden.
(4) Der Hessische Datenschutzbeauftragte wird für die Dauer der jeweiligen Wahlperiode des Landtags gewählt; nach dem Ende der Wahlperiode bleibt er bis zur Neuwahl im Amt. Die Wiederwahl ist zulässig. Vor Ablauf der Amtszeit kann er nur abberufen werden, wenn Tatsachen vorliegen, die bei einem Beamten die Entlassung aus dem Dienst rechtfertigen. Er kann jederzeit von seinem Amt zurücktreten.
(5) Die Vergütung des Hessischen Datenschutzbeauftragten ist durch Vertrag zu regeln.

§ 21: Unabhängigkeit

Der Hessische Datenschutzbeauftragte ist unbeschadet seiner Verpflichtungen aus den §§ 14 und 23 bis 30 unabhängig und frei von Weisungen.

§ 22: Verschwiegenheitspflicht

Der Hessische Datenschutzbeauftragte ist auch nach Beendigung seines Amtsverhältnisses verpflichtet, über die ihm bei seiner amtlichen Tätigkeit bekanntgewordenen Angelegenheiten Verschwiegenheit zu wahren. Dies gilt nicht für Mitteilungen im dienstlichen Verkehr oder über Tatsachen, die offenkundig sind oder ihrer Bedeutung nach keiner Geheimhaltung bedürfen. Er darf über die der Verschwiegenheitspflicht unterliegenden Angelegenheiten ohne Genehmigung weder vor Gericht noch außergerichtlich aussagen. Die Genehmigung erteilt der Präsident des Landtags.

§ 23: Aufgaben

(1) Der Hessische Datenschutzbeauftragte überwacht die Einhaltung der Vorschriften dieses Gesetzes sowie anderer Vorschriften über den Datenschutz bei den in § 3 Abs. 1 genannten Behörden und Stellen, ausgenommen die Gerichte, soweit sie nicht in Verwaltungsangelegenheiten tätig werden. Zu diesem Zwecke kann er Empfehlungen zur Verbesserung des Datenschutzes geben; insbesondere kann er die Landesregierung und einzelne Minister sowie die übrigen in § 3 Abs. 1 genannten Behörden und sonstigen Stellen in Fragen des Datenschutzes beraten. Der Hessische Datenschutzbeauftragte kontrolliert die Einhaltung der Datenschutzvorschriften auch bei den Stellen, die sich und soweit sie sich nach § 4 Abs. 1 Satz 3 seiner Kontrolle unterworfen haben.
(2) Der Hessische Datenschutzbeauftragte beobachtet die Auswirkungen der automatisierten Datenverarbeitung auf die Arbeitsweise und die Entscheidungsbefugnisse der in § 3 Abs. 1 genannten Stellen. Er hat insbesondere darauf zu achten, ob sie zu einer Verschiebung in der Gewaltenteilung zwischen den Verfassungsorganen des Landes, zwischen den Organen der kommunalen Selbstverwaltung und zwischen der staatlichen und der kommunalen Selbstverwaltung führen. Er soll Maßnahmen anregen, die ihm geeignet erscheinen, derartige Auswirkungen zu verhindern.
(3) Der Hessische Datenschutzbeauftragte arbeitet mit den Behörden und sonstigen Stellen, die für die Kontrolle der Einhaltung der Vorschriften über den Datenschutz in den Ländern zuständig sind, sowie mit den Aufsichtsbehörden nach § 30 des Bundesdatenschutzgesetzes zusammen.

§ 24: Gutachten und Untersuchungen in Datenschutzfragen

Der Landtag und die Landesregierung können den Hessischen Datenschutzbeauftragten mit der Erstattung von Gutachten und der Durchführung von Untersuchungen in Datenschutzfragen betrauen.

§ 25: Dateienregister

(1) Der Hessische Datenschutzbeauftragte führt ein Register der Dateien, in denen personenbezogene Daten gespeichert werden. Das Register kann von jedem eingesehen werden. Die in § 3 Abs. 1 genannten Behörden und sonstigen Stellen sind verpflichtet, die von ihnen betriebenen Dateien beim Hessischen Datenschutzbeauftragten anzumelden. Das Landesamt für Verfassungsschutz ist von der Meldepflicht ausgenommen.
(2) Zu den Dateien
1. des Landeskriminalamtes, der Behörden der Staatsanwaltschaft und der Polizei,
2. der Landesfinanzbehörden, soweit sie personenbezogene Daten in Erfüllung ihrer gesetzlichen Aufgaben im Anwendungsbereich der Abgabenordnung zur Überwachung und Prüfung enthalten, wird ein besonderes Register geführt. Es beschränkt sich auf eine Übersicht über Art und Verwendungszweck. Abs. 1 Satz 2 findet auf diese Register keine Anwendung.

(3) Das Nähere regelt die Landesregierung durch Rechtsverordnung.

§ 26: Beanstandungen durch den Hessischen Datenschutzbeauftragten

(1) Stellt der Hessische Datenschutzbeauftragte Verstöße gegen die Vorschriften dieses Gesetzes oder gegen andere Datenschutzbestimmungen oder sonstige Mängel bei der Verarbeitung personenbezogener Daten fest, so beanstandet er dies
1. bei der Landesverwaltung gegenüber der zuständigen obersten Landesbehörde,
2. bei den Körperschaften, Anstalten und Stiftungen des öffentlichen Rechts sowie bei Vereinigungen solcher Körperschaften, Anstalten und Stiftungen gegenüber dem Vorstand oder dem sonst vertretungsberechtigten Organ und fordert zur Stellungnahme innerhalb einer von ihm zu bestimmenden Frist auf. In den Fällen von Satz 1 Nr. 2 unterrichtet der Hessische Datenschutzbeauftragte gleichzeitig auch die zuständige Aufsichtsbehörde.

(2) Der Hessische Datenschutzbeauftragte kann von einer Beanstandung absehen oder auf eine Stellungnahme der betroffenen Stelle verzichten, wenn es sich um unerhebliche Mängel handelt.
(3) Mit der Beanstandung kann der Hessische Datenschutzbeauftragte Vorschläge zur Beseitigung der Mängel und zur sonstigen Verbesserung des Datenschutzes verbinden.
(4) Die gemäß Abs. 1 abzugebende Stellungnahme soll auch eine Darstellung der Maßnahmen enthalten, die auf Grund der Beanstandung des Hessischen Datenschutzbeauftragten getroffen worden sind. Die in Abs. 1 Satz 1 Nr. 2 genannten Stellen leiten der zuständigen Aufsichtsbehörde eine Abschrift ihrer Stellungnahme an den Hessischen Datenschutzbeauftragten zu.

§ 27: Anrufung des Hessischen Datenschutzbeauftragten

Jedermann kann sich an den Hessischen Datenschutzbeauftragten wenden, wenn er annimmt, bei der Verarbeitung seiner personenbezogenen Daten durch die in § 3 Abs. 1 genannten Behörden und sonstigen Stellen, ausgenommen die Gerichte, soweit sie nicht in Verwaltungsangelegenheiten tätig werden, in seinen Rechten verletzt worden zu sein.

§ 28: Auskunftsrecht des Hessischen Datenschutzbeauftragten

Alle in § 3 Abs. 1 genannten Stellen sind verpflichtet, den Hessischen Datenschutzbeauftragten bei der Erfüllung seiner Aufgaben zu unterstützen. Ihm ist dabei insbesondere
1. Auskunft zu seinen Fragen sowie Einsicht in alle Unterlagen und Akten zu gewähren, die in Zusammenhang mit der Verarbeitung personenbezogener Daten stehen, namentlich in die gespeicherten Daten und in die Datenverarbeitungsprogramme.
2. Zutritt in alle Diensträume zu gewähren. Satz 2 gilt für die in § 17 Abs. 2 Nr. 1 genannten Behörden nicht, soweit die oberste Landesbehörde im Einzelfall feststellt, daß die Einsicht in Unterlagen und Akten die Sicherheit des Bundes oder eines Landes gefährdet.

§ 29: Jahresbericht

(1) Bis zum 31. Dezember jeden Jahres hat der Hessische Datenschutzbeauftragte dem Landtag und der Landesregierung einen Bericht über das Ergebnis seiner Tätigkeit vorzulegen. Er gibt dabei auch einen Überblick über die technischen und organisatorischen Maßnahmen nach § 10 und regt Verbesserungen des Datenschutzes an.
(2) Die Landesregierung legt ihre Stellungnahme zu dem Bericht dem Landtag vor.
(3) Zwischenberichte sind zulässig. Sie sind nach Abs. 2 zu behandeln.

§ 30: Personal- und Sachausstattung

(1) Dem Hessischen Datenschutzbeauftragten ist vom Präsidenten des Landtags die für die Erfüllung seiner Aufgaben notwendige Personal- und Sachausstattung zur Verfügung zu stellen; sie ist im Einzelplan des Landtags in einem eigenen Kapitel auszuweisen.
(2) In Personalangelegenheiten hat der Hessische Datenschutzbeauftragte ein Vorschlagsrecht. Die Bediensteten unterstehen seinen Weisungen.

§ 31: Datenschutzbeauftragter des Hessischen Rundfunks

(1) Die in §§ 20 bis 30 gelten nicht für den Hessischen Rundfunk.
(2) Der Rundfunkrat des Hessischen Rundfunks bestellt für die Dauer von jeweils vier Jahren einen Beauftragten für den Datenschutz. Wiederbestellung ist zulässig. Nach dem Ende der Amtszeit bleibt der Beauftragte für den Datenschutz bis zur Neuwahl im Amt. Vor Ablauf seiner Amtszeit kann der Beauftragte für den Datenschutz nur abberufen werden, wenn Tatsachen vorliegen, die bei einem Beamten die Entlassung aus dem Dienst rechtfertigen. Er kann jederzeit von seinem Amt zurücktreten.
(3) Zum Beauftragten für den Datenschutz darf nur bestellt werden, wer die zur Erfüllung seiner Aufgaben erforderliche Fachkunde und Zuverlässigkeit besitzt.
(4) Der Beauftragte für den Datenschutz ist bei der Ausübung seines Amtes frei von Weisungen; die Dienstaufsicht obliegt dem Verwaltungsrat. Dies gilt nicht, soweit der Beauftragte für den Datenschutz sonstige Aufgaben der Anstalt wahrnimmt. Er darf wegen der Erfüllung seiner Aufgaben als Beauftragter für den Datenschutz nicht benachteiligt werden. § 22 gilt mit der Maßgabe, daß die Aussagegenehmigung der Intendant erteilt.
(5) Der Beauftragte für den Datenschutz überwacht die Ausführung dieses Gesetzes sowie anderer Vorschriften über den Datenschutz.
(6) Jedermann kann sich an den Beauftragten für den Datenschutz wenden, wenn er annimmt, bei der Verarbeitung seiner personenbezogenen Daten durch den Hessischen Rundfunk in seinen Rechten verletzt worden zu sein.
(7) Für Beanstandungen durch den Beauftragten für den Datenschutz gilt § 26 mit der Maßgabe, daß an die Stelle der in § 26 Abs. 1 Satz 1 Nr. 1 und 2 genannten Behörden der Intendant und an die Stelle der Aufsichtsbehörde der Rundfunkrat treten.
(8) Der Beauftragte für den Datenschutz erstattet dem Rundfunkrat und dem Verwaltungsrat jedes Jahr einen Bericht über seine Tätigkeit.

Vierter Teil. Schlußvorschriften

§ 32: Straftaten

(1) Wer unbefugt von diesem Gesetz geschützte personenbezogene Daten, die nicht offenkundig sind,
1. übermittelt oder verändert oder
2. abruft oder sich aus Dateien, die in Behältnissen verschlossen sind, verschafft, wird mit Freiheitsstrafe bis zu einem Jahr oder mit Geldstrafe bestraft.

(2) Handelt der Täter gegen Entgelt oder in der Absicht, sich oder einen anderen zu bereichern oder einen anderen zu schädigen, so ist die Strafe Freiheitsstrafe bis zu zwei Jahren oder Geldstrafe.
(3) Abs. 1 und 2 finden nur Anwendung, soweit die Tat nicht in anderen Vorschriften mit Strafe bedroht ist.
(4) Die Tat wird nur auf Antrag verfolgt.

§ 33: Ordnungswidrigkeiten

(1) Ordnungswidrig handelt, wer vorsätzlich oder fährlässig
1. in den Fällen
   a) des § 3 Abs. 2 dieses Gesetzes entgegen § 26 Abs. 1 oder § 34 Abs. 1 des Bundesdatenschutzgesetzes,
   b) des § 3 Abs. 4 dieses Gesetzes entgegen § 26 Abs. 1 des Bundesdatenschutzgesetzes den Betroffenen nicht benachrichtigt;
2. in den Fällen des § 3 Abs. 2 Nr. 2 dieses Gesetzes der Aufzeichnungspflicht nach § 32 Abs. 2 Satz 2 des Bundesdatenschutzgesetzes zuwiderhandelt.

(2) Ordnungswidrig handelt auch, wer vorsätzlich oder fahrlässig Daten entgegen § 16 Abs. 2 dieses Gesetzes verwendet.

(3) Die Ordnungswidrigkeit kann mit einer Geldbuße bis zu fünfzigtausend Deutsche Mark geahndet werden.

§ 34: Übergangsvorschriften

(1) Die Veröffentlichung über personenbezogene Daten (§ 17), die beim Inkrafttreten des Gesetzes schon gespeichert waren, hat binnen eines Jahres nach Inkrafttreten des Gesetzes zu erfolgen.

(2) Sind zur Person des Betroffenen bereits vor dem Inkrafttreten des Gesetzes Daten gespeichert worden, so ist der Betroffene darüber nach § 3 Abs. 2 Nr. 1 und Abs. 4 dieses Gesetzes in Verbindung mit § 26 Abs. 1 des Bundesdatenschutzgesetzes zu benachrichtigen, wenn die Daten erstmals nach dem Inkrafttreten des Gesetzes übermittelt worden sind.

(3) Sind die zur Person des Betroffenen gespeicherten Daten bereits vor dem Inkrafttreten des Gesetzes übermittelt worden, so ist der Betroffene über die Speicherung nach § 3 Abs. 2 Nr. 2 dieses Gesetzes in Verbindung mit § 34 Abs. 1 des Bundesdatenschutzgesetzes zu benachrichtigen, wenn die Daten erstmals nach dem Inkrafttreten des Gesetzes übermittelt worden sind.

§ 35: Weitergeltende Vorschriften

Soweit besondere Rechtsvorschriften des Landes auf in Dateien gespeicherte personenbezogene Daten anzuwenden sind, gehen sie den Vorschriften dieses Gesetzes vor. Zu den vorrangigen Vorschriften gehören namentlich:
1. Katastergesetz vom 3. Juli 1956 (GVBl S. 121), zuletzt geändert durch Gesetz vom 14. Juli 1977 (GVBl I S. 319);
2. § 14 des Hessischen Krankenhausgesetzes vom 4. April 1973 (GVBl I S. 145):

§ 36: Änderung des Hessischen Meldegesetzes

Das Hessische Meldegesetz vom 22. September 1960 (GVBl S. 201), zuletzt geändert durch Gesetz vom 4. September 1974 (GVBl I S. 361), wird wie folgt geändert:
Als § 16a wird eingefügt:
„§ 16a

(1) Abweichend von § 16 Satz 1 des Hessischen Datenschutzgesetzes dürfen die Meldebehörden personenbezogene Daten eines oder mehrerer vom Empfänger näher bezeichneter Betroffener an Personen oder andere nicht öffentliche Stellen übermitteln, wenn sich die Daten auf Namen, akademische Grade und Anschriften beziehen (Melderegisterauskunft) und kein Grund zu der Annahme besteht, daß dadurch schutzwürdige Belange des Betroffenen beeinträchtigt werden. Auskunft aus dem Melderegister nach Satz 1 über die Daten einer Vielzahl von Personen (Massenauskünfte) darf nur erteilt werden, wenn sie im öffentlichen Interesse liegt.

(2) Soweit Meldebehörden anderen Behörden, sonstigen öffentlichen Stellen und Stellen der öffentlich-rechtlichen Religionsgesellschaften personenbezogene Daten durch Weitergabe der Meldescheine übermitteln, ist § 12 Abs. 1 Satz 1 des Hessischen Datenschutzgesetzes erst ab 1. Januar 1982 anzuwenden.

(3) Die Meldebehörden haben den Polizeidienststellen zur rechtmäßigen Erfüllung der in deren Zuständigkeit liegenden Aufgaben jederzeit Einsicht in das Melderegister zu gewähren.

§ 37: Änderung des Gesetzes über die Errichtung der Hessischen Zentrale für Datenverarbeitung (HZD) und Kommunaler Gebietsrechenzentren (KGRZ)

Das Gesetz über die Errichtung der Hessischen Zentrale für Datenverarbeitung (HZD) und Kommunaler Gebietsrechenzentren (KGRZ) vom 16. Dezember 1969 (GVBl I S. 304), zuletzt geändert durch Gesetz vom 28. September 1973 (GVBl I S. 380), wird wie folgt geändert:

In § 14 Satz 2 werden die Worte „Hessische Ministerpräsident" durch die Worte „Hessische Minister des Innern" ersetzt.

§ 38: Aufhebung bisherigen Rechts

Das Datenschutzgesetz vom 7. Oktober 1970 (GVBl I S. 625), geändert durch Gesetz vom 4. September 1974 (GVBl I S. 361), wird aufgehoben.

§ 39: Inkrafttreten

(1) Dieses Gesetz tritt am Tage nach seiner Verkündung in Kraft.

(2) § 10 und die Anlage zu § 10 Abs. 1 Satz 1 treten abweichend davon am 1. Januar 1979 in Kraft.

Anlage zu § 10 Abs. 1 Satz 1

Werden personenbezogene Daten automatisch verarbeitet, sind zur Ausführung der Vorschriften dieses Gesetzes Maßnahmen zu treffen, die je nach der Art der zu schützenden personenbezogenen Daten geeignet sind,

1. Unbefugten den Zugang zu Datenverarbeitungsanlagen, mit denen personenbezogene Daten verarbeitet werden, zu verwehren (Zugangskontrolle),
2. Personen, die bei der Verarbeitung personenbezogener Daten tätig sind, daran zu hindern, daß sie Datenträger unbefugt entfernen (Abgangskontrolle),
3. die unbefugte Eingabe in den Speicher sowie die unbefugte Kenntnisnahme, Veränderung oder Löschung gespeicherter personenbezogener Daten zu verhindern (Speicherkontrolle),
4. die Benutzung von Datenverarbeitungssystemen, aus denen oder in die personenbezogene Daten durch selbsttätige Einrichtungen übermittelt werden, durch unbefugte Personen zu verhindern (Benutzerkontrolle),
5. zu gewährleisten, daß die zur Benutzung eines Datenverarbeitungssystems Berechtigten durch selbsttätige Einrichtungen ausschließlich auf die ihrer Zugriffsberechtigung unterliegenden personenbezogenen Daten zugreifen können (Zugriffskontrolle),
6. zu gewährleisten, daß überprüft und festgestellt werden kann, an welche Stellen personenbezogene Daten durch selbsttätige Einrichtungen übermittelt werden können (Übermittlungskontrolle),
7. zu gewährleisten, daß nachträglich überprüft und festgestellt werden kann, welche personenbezogenen Daten zu welcher Zeit von wem in Datenverarbeitungssysteme eingegeben worden sind (Eingabekontrolle),
8. zu gewährleisten, daß personenbezogene Daten, die im Auftrag verarbeitet werden, nur entsprechend den Weisungen des Auftraggebers verarbeitet werden können (Auftragskontrolle),
9. zu gewährleisten, daß bei der Übermittlung personenbezogener Daten sowie beim Transport entsprechender Datenträger diese nicht unbefugt gelesen, verändert oder gelöscht werden können (Transportkontrolle),
10. die innerbehördliche oder innerbetriebliche Organisation so zu gestalten, daß sie den besonderen Anforderungen des Datenschutzes gerecht wird (Organisationskontrolle).

7. Niedersächsisches Datenschutzgesetz (N DSG) Vom 26. Mai 1978 (GVBl Nr. 30/1978 v. 30. 5. 1978, S. 421)

Erster Abschnitt. Allgemeine Vorschriften

§ 1: Aufgabe und Gegenstand des Datenschutzes

(1) Aufgabe des Datenschutzes ist es, durch den Schutz personenbezogener Daten vor Mißbrauch bei ihrer Speicherung, Übermittlung, Veränderung und Löschung (Datenverarbeitung) der Beeinträchtigung schutzwürdiger Belange der Betroffenen entgegenzuwirken.
(2) Dieses Gesetz schützt personenbezogene Daten, die von Behörden oder sonstigen öffentlichen Stellen (§ 7 Abs. 1, § 15) in Dateien gespeichert, verändert, gelöscht oder aus Dateien übermittelt werden. Ausgenommen sind personenbezogene Daten, die nicht zur Übermittlung an Dritte bestimmt sind und in nicht automatisierten Verfahren verarbeitet werden. Für diese Daten hat die speichernde Stelle aber die technischen und organisatorischen Maßnahmen zu treffen, die erforderlich sind, um die Kenntnisnahme durch Unbefugte zu verhindern; § 6 Abs. 1 Satz 2 findet insoweit Anwendung.
(3) Für öffentlich-rechtliche Rundfunkanstalten gilt das Recht des jeweiligen Sitzlandes.

§ 2: Begriffsbestimmungen

(1) Im Sinne dieses Gesetzes sind personenbezogene Daten Einzelangaben über persönliche oder sachliche Verhältnisse einer bestimmten oder bestimmbaren natürlichen Person (Betroffener).
(2) Im Sinne dieses Gesetzes ist
1. Speichern (Speicherung) das Erfassen, Aufnahmen oder Aufbewahren von Daten auf einem Datenträger zum Zwecke ihrer weiteren Verwendung,
2. Übermitteln (Übermittlung) das Bekanntgeben gespeicherter oder durch Datenverarbeitung unmittelbar gewonnener Daten an Dritte in der Weise, daß die Daten durch die speichernde Stelle weitergegeben oder zur Einsichtnahme, namentlich zum Abruf bereitgehalten werden,
3. Verändern (Veränderung) das inhaltliche Umgestalten gespeicherter Daten,
4. Löschen (Löschung) das Unkenntlichmachen gespeicherter Daten,

ungeachtet der dabei angewendeten Verfahren.
(3) Im Sinne dieses Gesetzes ist
1. speichernde Stelle jede der in § 7 Abs. 1 und § 15 genannten Behörden oder sonstigen öffentlichen Stellen, die Daten für sich selbst speichert oder durch andere speichern läßt,
2. Dritter jede Person oder Stelle außerhalb der speichernden Stelle, ausgenommen der Betroffene oder diejenigen Personen und Stellen, die in den Fällen der Nummer 1 im Geltungsbereich des Grundgesetzes im Auftrag tätig werden,
3. eine Datei eine gleichartig aufgebaute Sammlung von Daten, die nach bestimmten Merkmalen erfaßt und geordnet, nach anderen bestimmten Merkmalen umgeordnet und ausgewertet werden kann, ungeachtet der dabei angewendeten Verfahren; nicht hierzu gehören Akten und Aktensammlungen, es sei denn, daß sie durch automatisierte Verfahren umgeordnet und ausgewertet werden können.

§ 3: Zulässigkeit der Datenverarbeitung

Die Verarbeitung personenbezogener Daten, die von diesem Gesetz geschützt werden, ist in jeder ihrer in § 1 Abs. 1 genannten Phasen nur zulässig, wenn
1. dieses Gesetz oder eine andere Rechtsvorschrift sie erlaubt oder
2. der Betroffene eingewilligt hat.

Die Einwilligung bedarf der Schriftform, soweit nicht wegen besonderer Umstände eine andere Form angemessen ist; wird die Einwilligung zusammen mit anderen Erklärungen schriftlicht erteilt, so ist der Betroffene hierauf schirftlich besonders hinzuweisen.

§ 4: Rechte des Betroffenen

(1) Jeder hat nach Maßgabe dieses Gesetzes ein Recht auf

1. Auskunft über die zu seiner Person gespeicherten Daten,
2. Berichtigung der zu seiner Person gespeicherten Daten, wenn sie unrichtig sind,
3. Sperrung der zu seiner Person gespeicherten Daten, wenn sich weder deren Richtigkeit noch deren Unrichtigkeit feststellen läßt oder nach Wegfall der ursprünglich erfüllten Voraussetzungen für die Speicherung,
4. Löschung der zu seiner Person gespeicherten Daten, wenn ihre Speicherung unzulässig war oder – wahlweise neben dem Recht auf Sperrung – nach Wegfall der ursprünglich erfüllten Voraussetzungen für die Speicherung.

(2) Wird der Betroffene durch eine nach diesem Gesetz oder anderen Vorschriften über den Datenschutz rechtswidrige automatische Datenverarbeitung in seinen schutzwürdigen Belangen beeinträchtigt, so hat ihm die Stelle, die die Datenverarbeitung selbst betreibt oder in Auftrag gegeben hat, den daraus entstehenden Schaden zu ersetzen. Der Ersatzpflichtige haftet jedem Betroffenen für jedes schädigende Ereignis bis zu einem Betrag von 100000 Deutsche Mark. Weitergehende sonstige Schadensersatzansprüche bleiben unberührt. Die Schadensersatzpflicht nach den Sätzen 1 und 2 besteht nicht für öffentlich-rechtliche Unternehmen, die am Wettbewerb teilnehmen.

§ 5: Datengeheimnis

(1) Den im Rahmen des § 1 Abs. 2 Satz 1 oder im Auftrag der dort genannten Behörden oder sonstigen öffentlichen Stellen bei der Datenverarbeitung beschäftigten Personen ist untersagt, geschützte personenbezogene Daten unbefugt zu einem anderen als dem zur jeweiligen rechtmäßigen Aufgabenerfüllung gehörenden Zweck zu verarbeiten, bekanntzugeben, zugänglich zu machen oder sonst zu nutzen.

(2) Diese Personen sind bei der Aufnahme ihrer Tätigkeit nach Maßgabe von Absatz 1 zu verpflichten. Ihre Pflichten bestehen auch nach Beendigung ihrer Tätigkeit fort.

§ 6: Technische und organisatorische Maßnahmen

(1) Wer im Rahmen des § 1 Abs. 2 Satz 1 oder im Auftrag der dort genannten Behörden oder sonstigen öffentlichen Stellen personenbezogene Daten verarbeitet, hat die technischen und organisatorischen Maßnahmen zu treffen, die erforderlich sind, um die Ausführung der Vorschriften dieses Gesetzes, insbesondere die in der Anlage zu diesem Gesetz genannten Anforderungen zu gewährleisten. Erforderlich sind Maßnahmen nur, wenn ihr Aufwand in einem angemessenen Verhältnis zu dem angestrebten Schutzzweck steht.

(2) Das Landesministerium wird ermächtigt, durch Verordnung die in der Anlage genannten Anforderungen nach dem jeweiligen Stand der Technik und Organisation fortzuschreiben. Stand der Technik und Organisation im Sinne dieses Gesetzes ist der Entwicklungsstand fortschrittlicher Verfahren, Einrichtungen oder Betriebsweisen, der die praktische Eignung einer Maßnahme zur Gewährleistung der Durchführung dieses Gesetzes gesichert erscheinen läßt. Bei der Bestimmung des Standes der Technik und Organisation sind insbesondere vergleichbare Verfahren, Einrichtungen oder Betriebsweisen heranzuziehen, die mit Erfolg im Betrieb erprobt worden sind.

Zweiter Abschnitt. Datenverarbeitung der Behörden und sonstigen öffentlichen Stellen

§ 7: Anwendungsbereich

(1) Die Vorschriften dieses Abschnittes gelten für Behörden und sonstige öffentliche Stellen des Landes, der Gemeinden, der Landkreise und der sonstigen der Aufsicht des Landes unterstehenden Körperschaften, Anstalten und Stiftungen des öffentlichen Rechts sowie für Vereinigungen solcher Körperschaften, Anstalten und Stiftungen; ausgenommen sind die öffentlich-rechtlichen Unternehmen, die am Wettbewerb teilnehmen.

(2) Abweichend von Absatz 1 gelten an Stelle der §§ 9 bis 14 dieses Gesetzes die §§ 23 bis 27 des Bundesdatenschutzgesetzes vom 27. Januar 1977 (Bundesgesetzbl I S. 201) entsprechend, soweit die Datenverarbeitung frühere, bestehende oder zukünftige dienst- oder arbeitsrechtliche Rechtsverhältnisse betrifft.

§ 8: Verarbeitung personenbezogener Daten im Auftrag

(1) Die Vorschriften dieses Abschnittes gelten für die in § 7 Abs. 1 genannten Stellen auch insoweit, als personenbezogene Daten in deren Auftrag durch andere Personen oder Stellen verarbeitet werden. In diesen Fällen ist der Auftragnehmer unter besonderer Berücksichtigung der Eignung der von ihm getroffenen technischen und organisatorischen Maßnahmen (§ 6 Abs. 1) sorgfältig auszuwählen.

(2) Die Vorschriften dieses Abschnittes gelten nicht für die in § 7 Abs. 1 genannten Stellen, soweit sie personenbezogene Daten im Auftrag verarbeiten. In diesen Fällen ist die Verarbeitung personenbezogener Daten in jeder ihrer in § 1 Abs. 1 genannten Phasen nur im Rahmen der Weisungen des Auftraggebers zulässig.

(3) Für juristische Personen, Gesellschaften und andere Personenvereinigungen des privaten Rechts, bei denen dem Land, den Gemeinden, den Landkreisen oder den sonstigen der Aufsicht des Landes unterstehenden Körperschaften, Anstalten und Stiftungen des öffentlichen Rechts die Mehrheit der Anteile gehört oder die Mehrheit der Stimmen zusteht, gelten die §§ 16 bis 20 entsprechend, soweit diese Personen oder Personenvereinigungen personenbezogene Daten im Auftrag der in § 7 Abs. 1 genannten Stellen verarbeiten.

§ 9: Datenspeicherung und -veränderung

(1) Das Speichern und das Verändern personenbezogener Daten ist zulässig, wenn es zur rechtmäßigen Erfüllung der in der Zuständigkeit der speichernden Stelle liegenden Aufgaben erforderlich ist.

(2) Werden Daten beim Betroffenen auf Grund einer Rechtsvorschrift erhoben, dann ist er auf diese, sonst auf die Freiwilligkeit seiner Angaben hinzuweisen.

§ 10: Datenübermittlung innerhalb des öffentlichen Bereichs

(1) Die Übermittlung personenbezogener Daten an Behörden und sonstige öffentliche Stellen ist zulässig, wenn sie zur rechtmäßigen Erfüllung der in der Zuständigkeit der übermittelnden Stelle oder des Empfängers liegenden Aufgaben erforderlich ist. Unterliegen die personenbezogenen Daten einem Berufs- oder besonderen Amtsgeheimnis (§ 45 Satz 2 Nr. 1 und Satz 3 des Bundesdatenschutzgesetzes) und sind sie der übermittelnden Stelle von der zur Verschwiegenheit verpflichteten Person in Ausübung ihrer Berufs- oder Amtspflicht übermittelt worden, so ist für die Zulässigkeit der Übermittlung ferner erforderlich, daß der Empfänger die Daten zur Erfüllung des gleichen Zweckes benötigt, zu dem sie die übermittelnde Stelle erhalten hat.

(2) An Stellen der öffentlich-rechtlichen Religionsgesellschaften dürfen personenbezogene Daten ihrer Mitglieder in entsprechender Anwendung der Vorschriften über die Datenübermittlung an Behörden und sonstige öffentliche Stellen übermittelt werden, sofern sichergestellt ist, daß bei dem Empfänger ausreichende Datenschutzmaßnahmen getroffen werden.

§ 11: Datenübermittlung an Stellen außerhalb des öffentlichen Bereichs

Die Übermittlung personenbezogener Daten an Personen und an andere Stellen als die in § 10 bezeichneten ist zulässig, wenn sie zur rechtmäßigen Erfüllung der in der Zuständigkeit der übermittelnden Stelle liegenden Aufgaben erforderlich ist oder soweit der Empfänger ein berechtigtes Interesse an der Kenntnis der zu übermittelnden Daten glaubhaft macht und dadurch schutzwürdige Belange des Betroffenen nicht beeinträchtigt werden. Unterliegen die personenbezogenen Daten einem Berufs- oder besonderen Amtsgeheimnis (§ 45 Satz 2 Nr. 1 und Satz 3 des Bundesdatenschutzgesetzes) und sind sie der übermittelnden Stelle von der zur Verschwiegenheit verpflichteten Person in Ausübung ihrer Berufs- oder Amtspflicht übermittelt worden, so ist für die Zulässigkeit der Übermittlung ferner erforderlich, daß die gleichen Voraussetzungen gegeben sind, unter denen sie die zur Verschwiegenheit verpflichtete Person übermitteln dürfte. Für die Übermittlung an Behörden und sonstige Stellen außerhalb des Geltungsbereichs des Grundgesetzes sowie an über- und zwischenstaatliche Stellen finden die Sätze 1 und 2 nach Maßgabe der für diese Übermittlung geltenden Gesetze und Vereinbarungen Anwendung.

§ 12: Veröffentlichung über die gespeicherten Daten

(1) Behörden und sonstige öffentliche Stellen geben
1. die Art der von ihnen oder in ihrem Auftrag gespeicherten personenbezogenen Daten,
2. die Aufgaben, zu deren Erfüllung die Kenntnis dieser Daten erforderlich ist,
3. den betreoffenen Personenkreis,
4. die Stellen, an die sie personenbezogene Daten regelmäßig übermitteln, sowie
5. die Art der zu übermittelnden Daten

unverzüglich nach der ersten Einspeicherung in dem für ihren Bereich bestehenden Veröffentlichungsblatt für amtliche Bekanntmachungen bekannt. Auf Antrag sind dem Betroffenen die bisherigen Bekanntmachungen zugänglich zu machen.

(2) Absatz 1 gilt nicht für
1. die Verfassungsschutzbehörde, die Behörden der Staatsanwaltschaft und der Polizei, die Landesfinanzbehörden, soweit sie personenbezogene Daten in Erfüllung ihrer gesetzlichen Aufgaben im Anwendungsbereich der Abgabenordnung zur Überwachung und Prüfung in Dateien speichern, und den Landesrechnungshof für seine Prüfungstätigkeit,
2, die personenbezogenen Daten, die deshalb nach § 14 Abs. 2 Satz 2 gesperrt sind, weil sie auf Grund gesetzlicher Aufbewahrungsvorschriften nicht nach § 14 Abs. 3 Satz 1 gelöscht werden dürfen,
3. gesetzlich vorgeschriebene Register oder sonstige auf Grund von Rechts- oder veröffentlichten Verwaltungsvorschriften zu führende Dateien, soweit die Art der in ihnen gespeicherten personenbezogenen Daten, die Aufgaben, zu deren Erfüllung die Kenntnis dieser Daten erforderlich ist, der betroffene Personenkreis, die Stellen, an die personenbezogene Daten regelmäßig übermittelt werden, sowie die Art der zu übermittelnden Daten in Rechts- oder veröffentlichten Verwaltungsvorschriften festgelegt sind.

(3) Das Landesministerium wird ermächtigt, durch Verordnung für die in § 7 Abs. 1 genannten Behörden und sonstigen öffentlichen Stellen das Veröffentlichungsblatt sowie das Verfahren der Veröffentlichung zu bestimmen.

§ 13: Auskunft an den Betroffenen

(1) Dem Betroffenen ist auf Antrag Auskunft über die zu seiner Person gespeicherten Daten zu erteilen. In dem Antrag soll die Art der personenbezogenen Daten, über die Auskunft erteilt werden soll, näher bezeichnet werden. Die speichernde Stelle bestimmt das Verfahren, insbesondere die Form der Auskunftserteilung nach pflichtgemäßem Ermessen.

(2) Absatz 1 gilt nicht in den Fällen des § 12 Abs. 2 Nrn. 1 und 2.

(3) Die Auskunftserteilung unterbleibt, soweit
1. die Auskunft die rechtmäßige Erfüllung der in der Zuständigkeit der speichernden Stelle liegenden Aufgaben gefährden würde,
2. die Auskunft die öffentliche Sicherheit oder Ordnung gefährden oder sonst dem Wohle des Bundes oder eines Landes Nachteile bereiten würde,
3. die personenbezogenen Daten oder die Tatsache ihrer Speicherung nach einer Rechtsvorschrift oder ihrem Wesen nach, namentlich wegen der überwiegenden berechtigten Interessen einer dritten Person, geheimgehalten werden müssen,
4. die Auskunft sich auf die Übermittlung personenbezogener Daten an die in § 12 Abs. 2 Nr. 1 genannten Behörden bezieht.

(4) Die Auskunftserteilung ist gebührenpflichtig. Das Landesministerium wird ermächtigt, durch Verordnung die gebührenpflichtigen Tatbestände und die Höhe der Gebühr näher zu bestimmen sowie Ausnahmen von der Gebührenpflicht zuzulassen. Die Gebühren dürfen nur zur Deckung des unmittelbar auf Amtshandlungen dieser Art entfallenden Verwaltungsaufwandes erhoben werden. Ausnahmen von der Gebührenpflicht sind insbesondere in den Fällen zuzulassen, in denen durch besondere Umstände die Annahme gerechtfertigt wird, daß personenbezogene Daten unrichtig oder unzulässig gespeichert werden, oder in denen die Auskunft zur Berichtigung oder Löschung gespeicherter personenbezogener Daten geführt hat. Im übrigen findet das Verwaltungskostengesetz vom 7. Mai 1962 (Nieders.

GVBl S. 43), zuletzt geändert durch Gesetz vom 2. Dezember 1974 (Nieders. GVBl S. 531), Anwendung.

§ 14: Berichtigung, Sperrung und Löschung von Daten

(1) Personenbezogene Daten sind zu berichtigen, wenn sie unrichtig sind.

(2) Personenbezogene Daten sind zu sperren, wenn ihre Richtigkeit vom Betroffenen bestritten wird und sich weder die Richtigkeit noch die Unrichtigkeit feststellen läßt. Sie sind ferner zu sperren, wenn ihre Kenntnis für die speichernde Stelle zur rechtmäßigen Erfüllung der in ihrer Zuständigkeit liegenden Aufgaben nicht mehr erforderlich ist. Gesperrte Daten sind mit einem entsprechenden Vermerk zu versehen; sie dürfen nicht mehr genutzt werden, es sei denn, daß die Nutzung zu wissenschaftlichen Zwecken, zur Behebung einer bestehenden Beweisnot oder aus sonstigen im überwiegenden Interesse der speichernden Stelle oder eines Dritten liegenden Gründen unerläßlich ist oder der Betroffene in die Nutzung eingewilligt hat.

(3) Personenbezogene Daten können gelöscht werden, wenn ihre Kenntnis für die speichernde Stelle zur rechtmäßigen Erfüllung der in ihrer Zuständigkeit liegenden Aufgaben nicht mehr erforderlich ist und kein Grund zu der Annahme besteht, daß durch die Löschung schutzwürdige Belange des Betroffenen beeinträchtigt werden. Sie sind zu löschen, wenn ihre Speicherung unzulässig war oder wenn es in den Fällen des Absatzes 2 Satz 2 der Betroffene verlangt.

Dritter Abschnitt. Datenverarbeitung der öffentlich-rechtlichen Unternehmen

§ 15: Datenverarbeitung der öffentlich-rechtlichen Unternehmen

(1) Für am Wettbewerb teilnehmende öffentlich-rechtliche Unternehmen der in § 7 Abs. 1 genannten Rechtsträger gelten an Stelle des § 7 Abs. 2 und der §§ 8 bis 14 die folgenden Vorschriften des Bundesdatenschutzgesetzes:

1. §§ 23 bis 27, soweit sie geschützte personenbezogene Daten als Hilfsmittel für die Erfüllung ihrer Geschäftszwecke oder Ziele verarbeiten,
2. §§ 32 bis 35, soweit sie geschäftsmäßig geschützte personenbezogene Daten zum Zweck der Übermittlung speichern und übermitteln; dabei ist es unerheblich, ob die Daten vor der Übermittlung verändert werden,
3. § 36, soweit sie geschäftsmäßig geschützte personenbezogene Daten zum Zweck der Veränderung speichern, sie derart verändern, daß diese Daten sich weder auf eine bestimmte Person beziehen noch eine solche erkennen lassen (anonymisieren), und sie in dieser Form übermitteln,
4. § 37, soweit sie geschäftsmäßig geschützte personenbezogene Daten im Auftrag als Dienstleistungsunternehmen verarbeiten.

Wirtschaftliche Unternehmen der Gemeinden und Landkreise ohne eigene Rechtspersönlichkeit (Eigenbetriebe) und Zweckverbände, die überwiegend wirtschaftlichen Aufgaben dienen, sind Unternehmen im Sinne des Satzes 1.

(2) Die Vorschriften des Absatzes 1 gelten für die dort genannten Unternehmen auch insoweit, als die Verarbeitung personenbezogener Daten in deren Auftrag durch andere Personen oder Stellen betrieben wird. In diesen Fällen ist der Auftragnehmer unter besonderer Berücksichtigung der Eignung der von ihm getroffenen technischen und organisatorischen Maßnahmen (§ 6 Abs. 1) sorgfältig auszuwählen.

(3) Für juristische Personen, Gesellschaften und andere Personenvereinigungen des privaten Rechts, bei denen den in Absatz 1 genannten Unternehmen die Mehrheit der Anteile gehört oder die Mehrheit der Stimmen zusteht, gelten die §§ 16 bis 20 dieses Gesetzes entsprechend, soweit diese Personen oder Personenvereinigungen personenbezogene Daten im Auftrag der in Absatz 1 genannten Unternehmen verarbeiten.

(4) Abweichend von den Absätzen 1 bis 3 gelten für öffentlich-rechtliche Kreditinstitute und öffentlich-rechtliche Versicherungsanstalten sowie deren Vereinigungen alle Vorschriften des Bundesdatenschutzgesetzes, die auf privatrechtliche Unternehmen anzuwenden

sind. Dabei gelten öffentlich-rechtliche Versicherungsanstalten, die der Aufsicht des Landes unterstehen, gleichartige Aufgaben erfüllen und zwischen denen Verwaltungs- und Organgemeinschaft besteht, als eine öffentliche Stelle.

Vierter Abschnitt. Überwachung des Datenschutzes

§ 16: Durchführung des Datenschutzes

Die obersten Landesbehörden, die Gemeinden, die Landkreise und die sonstigen der Aufsicht des Landes unterstehenden Körperschaften, Anstalten und Stiftungen des öffentlichen Rechts haben jeweils für ihren Organisationsbereich die Ausführung dieses Gesetzes sowie anderer Rechtsvorschriften über den Datenschutz sicherzustellen. Sie haben insbesondere dafür zu sorgen, daß

1. eine Übersicht über die Art der gespeicherten personenbezogenen Daten und über die Aufgaben, zu deren Erfüllung die Kenntnis dieser Daten erforderlich ist, sowie über deren regelmäßige Empfänger geführt und
2. die ordnungsgemäße Anwendung der Datenverarbeitungsprogramme, mit deren Hilfe personenbezogene Daten verarbeitet werden sollen, überwacht wird.

§ 17: Niedersächsischer Datenschutzbeauftragter

(1) Das Landesministerium beruft einen Niedersächsischen Datenschutzbeauftragten. Dieser ist Beamter auf Lebenszeit; er muß das 35. Lebensjahr vollendet und soll die Befähigung zum Richteramt haben.

(2) Der Niedersächsische Datenschutzbeauftragte ist in Ausübung seines Amtes unabhängig und nur dem Gesetz unterworfen. Er untersteht der Dienstaufsicht des Ministers des Innern und der Rechtsaufsicht des Landesministeriums. Seine Geschäftsstelle wird beim Minister des Innern eingerichtet.

(3) Dem Niedersächsischen Datenschutzbeauftragten ist die für die Erfüllung seiner Aufgaben notwendige Personal- und Sachausstattung zur Verfügung zu stellen; sie ist im Einzelplan des Ministers des Innern in einem eigenen Kapitel auszuweisen.

(4) Ist der Niedersächsische Datenschutzbeauftragte länger als sechs Wochen an der Ausübung seines Amtes verhindert, so kann der Minister des Innern einen Vertreter mit der Wahrnehmung der Geschäfte beauftragen. Der Niedersächsische Datenschutzbeauftragte soll dazu gehört werden. Bei einer kürzeren Verhinderung oder bis zu einer Regelung nach Satz 1 führt der leitende Beamte der Geschäftsstelle des Niedersächsischen Datenschutzbeauftragten dessen Geschäfte.

§ 18: Aufgaben des Niedersächsischen Datenschutzbeauftragten

(1) Der Niedersächsische Datenschutzbeauftragte kontrolliert die Einhaltung der Vorschriften dieses Gesetzes sowie anderer Vorschriften über den Datenschutz bei den Behörden und sonstigen öffentlichen Stellen, bei den Gerichten und dem Landesrechnungshof aber nur, soweit sie in Verwaltungsangelegenheiten tätig werden. Zu diesem Zwecke kann er Empfehlungen zur Verbesserung des Datenschutzes geben, insbesondere kann er die Landesregierung, die übrigen Behörden und sonstigen öffentlichen Stellen in Fragen des Datenschutzes beraten.

(2) Auf Anforderung des Landtages oder des Landesministeriums hat der Niedersächsische Datenschutzbeauftragte Gutachten zu erstellen und Berichte zu erstatten. Außerdem erstattet er dem Landtag regelmäßig jährlich, erstmals zum 1. Januar 1980, einen Tätigkeitsbericht. Auf Ersuchen des Landtages oder des Landesministeriums hat der Niedersächsische Datenschutzbeauftragte ferner Hinweisen auf Angelegenheiten und Vorgänge, die seinen Aufgabenbereich unmittelbar betreffen, nachzugehen. Der Niedersächsische Datenschutzbeauftragte kann sich jederzeit an den Landtag wenden; in bedeutsamen Fällen hat er alsbald dem Landtag schriftlich oder in den Sitzungen seiner Ausschüsse mündlich zu berichten.

(3) Die Behörden und sonstigen öffentlichen Stellen sind verpflichtet, den Niedersächsi-

schen Datenschutzbeauftragten und seine Beauftragten bei der Erfüllung ihrer Aufgaben zu unterstützen. Ihnen ist dabei insbesondere

1. Auskunft zu ihren Fragen sowie Einsicht in alle Unterlagen und Akten zu gewähren, die in Zusammenhang mit der Verarbeitung personenbezogener Daten stehen, namentlich in die gespeicherten Daten und in die Datenverarbeitungsprogramme.
2. jederzeit Zutritt in alle Diensträume zu gewähren.

Die Sätze 1 und 2 gelten für die in § 12 Abs. 2 Nr. 1 genannten Behörden mit der Maßgabe, daß die Unterstützung nur dem Niedersächsischen Datenschutzbeauftragten selbst und den von ihm schriftlich besonders damit betrauten Beauftragten zu gewähren ist. Satz 2 gilt für die in § 12 Abs. 2 Nr. 1 genannten Behörden nicht, soweit die jeweils zuständige oberste Landesbehörde im Einzelfall feststellt, daß die Einsicht in Unterlagen und Akten die Sicherheit des Bundes oder eines Landes gefährdet.

(4) Der Niedersächsische Datenschutzbeauftragte führt ein Register der automatisch betriebenen Dateien, in denen personenbezogene Daten gespeichert werden. Das Register kann von jedem eingesehen werden. Die Behörden und sonstigen öffentlichen Stellen sind verpflichtet, die von ihnen automatisch betriebenen Dateien beim Niedersächsischen Datenschutzbeauftragten anzumelden. Die Behörde für Verfassungsschutz ist von der Meldepflicht ausgenommen. Zu den Dateien der übrigen in § 12 Abs. 2 Nr. 1 genannten Behörden wird ein besonderes Register geführt. Es beschränkt sich auf eine Übersicht über Art und Verwendungszweck. Satz 2 findet auf dieses Register keine Anwendung. Das Landesministerium wird ermächtigt, durch Verordnung das Nähere zu regeln. Die Verordnung kann das in Satz 2 vorgesehene Einsichtsrecht insoweit von der Glaubhaftmachung eines berechtigten Interesses abhängig machen, als das Register Angaben über Dateien der in § 15 genannten Stellen enthält.

(5) Der Niedersächsiche Datenschutzbeauftragte wirkt auf die Zusammenarbeit mit den Behörden und sonstigen öffentlichen Stellen, die für die Kontrolle der Einhaltung der Vorschriften über den Datenschutz beim Bund oder in den anderen Ländern zuständig sind, sowie mit den Aufsichtsbehörden nach § 30 des Bundesdatenschutzgesetzes hin.

§ 19: Beanstandungen durch den Niedersächsischen Datenschutzbeauftragten

(1) Stellt der Niedersächsische Datenschutzbeauftragte Verstöße gegen die Vorschriften dieses Gesetzes oder gegen andere Datenschutzbestimmungen oder sonstige Mängel bei der Verarbeitung personenbezogener Daten fest, so beanstandet er dies

1. bei der Landesverwaltung gegenüber der zuständigen obersten Landesbehörde,
2. bei den Gemeinden, Landkreisen und den sonstigen der Aufsicht des Landes unterstehenden Körperschaften, Anstalten und Stiftungen des öffentlichen Rechts sowie bei Vereinigungen solcher Körperschaften, Anstalten und Stiftungen gegenüber dem vertretungsberechtigten Organ

und fordert zur Stellungnahme innerhalb einer von ihm zu bestimmenden Frist auf. In den Fällen des Satzes 1 Nr. 2 unterrichtet der Niedersächsiche Datenschutzbeauftragte gleichzeitig auch die zuständige Aufsichtsbehörde.

(2) Der Niedersächsische Datenschutzbeauftragte kann von einer Beanstandung absehen oder auf eine Stellungnahme der betroffenen Stelle verzichten, wenn es sich um unerhebliche Mängel handelt.

(3) Mit der Beanstandung kann der Niedersächsische Datenschutzbeauftragte Vorschläge zur Beseitigung der Mängel und zur sonstigen Verbesserung des Datenschutzes verbinden.

(4) Die gemäß Absatz 1 Satz 1 abzugebende Stellungnahme soll auch eine Darstellung der Maßnahmen enthalten, die auf Grund der Beanstandung des Niedersächsischen Datenschutzbeauftragten getroffen worden sind. Die in Absatz 1 Satz 1 Nr. 2 genannten Stellen leiten der zuständigen Aufsichtsbehörde eine Abschrift ihrer Stellungnahme an den Niedersächsischen Datenschutzbeauftragten zu.

§ 20: Anrufung des Niedersächsischen Datenschutzbeauftragten

Jedermann kann sich an den Niedersächsischen Datenschutzbeauftragten wenden, wenn er der Ansicht ist, bei der Verarbeitung seiner personenbezogenen Daten durch die Behörden oder sonstigen öffentlichen Stellen in seinen Rechten verletzt worden zu sein. Für die Gerichte und den Landesrechnungshof gilt dies nur, soweit sie in Verwaltungsangelegenheiten tätig werden.

Fünfter Abschnitt. Straf- und Bußgeldvorschriften

§ 21: Straftaten

(1) Wer unbefugt von diesem Gesetz geschützte personenbezogene Daten, die nicht offenkundig sind,
1. übermittelt, verändert oder löscht oder
2. abruft oder sich aus in Behältnissen verschlossenen Dateien verschafft,
wird mit Freiheitsstrafe bis zu einem Jahr oder mit Geldstrafe bestraft.
(2) Handelt der Täter gegen Entgelt oder in der Absicht, sich oder einen anderen zu bereichern oder einen anderen zu schädigen, so ist die Strafe Freiheitsstrafe bis zu zwei Jahren oder Geldstrafe, Der Versuch ist strafbar.
(3) Die Tat wird nur auf Antrag verfolgt, es sei denn, daß die Strafverfolgungsbehörde wegen des besonderen öffentlichen Interesses an der Strafverfolgung ein Einschreiten von Amts wegen für geboten hält.

§ 22: Ordnungswidrigkeiten

(1) Ordnungswidrig handelt, wer vorsätzlich oder fahrlässig
1. entgegen § 7 Abs. 2 oder § 15 Abs. 1 und 2 in Verbindung mit § 26 Abs. 1 des Bundesdatenschutzgesetzes den Betroffenen nicht benachrichtigt,
2. entgegen § 15 Abs. 1 und 2 in Verbindung mit § 32 Abs. 2 Satz 2 des Bundesdatenschutzgesetzes die dort bezeichneten Gründe oder Mittel nicht aufzeichnet,
3. entgegen § 15 Abs. 1 und 2 in Verbindung mit § 34 Abs. 1 des Bundesdatenschutzgesetzes den Betroffenen nicht benachrichtigt.

(2) Die Ordnungswidrigkeit kann mit einer Geldbuße bis zu fünfzigtausend Deutsche Mark geahndet werden.

Sechster Abschnitt. Übergangs- und Schlußvorschriften

§ 23: Übergangsvorschriften

(1) Die Veröffentlichung über personenbezogene Daten (§ 12), die beim Inkrafttreten des Gesetzes schon gespeichert waren, hat binnen eines Jahres nach Inkrafttreten des Gesetzes zu erfolgen.
(2) Sind zur Person des Betroffenen bereits vor dem Inkrafttreten des Gesetzes Daten gespeichert worden, so ist der Betroffene darüber nach § 7 Abs. 2 oder § 15 Abs. 1 und 2 in Verbindung mit § 26 Abs. 1 des Bundesdatenschutzgesetzes zu benachrichtigen, wenn die Daten erstmals nach dem Inkrafttreten des Gesetzes übermittelt werden.
(3) Sind die zur Person des Betroffenen gespeicherten Daten bereits vor dem Inkrafttreten des Gesetzes übermittelt worden, so ist der Betroffene über die Speicherung nach § 15 Abs. 1 und 2 in Verbindung mit § 34 Abs. 1 des Bundesdatenschutzgesetzes zu benachrichtigen, wenn die Daten erstmals nach dem Inkrafttreten des Gesetzes übermittelt werden.

§ 24: Weitergeltende Vorschriften

Soweit besondere Rechtsvorschriften des Landes auf in Dateien gespeicherte personenbezogene Daten anzuwenden sind, gehen sie den Vorschriften dieses Gesetzes vor. Vorrangig sind insbesondere Landesvorschriften über
1. Die Geheimhaltung von dienstlich oder sonst in Ausübung des Berufs erworbenen Kenntnissen:
2. das Zeugnis- oder Auskunftsverweigerungsrecht aus persönlichen oder berufsbedingten Gründen in Gerichts- und Verwaltungsverfahren;

3. die Verpflichtung, die Beschränkung oder das Verbot der Speicherung, Übermittlung oder Veröffentlichung von Einzelangaben über Personen;
4. die Beschränkung der Einsicht in Unterlagen durch Dritte;
5. die Einsicht des Beamten oder Arbeitnehmers in seine Personalunterlagen;
6. die Auskunftspflicht von Behörden an Bürger über die zu ihrer Person gespeicherten Daten;
7. die Übermittlung, Berichtigung und Löschung von in öffentlichen Registern aufgeführten personenbezogenen Daten;
8. die Verpflichtung zur Verarbeitung personenbezogener Daten bei der Rechnungslegung einschließlich Buchführung und sonstiger Aufzeichnungen.

§ 25: Änderung des Meldegesetzes

Das Meldegesetz vom 30. April 1961 (Nieders. GVBl S. 123), zuletzt geändert durch Artikel I § 1 Nr. 8 des Fünften Gesetzes zur Verwaltungs- und Gebietsreform vom 21. Juni 1972 (Nieders. GVBl. S. 309), wird wie folgt geändert:

1. Nach § 18 wird folgender neue Abschnitt IV eingefügt: „IV. Schutz der Einwohnerdaten

§ 18a: Zulässigkeit der Datenverarbeitung

(1) Die Verarbeitung der von der Meldebehörde gespeicherten personenbezogenen Daten richtet sich nach dem Niedersächsischen Datenschutzgesetz, soweit nachstehend nichts Abweichendes bestimmt ist.

(2) Soweit Meldebehörden anderen Behörden, sonstigen öffentlichen Stellen und Stellen der öffentlich-rechtlichen Religionsgesellschaften personenbezogene Daten durch Weitergabe der Meldescheine übermitteln, ist § 10 des Niedersächsischen Datenschutzgesetzes erst ab 1. Januar 1982 anzuwenden. Die Polizeibehörden sind befugt, jederzeit Einsicht in das Melderegister zu nehmen.

§ 19b: Auskunft aus dem Melderegister

(1) Anderen Personen als den Betroffenen darf Auskunft aus dem Melderegister nur über Namen, akademische Grade und Anschriften einzelner bestimmter Personen erteilt werden. Auskunft aus dem Melderegister nach Satz 1 über die Daten einer Vielzahl von namentlich bezeichneten Personen (Massenauskunft) darf nur erteilt werden,wenn sie im öffentlichen Interesse liegt.

(2) Soweit jemand ein berechtigtes Interesse glaubhaft macht, darf ihm außerdem Auskunft aus dem Melderegister erteilt werden über

1. Tag der Geburt,
2. Geburtsort,
3. frühere Familiennamen,
4. Familienstand, beschränkt auf die Angabe, ob verheiratet oder nicht,
5. Beruf,
6. Staatsangehörigkeit,
7. frühere Anschriften,
8. Daten des Beziehens und des Auszugs aus der Wohnung,
9. Sterbetag

einer anderen namentlich bezeichneten Person.

(3) Auskunft aus dem Melderegister über Namen, akademische Grade und Anschriften mehrerer nicht namentlich bezeichneter Personen (Gruppenauskunft) darf erteilt werden, wenn sie im öffentlichen Interesse liegt. Die Gruppenauskunft darf keine Auswertung anderer als der in Satz 1 genannten personenbezogenen Daten voraussetzen. Der Minister des Innern darf auch Gruppenauskünfte zulassen, die eine Auswertung der in den Absätzen 1 und 2 genannten personenbezogenen Daten voraussetzen. Schutzwürdige Belange der betroffenen Personen dürfen durch die Auskunft nicht beeinträchtigt werden. Die Auskunft darf nur für den angegebenen Zweck verwendet und ohne Zulassung Dritten nicht zugänglich gemacht werden.

§ 18c: Auskunftssperre

(1) Die Auskunft aus dem Melderegister nach § 18b ist nicht zulässig, wenn Tatsachen die Annahme rechtfertigen, daß dem Betroffenen oder einer anderen Person aus einer Auskunftserteilung eine Gefahr für Leben, Gesundheit, die persönliche Freiheit oder andere schutzwürdige Belange erwachsen kann. Die Auskunft aus dem Melderegister ist ferner nicht zulässig, soweit die Einsicht in einen Eintrag im Geburten- oder Familienbuch nach § 61 Abs. 2 und 3 des Personenstandsgesetzes nicht gestattet werden darf, sowie in den Fällen des § 1758 Abs. 2 des Bürgerlichen Gesetzbuches.

(2) Der Betroffene kann verlangen, daß Auskunft aus dem Meldetegister nach § 18b Abs. 2 Nrn. 1 bis 8 über seine Person verweigert wird. Soweit der Betroffene ein berechtigtes Interesse nachweist, kann er verlangen, daß auch Auskunft aus dem Melderegister nach § 18b Abs. 1 über seine Person verweigert wird. Die Auskunftssperre nach Satz 1 endet mit dem Ablauf des dritten Kalenderjahres nach dem Jahr der Antragstellung. Die Auskunftssperre nach Satz 2 endet mit Ablauf des auf die Antragstellung folgenden Kalenderjahres. Die Auskunftssperren können jederzeit auf Antrag des Betroffenen erneuert werden; Sätze 3 und 4 gelten entsprechend."

2. Die bisherigen Abschnitte IV bis VII werden Abschnitte V bis VIII.
3. § 20 wird wie folgt geändert:
   a) In Absatz 1 wird am Ende der Nummer 7 der Punkt durch ein Komma ersetzt und folgende Nummer 8 angefügt: „8. entgegen § 18b Abs. 3 Satz 5 eine Gruppenauskunft für einen anderen als den angegebenen Zweck verwendet oder ohne Zulassung Dritten zugänglich macht."
   b) Es wird folgender neue Absatz 2 eingefügt: „(2) Ordnungswidrig handelt auch, wer unrichtige oder unvollständige Angaben macht oder benutzt, um für sich oder einen anderen eine Auskunft aus dem Melderegister zu erwirken."
   c) Der bisherige Absatz 2 wird Absatz 3. In Satz 1 werden die Worte „§§ 16 bis 19" durch die Worte „§§ 16 bis 18 und 19" ersetzt.
   d) Die bisherigen Absätze 3 und 4 werden Absätze 4 und 5.

§ 26: Änderung des Landesbesoldungsgesetzes

Das Landesbesoldungsgesetz in der Fassung des Artikels I des Niedersächsischen Besoldungsanpassungsgesetzes vom 28. April 1977 (Nieders. GVBl S. 88) wird wie folgt geändert:

In der Besoldungsordnung B wird in Besoldungsgruppe B 6 eingefügt: „Niedersächsischer Datenschutzbeauftragter".

§ 27: Inkrafttreten

(1) Dieses Gesetz tritt am 1. Juni 1978 in Kraft.

(2) Abweichend von Absatz 1 treten § 6 und die Anlage zu § 6 Abs. 1 Satz 1, § 18 Abs. 1 bis 3, 4 Satz 1 bis 7 sowie die §§ 19 und 20 am 1. Januar 1979 in Kraft.

Anlage (zu § 6 Abs. 1 Satz 1)

Werden personenbezogene Daten automatisch verarbeitet, sind zur Ausführung der Vorschriften dieses Gesetzes Maßnahmen zu treffen, die je nach der Art der zu schützenden personenbezogenen Daten geeignet sind,

1. Unbefugten den Zugang zu Datenverarbeitungsanlagen, mit denen personenbezogene Daten verarbeitet werden, zu verwehren (Zugangskontrolle),
2. Personen, die bei der Verarbeitung personenbezogener Daten tätig sind, daran zu hindern, daß sie Datenträger unbefugt entfernen (Abgangskontrolle),
3. die unbefugte Eingabe in den Speicher sowie die unbefugte Kenntnisnahme, Veränderung oder Löschung gespeicherter personenbezogener Daten zu verhindern (Speicherkontrolle),
4. die Benutzung von Datenverarbeitungssystemen, aus denen oder in die personenbezogene Daten durch selbstätige Einrichtungen übermittelt werden, durch unbefugte Personen zu verhindern (Benutzerkontrolle),

5. zu gewährleisten, daß die zur Benutzung eines Datenverarbeitungssystems Berechtigten durch selbsttätige Einrichtungen ausschließlich auf die ihrer Zugriffsberechtigung unterliegenden personenbezogenen Daten zugreifen können (Zugriffskontrolle),
6. zu gewährleisten, daß überprüft und festgestellt werden kann, an welche Stellen personenbezogene Daten durch selbsttätige Einrichtungen übermittelt werden können (Übermittlungskontrolle),
7. zu gewährleisten, daß nachträglich überprüft und festgestellt werden kann, welche personenbezogenen Daten zu welcher Zeit von wem in Datenverarbeitungssysteme eingegeben worden sind (Eingabekontrolle),
8. zu gewährleisten, daß personenbezogene Daten, die im Auftrag verarbeitet werden, nur entsprechend den Weisungen des Auftraggebers verarbeitet werden können (Auftragskontrolle),
9. zu gewährleisten, daß bei der Übermittlung personenbezogener Daten sowie beim Transport entsprechender Datenträger diese nicht unbefugt gelesen, verändert oder gelöscht werden können (Transportkontrolle),
10. die innerbehördliche oder innerbetriebliche Organisation so zu gestalten, daß sie den besonderen Anforderungen des Datenschutzes gerecht wird (Organisationskontrolle).

8. Gesetz zum Schutz vor Mißbrauch personenbezogener Daten bei der Datenverarbeitung (Datenschutzgesetz Nordrhein Westfalen – DSG NW –) Vom 19. Dezember 1978, GVBl v. 27. 12. 1978, S. 640

Erster Abschnitt. Allgemeine Bestimmungen

§ 1: Aufgabe und Gegenstand des Datenschutzes

(1) Aufgabe des Datenschutzes ist es,
1. den Bürger durch Verhinderung des Mißbrauchs bei der Verarbeitung (Speicherung, Übermittlung, Veränderung und Löschung) personenbezogener Daten zu schützen und einer Beeinträchtigung schutzwürdiger Belange entgegenzuwirken,
2. das auf dem Grundsatz der Gewaltenteilung beruhende verfassungsmäßige Gefüge des Staates, insbesondere der Verfassungsorgane des Landes, und die Zuständigkeitsabgrenzung der Organe der kommunalen Selbstverwaltung untereinander und zueinander, vor einer Veränderung infolge der automatisierten Datenverarbeitung zu bewahren.

(2) Dieses Gesetz schützt personenbezogene Daten, die von den Behörden, Einrichtungen und sonstigen öffentlichen Stellen des Landes, den Gemeinden und Gemeindeverbänden sowie den sonstigen der Aufsicht des Landes unterstehenden juristischen Personen des öffentlichen Rechts und deren Vereinigungen in Dateien gespeichert, verändert, gelöscht oder aus Dateien übermittelt werden. Für die Gerichte und Behörden der Staatsanwaltschaft gilt dieses nur, wenn sie Verwaltungsaufgaben erledigen. Für personenbezogene Daten, die nicht zur Übermittlung an Dritte bestimmt sind und in nicht automatisierten Verfahren verarbeitet werden, gilt von den Vorschriften dieses Gesetzes nur § 6, soweit er die Verpflichtung enthält, technische und organisatorische Maßnahmen zum Schutz dieser Daten gegenüber Dritten zu treffen.

(3) Dieses Gesetz schützt personenbezogene Daten nicht, die durch den Rundfunk ausschließlich zu eigenen publizistischen Zwecken verarbeitet werden; § 6 Abs. 1 bleibt unberührt.

§ 2: Begriffsbestimmungen

(1) Im Sinne dieses Gesetzes sind personenbezogene Daten Einzelangaben über persönliche oder sachliche Verhältnisse einer bestimmten oder bestimmbaren natürlichen Person (Betroffener).

(2) Im Sinne dieses Gesetzes ist

1. Speichern (Speicherung) das Erfassen, Aufnehmen oder Aufbewahren von Daten auf einem Datenträger zum Zwecke ihrer weiteren Verwendung.
2. Übermitteln (Übermittlung) das Bekanntgeben gespeicherter oder durch Datenverarbeitung unmittelbar gewonnener Daten an Dritte in der Weise, daß die Daten durch die speichernde Stelle weitergegeben oder zur Einsichtnahme, namentlich zum Abruf bereitgehalten werden,
3. Verändern (Veränderung) das inhaltliche Umgestalten gespeicherter Daten,
4. Löschen (Löschung) das Unkenntlichmachen gespeicherter Daten,

ungeachtet der dabei angewendeten Verfahren.

(3) Im Sinne dieses Gesetzes ist

1. speichernde Stelle jede der in § 1 Abs. 2 genannten Stellen, die Daten für sich selbst speichert oder durch andere speichern läßt,
2. Dritter jede Person oder Stelle außerhalb der speichernden Stelle, ausgenommen der Betroffene oder diejenigen Stellen, die in den Fällen der Nummer 1 im Geltungsbereich des Grundgesetzes im Auftrag tätig werden,
3. eine Datei eine gleichartig aufgebaute Sammlung von Daten, die nach bestimmten Merkmalen erfaßt und geordnet, nach anderen bestimmten Merkmalen umgeordnet und ausgewertet werden kann, ungeachtet der dabei angewendeten Verfahren; nicht hierzu gehören Akten und Aktensammlungen, es sei denn, daß sie durch automatisierte Verfahren umgeordnet und ausgewertet werden können.

§ 3: Zulässigkeit der Datenverarbeitung

Die Verarbeitung personenbezogener Daten, die von diesem Gesetz geschützt werden, ist in jeder ihrer in § 1 Abs. 1 genannten Phasen nur zulässig, wenn

1. dieses Gesetz oder eine andere Rechtsvorschrift sie erlaubt oder
2. der Betroffene eingewilligt hat.

Die Einwilligung bedarf der Schriftform, soweit nicht wegen besonderer Umstände eine andere Form angemessen ist; wird die Einwilligung zusammen mit anderen Erklärungen schriftlich erteilt, ist der Betroffene hierauf schriftlich besonders hinzuweisen.

Der Betroffene ist in geeigneter Weise über die Bedeutung der Einwilligung aufzuklären.

§ 4: Rechte des Betroffenen

(1) Jeder hat nach Maßgabe des Gesetzes ein Recht auf

1. Auskunft über die zu seiner Person gespeicherten Daten (§§ 16, 22),
2. Berichtigung der zu seiner Person gespeicherten Daten, wenn sie unrichtig sind (§§ 17, 23),
3. Sperrung der zu seiner Person gespeicherten Daten, wenn sich weder deren Richtigkeit noch deren Unrichtigkeit feststellen läßt oder nach Wegfall der ursprünglich erfüllten Voraussetzungen für die Speicherung (§§ 17, 23),
4. Löschung der zu seiner Person gespeicherten Daten, wenn ihre Speicherung unzulässig war oder – wahlweise neben dem Recht auf Sperrung – nach Wegfall der ursprünglich erfüllten Voraussetzungen für die Speicherung (§§ 17, 23),
5. Einsicht in das gemäß § 27 Abs. 1 geführte Register,
6. Unterlassung oder Beseitigung einer Beeinträchtigung schutzwürdiger Belange, wenn diese nach Berichtigung, Sperrung oder Löschung andauert; der Anspruch richtet sich gegen den Träger der öffentlichen Stelle, von der die Beeinträchtigung ausgeht,
7. Anrufung des Landesbeauftragten für den Datenschutz (§ 29).

(2) Wird der Betroffene durch eine nach diesem Gesetz oder nach anderen Vorschriften über den Datenschutz unzulässige oder durch unrichtige Datenverarbeitung in seinen schutzwürdigen Belangen beeinträchtigt, so hat ihm die Stelle (§ 1 Abs. 2), die die Datenverarbeitung betreibt, den daraus entstehenden Schaden zu ersetzen. Der Ersatzpflichtige haftet jedem Betroffenen für jedes schädigende Ereignis bis zu einem Betrag von 250000 DM. Weitergehende sonstige Schadensersatzansprüche bleiben unberührt.

§ 5: Datengeheimnis

(1) Den im Rahmen des § 1 Abs. 2 oder im Auftrag der dort genannten Stellen bei der Da-

tenverarbeitung beschäftigten Personen ist untersagt, geschützte personenbezogene Daten unbefugt zu einem anderen als dem zur jeweiligen rechtmäßigen Aufgabenerfüllung gehörenden Zweck zu verarbeiten, bekanntzugeben, zugänglich zu machen oder sonst zu nutzen.
(2) Diese Personen sind bei der Aufnahme ihrer Tätigkeit nach Maßgabe von Absatz 1 zu verpflichten. Ihre Pflichten bestehen auch nach Beendigung ihrer Tätigkeit fort.

§ 6: Technische und organisatorische Maßnahmen

(1) Wer im Rahmen des § 1 Abs. 2 oder im Auftrag der dort genannten Stellen personenbezogene Daten verarbeitet, hat die technischen und organisatorischen Maßnahmen zu treffen, die erforderlich sind, um die Ausführung der Vorschriften dieses Gesetzes, insbesondere die in der Anlage zu diesem Gesetz genannten Anforderungen zu gewährleisten. Erforderlich sind Maßnahmen nur, wenn ihr Aufwand in einem angemessenen Verhältnis zu dem angestrebten Schutzzweck steht.
(2) Die Landesregierung wird ermächtigt, durch Rechtsverordnung, die im Einvernehmen mit dem zuständigen Landtagsausschuß ergeht, die in der Anlage genannten Anforderungen nach dem jeweiligen Stand der Technik und Organisation fortzuschreiben. Stand der Technik und Organisation im Sinne dieses Gesetzes ist der Entwicklungsstand fortschrittlicher Verfahren, Einrichtungen oder Betriebsweisen, der die praktische Eignung einer Maßnahme zur Gewährleistung der Durchführung dieses Gesetzes gesichert erscheinen läßt. Bei der Bestimmung des Standes der Technik und Organisation sind insbesondere vergleichbare Verfahren, Einrichtungen oder Betriebsweisen heranzuziehen, die mit Erfolg im Betrieb erprobt worden sind.

§ 7: Verarbeitung personenbezogener Daten im Auftrag

(1) Die Vorschriften dieses Gesetzes gelten für die Behörden, Einrichtungen und sonstigen öffentlichen Stellen des Landes, die Gemeinden und Gemeindeverbände sowie die sonstigen der Aufsicht des Landes unterstehenden juristischen Personen des öffentlichen Rechts und deren Vereinigungen auch insoweit, als personenbezogene Daten in deren Auftrag durch andere Personen oder Stellen verarbeitet werden. Sofern die Vorschriften dieses Gesetzes auf den Auftragnehmer keine Anwendung finden, ist der Auftraggeber verpflichtet, sicherzustellen, daß der Auftragnehmer die Bestimmungen dieses Gesetzes beachtet und sich der Kontrolle des Landesbeauftragten für den Datenschutz unterwirft.
(2) Für das Landesamt für Datenverarbeitung und Statistik (Landesdatenverarbeitungszentrale), die Gemeinsamen Gebietsrechenzentren, die Fachrechenzentren, die Hochschulrechenzentren und die Kommunalen Datenverarbeitungszentralen gelten, soweit sie personenbezogene Daten im Auftrag der in § 1 Abs. 2 genannten Stellen verarbeiten, von den Vorschriften dieses Gesetzes nur die §§ 1 bis 9 und 24 bis 31. Das Landesamt für Datenverarbeitung und Statistik (Landesdatenverarbeitungszentrale), die Gemeinsamen Gebietsrechenzentren, die Fachrechenzentren, die Hochschulrechenzentren und die Kommunalen Datenverarbeitungszentralen sowie sonstige Datenverarbeitungenszentralen, in denen die in § 1 Abs. 2 genannten Stellen Datenverarbeitungsaufgaben erledigen lassen, sind bei der Verarbeitung personenbezogener Daten in jeder ihrer in § 1 Abs. 1 genannten Phasen an die Weisung ihrer Auftraggeber gebunden.

§ 8: Durchführung des Datenschutzes

Die obersten Landesbehörden, die Gemeinden und Gemeindeverbände sowie die sonstigen der Aufsicht des Landes unterstehenden juristischen Personen des öffentlichen Rechts und deren Vereinigungen haben jeweils für ihren Bereich die Ausführung dieses Gesetzes sowie anderer Rechtsvorschriften über den Datenschutz sicherzustellen und für die Beachtung der Grundsätze des § 11 Abs. 1 auch dann zu sorgen, wenn personenbezogene Daten innerhalb einer Behörde, Einrichtung oder sonstigen öffentlichen Stelle weitergegeben oder zur Einsichtnahme, namentlich zum Abruf, bereitgehalten werden. Sie haben insbesondere dafür zu sorgen, daß

1. eine Übersicht über die Art der gespeicherten personenbezogenen Daten und über die Aufgaben, zu deren Erfüllung die Kenntnis dieser Daten erforderlich ist, sowie über de-

ren Empfänger oder Empfängergruppen und die Voraussetzungen für ihre Übermittlung geführt und
2. die ordnungsgemäße Anwendung der Datenverarbeitungsprogramme, mit deren Hilfe personenbezogene Daten verarbeitet werden sollen, überwacht wird.

§ 9: Allgemeine Verwaltungsvorschriften

Die obersten Landesbehörden erlassen jeweils für ihren Geschäftsbereich allgemeine Verwaltungsvorschriften, die die Ausführung dieses Gesetzes, bezogen auf die besonderen Verhältnisse in dem jeweiligen Geschäftsbereich und die sich daraus ergebenden besonderen Erfordernisse für den Datenschutz, regeln.

Zweiter Abschnitt. Datenverarbeitung der Behörden und sonstigen öffentlichen Stellen

§ 10: Datenspeicherung und -veränderung

(1) Das Speichern und das Verändern personenbezogener Daten ist zulässig, wenn es zur rechtmäßigen Erfüllung der in der Zuständigkeit der speichernden Stelle liegenden Aufgaben erforderlich ist.
(2) Werden Daten beim Betroffenen auf Grund einer Rechtsvorschrift erhoben, dann ist er auf sie, sonst auf die Freiwilligkeit seiner Angaben hinzuweisen. Dem Betroffenen dürfen aus einer Verweigerung der Einwilligung keine Rechtsnachteile entstehen.

§ 11: Datenübermittlung an Behörden und sonstige öffentliche Stellen

(1) Die Übermittlung personenbezogener Daten an Behörden und sonstige öffentliche Stellen ist zulässig, wenn sie zur rechtmäßigen Erfüllung der in der Zuständigkeit der übermittelnden Stelle oder des Empfängers liegenden Aufgaben erforderlich ist. Unterliegen die personenbezogenen Daten einem Berufs- oder besonderen Amtsgeheimnis (§ 45 Satz 2 Nr. 1, Satz 3 des Bundesdatenschutzgesetzes vom 27. Januar 1977, BGBl I S. 201) und sind sie der übermittlenden Stelle von der zur Verschwiegenheit verpflichteten Person in Ausübung ihrer Berufs- oder Amtspflicht übermittelt worden, ist für die Zulässigkeit der Übermittlung ferner erforderlich, daß der Empfänger die Daten zur Erfüllung des gleichen Zwecks benötigt, zu dem sie die übermittelnde Stelle erhalten hat.
(2) Die Übermittlung personenbezogener Daten an Stellen der öffentlich-rechtlichen Religionsgesellschaften ist in entsprechender Anwendung der Vorschriften über die Datenübermittlung an Behörden und sonstige öffentliche Stellen zulässig, sofern sichergestellt ist, daß bei dem Empfänger ausreichende Datenschutzmaßnahmen getroffen werden.

§ 12: Datenverarbeitung für wissenschaftliche Zwecke

(1) Hochschulen und andere öffentliche Einrichtungen mit der Aufgabe unabhängiger wissenschaftlicher Forschung können im Rahmen ihrer Aufgaben für bestimmte Forschungsvorhaben personenbezogene Daten speichern und verändern; hierfür können ihnen die in § 1 Abs. 2 genannten Behörden und öffentlichen Stellen personenbezogene Daten übermitteln. Die Datenverarbeitung nach Satz 1 ist nur zulässig, wenn die Betroffenen eingewilligt haben, oder wenn ihre schutzwürdigen Belange nicht beeinträchtigt werden. Die übermittelnden Stellen haben die Übermittlung beim Landesbeauftragten für den Datenschutz anzuzeigen.
(2) Die nach Absatz 1 gespeicherten, veränderten und übermittelten personenbezogenen Daten dürfen nur mit Einwilligung des Betroffenen weiterübermittelt werden.

§ 13: Datenübermittlung an Stellen außerhalb des öffentlichen Bereichs

(1) Die Übermittlung personenbezogener Daten an Personen und andere Stellen als die in § 11 bezeichneten ist zulässig, wenn sie zur rechtmäßigen Erfüllung der in der Zuständigkeit der übermittelnden Stelle liegenden Aufgaben erforderlich ist oder soweit der Empfänger ein berechtigtes Interesse an der Kenntnis der zu übermittelnden Daten glaubhaft macht und dadurch schutzwürdige Belange des Betroffenen nicht beeinträchtigt werden. Unterliegen

die personenbezogenen Daten einem Berufs- oder besonderen Amtsgeheimnis (§ 45 Satz 2 Nr. 1, Satz 3 Bundesdatenschutzgesetz) und sind sie der übermittelnden Stelle von der zur Verschwiegenheit verpflichteten Person in Ausübung ihrer Berufs- oder Amtspflicht übermittelt worden, ist für die Zulässigkeit der Übermittlung ferner erforderlich, daß die gleichen Voraussetzungen gegeben sind, unter denen sie die zur Verschwiegenheit verpflichtete Person übermitteln dürfte. Für die Übermittlung an Behörden oder sonstige Stellen außerhalb des Geltungsbereichs des Grundgesetzes sowie an über- und zwischenstaatliche Stellen finden die Sätze 1 und 2 nach Maßgabe der für diese Übermittlung geltenden Gesetze und Vereinbarungen Anwendung.

(2) Der Empfänger darf die übermittelten Daten nur für den Zweck verwenden, zu dessen Erfüllung sie ihm übermittelt wurden.

§ 14: Rechtsverordnungen zur Datenübermittlung

Die Landesregierung kann durch Rechtsverordnung, die im Einvernehmen mit dem zuständigen Landtagsausschuß ergeht, für bestimmte Sachgebiete die Voraussetzungen näher regeln, unter denen personenbezogene Daten innerhalb des öffentlichen Bereichs und an Stellen außerhalb des öffentlichen Bereichs übermittelt werden dürfen. Dabei sind die schutzwürdigen Belange der Betroffenen, berechtigte Interessen Dritter und die Belange einer wirtschaftlichen und zweckmäßigen Verwaltung miteinander abzuwägen. In der Rechtsverordnung sind die für die Übermittlung bestimmten Daten, deren Empfänger und der Zweck der Übermittlung zu bezeichnen.

§ 15: Veröffentlichung über die gespeicherten Daten

(1) Die Behörden, Einrichtungen und sonstigen öffentlichen Stellen des Landes, die Gemeinden und Gemeindeverbände sowie die sonstigen der Aufsicht des Landes unterstehenden juristischen Personen des öffentlichen Rechts und deren Vereinigungen geben

1. die Art der von ihnen oder in ihrem Auftrag gespeicherten personenbezogenen Daten,
2. die Aufgaben, zu deren Erfüllung die Kenntnis dieser Daten erforderlich ist,
3. den betroffenen Personenkreis,
4. die Stellen, an die sie personenbezogene Daten regelmäßig übermitteln sowie
5. die Art der zu übermittelnden Daten

unverzüglich nach der ersten Einspeicherung in dem für ihren Bereich bestehenden Veröffentlichungsblatt für amtliche Bekanntmachungen bekannt. Auf Antrag sind dem Betroffenen die bisherigen Bekanntmachungen zugänglich zu machen.

(2) Absatz 1 gilt nicht

1. für die Behörden für Verfassungsschutz, der Staatsanwaltschaft und der Polizei sowie für die Landesfinanzbehörden, soweit diese personenbezogene Daten in Erfüllung ihrer gesetzlichen Aufgaben im Anwendungsbereich der Abgabenordnung zur Überwachung und Prüfung in Dateien speichern,
2. für die personenbezogenen Daten, die deshalb nach § 17 Abs. 2 Satz 2 gesperrt sind, weil sie auf Grund gesetzlicher Aufbewahrungsvorschriften nicht nach § 17 Abs. 3 Satz 1 gelöscht werden dürfen,
3. für gesetzlich vorgeschriebene Register oder sonstige auf Grund von Rechts- oder veröffentlichten Verwaltungsvorschriften zu führende Dateien, soweit die Art der in ihnen gespeicherten personenbezogenen Daten, die Aufgaben, zu deren Erfüllung die Kenntnis dieser Daten erforderlich ist, der betroffene Personenkreis, die Stellen, an die personenbezogene Daten regelmäßig übermittelt werden, sowie die Art der zu übermittelnden Daten in Rechts- oder veröffentlichten Verwaltungsvorschriften festgelegt sind.

(3) Die Landesregierung wird ermächtigt, durch Rechtsverordnung für die Behörden, Einrichtungen und sonstigen öffentlichen Stellen des Landes, die Gemeinden und Gemeindeverbände sowie die sonstigen der Aufsicht des Landes unterstehenden juristischen Personen des öffentlichen Rechts und deren Vereinigungen das Nähere, insbesondere das Veröffentlichungsblatt und das Verfahren der Veröffentlichung zu bestimmen.

§ 16: Auskunft an den Betroffenen

(1) Dem Betroffenen ist von der speichernden Stelle auf Antrag Auskunft über die zu seiner

Person gespeicherten Daten und die Stellen, denen Daten regelmäßig übermittelt werden, zu erteilen. In dem Antrag soll die Art der personenbezogenen Daten, über die Auskunft erteilt werden soll, näher bezeichnet werden. Die speichernde Stelle bestimmt das Verfahren, insbesondere die Form der Auskunftserteilung nach pflichtgemäßem Ermessen.

(2) Absatz 1 gilt nicht in den Fällen des § 15 Abs. 2 Nrn. 1 und 2.

(3) Die Auskunftserteilung unterbleibt, soweit

1. die Auskunft die rechtmäßige Erfüllung der in der Zuständigkeit der speichernden Stelle liegenden Aufgaben gefährden würde,
2. die Auskunft die öffentliche Sicherheit oder Ordnung gefährden oder sonst dem Wohle des Bundes oder eines Landes Nachteile bereiten würde,
3. die personenbezogenen Daten oder die Tatsache ihrer Speicherung nach einer Rechtsvorschrift oder wegen der überwiegenden berechtigten Interessen einer dritten Person geheimgehalten werden müssen,
4. die Auskunft sich auf die Übermittlung personenbezogener Daten an die in § 15 Abs. 2 Nr. 1 dieses Gesetzes und in § 12 Abs. 2 Nr. 1 Bundesdatenschutzgesetz genannten Behörden bezieht.

(4) Das Gebührengesetz für das Land Nordrhein-Westfalen (GebG NW) vom 23. November 1971 (GV NW S. 354) findet mit der Maßgabe Anwendung, daß

1. Gebühren höchstens bis zur Deckung des unmittelbar auf Amtshandlungen dieser Art entfallenden Verwaltungsaufwandes erhoben werden,
2. Ausnahmen von der Gebührenpflicht durch die Gebührenordnung in den Fällen vorzusehen sind, in denen durch besondere Umstände die Annahme gerechtfertigt wird, daß personenbezogene Daten unrichtig oder unzulässig gespeichert werden, oder in denen die Auskunft zur Berichtigung oder Löschung gespeicherter personenbezogener Daten geführt hat.

§ 17: Berichtigung, Sperrung und Löschung von Daten

(1) Personenbezogene Daten sind zu berichtigen, wenn sie unrichtig sind.

(2) Personenbezogene Daten sind zu sperren, wenn ihre Richtigkeit vom Betroffenen bestritten wird und sich weder die Richtigkeit noch die Unrichtigkeit feststellen läßt. Sie sind ferner zu sperren, wenn ihre Kenntnis für die speichernde Stelle zur rechtmäßigen Erfüllung der in ihrer Zuständigkeit liegenden Aufgaben nicht mehr erforderlich ist. Gesperrte Daten sind mit einem entsprechenden Vermerk zu versehen; sie dürfen nicht mehr verarbeitet, insbesondere übermittelt, oder sonst genutzt werden, es sei denn, daß die Nutzung zu wissenschaftlichen Zwecken, zur Behebung einer bestehenden Beweisnot oder aus sonstigen im überwiegenden Interesse der speichernden Stelle oder eines Dritten liegenden Gründen unerläßlich ist oder der Betroffene in die Nutzung eingewilligt hat.

(3) Personenbezogene Daten können gelöscht werden, wenn ihre Kenntnis für die speichernde Stelle zur rechtmäßigen Erfüllung der in ihrer Zuständigkeit liegenden Aufgaben nicht mehr erforderlich ist und kein Grund zu der Annahme besteht, daß durch die Löschung schutzwürdige Belange des Betroffenen beeinträchtigt werden. Sie sind zu löschen, wenn ihre Speicherung unzulässig war oder wenn es in den Fällen des Absatzes 2 Satz 2 der Betroffene verlangt.

(4) Von der Berichtigung gemäß Absatz 1 sowie von der Sperrung gemäß Absatz 2 Satz 1 und der Löschung gemäß Absatz 3 Satz 2 sind unverzüglich die Stellen zu verständigen, denen die Daten im Rahmen regelmäßiger Datenübermittlung übermittelt wurden; im übrigen liegt die Verständigung im pflichtgemäßen Ermessen.

(5) Die Landesregierung wird ermächtigt, durch Rechtsverordnung Fristen festzulegen, nach deren Ablauf die in § 1 Abs. 2 genannten Stellen zur Löschung oder Sperrung gespeicherter Daten verpflichtet sind.

Dritter Abschnitt. Sonderbestimmungen für Eigenbetriebe und öffentlich-rechtliche Unternehmen

§ 18: Geltungsbereich

Von den Vorschriften dieses Gesetzes gelten anstelle der §§ 10 bis 17 die Vorschriften dieses Abschnitts, soweit

1. wirtschaftliche Unternehmen der Gemeinden oder Gemeindeverbände ohne eigene Rechtspersönlichkeit (Eigenbetriebe) oder öffentliche Einrichtungen, die entsprechend den Vorschriften über die Eigenbetriebe geführt werden, personenbezogene Daten als Hilfsmittel für die Erfüllung ihrer wirtschaftlichen Zwecke oder Ziele verarbeiten;
2. der Aufsicht des Landes unterstehende juristische Personen des öffentlichen Rechts, die am Wettbewerb teilnehmen, personenbezogene Daten als Hilfsmittel für die Erfüllung ihrer Geschäftszwecke oder Ziele verarbeiten.

§ 19: Datenspeicherung

Das Speichern personenbezogener Daten ist zulässig im Rahmen der Zweckbestimmung eines Vertragsverhältnisses oder vertragsähnlichen Vertrauensverhältnisses mit dem Betroffenen oder soweit es zur Wahrung berechtigter Interessen der speichernden Stelle erforderlich ist und kein Grund zur Annahme besteht, daß dadurch schutzwürdige Belange des Betroffenen beeinträchtigt werden. Abweichend von Satz 1 ist das Speichern in nicht automatisierten Verfahren zulässig, soweit die Daten unmittelbar aus allgemein zugänglichen Quellen entnommen sind.

§ 20: Datenübermittlung

(1) Die Übermittlung personenbezogener Daten ist zulässig im Rahmen der Zweckbestimmung eines Vertragsverhältnisses oder vertragsähnlichen Vertrauensverhältnisses mit dem Betroffenen oder soweit es zur Wahrung berechtigter Interessen der übermittelnden Stelle oder eines Dritten oder der Allgemeinheit erforderlich ist und dadurch schutzwürdige Belange des Betroffenen nicht beeinträchtigt werden. Personenbezogene Daten, die einem Berufs- oder besonderen Amtsgeheimnis (§ 45 Satz 2 Nr. 1, Satz 3 Bundesdatenschutzgesetz) unterliegen und die von der zur Verschwiegenheit verpflichteten Person in Ausübung ihrer Berufs- oder Amtspflicht übermittelt worden sind, dürfen vom Empfänger nicht mehr weitergegeben werden.

(2) Abweichend von Absatz 1 ist die Übermittlung von listenmäßig oder sonst zusammengefaßten Daten über Angehörige einer Personengruppe zulässig, wenn sie sich auf

1. Namen,
2. Titel, akademische Grade,
3. Geburtsdatum,
4. Beruf, Branchen- oder Geschäftsbezeichnung,
5. Anschrift,
6. Rufnummer

beschränkt und kein Grund zu der Annahme besteht, daß dadurch schutzwürdige Belange des Betroffenen beeinträchtigt werden. Zur Angabe der Zugehörigkeit des Betroffenen zu einer Personengruppe dürfen andere als die im vorstehenden Satz genannten Daten nicht übermittelt werden.

§ 21: Datenveränderung

Das Verändern personenbezogener Daten ist zulässig im Rahmen der Zweckbestimmung eines Vertragsverhältnisses oder vertragsähnlichen Vertrauensverhältnisses mit dem Betroffenen oder soweit es zur Wahrung berechtigter Interessen der speichernden Stelle erforderlich ist und kein Grund zur Annahme besteht, daß dadurch schutzwürdige Belange des Betroffenen beeinträchtigt werden.

§ 22: Auskunft an den Betroffenen

(1) Werden erstmals zur Person des Betroffenen Daten gespeichert, ist er darüber zu be-

nachrichtigen, es sei denn, daß er auf andere Weise Kenntnis von der Speicherung erlangt hat.

(2) Der Betroffene kann Auskunft über die zu seiner Person gespeicherten Daten verlangen. Werden die Daten automatisch verarbeitet, kann der Betroffene auch Auskunft über die Personen und Stellen verlangen, an die seine Daten regelmäßig übermittelt werden. Er soll die Art der personenbezogenen Daten, über die Auskunft erteilt werden soll, näher bezeichnen. Die Auskunft wird schriftlich erteilt, soweit nicht wegen besonderer Umstände eine andere Form der Auskunftserteilung angemessen ist.

(3) Die Absätze 1 und 2 gelten nicht, soweit

1. das Bekanntwerden personenbezogener Daten die Geschäftszwecke oder Ziele der speichernden Stelle gefährden würde und berechtigte Interessen des Betroffenen nicht entgegenstehen,
2. die zuständige öffentliche Stelle gegenüber der speichernden Stelle festgestellt hat, daß das Bekanntwerden der personenbezogenen Daten die öffentliche Sicherheit oder Ordnung gefährden oder sonst dem Wohle des Bundes oder eines Landes Nachteile bereiten würde,
3. die personenbezogenen Daten nach einer Rechtsvorschrift oder ihrem Wesen nach, namentlich wegen der überwiegenden berechtigten Interessen einer dritten Person, geheimgehalten werden müssen,
4. die personenbezogenen Daten unmittelbar aus allgemein zugänglichen Quellen entnommen sind,
5. die personenbezogenen Daten deshalb nach § 23 Abs. 2 Satz 2 gesperrt sind, weil sie auf Grund gesetzlicher, satzungsmäßiger oder vertraglicher Aufbewahrungsvorschriften nicht nach § 23 Abs. 3 Satz 1 gelöscht werden dürfen.

(4) Für die Auskunft kann ein Entgelt verlangt werden, das über die durch die Auskunftserteilung entstandenen direkt zurechenbaren Kosten nicht hinausgehen darf. Ein Entgelt kann in den Fällen nicht verlangt werden, in denen durch besondere Umstände die Annahme gerechtfertigt wird, daß personenbezogene Daten unrichtig oder unzulässig gespeichert werden, oder in denen die Auskunft ergeben hat, daß die personenbezogenen Daten zu berichtigen oder unter der Voraussetzung des § 23 Abs. 3 Satz 2 erster Halbsatz zu löschen sind.

§ 23: Berichtigung, Sperrung und Löschung von Daten

(1) Personenbezogene Daten sind zu berichtigen, wenn sie unrichtig sind.

(2) Personenbezogene Daten sind zu sperren, wenn ihre Richtigkeit vom Betroffenen bestritten wird und sich weder die Richtigkeit noch die Unrichtigkeit feststellen läßt. Sie sind ferner zu sperren, wenn ihre Kenntnis für die Erfüllung des Zweckes der Speicherung nicht mehr erforderlich ist. Die Vorschriften über das Verfahren und die Rechtsfolgen der Sperrung in § 17 Abs. 2 Satz 3 gelten entsprechend.

(3) Personenbezogene Daten können gelöscht werden, wenn ihre Kenntnis für die speichernde Stelle zur rechtmäßigen Erfüllung der in ihrer Zuständigkeit liegenden Aufgaben nicht mehr erforderlich ist und kein Grund zu der Annahme besteht, daß durch die Löschung schutzwürdige Belange des Betroffenen beeinträchtigt werden. Sie sind zu löschen, wenn ihre Speicherung unzulässig war oder wenn es in den Fällen des Absatzes 2 Satz 2 der Betroffene verlangt.

(4) Von der Berichtigung gemäß Absatz 1 sowie von der Sperrung gemäß Absatz 2 Satz 1 und der Löschung gemäß Absatz 3 Satz 2 sind unverzüglich die Stellen zu verständigen, denen die Daten im Rahmen regelmäßiger Datenübermittlung übermittelt wurden.

(5) Die Landesregierung wird ermächtigt, durch Rechtsverordnung Fristen festzulegen, nach deren Ablauf die in § 1 Abs. 2 genannten Stellen zur Löschung oder Sperrung gespeicherter Daten verpflichtet sind.

Vierter Abschnitt. Landesbeauftragter für den Datenschutz

§ 24: Berufung und Rechtsstellung

(1) Der Landtag wählt auf Vorschlag der Landesregierung einen Landesbeauftragten für

den Datenschutz mit mehr als der Hälfte der gesetzlichen Zahl seiner Mitglieder. Dieser muß die Befähigung zum Richteramt oder zum höheren Dienst haben und die zur Erfüllung seiner Aufgaben erforderliche Fachkunde besitzen.
(2) Der Landesbeauftragte für den Datenschutz ist dem Innenministerium angegliedert. Er ist in Ausübung seines Amtes unabhängig und nur dem Gesetz unterworfen. Im übrigen untersteht er der Dienstaufsicht des Innenministers.
(3) Der Landesbeauftragte für den Datenschutz wird jeweils auf die Dauer von acht Jahren in ein Beamtenverhältnis auf Zeit berufen.

§ 25: Personal und Sachmittel

(1) Dem Landesbeauftragten für den Datenschutz ist die für die Erfüllung seiner Aufgaben notwendige Personal- und Sachausstattung zur Verfügung zu stellen; sie ist im Einzelplan des Innenministers in einem eigenen Kapitel auszuweisen.
(2) In Personalangelegenheiten hat der Landesbeauftragte für den Datenschutz ein Vorschlagsrecht. Die Bediensteten unterstehen seinen Weisungen.

§ 26: Aufgaben

(1) Der Landesbeauftragte für den Datenschutz kontrolliert die Einhaltung der Vorschriften dieses Gesetzes sowie anderer Vorschriften über den Datenschutz bei den Behörden, Einrichtungen und sonstigen öffentlichen Stellen des Landes, den Gemeinden und Gemeindeverbänden sowie den sonstigen der Aufsicht des Landes unterstehenden juristischen Personen des öffentlichen Rechts und deren Vereinigungen. Diese sind verpflichtet, den Landesbeauftragten für den Datenschutz bei der Erfüllung seiner Aufgaben zu unterstützen. Der Landesbeauftragte für den Datenschutz kontrolliert die Einhaltung der Datenschutzvorschriften auch bei den Stellen, die sich gemäß § 7 Abs. 1 Satz 2 seiner Kontrolle unterworfen haben.
(2) Der Landesbeauftragte für den Datenschutz kann Empfehlungen zur Verbesserung des Datenschutzes geben, insbesondere kann er die Landesregierung und einzelne Minister, die Gemeinden und Gemeindeverbände sowie die sonstigen der Aufsicht des Landes unterstehenden juristischen Personen des öffentlichen Rechts und deren Vereinigungen in Fragen des Datenschutzes beraten.
(3) Soweit es zur Erfüllung seiner Aufgaben erforderlich ist, kann der Landesbeauftragte für den Datenschutz insbesondere

1. von den in Absatz 1 genannten Stellen Auskunft zu den Fragen sowie Einsicht in die Unterlagen und Akten verlangen, die im Zusammenhang mit der Verarbeitung personenbezogener Daten stehen, namentlich in die gespeicherten Daten, die Datenverarbeitungsprogramme und die Programmunterlagen,
2. die in Absatz 1 genannten Stellen jederzeit unangemeldet aufsuchen und ihre Diensträume betreten.

(4) Der Landesbeauftragte für den Datenschutz beobachtet die Auswirkungen der automatisierten Datenverarbeitung auf die Arbeitsweise und Entscheidungsbefugnisse der in § 1 Abs. 2 genannten Stellen. Er hat insbesondere darauf zu achten, ob sie zu einer Verschiebung in der Gewaltenteilung zwischen den Verfassungsorganen des Landes, der Zuständigkeitsabgrenzung zwischen den Organen der kommunalen Selbstverwaltung sowie zwischen der staatlichen Verwaltung und der kommunalen Selbstverwaltung führen. Er soll Maßnahmen anregen, die ihm geeignet erscheinen, derartige Auswirkungen zu verhindern.
(5) Der Landesbeauftragte für den Datenschutz arbeitet mit den Behörden und sonstigen Stellen, die für die Kontrolle der Einhaltung der Vorschriften über den Datenschutz im Bund und in den Ländern zuständig sind, sowie mit den Aufsichtsbehörden nach §§ 30, 40 des Bundesdatenschutzgesetzes zusammen.
(6) Die Landesregierung, die Behörden und Einrichtungen des Landes, die Gemeinden und Gemeindeverbände sowie die sonstigen der Aufsicht des Landes unterstehenden juristischen Personen des öffentlichen Rechts und deren Vereinigungen haben dem Landesbeauftragten für den Datenschutz bei der Durchführung seiner Aufgaben Amtshilfe zu leisten.

§ 27: Register

(1) Der Landesbeauftragte für den Datenschutz führt ein Register der Dateien, in denen personenbezogene Daten gespeichert werden. Das Register kann von jedermann eingesehen werden.

(2) Das Register enthält

1. die Angabe der Behörden und sonstigen öffentlichen Stellen, die personenbezogene Daten verarbeiten,
2. die Art der von ihnen oder in ihrem Auftrag gespeicherten personenbezogenen Daten,
3. die Aufgaben, zu deren Erfüllung die Kenntnis dieser Daten erforderlich ist,
4. den betroffenen Personenkreis,
5. die Empfänger oder Empfängergruppen, an die personenbezogene Daten übermittelt werden,
6. die Art der zu übermittelnden Daten sowie
7. die Voraussetzungen für die Übermittlung.

Die Nummern 5 bis 7 finden keine Anwendung, wenn sich die Übermittlung auf die in § 15 Abs. 2 Nr. 1 dieses Gesetzes und die in § 12 Abs. 2 Nr. 1 Bundesdatenschutzgesetz genannten Behörden bezieht.

(3) Die Behörden, Einrichtungen und sonstigen öffentlichen Stellen des Landes, die Gemeinden und Gemeindeverbände sowie die sonstigen der Aufsicht des Landes unterstehenden juristischen Personen des öffentlichen Rechts und deren Vereinigungen sind verpflichtet, die von ihnen geführten Dateien im Sinne dieses Gesetzes beim Landesbeauftragten für den Datenschutz anzumelden und dabei die für die Führung des Registers erforderlichen Angaben zu machen.

(4) Die von den Behörden des Verfassungsschutzes geführten Dateien unterliegen nicht der Meldepflicht. Über die Dateien der übrigen in § 15 Abs. 2 Nr. 1 genannten Stellen wird ein gesondertes Register geführt, das sich auf Angaben über Art und Verwendung der gespeicherten Daten beschränkt. Auf dieses Register findet Absatz 1 Satz 2 keine Anwendung.

(5) Ein gesondertes Register wird für die Dateien der öffentlich-rechtlichen Unternehmen, die am Wettbewerb teilnehmen, sowie der öffentlich-rechtlichen Kreditinstitute, ihrer Zusammenschlüsse und Verbände geführt. Auf dieses Register findet Absatz 1 Satz 2 keine Anwendung.

(6) Das Nähere regelt die Landesregierung durch Rechtsverordnung, die im Einvernehmen mit dem zuständigen Landtagsausschuß ergeht.

§ 28: Erstattung von Gutachten

Der Landtag und die Landesregierung können den Landesbeauftragten für den Datenschutz mit der Erstattung von Gutachten und Stellungnahmen oder der Durchführung von Untersuchungen in Datenschutzfragen betrauen. § 24 Abs. 2 Satz 2 bleibt unberührt.

§ 29: Anrufungsrecht

Jedermann hat das Recht, sich unmittelbar an den Landesbeauftragten für den Datenschutz zu wenden, wenn er der Ansicht ist, bei der Verarbeitung seiner personenbezogenen Daten durch eine der in § 1 Abs. 2 genannten Stellen in seinen schutzwürdigen Belangen verletzt zu sein.

§ 30: Beanstandungen

(1) Stellt der Landesbeauftragte für den Datenschutz Verstöße gegen die Vorschriften dieses Gesetzes oder anderer Datenschutzbestimmungen oder sonstige Mängel bei der Verarbeitung personenbezogener Daten fest, so teilt er diese

1. bei der Landesverwaltung der zuständigen obersten Landesbehörde,
2. bei der Kommunalverwaltung der jeweils verantwortlichen Gemeinde oder dem verantwortlichen Gemeindeverband,
3. bei den wissenschaftlichen Hochschulen, Gesamthochschulen und Fachhochschulen dem Hochschulpräsidenten oder dem Rektor,

4. bei den sonstigen Körperschaften, Anstalten und Stiftungen des öffentlichen Rechts dem Vorstand oder dem sonst vertretungsberechtigten Organ

zur Stellungnahme innerhalb einer von ihm zu bestimmenden Frist mit (Beanstandungen). In den Fällen von Satz 1 Nrn. 2 bis 4 unterrichtet der Landesbeauftragte für den Datenschutz gleichzeitig auch die zuständige Aufsichtsbehörde.

(2) Der Landesbeauftragte für den Datenschutz kann von einer Beanstandung absehen oder auf eine Stellungnahme der betroffenen Stelle verzichten, wenn es sich um unerhebliche Mängel handelt.

(3) Mit der Beanstandung kann der Landesbeauftragte für den Datenschutz Vorschläge zur Beseitigung der Mängel und zur sonstigen Verbesserung des Datenschutzes verbinden.

(4) Die gemäß Absatz 1 abzugebende Stellungnahme soll auch eine Darstellung der Maßnahmen enthalten, die auf Grund der Beanstandung des Landesbeauftragten für den Datenschutz getroffen worden sind. Die in Absatz 1 Nrn. 2 bis 4 genannten Stellen leiten der zuständigen Aufsichtsbehörde eine Abschrift ihrer Stellungnahme an den Landesbeauftragten für den Datenschutz zu.

§ 31: Sonstige Rechte und Pflichten

(1) Der Landesbeauftragte für den Datenschutz erstattet dem Landtag und der Landesregierung jährlich zum 31. März, erstmals 1980, einen Bericht über seine Tätigkeit. Die Landesregierung legt ihre Stellungnahme zu dem Bericht dem Landtag vor.

(2) Auf Ersuchen des Landtags, des Petitionsausschusses des Landtags und des für den Datenschutz zuständigen Landtagsausschusses oder der Landesregierung kann der Landesbeauftragte ferner Hinweisen auf Angelegenheiten und Vorgänge, die seinen Aufgabenbereich unmittelbar betreffen, nachgehen.

(3) Der Landesbeauftragte für den Datenschutz kann sich jederzeit an den Landtag wenden.

Fünfter Abschnitt. Sonderbestimmung für die Gerichte und den Westdeutschen Rundfunk

§ 32: Sonderbestimmung für die Gerichte und den Westdeutschen Rundfunk

(1) Die §§ 24 bis 31 dieses Gesetzes finden keine Anwendung auf

1. die Gerichte, soweit sie nicht Verwaltungsaufgaben wahrnehmen,
2. den Westdeutschen Rundfunk Köln.

(2) Der Rundfunkrat des Westdeutschen Rundfunks Köln bestellt einen Beauftragten der Anstalt für den Datenschutz. Dieser ist in der Ausübung seines Amtes unabhängig und nur dem Gesetz unterworfen; im übrigen untersteht er der Dienstaufsicht des Verwaltungsrates. Der Beauftragte überwacht die Einhaltung dieses Gesetzes und anderer Vorschriften über den Datenschutz bei der gesamten Tätigkeit der Anstalt; er kann auch weitere Aufgaben innerhalb der Anstalt übernehmen, Satz 2 findet insoweit keine Anwendung. Für Beanstandungen gilt § 30 entsprechend; an die Stelle der in § 30 Abs. 1 Satz 1 Nrn. 1 bis 4 genannten Behörden tritt der Intendant, an die Stelle der in § 30 Abs. 1 Satz 2 und Abs. 4 Satz 2 genannten Aufsichtsbehörde der Rundfunkrat. Der Beauftragte für den Datenschutz erstattet dem Rundfunkrat jährlich zum 31 März, erstmals 1980, einen Bericht über seine Tätigkeit.

Sechster Abschnitt. Straf- und Bußgeldvorschriften

§ 33: Straftaten

(1) Wer unbefugt von diesem Gesetz geschützte personenbezogene Daten, die nicht offenkundig sind,

1. übermittelt oder verändert oder
2. abruft oder sich aus in Behältnissen verschlossenen Dateien Daten verschafft,

wird mit Freiheitsstrafe bis zu einem Jahr oder mit Geldstrafe bestraft.

(2) Handelt der Täter gegen Entgelt oder in der Absicht, einen anderen zu schädigen oder

sich oder einen anderen zu bereichern, so ist die Strafe Freiheitsstrafe bis zu zwei Jahren oder Geldstrafe.
(3) Die Tat wird nur auf Antrag verfolgt. Der Antrag kann auch von dem Landesbeauftragten für den Datenschutz mit Zustimmung des Betroffenen gestellt werden.

§ 34: Ordnungswidrigkeit

(1) Ordnungswidrig handelt, wer vorsätzlich oder fahrlässig entgegen § 13 Abs. 2 die ihm übermittelten Daten nicht nur für den Zweck verwendet, zu dessen Erfüllung sie ihm übermittelt wurden.
(2) Die Ordnungswidrigkeit kann mit einer Geldbuße bis zu 50000 Deutsche Mark geahndet werden.

Siebenter Abschnitt. Übergangs- und Schlußvorschriften

§ 35: Übergangsvorschrift

(1) Die Veröffentlichung über personenbezogene Daten (§ 15), die beim Inkrafttreten des Gesetzes schon gespeichert waren, hat binnen eines Jahres nach Inkrafttreten des Gesetzes zu erfolgen.
(2) Sind im Anwendungsbereich der §§ 18 bis 23 dieses Gesetzes personenbezogene Daten bereits vor dem Inkrafttreten dieses Gesetzes gespeichert worden, so ist der Betroffene darüber nach § 22 Abs. 1 zu benachrichtigen, wenn die Daten erstmals nach dem Inkrafttreten des Gesetzes übermittelt werden.

§ 36: Meldebehörden

(1) Soweit Meldebehörden an andere Behörden und sonstige öffentliche Stellen personenbezogene Daten durch Weitergabe der Meldescheine übermitteln, ist § 11 Abs. 1 Satz 1 erst ab 1. Januar 1980 anzuwenden. Der Innenminister wird ermächtigt, den Zeitpunkt bis zu einem Jahr hinauszuschieben.
(2) Abweichend von § 13 Abs. 1 Satz 1 dürfen die Meldebehörden folgende personenbezogene Daten eines oder mehrerer vom Empfänger bezeichneter Betroffener an Personen oder andere nichtöffentliche Stellen übermitteln (Auskunft): Namen, akademische Grade und Anschriften.
Personenbezogene Daten einer Vielzahl Betroffener dürfen die Meldebehörden nur übermitteln, wenn dies im öffentlichen Interesse liegt.

§ 37: Weitergeltende Vorschriften

Soweit besondere Rechtsvorschriften des Landes auf in Dateien gespeicherte personenbezogene Daten anzuwenden sind, gehen sie den Vorschriften dieses Gesetzes vor.

§ 38: Änderung des Landesorganisationsgesetzes

§ 1 Abs. 2 des Landesorganisationsgesetzes vom 10. Juli 1962 (GV NW S. 421), zuletzt geändert durch Gesetz vom 11. Juli 1978 (GV NW S. 290), wird wie folgt geändert:
Hinter Buchstabe a wird folgender Buchstabe b eingefügt:
b) für den Landesbeauftragten für den Datenschutz.
Die bisherigen Buchstaben b und c erhalten die Bezeichnung c und d.

§ 39: Änderung des Besoldungsgesetzes

Das Besoldungsgesetz für das Land Nordrhein-Westfalen in der Fassung des Landesanpassungsgesetzes zum 2. BesVNG vom 13. Dezember 1977 (GV NW S. 456), geändert durch Gesetz vom 11. Juli 1978 (GV NW S. 306), wird wie folgt geändert:
In der Anlage 1 – Besoldungsordnung B – wird in Besoldungsgruppe B 7 die Amtsbezeichnung „Landesbeauftragter für den Datenschutz" eingefügt.

§ 40: Haushaltsrechtliche Ermächtigung

Der Finanzminister wird ermächtigt, im Haushaltsjahr 1979 im Einvernehmen mit dem Innenminister die notwendigen Planstellen und Stellen für den Landesbeauftragten für den

Datenschutz sowie für die nach §§ 30, 40 Bundesdatenschutzgesetz von der Landesregierung zu bestimmenden Aufsichtsbehörden einzurichten und die erforderlichen Haushaltsmittel zur Verfügung zu stellen.

§ 41: Inkrafttreten
Dieses Gesetz tritt am 1. Januar 1979 in Kraft.

Anlage zu § 6 Abs. 1 Satz 1
Werden personenbezogene Daten automatisch verarbeitet, sind zur Ausführung der Vorschriften dieses Gesetzes Maßnahmen zu treffen, die je nach der Art der zu schützenden personenbezogenen Daten geeignet sind,

1. Unbefugten den Zugang zu Datenverarbeitungsanlagen, mit denen personenbezogene Daten verarbeitet werden, zu verwehren (Zugangskontrolle),
2. Personen, die bei der Verarbeitung personenbezogener Daten tätig sind, daran zu hindern, daß sie Datenträger unbefugt entfernen (Abgangskontrolle),
3. die unbefugte Eingabe in den Speicher sowie die unbefugte Kenntnisnahme, Veränderung oder Löschung gespeicherter personenbezogener Daten zu verhindern (Speicherkontrolle),
4. die Benutzung von Datenverarbeitungssystemen, aus denen oder in die personenbezogene Daten durch selbsttätige Einrichtungen übermittelt werden, durch unbefugte Personen zu verhindern (Benutzerkontrolle),
5. zu gewährleisten, daß die zur Benutzung eines Datenverarbeitungssystems Berechtigten durch selbsttätige Einrichtungen ausschließlich auf die ihrer Zugriffsberechtigung unterliegenden personenbezogenen Daten zugreifen können (Zugriffskontrolle),
6. zu gewährleisten, daß überprüft und festgestellt werden kann, an welche Stellen personenbezogene Daten durch selbsttätige Einrichtungen übermittelt werden können (Übermittlungskontrolle),
7. zu gewährleisten, daß nachträglich überprüft und festgestellt werden kann, welche personenbezogenen Daten zu welcher Zeit von wem in Datenverarbeitungssysteme eingegeben worden sind (Eingabekontrolle),
8. zu gewährleisten, daß personenbezogene Daten, die im Auftrag verarbeitet werden, nur entsprechend den Weisungen des Auftraggebers verarbeitet werden können (Auftragskontrolle),
9. zu gewährleisten, daß bei der Übermittlung personenbezogener Daten sowie beim Transport entsprechender Datenträger diese nicht unbefugt gelesen, verändert oder gelöscht werden können (Transportkontrolle),
10. die innerbehördliche oder innerbetriebliche Organisation so zu gestalten, daß sie den besonderen Anforderungen des Datenschutzes gerecht wird (Organisationskontrolle).

9. Landesgesetz zum Schutze des Bürgers bei der Verarbeitung personenbezogener Daten (Landesdatenschutzgesetz-L DatG/DSG Rh.-Pf.)
Vom 21. Dezember 1978, GVBl v. 28.12.1978, S. 749

Erster Abschnitt. Allgemeine Bestimmungen

§ 1: Aufgaben des Datenschutzes
(1) Aufgabe des Datenschutzes ist es, durch den Schutz personenbezogener Daten vor Mißbrauch bei ihrer Speicherung, Übermittlung, Veränderung und Löschung (Datenverarbeitung) eine Beeinträchtigung schutzwürdiger Belange der Bürger zu verhindern.
(2) Aufgabe des Datenschutzes ist es auch sicherzustellen, daß durch die automatisierte Datenverarbeitung die verfassungsmäßige Stellung von Parlament und Regierung zueinander sowie die kommunale Selbstverwaltung und die Stellung ihrer Organe nicht beeinträchtigt werden.

§ 2: Geltungsbereich

(1) Dieses Gesetz gilt für die Datenverarbeitung durch Behörden und sonstige öffentliche Stellen des Landes, der kommunalen Gebietskörperschaften sowie der sonstigen, der Aufsicht des Landes unterstehenden juristischen Personen des öffentlichen Rechts und für deren Vereinigungen.

(2) Für personenbezogene Daten, die nicht in automatisierten Verfahren verarbeitet werden, gelten die Bestimmungen dieses Gesetzes nur, wenn sie in Dateien gespeichert, verändert, gelöscht oder aus Dateien übermittelt werden; sind sie nicht zur Übermittlung an Dritte bestimmt, gilt von den Bestimmungen dieses Gesetzes nur § 9 Abs. 1.

(3) Soweit die Datenverarbeitung frühere, bestehende oder zukünftige dienst- oder arbeitsrechtliche Rechtsverhältnisse betrifft, sind anstelle der §§ 5, 6, 7, 12 und 13 dieses Gesetzes die §§ 23 und 24 Abs. 1 sowie die §§ 25 bis 27 des Gesetzes zum Schutz vor Mißbrauch personenbezogener Daten bei der Datenverarbeitung (Bundesdatenschutzgesetz – BDSG –) vom 27. Januar 1977 (BGBL S. 201) in der jeweils geltenden Fassung anzuwenden.

(4) Soweit öffentlich-rechtliche Unternehmen am Wettbewerb teilnehmen, sind auf sie, auf ihre Zusammenschlüsse und Verbände nur die Bestimmungen des Bundesdatenschutzgesetzes mit Ausnahme der Bestimmungen des Zweiten Abschnitts anzuwenden; an die Stelle der in den §§ 29, 30, 39 und 40 genannten Aufsichtsbehörde tritt die Datenschutzkommission. Der Datenschutzkommission ist der Name des Datenschutzbeauftragten mitzuteilen. Der Datenschutzbeauftragte erstattet mindestens jährlich der Datenschutzkommission einen Erfahrungsbericht; die Befugnisse der zuständigen Aufsichtsbehörden bleiben unberührt.

§ 3: Begriffsbestimmungen

(1) Personenbezogene Daten im Sinne dieses Gesetzes sind Einzelangaben über persönliche oder sachliche Verhältnisse einer bestimmten oder bestimmbaren natürlichen Person (Betroffener).

(2) Im Sinne dieses Gesetzes ist

1. Speichern (Speicherung) das Erfassen, Aufnehmen oder Aufbewahren von Daten auf einem Datenträger zum Zwecke ihrer weiteren Verwendung,
2. Übermitteln (Übermittlung) das Bekanntgeben gespeicherter oder durch Datenverarbeitung unmittelbar gewonnener Daten an Dritte in der Weise, daß die Daten durch die speichernde Stelle weitergegeben oder zur Einsichtnahme, namentlich zum Abruf bereitgehalten werden,
3. Verändern (Veränderung) das inhaltliche Umgestalten gespeicherter Daten,
4. Löschen (Löschung) das Unkenntlichmachen gespeicherter Daten,

ungeachtet der dabei angewendeten Verfahren.

(3) Im Sinne dieses Gesetzes ist

1. speichernde Stelle jede der in § 2 Abs. 1 genannten Stellen, die Daten für sich selbst speichert oder durch andere speichern läßt,
2. Dritter jede Person oder jede Stelle außerhalb der speichernden Stelle, ausgenommen der Betroffene oder diejenigen Personen und Stellen, die in den Fällen der Nummer 1 im Geltungsbereich des Grundgesetzes im Auftrag tätig werden,
3. eine Datei eine gleichartig aufgebaute Sammlung von Daten, die nach bestimmten Merkmalen erfaßt und geordnet, nach anderen bestimmten Merkmalen umgeordnet und ausgewertet werden kann, ungeachtet der dabei angewendeten Verfahren; nicht hierzu gehören Akten und Aktensammlungen, es sei denn, daß sie durch automatisierte Verfahren umgeordnet oder ausgewertet werden können.

§ 4: Verarbeitung personenbezogener Daten im Auftrag

(1) Die Bestimmungen dieses Gesetzes gelten für die in § 2 Abs. 1 genannten Stellen auch insoweit, als personenbezogene Daten in deren Auftrag oder mit deren Zustimmung durch andere Personen oder Stellen verarbeitet werden. Sofern die Bestimmungen dieses Gesetzes auf den Auftragnehmer keine Anwendung finden, ist der Auftraggeber verpflichtet sicherzustellen, daß der Auftragnehmer die Bestimmungen dieses Gesetzes beachtet.

(2) Verarbeiten die in § 2 Abs. 1 genannten Stellen personenbezogene Daten im Auftrag anderer Behörden, Stellen oder Personen, so ist dies nur im Rahmen der Weisungen des Auftraggebers zulässig, sofern die Bestimmungen dieses Gesetzes nicht entgegenstehen.

Zweiter Abschnitt. Bestimmungen für die Datenverarbeitung

§ 5: Datenspeicherung und -veränderung

(1) Das Speichern und Verändern personenbezogener Daten ist zulässig, wenn es zur rechtmäßigen Erfüllung der in der Zuständigkeit der speichernden Stelle liegenden Aufgaben erforderlich ist.

(2) Werden personenbezogene Daten aufgrund einer Rechtsvorschrift erhoben, ist der Betroffene darauf hinzuweisen, aufgrund welcher Rechtsvorschrift er zur Auskunft verpflichtet ist. Besteht keine Rechtsvorschrift, ist er darauf hinzuweisen, daß die Datenspeicherung nur mit seiner Einwilligung zulässig ist und ihm wegen einer Verweigerung der Einwilligung keine Nachteile entstehen.

(3) Die Einwilligung bedarf der Schriftform, wenn nicht wegen besonderer Umstände eine andere Form angemessen ist; wird die Einwilligung zusammen mit anderen Erklärungen schriftlich erteilt, ist der Betroffene hierauf schriftlich besonders hinzuweisen.

§ 6: Datenübermittlung an Stellen innerhalb des öffentlichen Bereichs

(1) Die Übermittlung personenbezogener Daten an Behörden und sonstige öffentliche Stellen ist zulässig, wenn sie zur rechtmäßigen Erfüllung der in der Zuständigkeit der übermittelnden Stelle oder des Empfängers liegenden Aufgaben erforderlich ist.

(2) Unterliegen die personenbezogenen Daten einem Berufs- oder besonderen Amtsgeheimnis (§ 45 Satz 2 Nr. 1 und Satz 3 des Bundesdatenschutzgesetzes) und sind sie der übermittelnden Stelle von der zur Verschwiegenheit verpflichteten Person in Ausübung ihrer Berufs- oder Amtspflicht übermittelt worden, ist für die Zulässigkeit der Übermittlung ferner erforderlich, daß der Empfänger die Daten zur Erfüllung des gleichen Zwecks benötigt, zu dem sie die übermittelnde Stelle erhalten hat.

(3) Personenbezogene medizinische Daten dürfen nur mit Zustimmung des Betroffenen übermittelt werden, es sei denn, daß die Datenübermittlung gesetzlich zugelassen ist. Ist die Zustimmung des Betroffenen nicht rechtzeitig zu erlangen, weil er zu einer Willensäußerung nicht in der Lage ist, so hat der behandelnde Arzt darüber zu entscheiden, ob eine Datenübermittlung dem mutmaßlichen Willen des Betroffenen entspricht und in seinem wohlverstandenen Interesse geboten ist.

(4) Die Übermittlung personenbezogener Daten an Stellen der öffentlich-rechtlichen Religionsgesellschaften ist in entsprechender Anwendung der Bestimmungen über die Datenübermittlung an Behörden und sonstige öffentliche Stellen zulässig, sofern bei dem Empfänger ein ausreichender Datenschutz sichergestellt ist.

§ 7: Datenübermittlung an Stellen außerhalb des öffentlichen Bereichs

(1) Personenbezogene Daten, die in automatisierten Verfahren verarbeitet werden, dürfen an Personen oder an andere Stellen außerhalb des öffentlichen Bereichs übermittelt werden, wenn und soweit dies gesetzlich zugelassen ist oder wenn der Betroffene mit der Übermittlung einverstanden ist; § 5 Abs. 3 gilt entsprechend.

(2) Personenbezogene Daten, die nicht in automatisierten Verfahren verarbeitet werden, dürfen an Personen oder an andere Stellen außerhalb des öffentlichen Bereichs übermittelt werden, wenn dies zur rechtmäßigen Erfüllung der in der Zuständigkeit der übermittelnden Stelle liegenden Aufgaben erforderlich ist oder soweit der Empfänger ein berechtigtes Interesse an der Kenntnis der zu übermittelnden Daten glaubhaft macht und dadurch schutzwürdige Belange des Betroffenen nicht beeinträchtigt werden.

(3) Der Empfänger darf die übermittelten Daten nur für den Zweck verwenden, zu dessen Erfüllung sie ihm übermittlet werden.

(4) Die Übermittlung an Behörden und sonstige Stellen außerhalb des Geltungsbereichs des Grundgesetzes sowie an über- und zwischenstaatliche Stellen ist zulässig, soweit dies durch Gesetz oder in besonderen zwischenstaatlichen Vereinbarungen vorgesehen ist und hierdurch schutzwürdige Belange des Betroffenen nicht beeinträchtigt werden.

(5) Unterliegen die personenbezogenen Daten einem Berufs- oder besonderen Amtsgeheimnis (§ 45 Satz 2 Nr. 1 und Satz 3 des Bundesdatenschutzgesetzes) und sind sie der übermittelnden Stelle von der zur Verschwiegenheit verpflichteten Person in Ausübung ihrer Berufs- oder Amtspflicht übermittelt worden, ist für die Zulässigkeit der Übermittlung ferner erforderlich, daß die gleichen Voraussetzungen gegeben sind, unter denen sie die zur Verschwiegenheit verpflichtete Person übermitteln dürfte.

(6) Für medizinische Daten gilt § 6 Abs. 3 entsprechend.

§ 8: Pflicht zur Geheimhaltung

(1) Den im Rahmen des § 2 Abs. 1 oder im Auftrag der dort genannten Stellen bei der Datenverarbeitung beschäftigten Personen ist untersagt, geschützte personenbezogene Daten unbefugt zu einem anderen als dem zur jeweiligen rechtmäßigen Aufgabenerfüllung gehörenden Zweck zu verarbeiten, bekanntzugeben, zugänglich zu machen oder sonst zu nutzen.

(2) Diese Personen sind bei der Aufnahme ihrer Tätigkeit nach Maßgabe des Absatzes 1 zu verpflichten. Die Pflicht zur Geheimhaltung besteht nach Beendigung ihrer Tätigkeit fort.

§ 9: Technische und organisatorische Maßnahmen

(1) Wer im Rahmen des § 2 Abs. 1 oder im Auftrag der dort genannten Stellen personenbezogene Daten verarbeitet, hat die technischen und organisatorischen Maßnahmen zu treffen, die erforderlich und angemessen sind, um die Ausführung der Bestimmungen dieses Gesetzes zu gewährleisten. Der Minister des Innern wird ermächtigt, im Einvernehmen mit dem Minister, dessen Geschäftsbereich betroffen ist, und nach Anhörung der Datenschutzkommission durch Rechtsverordnung die nach dem jeweiligen Stand der Technik und Organisation notwendigen Anforderungen an die nach Satz 1 zu treffenden Maßnahmen zu regeln.

(2) Die Sicherungsmaßnahmen sind in Dienstanweisungen im einzelnen festzulegen.

§ 10: Anmeldepflicht

(1) Die in § 2 Abs. 1 genannten Stellen melden bei der Datenschutzkommission die dem Datenschutz unterliegenden Daten sowie die Art und den Umfang ihrer Nutzung an. Hierbei sind mitzuteilen:

1. Art und Umfang der von ihnen und in ihrem Auftrag oder mit ihrer Zustimmung zu speichernden Daten,
2. die Aufgaben, zu deren Erfüllung die Kenntnis dieser Daten erforderlich ist (Verwendungszweck),
3. der betroffene Personenkreis,
4. die Stellen, an die die Daten regelmäßig übermittelt werden,
5. Art und Umfang der zu übermittelnden Daten,
6. die vorgesehenen Schutzvorkehrungen und
7. fortlaufend die späteren Veränderungen.

Die Anmeldung ist so rechtzeitig vorzunehmen, daß die Datenschutzkommission vor der ersten Speicherung ihrer Überwachungspflicht nach § 17 nachkommen kann.

(2) Die Behörden der Staatsanwaltschaft, der Polizei, die Landesfinanzbehörden, soweit sie personenbezogene Daten zur Überwachung und Prüfung im Anwendungsbereich der Abgabenordnung in Dateien speichern, sowie der Rechnungshof und die ihm nachgeordneten staatlichen Rechnungsämter für ihre Prüfungstätigkeit können verkürzte Meldungen machen, die sich auf eine Übersicht über Art und Verwendungszweck der gespeicherten personenbezogenen Daten beschränken.

(3) Die Verfassungsschutzbehörde des Landes ist von der Anmeldepflicht ausgenommen.

Dritter Abschnitt. Rechte des Bürgers

§ 11: Recht auf Auskunft aus dem Datenschutzregister

Jedermann hat das Recht, aus dem von der Datenschutzkommission nach § 19 Abs. 1 geführten Datenschutzregister Auskunft zu verlangen. Die Auskunft ist gebührenfrei.

§ 12: Recht auf Auskunft über gespeicherte Daten

(1) Dem Betroffenen ist auf Antrag von der speichernden Stelle Auskunft zu erteilen über die zu seiner Person gespeicherten Daten und die Stellen, denen Daten regelmäßig übermittelt werden.

(2) Kein Recht auf Auskunft nach Absatz 1 besteht gegenüber

1. den Gerichten und den Staatsanwaltschaften, soweit sie strafverfolgend und strafvollstreckend tätig werden,
2. der Polizei, soweit sie strafverfolgend oder zur Aufrechterhaltung der öffentlichen Sicherheit oder Ordnung tätig wird,
3. der Verfassungsschutzbehörde des Landes,
4. den Finanzbehörden, soweit sie im Anwendungsbereich der Abgabenordnung zur Überwachung und Prüfung tätig werden und
5. dem Rechnungshof und den ihm nachgeordneten staatlichen Rechnungsämtern, soweit sie prüfend tätig sind.

(3) Die Auskunftserteilung unterbleibt darüber hinaus, soweit

1. die Auskunft die rechtmäßige Erfüllung der in der Zuständigkeit der speichernden Stelle liegenden gesetzlichen Aufgaben gefährden würde,
2. die Auskunft die öffentliche Sicherheit oder Ordnung gefährden oder sonst dem Wohle des Bundes oder eines Landes oder einer kommunalen Gebietskörperschaft Nachteile bereiten würde,
3. die personenbezogenen Daten oder die Tatsache ihrer Speicherung nach einer Rechtsvorschrift oder ihrem Wesen nach, insbesondere wegen des überwiegenden berechtigten Interesses einer dritten Person, geheimgehalten werden müssen,
4. die Auskunft sich auf die Übermittlung personenbezogener Daten an die in Absatz 2 genannten Behörden bezieht.

(4) Die Auskunft kann bei personenbezogenen medizinischen Daten durch den behandelnden Arzt eingeschränkt werden, wenn dies zum Schutz der Gesundheit des Betroffenen geboten ist. Eine aufgrund des Rechtsverhältnisses zwischen Arzt und Patient bestehende Auskunftspflicht des Arztes gegenüber dem Betroffenen bleibt unberührt.

(5) Die Landesregierung bestimmt durch Rechtsverordnung das Nähere, insbesondere Form und Verfahren der Auskunftserteilung.

§ 13: Recht auf Berichtigung, Sperrung und Löschung

(1) Der Betroffene hat ein Recht auf Berichtigung der zu seiner Person gespeicherten Daten, wenn sie unrichtig sind.

(2) Der Betroffene hat ein Recht auf Sperrung der zu seiner Person gespeicherten Daten, wenn er ihre Richtigkeit bestreitet und sich weder die Richtigkeit noch die Unrichtigkeit feststellen läßt. Gesperrte Daten sind mit einem entsprechenden Vermerk zu versehen; sie dürfen nicht mehr verarbeitet, insbesondere übermittelt oder sonstwie genutzt werden, es sei denn, daß die Nutzung zur Behebung einer bestehenden Beweisnot oder aus sonstigen im überwiegenden Interesse der speichernden Stelle oder eines Dritten liegenden Gründen unerläßlich ist oder der Betroffene der Nutzung zugestimmt hat.

(3) Der Betroffene hat ein Recht auf Löschung der zu seiner Person gespeicherten Daten, wenn

1. ihre Speicherung unzulässig war,
2. eine Berichtigung unrichtiger Daten nicht möglich ist,
3. er die Richtigkeit personenbezogener Daten, die er nicht selbst angegeben hat, bestreitet und ihre Richtigkeit nicht festgestellt werden kann,

4. ihre Kenntnis für die speichernde Stelle zur rechtmäßigen Erfüllung der in ihrer Zuständigkeit liegenden Aufgaben nicht mehr erforderlich ist.

(4) Die personenbezogenen Daten sind bei Vorliegen der in den Absätzen 1 bis 3 genannten Voraussetzungen von Amts wegen zu berichtigen, zu sperren oder zu löschen. Die Löschung im Falle des Absatzes 3 Nr. 4 erfolgt jedoch von Amts wegen nur, wenn kein Grund zu der Annahme besteht, daß durch die Löschung schutzwürdige Belange des Betroffenen beeinträchtigt werden und die Landesarchivverwaltung ein Interesse an der Übernahme dieser Daten verneint hat.

(5) Absatz 3 Nr. 3 gilt nicht für die Verfassungsschutzbehörde des Landes.

§ 14: Unterlassungs- und Beseitigungsanspruch

Der Betroffene kann verlangen, daß eine Beeinträchtigung seiner schutzwürdigen Belange unterlassen oder beseitigt wird, wenn diese nach der Berichtigung, Sperrung oder Löschung seiner Daten andauert.

§ 15: Recht auf Anrufung der Datenschutzkommission

Jedermann hat das Recht, die Datenschutzkommission anzurufen, wenn er der Auffassung ist, daß durch die Datenverarbeitung seine schutzwürdigen Belange beeinträchtigt werden.

§ 16: Schadenersatzanspruch

(1) Wird der Betroffene durch eine widerrechtliche Datenverarbeitung in seinen Rechten verletzt, so kann er, soweit bundesrechtliche Vorschriften nicht entgegenstehen, Schadenersatz verlangen. Darüber hinausgehende Entschädigungs- und Schadenersatzansprüche aufgrund anderer gesetzlicher Vorschriften bleiben unberührt.

(2) Für Ansprüche aus Absatz 1 ist der ordentliche Rechtsweg gegeben.

Vierter Abschnitt. Überwachung des Datenschutzes

§ 17: Datenschutzkommission

(1) Es wird eine Datenschutzkommission gebildet; die Datenschutzkommission überwacht die Einhaltung dieses Gesetzes und anderer Vorschriften über den Datenschutz durch die in § 2 Abs. 1 genannten Stellen. Sie berät den Landtag, die Landesregierung und ihre Mitglieder sowie die übrigen in § 2 Abs. 1 genannten Stellen.

(2) Die Datenschutzkommission unterrichtet die zuständige Aufsichtsbehörde über festgestellte Verstöße und gibt Anregungen zur Verbesserung des Datenschutzes. Die Aufsichtsbehörde berichtet der Datenschutzkommission innerhalb einer von ihr zu bestimmenden Frist über das aufgrund ihrer Feststellungen und Anregungen Veranlaßte. Bleiben die Anregungen der Datenschutzkommission nach Ablauf der Frist unbeachtet, kann die Datenschutzkommission die Landesregierung und den Landtag verständigen.

(3) Die Datenschutzkommission beobachtet die Auswirkungen der Datenverarbeitung auf die Arbeitsweise und die Entscheidungsbefugnisse der in § 2 Abs. 1 genannten Stellen. Sie regt Maßnahmen an, die ihr geeignet erscheinen, eine Beeinträchtigung der Wirkungsmöglichkeiten der Verfassungsorgane des Landes und der Organe der kommunalen Selbstverwaltung zu verhindern.

§ 18: Zusammensetzung der Datenschutzkommission

(1) Die Datenschutzkommission besteht aus drei Abgeordneten des Landtags und zwei Beamten oder Richtern des Landes. Die Abgeordneten und ein Beamter oder Richter werden vom Landtag für die Dauer einer Wahlperiode gewählt. Der zweite Beamte oder Richter wird für den gleichen Zeitraum von der Landesregierung bestellt.

(2) Die Mitglieder der Datenschutzkommission sind unabhängig und Weisungen nicht unterworfen.

(3) Das zur Erfüllung der Aufgaben der Datenschutzkommission notwendige Personal stellt die Landtagsverwaltung. Zur Klärung von Einzelfragen kann die Datenschutzkommission sich der Beratung durch Sachverständige bedienen.

(4) Die Mitglieder der Datenschutzkommission und die von der Datenschutzkommission beschäftigten oder von ihr beauftragten Personen unterliegen der Geheimhaltungspflicht nach § 8.

(5) Der Vorsitzende der Datenschutzkommission erhält eine monatliche Aufwandsentschädigung in Höhe von 350 Deutsche Mark, jedes andere Mitglied in Höhe von 150 Deutsche Mark. Die Mitglieder der Datenschutzkommission erhalten für die Teilnahme an jeder Sitzung eine Aufwandsentschädigung in Höhe von 50 Deutsche Mark. Reisekosten werden in Höhe der Bestimmungen über die Reisekostenvergütung für Beamte der höchsten Reisekostenstufe erstattet.

(6) Die Datenschutzkommission gibt sich eine Geschäftsordnung.

§ 19: Datenschutzregister

(1) Die Datenschutzkommission führt aufgrund der Mitteilungen nach § 10 ein Register der automatisch betriebenen Anwendungen. Dieses Register enthält insbesondere die Angaben der Stellen der öffentlichen Verwaltung, die personenbezogene Daten im automatisierten Verfahren verarbeiten, Art und Umfang der Datenspeicherung, den betroffenen Personenkreis, die Angabe der Stellen, denen Daten regelmäßig übermittelt werden sowie den Umfang dieser Datenübermittlung.

(2) Für die Meldungen nach § 10 Abs. 2 wird ein besonderes Register geführt.

§ 20: Verpflichtungen der datenverarbeitenden Stellen

Alle in § 2 Abs. 1 genannten oder in deren Auftrag tätigen Stellen haben die Datenschutzkommission und ihre Beauftragten bei der Erfüllung ihrer Aufgaben zu unterstützen. Ihnen ist dabei insbesondere

1. Auskunft zu ihren Fragen sowie Einsicht in alle Unterlagen und Akten zu gewähren, die in Zusammenhang mit der Datenverarbeitung personenbezogener Daten stehen, namentlich in die gespeicherten Daten und in die Datenverarbeitungsprogramme;
2. Zutritt in alle Diensträume und Betriebsräume zu gewähren.

Die Sätze 1 und 2 gelten für die Verfassungsschutzbehörde des Landes mit der Maßgabe, daß die Unterstützung nur der Datenschutzkommission selbst und den von ihr schriftlich besonders mit der Überprüfung betrauten Beauftragten zu gewähren ist. Satz 2 gilt für die Verfassungsschutzbehörde des Landes nicht, wenn der Minister des Innern im Einzelfall feststellt, daß die Einsicht in Unterlagen und Akten die Sicherheit des Bundes oder eines Landes gefährdet.

§ 21: Berichtspflicht

Die Datenschutzkommission hat jährlich zum 1. Oktober dem Landtag einen Tätigkeitsbericht vorzulegen, der insbesondere festgestellte Verstöße gegen die Bestimmungen des Datenschutzes behandeln soll.

§ 22: Zusammenarbeit mit anderen Stellen

Die Datenschutzkommission hält mit den für die Überwachung des Datenschutzes im öffentlichen und nichtöffentlichen Bereich zuständigen Behörden und Stellen des Landes, der Bundesländer und des Bundes Verbindung und wirkt darauf hin, daß die Aufgabe des Datenschutzes nach einheitlichen Grundsätzen verwirklicht wird. Sie kann hierfür von den für die Überprüfung des Datenschutzes im nichtöffentlichen Bereich zuständigen Behörden des Landes Auskünfte verlangen.

Fünfter Abschnitt. Informationsrecht

§ 23: Informationsrecht des Landtags, der Gemeinden und Gemeindeverbände

Die in § 2 Abs. 1 genannten Behörden sind verpflichtet, dem Landtag, dem Präsidenten und den Fraktionen des Landtags sowie den Gemeinden und Gemeindeverbänden die von diesen im Rahmen ihrer Zuständigkeiten verlangten Auskünfte aufgrund der von ihnen automatisiert geführten Dateien zu geben, soweit Programme zur Auswertung vorhanden sind. Die Auskünfte dürfen keine personenbezogenen Daten enthalten. Den Auskünften darf ein gesetzliches Verbot oder ein wichtiges öffentliches Interesse nicht entgegenstehen; dem Auskunftsrecht des Landtags steht ein solches Interesse in der Regel nicht entgegen. Auskunftsersuchen, die Dateien von Behörden oder sonstigen öffentlichen Stellen des Landes betreffen, sind an diese, soweit nicht besondere Vereinbarungen mit der Landesregierung bestehen, über die Datenschutzkommission oder deren Geschäftsstelle zu richten.

Sechster Abschnitt. Sonder- und Strafbestimmungen

§ 24: Sonderbestimmungen für die Gerichte und das Zweite Deutsche Fernsehen

(1) Die Bestimmungen des Vierten Abschnitts dieses Gesetzes finden auf das Zweite Deutsche Fernsehen keine Anwendung; auf Gerichte finden sie nur insoweit Anwendung, als sie Aufgaben der Justizverwaltung wahrnehmen.
(2) Personenbezogene Daten, die durch Unternehmen oder Hilfsunternehmen des Zweiten Deutschen Fernsehens ausschließlich zu eigenen publizistischen Zwecken verarbeitet werden, sind durch dieses Gesetz nicht geschützt; § 9 Abs. 1 bleibt unberührt.
(3) Der Verwaltungsrat des Zweiten Deutschen Fernsehens bestellt auf Vorschlag des Intendanten einen Beauftragten für den Datenschutz. Dieser ist in der Ausübung seines Amtes unabhängig und nur dem Gesetz unterworfen. Im übrigen untersteht er der Dienstaufsicht des Verwaltungsrats. Der Beauftragte überwacht die Einhaltung dieses Gesetzes und anderer Vorschriften über den Datenschutz bei der gesamten Tätigkeit der Anstalt. Er kann auch weitere Aufgaben innerhalb der Anstalt übernehmen, Satz 2 findet insoweit keine Anwendung. Für Beanstandungen gilt § 17 entsprechend; an die Stelle der in § 17 Abs. 2 Satz 1 genannten Aufsichtsbehörde tritt der Verwaltungsrat. Der Beauftragte erstattet dem Verwaltungsrat jährlich, erstmals zum 1. Oktober 1979, einen Bericht über seine Tätigkeit, der auch der Datenschutzkommission zu übersenden ist.

§ 25: Datenverarbeitung für wissenschaftliche Zwecke

(1) Hochschulen und andere öffentliche Einrichtungen mit der Aufgabe unabhängiger wissenschaftlicher Forschung können für bestimmte Forschungsvorhaben personenbezogene Daten verarbeiten, wenn die Betroffenen eingewilligt haben oder wenn ihre schutzwürdigen Belange nicht beeinträchtigt werden. Unter diesen Voraussetzungen können ihnen die in § 2 Abs. 1 genannten Behörden und sonstigen öffentlichen Stellen personenbezogene Daten übermitteln.
(2) Die im Rahmen der in Absatz 1 genannten Forschungsvorhaben eingesetzten Personen unterliegen, soweit sie personenbezogene Daten verarbeiten, der Geheimhaltungspflicht nach § 8.
(3) Die nach Absatz 1 verarbeiteten personenbezogenen Daten dürfen nur mit Einwilligung der Betroffenen weiter übermittelt werden.
(4) Die Veröffentlichung von Forschungsergebnissen, auch zu Unterrichtszwecken, ist, soweit sie personenbezogene Daten enthalten, nur mit Einwilligung der Betroffenen zulässig.
(5) § 5 Abs. 2 und 3 ist entsprechend anzuwenden.

§ 26: Amtliche Statistik

(1) Werden personenbezogene Daten für eine durch Rechtsvorschrift angeordnete statistische Erhebung verarbeitet, gelten von den Bestimmungen dieses Gesetzes nur § 9 und der Vierte Abschnitt.
(2) Das Statistische Landesamt und die anderen speichernden öffentlichen Stellen dürfen personenbezogene Daten im Sinne des Absatzes 1 nur dem Statistischen Bundesamt, den fachlich zuständigen obersten Bundes- und Landesbehörden oder den von ihnen bestimmten Stellen und nur insoweit übermitteln, als es die die statistische Erhebung anordnende Rechtsvorschrift zuläßt und in den Erhebungsdrucksachen bekanntgegeben wird.

§ 27: Strafbestimmungen

(1) Wer unbefugt von diesem Gesetz geschützte personenbezogene Daten, die nicht offenkundig sind,

1. übermittelt, verändert oder sonstwie verwendet oder
2. abruft oder sich sonstwie verschafft oder
3. den Zugriff auf solche Daten gewährt,

wird mit Freiheitsstrafe bis zu einem Jahr oder mit Geldstrafe bestraft.

(2) Handelt der Täter gegen Entgelt oder in der Absicht, sich oder einen anderen zu bereichern oder einen anderen zu schädigen, so ist die Strafe Freiheitsstrafe bis zu zwei Jahren oder Geldstrafe.

(3) Die Bestimmungen der Absätze 1 und 2 gelten nur, soweit die Tat nicht in anderen Vorschriften mit höheren Strafen bedroht ist.

(4) Die Tat wird nur auf Antrag verfolgt. Den Antrag kann auch die Datenschutzkommission stellen.

Siebenter Abschnitt. Übergangs- und Schlußbestimmungen

§ 28: Allgemeine Verwaltungsvorschriften

Die zur Durchführung dieses Gesetzes erforderlichen allgemeinen Verwaltungsvorschriften werden durch den Minister des Innern im Einvernehmen mit den Ministern, deren Geschäftsbereich berührt ist, und nach Anhörung der Datenschutzkommission erlassen.

§ 29: Melderechtliche Übergangsbestimmungen

(1) Anderen Personen als den Betroffenen darf Auskunft aus dem Melderegister nur über Namen, akademische Grade und Anschriften einzelner bestimmter Personen erteilt werden. Auskunft aus dem Melderegister nach Satz 1 über die Daten einer Vielzahl von namentlich bezeichneten Personen (Massenauskunft) darf nur erteilt werden, wenn sie im öffentlichen Interesse liegt.

(2) Soweit jemand ein berechtigtes Interesse glaubhaft macht, darf ihm außerdem Auskunft aus dem Melderegister erteilt werden über

1. Tag der Geburt,
2. Geburtsort,
3. frühere Familiennamen,
4. Familienstand, beschränkt auf die Angabe ob verheiratet oder nicht,
5. Beruf,
6. Staatsangehörigkeit,
7. frühere Ansichriften,
8. Datum des Beziehens und des Auszugs aus der Wohnung,
9. Sterbetag

einer anderen namentlich bezeichneten Person.

(3) Auskunft aus dem Melderegister über Namen, Geburtsjahr, Anschrift und akademische Grade mehrer nicht namentlich bezeichneter Personen (Gruppenauskunft) darf erteilt werden, wenn sie im öffentlichen Interesse liegt. Die Gruppenauskunft darf keine Auswertung anderer als der in Satz 1 genannten personenbezogenen Daten voraussetzen.

(4) Die Auskunft aus dem Melderegister ist nicht zulässig, wenn Tatsachen die Annahme rechtfertigen, daß dem Betroffenen oder einer anderen Person aus einer Auskunftserteilung eine Gefahr für Leben, Gesundheit, die persönliche Freiheit oder andere schutzwürdige Belange erwachsen kann. Die Auskunft aus dem Melderegister ist ferner nicht zulässig, soweit die Einsicht in einen Eintrag im Geburten- oder Familienbuch nach § 61 Abs. 2 und 3 des Personenstandsgesetzes nicht gestattet werden darf. Unter den Voraussetzungen des § 1758 Abs. 2 des Bürgerlichen Gesetzbuches ist jede Auskunft aus dem Melderegister über die Daten eines Kindes zu verweigern.

(5) Der Betroffene kann verlangen, daß die Meldebehörde Auskunft aus dem Melderegister nach Absatz 2 Nr. 1 bis 8 über seine Person verweigert. Soweit der Betroffene ein berechtigtes Interesse nachweist, kann er verlangen, daß die Meldebehörde auch Auskunft nach Absatz 1 aus dem Melderegister über seine Person verweigert.

(6) Die Absätze 1 bis 5 gelten bis zum Inkrafttreten eines neuen Landesmeldegesetzes.

(7) Soweit Meldebehörden an andere öffentliche Stellen sowie an Stellen der öffentlich-rechtlichen Religionsgesellschaften personenbezogene Daten durch Weitergabe der Meldescheine übermitteln, ist § 6 Abs. 1 Satz 1 dieses Gesetzes erst ab 1. Januar 1982 anzuwenden.

§ 30: Inkrafttreten

Dieses Gesetz tritt mit Ausnahme des § 9 Abs. 1 Satz 2 am 1. Januar 1979 in Kraft. § 9 Abs. 1 Satz 2 tritt am Tage nach der Verkündung in Kraft. Das Landesgesetz gegen mißbräuchliche Datennutzung (Landesdatenschutzgesetz – LDatG –) vom 24. Januar 1974 (GVBl S. 31), zuletzt geändert durch Gesetz vom 14. Februar 1975 (GVBl S. 84), BS 2010-20, tritt mit Ablauf des 31. Dezember 1978 außer Kraft. Der aufgrund des aufgehobenen Gesetzes gebildete Ausschuß für Datenschutz besteht als Datenschutzkommission bis zu deren Neubildung nach den Bestimmungen dieses Gesetzes fort.

10. Saarländisches Gesetz zum Schutz vor Mißbrauch personenbezogener Daten bei der Datenverarbeitung (Saarländisches Datenschutzgesetz –S DSG) Vom 17. Mai 1978 (Amtsbl. 1978, S. 581)

Erster Abschnitt. Allgemeine Vorschriften

§ 1: Aufgabe und Gegenstand des Datenschutzes

(1) Aufgabe des Datenschutzes ist es, durch den Schutz personenbezogener Daten vor Mißbrauch bei ihrer Speicherung, Übermittlung, Veränderung und Löschung (Datenverarbeitung) der Beeinträchtigung schutzwürdiger Belange der Betroffenen entgegenzuwirken.
(2) Dieses Gesetz schützt personenbezogene Daten, die in Dateien gespeichert, verändert, gelöscht oder aus Dateien übermittelt werden. Ausgenommen sind personenbezogene Daten, die nicht zur Übermittlung an Dritte bestimmt sind und nicht in automatisierten Verfahren verarbeitet werden; es sind diejenigen technischen und organisaotrischen Maßnahmen zu treffen, die im Interesse schutzwürdiger Belange der Betroffenen erforderlich sind; § 12 Abs. 1 Satz 2 findet Anwendung.

§ 2: Anwendungsbereich

(1) Die Vorschriften dieses Gesetzes gelten für die Verarbeitung personenbezogener Daten durch die Gerichte und die Behörden des Landes, der Gemeinden und Gemeindeverbände und die sonstigen der Aufsicht des Landes unterstehenden juristischen Personen des öffentlichen Rechts. Diese sind öffentliche Stellen im Sinne des Gesetzes.
(2) Besondere Rechtsvorschriften über den Datenschutz gehen den Vorschriften dieses Gesetzes vor.

§ 3: Begriffsbestimmungen

(1) Im Sinne dieses Gesetzes sind personenbezogene Daten Einzelangaben über persönliche oder sachliche Verhältnisse einer bestimmten oder bestimmbaren natürlichen Person (Betroffener).
(2) Im Sinne dieses Gesetzes ist
1. Speichern (Speicherung) das Erfassen, Aufnehmen oder Aufbewahren von Daten auf einem Datenträger zum Zwecke ihrer weiteren Verwendung,
2. Übermitteln (Übermittlung) das Bekanntwerden gespeicherter oder durch Datenverarbeitung unmittelbar gewonnener Daten an Dritte in der Weise, daß die Daten durch die speichernde Stelle weitergegeben oder zur Einsichtnahme, namentlich zum Abruf bereitgehalten werden,
3. Verändern (Veränderung) das Unkenntlichmachen gespeicherter Daten, ungeachtet der dabei angewendeten Verfahren.

(3) Im Sinne dieses Gesetzes ist

1. speichernde Stelle jede öffentliche Stelle im Sinne des § 2 Abs. 1, die Daten für sich selbst speichert oder durch andere speichern läßt,
2. Dritter jede Person oder Stelle außerhalb der speichernden Stelle, ausgenommen, der Betroffene oder diejenigen Personen und Stellen, die in den Fällen der Nummer 1 im Geltungsbereich des Grundgesetzes im Auftrag tätig werden,
3. eine Datei eine gleichartig aufgebaute Sammlung von Daten, die nach bestimmten Merkmalen erfaßt und geordnet, nach anderen bestimmten Merkmalen umgeordnet und ausgewertet werden kann, ungeachtet der dabei angewendeten Verfahren; nicht hierzu gehören Akten und Aktensammlungen, es sei denn, daß sie durch automatisierte Verfahren umgeordnet und ausgewertet werden können.

§ 4: Zulässigkeit der Datenverarbeitung

Die Datenverarbeitung personenbezogener Daten, die von diesem Gesetz geschützt werden, ist in jeder ihrer in § 1 Abs. 1 genannten Phasen nur zulässig, wenn

1. dieses Gesetz oder eine andere Rechtsvorschrift sie erlaubt oder
2. der Betroffene eingewilligt hat.

Die Einwilligung bedarf der Schriftform, soweit nicht wegen besonderer Umstände eine andere Form angemessen ist; wird die Einwilligung zusammen mit anderen Erklärungen schriftlich erteilt, ist der Betroffene hierauf schriftlich besonders hinzuweisen.

§ 5: Verarbeitung personenbezogener Daten im Auftrag

(1) Die Vorschriften dieses Gesetzes gelten für öffentliche Stellen auch insoweit, als personenbezogene Daten in deren Auftrag durch andere Stellen verarbeitet werden. In diesen Fällen ist der Auftragnehmer sorgfältig auszuwählen.
(2) Von den Vorschriften dieses Gesetzes gelten für öffentliche Stellen, soweit sie personenbezogene Daten im Auftrag verarbeiten, nur die §§ 11 und 12 sowie der vierte und fünfte Abschnitt. In diesen Fällen ist die Verarbeitung personenbezogener Daten in jeder ihrer in § 1 Abs. 1 genannten Phasen nur im Rahmen der Weisungen des Auftraggebers zulässig.
(3) Sofern die Vorschriften dieses Gesetzes auf den Auftragnehmer keine Anwendung finden, ist der Auftraggeber verpflichtet sicherzustellen, daß der Auftragnehmer die Bestimmungen des Absatzes 2 beachtet und sich der Kontrolle des Landesbeauftragten für Datenschutz unterwirft.

Zweiter Abschnitt. Schuchtzrechte

§ 6: Anrufung des Landesbeauftragten für Datenschutz

Jedermann kann sich – unbeschadet des allgemeinen Petitionsrechts oder anderer Rechte – an den Landesbeauftragten für Datenschutz mit dem Vorbringen wenden, daß durch Datenverarbeitung öffentlicher Stellen seine schutzwürdigen Belange beeinträchtigt werden.

§ 7: Einsicht in das Datenschutzregister

(1) Jedermann hat das Recht auf Einsicht in das vom Landesbeauftragten für Datenschutz geführte Datenschutzregister.
(2) Das Datenschutzregister enthält insbesondere Angaben über

1. die öffentliche Stelle, die personenbezogene Daten speichert, übermittelt, verändert oder löscht,
2. den Inhalt der Datei, soweit er personenbezogene Daten betrifft,
3. die Stellen, denen regelmäßig personenbezogene Daten übermittelt werden,
4. die Art der regelmäßig übermittelten personenbezogenen Daten.

Die Angaben zu Nummer 2 umfassen zumindest die Art der Daten, den betroffenen Personenkreis und die Aufgabe, zu deren Erfüllung die Daten erforderlich sind.
(3) Die öffentlichen Stellen – ausgenommen die Verfassungsschutzbehörde – haben dem

Landesbeauftragten für Datenschutz ihre Dateien anzumelden, die Angaben nach Absatz 2 und deren Veränderung mitzuteilen.
(4) Das Nähere zur Ausführung der Absätze 2 und 3 regelt eine Rechtsverordnung der Landesregierung nach Anhörung des Landesbeauftragten für Datenschutz.
(5) Wer ein berechtigtes Interesse darlegt, kann sich Auszüge aus dem Datenschutzregister anfertigen lassen. Hierfür werden Gebühren auf Grund des Gesetzes über die Erhebung von Verwaltungs- und Benutzungsgebühren im Saarland erhoben.
(6) Kein Recht auf Einsicht und Ausfertigung von Auszügen besteht hinsichtlich Daten
1. der Gerichte und der Staatsanwaltschaften, soweit sie strafverfolgend oder strafvollstrekkend tätig werden;
2. der Polizei, soweit sie strafverfolgend oder zur Aufrechterhaltung der öffentlichen Sicherheit und Ordnung tätig wird;
3. der Finanzbehörden des Landes und Stellen der Gemeinden, soweit sie in Erfüllung ihrer gesetzlichen Aufgaben im Anwendungsbereich der Abgabenordnung zur Überwachung und Prüfung tätig werden.

§ 8: Auskunft

(1) Dem Betroffenen ist auf Antrag von der speichernden Stelle Auskunft zu erteilen über die zu seiner Person gespeicherten Daten und die Stellen, denen Daten regelmäßig übermittelt werden. In dem Antrag soll die Art der personenbezogenen Daten, über die Auskunft erteilt werden soll, näher bezeichnet werden. Die speichernde Stelle bestimmt das Verfahren, insbesondere die Form der Auskunftserteilung nach pflichtgemäßem Ermessen.
(2) Kein Recht auf Auskunft besteht gegenüber der Verfassungsschutzbehörde und in den Fällen des § 7 Abs. 6.
(3) Die Auskunftserteilung unterbleibt, soweit
1. die Auskunft die rechtmäßige Erfüllung der in der Zuständigkeit der speichernden Stelle liegenden Aufgabe gefährden würde,
2. die Auskunft die öffentliche Sicherheit oder Ordnung gefährden oder sonst dem Wohle des Bundes oder eines Landes Nachteile bereiten würde,
3. die personenbezogenen Daten oder die Tatsache ihrer Speicherung nach einer Rechtsvorschrift oder ihrem Wesen nach, namentlich wegen der überwiegenden berechtigten Interessen einer dritten Person, geheimgehalten werden müssen.
(4) Das Recht auf Auskunft erstreckt sich nicht auf personenbezogene Daten, die deshalb nach § 17 Abs. 1 Satz 2 gesperrt sind, weil sie auf Grund gesetzlicher Aufbewahrungsvorschriften nicht nach § 17 Abs. 3 gelöscht werden dürfen. Über sie ist nach pflichtgemäßem Ermessen Auskunft zu geben. Es erstreckt sich ferner nicht auf die Datenübermittlung an Stellen, denen gegenüber nach Absatz 2 kein Recht auf Auskunft besteht.
(5) Die Auskunftserteilung ist gebührenpflichtig nach dem Gesetz über die Erhebung von Verwaltungs- und Benutzungsgebühren im Saarland. Das Gesetz findet keine Anwendung, soweit die Erhebung der Gebühren für Auskünfte an den Betroffenen über die zu seiner Person gespeicherten Daten in anderen Rechtsvorschriften geregelt ist. Eine Gebühr entsteht nicht, wenn die Auskunft ergibt, daß die Daten unrichtig sind oder ihre Speicherung unzulässig war oder die Auskunft zur Berichtigung, Sperrung oder Löschung führt. Die Höhe der Gebühr darf die Zielsetzung des Gesetzes nicht beeinträchtigen. Mit der Gebühr sind auch die besonderen Auslagen abgegolten.

§ 9: Berichtigung

(1) Der Betroffene kann verlangen, daß zu seiner Person gespeicherte unrichtige Daten berichtigt werden.
(2) Steht die Unrichtigkeit personenbezogener Daten fest, dann kann der Betroffene verlangen, daß sie gelöscht werden, wenn richtige Daten ermittelt werden können.

§ 10: Sperrung und Löschung

(1) Der Betroffene kann verlangen, daß zu seiner Person gespeicherte Daten gesperrt werden, wenn er

1. ein berechtigtes Interesse an der Sperrung darlegt und nicht überwiegende Interessen der Allgemeinheit entgegenstehen oder
2. die Richtigkeit der Daten bestreitet und sich weder die Richtigkeit noch die Unrichtigkeit feststellen läßt.

(2) Der Betroffene kann verlangen, daß zu seiner Person gespeicherte Daten gelöscht werden, wenn
1. ihre Speicherung unzulässig ist oder
2. ihre Kenntnis für die speichernde Stelle zur rechtmäßigen Erfüllung der in ihrer Zuständigkeit liegenden Aufgaben nicht mehr erforderlich ist.

(3) Der Betroffene ist von der Sperrung oder Löschung schriftlich zu verständigen, sofern er nicht ausdrücklich darauf verzichtet.

Dritter Abschnitt. Einzelregelungen

§ 11: Datengeheimnis

(1) Den im Rahmen des § 2 Abs. 1 oder im Auftrag der dort genannten öffentlichen Stellen bei der Datenverarbeitung beschäftigten Personen ist untersagt, geschützte personenbezogene Daten unbefugt zu einem anderen als dem zur jeweiligen rechtmäßigen Aufgabenerfüllung gehörenden Zweck zu verarbeiten, bekanntzugeben, zugänglich zu machen oder sonst zu nutzen.

(2) Diese Personen sind bei der Aufnahme ihrer Tätigkeit nach Maßgabe von Absatz 1 zu verpflichten. Ihre Pflichten bestehen auch nach Beendigung ihrer Tätigkeit fort.

§ 12: Technische und organisatorische Maßnahmen

(1) Wer im Rahmen des § 2 Abs. 1 oder im Auftrag der dort genannten öffentlichen Stellen personenbezogene Daten verarbeitet, hat die technischen und organisatorischen Maßnahmen zu treffen, die erforderlich sind, um die Ausführung der Vorschriften dieses Gesetzes insbesondere die in der Anlage zu diesem Gesetz genannten Anforderungen zu gewährleisten. Erforderlich sind Maßnahmen nur, wenn ihr Aufwand in einem angemessenen Verhältnis zu dem angestrebten Schutzwerk steht.

(2) Die Landesregierung wird ermächtigt, durch Rechtsverordnung die in der Anlage genannten Anforderungen nach dem jeweiligen Stand der Technik und Oranisation fortzuschreiben. Stand der Technik und Organisation im Sinne dieses Gesetzes ist der Entwicklungsstand fortschrittlicher Verfahren, Einrichtungen oder Betriebsweisen, der die praktische Eignung einer Maßnahme zur Gewährleistung der Durchführung dieses Gesetzes gesichert erscheinen läßt. Bei der Bestimmung des Standes der Technik und Organisation sind insbesondere vergleichbare Verfahren, Einrichtungen oder Betriebsweisen heranzuziehen, die mit Erfolg im Betrieb erprobt worden sind.

§ 13: Speicherung, Veränderung und Berichtigung

(1) Das Speichern und das Verändern personenbezogener Daten ist zulässig, wenn es zur rechtmäßigen Erfüllung der in der Zuständigkeit der speichernden Stelle liegenden Aufgaben erforderlich ist.

(2) Werden Daten beim Betroffenen auf Grund einer Rechtsvorschrift erhoben, dann ist er auf sie, sonst auf die Freiwilligkeit seiner Angaben hinzuweisen.

(3) Daten sind zu berichtigen, wenn es der Betroffene nach § 9 Abs. 1 verlangt oder die Unrichtigkeit der Daten auf andere Weise erkannt wird. Von der Berichtigung sind unverzüglich die Stellen zu verständigen, denen im Rahmen einer regelmäßigen Datenübermittlung die unrichtigen Daten übermittelt wurden; im übrigen liegt die Verständigung im pflichtgemäßen Ermessen.

§ 14: Datenübermittlung innerhalb des öffentlichen Bereichs

(1) Die Übermittlung personenbezogener Daten an andere öffentliche Stellen ist zulässig, wenn sie zur rechtmäßigen Erfüllung der in der Zuständigkeit der übermittelnden Stelle oder des Empfängers liegenden Aufgaben erforderlich ist.

(2) Unterliegen die personenbezogenen Daten einem Berufs- oder besonderen Amtsgeheimnis und sind sie der übermittelnden Stelle von der zur Verschwiegenheit verpflichteten Person in Ausübung ihrer Berufs- oder Amtspflicht übermittelt worden, ist für die Zulässigkeit der Übermittlung ferner erforderlich, daß der Empfänger die Daten zur Erfüllung des gleichen Zweckes benötigt, zu dem sie die übermittelnde Stelle erhalten hat.
(3) Andere öffentliche Stelle im Sinne des Absatzes 1 ist jede öffentliche Stelle im Geltungsbereich des Grundgesetzes, die andere Aufgaben wahrnimmt oder einen anderen räumlichen Bereich hat als die abgebende Stelle. Als andere öffentliche Stelle gelten auch Teile derselben Stelle mit anderen Aufgaben oder anderem räumlichen Bereich.
(4) Keine Datenübermittlung im Sinne des Absatzes 1 ist die Weitergabe von Daten an eine andere Stelle, die im Auftrag der weitergebenden Stelle deren Daten verarbeitet, sowie ihre Rückgabe an die auftraggebende Stelle.

§ 15: Informationsrecht des Landtags und der kommunalen Vertretungsorgane
Die in § 2 Abs. 1 genannten Behörden sind verpflichtet, dem Landtag, dem Präsidenten und den Fraktionen des Landtags sowie den komunalen Vertretungsorganen die von diesen im Rahmen ihrer Zuständigkeiten verlangten Auskünfte auf Grund der von ihnen automatisiert geführten Dateien zu geben, soweit Programme zur Auswertung vorhanden sind. Die Auskünfte dürfen keine personenbezogenen Daten enthalten. Den Auskünften darf ein gesetzliches Verbot oder ein wichtiges öffentliches Interesse nicht entgegenstehen. Auskunftsersuchen, die Dateien von Behörden oder Einrichtungen des Landes betreffen, sind, soweit nicht besondere Vereinbarungen bestehen, an die Landesregierung zu richten.

§ 16: Datenübermittlung an Stellen außerhalb des öffentlichen Bereichs
(1) Die Übermittlung personenbezogener Daten an Personen und andere Stellen als die in § 14 bezeichneten ist zulässig, wenn sie zur rechtmäßigen Erfüllung der in der Zuständigkeit der übermittelnden Stelle liegenden Aufgaben erforderlich ist oder soweit der Empfänger ein berechtigtes Interesse an der Kenntnis der zu übermittelnden Daten glaubhaft macht und dadurch schutzwürdige Belange der Betroffenen nicht beeinträchtigt werden.
(2) Unterliegen die personenbezogenen Daten einem Berufs- oder besonderen Amtsgeheimnis und sind sie der übermittelnden Stelle von der zur Verschwiegenheit verpflichteten Person in Ausübung ihrer Berufs- oder Amtspflicht übermittelt worden, ist für die Zulässigkeit der Übermittlung ferner erforderlich, daß die gleichen Voraussetzungen gegeben sind, unter denen sie die zur Verschwiegenheit verpflichtete Person übermitteln dürfte.
(3) Für die Übermittlung an Behörden und sonstige Stellen außerhalb des Geltungsbereichs des Grundgesetzes sowie an über- und zwischenstaatliche Stellen finden die Absätze 1 und 2 nach Maßgabe der für diese Übermittlung geltenden Gesetze und Vereinbarungen Anwendung.
(4) Soweit gegenüber öffentlichen Stellen nach § 7 Abs. 6 kein Recht des Betroffenen auf Einsicht in das Datenschutzregister besteht, übermitteln diese keine personenbezogenen Daten nach Absatz 1 an andere Personen oder Stellen.
(5) Eine Datenübermittlung nach Absatz 1 findet nicht statt, wenn die Auskunft an den Betroffenen in den Fällen des § 8 Abs. 3 unterbleibt.
(6) Der Empfänger darf die übermittelten Daten nur für den Zweck verwenden, zu dessen Erfüllung sie ihm übermittelt wurden.
(7) Die übermittelnde Stelle kann die Datenübertragung mit Auflagen versehen, die den Datenschutz beim Empfänger sicherstellen.

§ 17: Sperrung und Löschung von Daten
(1) Personenbezogene Daten sind zu sperren, wenn es der Betroffene nach § 10 Abs. 1 verlangt. Sie sind ferner zu sperren, wenn ihre Kenntnis für die speichernde Stelle zur rechtmäßigen Erfüllung der in ihrer Zuständigkeit liegenden Aufgaben nicht mehr erforderlich ist.
(2) Gesperrte Daten sind mit einem entsprechenden Vermerk zu versehen; sie dürfen nicht mehr verarbeitet , insbesondere übermittelt, oder sonst genutzt werden, es sei denn, daß die Nutzung zu wissenschaftlichen Zwecken, zur Behebung einer bestehenden Beweisnot oder

aus sonstigen im überwiegenden Interesse der speichernden Stelle oder eines Dritten liegenden Gründen unerläßlich ist oder der Betroffene der Nutzung zugestimmt hat.
(3) Personenbezogene Daten können gelöscht werden, wenn ihre Kenntnis für die speichernde Stelle zur rechtmäßigen Erfüllung der in ihrer Zuständigkeit liegenden Aufgaben nicht mehr erforderlich ist und kein Grund zu der Annahme besteht, daß durch die Löschung schutzwürdige Belange des Betroffenen beeinträchtigt werden. Sie können ferner gelöscht werden, wenn ihre Unrichtigkeit feststeht und richtige Daten nicht ermittelt werden können.
(4) Personenbezogene Daten sind zu löschen, wenn es der Betroffene nach § 9 Abs. 2 und § 10 Abs. 2 verlangt oder wenn ihre Speicherung unzulässig war.

Vierter Abschnitt. Datenschutzkontrolle

§ 18: Aufgaben der obersten Dienst- und Aufsichtsbehörde

(1) Die obersten Dienstbehörden und juristischen Personen des öffentlichen Rechts, die der Rechtsaufsicht unterliegen, haben jeweils für ihren Geschäftsbereich die Ausführung dieses Gesetzes sowie anderer Rechtsvorschriften über den Datenschutz sicherzustellen. Verwaltungsvorschriften ergehen nach Anhörung des Landesbeauftragten für Datenschutz. Die Zuständigkeit der Fach- und Rechtsaufsichtsbehörden bleibt unberührt.
(2) Der erstmalige Einsatz von automatisierten Verfahren, mit denen personenbezogene Daten verarbeitet werden, bedarf hinsichtlich der Datenarten und der regelmäßigen Datenübermittlung der schriftlichen Freigabe durch die oberste Dienstbehörde. In der Landesverwaltung ist die Freigabe durch die oberste Dienstbehörde zu erklären, die für die dem automatisierten Verfahren zugrunde liegende Rechtsmaterie federführend ist. Entsprechendes gilt für wesentliche Änderungen des Verfahrens.
(3) Sollen personenbezogene Daten aus den Geschäftsbereichen verschiedener oberster Dienstbehörden oder verschiedener juristischer Personen in automatisierten Verfahren verarbeitet werden und ist die Datenübermittlung nicht durch Rechts- oder Verwaltungsvorschrift geregelt, bedarf es hinsichtlich der Datenarten und der regelmäßigen Datenübermittlung der Zustimmung der beteiligten obersten Dienstbehörden oder der zuständigen Organe der beteiligten juristischen Personen.
(4) Vor der Entscheidung nach den Absätzen 2 und 3 hat die datenliefernde Stelle dem Landesbeauftragten für Datenschutz Gelegenheit zur Stellungnahme zu geben.

§ 19: Landesbeauftragter für Datenschutz

(1) Die Landesregierung bestellt mit Zustimmung des Landtages einen Landesbeauftragten für Datenschutz. Dieser muß die Befähigung zum Richteramt oder zum höheren Verwaltungsdienst haben.
(2) Der Landesbeauftragte für Datenschutz wird auf die Dauer von sechs Jahren in ein Beamtenverhältnis auf Zeit berufen.
(3) Der Landesbauftragte für Datenschutz ist in Erfüllung seines Auftrags nach diesem Gesetz an Weisungen nicht gebunden. Er untersteht der Dienstaufsicht des Ministers des Innern nur, soweit seine Unabhängigkeit nicht beeinträchtigt wird.
(4) Dem Landesbeauftragten für Datenschutz sind das zur Erfüllung seiner Aufgaben notwendige Personal und die notwendigen Sachmittel zur Verfügung zu stellen. Das ihm zur Erfüllung seiner Aufgaben zugewiesene Personal ist nur an seine Weisungen gebunden. Die Zuweisung des Personals erfolgt im Benehmen mit dem Landesbeauftragten für Datenschutz.
(5) Ist der Landesbauftragte in der Ausübung seines Amtes verhindert, kann die Landesregierung für die Zeit seiner Verhinderung einen Landesbeamten als Vertreter bestellen; der Landesbeauftragte für Datenschutz soll dazu gehört werden. Für den Vertreter gelten die Absätze 3 und 4 entsprechend.
(6) Der Landesbeauftragte für Datenschutz und sein Vertreter nach Absatz 5 sind verpflichtet, über die ihnen amtlich bekanntgewordenen Angelegenheiten Verschwiegenheit zu bewahren. Dies gilt nicht für Mitteilungen im dienstlichen Verkehr oder über Tatsachen, die offenkundig sind oder ihrer Bedeutung nach keiner Geheimhaltung bedürfen.

§ 20: Aufgaben des Landesbeauftragten für Datenschutz

(1) Der Landesbeauftragte für Datenschutz überwacht die Einhaltung des Datenschutzes bei allen öffentlichen Stellen: ausgenommen ist die Verfassungschutzbehörde. Er führt das Datenschutzregister nach § 7.

(2) Der Landesbaufatragte für Datenschutz und seine Beauftragten sind von allen öffentlichen Stellen in der Erfüllung ihrer Aufgaben zu unterstützen. Ihnen sind alle zur Erfüllung ihrer Aufgaben notwendigen Auskünfte zu geben und auf Anforderung alle Unterlagen über die Verarbeitung personenbezogener Daten zur Einsicht vorzulegen. Sie haben jederzeit – auch unangemeldet – ungehinderten Zutritt zu allen Räumen, in denen öffentliche Stellen personenbezogene Daten verarbeiten.

(3) Auf Anforderung des Landtages oder der Landesregierung hat der Landesbauftragte Gutachten zu erstellen und Berichte zu erstatten. Er erstattet jährlich einen Bericht über seine Tätigkeit. Dieser ist dem Landtag und der Landesregierung gleichzeitig zuzuleiten. Der Landesbeauftragte kann sich unmittelbar an den Landtag wenden.

§ 21: Beanstandungen durch den Landesbeauftragten für Datenschutz

(1) Der Landesbeauftragte für Datenschutz hat festgestellte Verletzungen von Vorschriften über den Datenschutz bei den öffentlichen Stellen zu beanstanden und ihre Behebung in angemessener Frist zu fordern. Die oberste Dienstbehörde sowie die Fach- und Rechtsaufsichtsbehörden sind davon zu verständigen.

(2) Auf die Beanstandung hat die öffentliche Stelle innerhalb der gesetzten Frist eine Stellungnahme abzugeben. Die Maßnahme ist darzustellen, die zur Beseitigung der Mängel getroffen oder beabsichtigt ist. Eine Abschrift der Stellungnahme an den Landesbeauftragten ist der obersten Dienstbehörde sowie den Fach- und Rechtsaufsichtsbehörden zuzuleiten.

(3) Wird die Beanstandung nicht behoben, so fordert der Landesbeauftragte für Datenschutz von der obersten Dienstbehörde und den Fach- und Rechtsaufsichtsbhörden binnen angemessener Frist geeignete Maßnahmen. Bleibt die Aufforderung nach Ablauf dieser Frist ohne Erfolg, verständigt der Landesbeauftragte für den Datenschutz die Landesregierung und den Landtag.

(4) Der Landesbeauftragte für Datenschutz kann von einer Beanstandung absehen, wenn es sich um unerhebliche Mängel handelt.

Fünfter Abschnitt. Sonderbestimmungen, Übergangs-, Straf- und Schlußvorschriften

§ 22: Öffentlich-rechtliche Unternehmen, die am Wettbewerb teilnehmen

(1) Soweit öffentliche Stellen im Sinne des § 2 Abs. 1 am Wettbewerb teilnehmen, gelten von den Vorschriften dieses Gesetzes nur § 18 Abs. 1 und §§ 19 bis 21. Im übrigen sind die Vorschriften des Gesetzes zum Schutz vor Mißbrauch personenbezogener Daten bei der Datenverarbeitung (Bundesdatenschutzgesetz – BDSG) vom 27. Januar 1977 (Bundesgesetzbl. I S. 201) mit Ausnahme des zweiten Abschnittes und der §§ 22 Abs. 1 Satz 2, 30 und 40 anzuwenden.

(2) Für öffentlich-rechtliche Kreditinstitute gelten abweichend von Absatz 1 die Vorschriften des Bundesdatenschutzgesetzes, die auf private Unternehmen anzuwenden sind. Das gleiche gilt für öffentliche Stellen, soweit sie Daten im Auftrag der in Satz 1 bezeichneten Institute oder privater Auftraggeber verarbeiten.

(3) Die Feuerversicherungsanstalt Saarland und die Lebensversicherungsanstalt Saarland gelten als eine einzige öffentliche Stelle im Sinne dieses Gesetzes.

§ 23: Publizistische Daten, Saarländischer Rundfunk

(1) Soweit öffentliche Stellen – insbesondere Unternehmen oder Hilfsunternehmen der Presse, des Rundfunks oder des Films – personenbezogene Daten ausschließlich zu eigenen, publizistischen Zwecken verarbeiten, gilt von den Vorschriften dieses Gesetzes nur § 12 Abs. 1.

(2) Im übrigen finden auf den Saarländischen Rundfunk die Vorschriften dieses Gesetzes mit Ausnahme der §§ 19 bis 21 Anwendung.
(3) Der Intendant des Saarländischen Rundfunks bestellt mit Zustimmung des Rundfunkrates für die Dauer von sechs Jahren einen Beauftragten der Anstalt für Datenschutz. Der Beauftragte ist in der Ausübung seines Amtes unabhängig und nur dem Gesetz unterworfen; im übrigen untersteht er der Dienstaufsicht des Intendanten.
(4) Der Beauftragte der Anstalt überwacht die Einhaltung dieses Gesetzes und anderer Vorschriften über den Datenschutz bei der gesamten Tätigkeit der Anstalt. Er kann auch weitere Aufgaben innerhalb der Anstalt übernehmen; Absatz 3 Satz 2 findet insoweit keine Anwendung.
(5) Der Beauftragte der Anstalt für Datenschutz ist von allen Stellen der Anstalt in Erfüllung seiner Aufgaben zu unterstützen. Ihm sind alle zur Erfüllung seiner Aufgaben notwendigen Auskünfte zu geben und auf Anforderung alle Unterlagen über die Verarbeitung personenbezogener Daten zur Einsicht vorzulegen. Er hat in Erfüllung seiner Aufgaben jederzeit – auch unangemeldet – ungehinderten Zutritt zu allen Räumen, in denen personenbezogene Daten verarbeitet werden. Er führt das Datenschutzregister nach § 7 für den nicht zu publizistischen Zwecken bestimmten Teil der Daten. Der Beauftragte erstattet gleichzeitig dem Intendanten, dem Verwaltungsrat und dem Rundfunkrat jährlich einen Bericht über seine Tätigkeit; diesen Bericht übermittelt er auch dem Landesbauftragten für Datenschutz.
(6) Der Beauftragte der Anstalt für Datenschutz hat festgestellte Verletzungen von Vorschriften über den Datenschutz zu beanstanden und ihre Behebung in angemessener Frist zu fordern. Der Intendant ist davon zu verständigen. Wird die Beanstandung von der zuständigen Stelle nicht behoben, so fordert der Beauftragte der Anstalt vom Intendanten binnen angemessener Frist geeignete Maßnahmen. Bleibt die Aufforderung nach Ablauf dieser Frist ohne Erfolg, verständigt der Beauftragte der Anstalt den Verwaltungsrat.
(7) Der Beauftragte der Anstalt für Datenschutz ist verpflichtet, über die ihm amtlich bekanntgewordenen Angelegenheiten Verschwiegenheit zu bewahren. Dies gilt nicht für Mitteilungen im dienstlichen Verkehr oder über Tatsachen, die offenkundig sind oder ihrer Bedeutung nach keiner Geheimhaltung bedürfen.

§ 24: Amtliche Statistik

(1) Werden personenbezogene Daten für eine durch Rechtsvorschrift angeordnete statistische Erhebung verarbeitet, gelten von den Vorschriften dieses Gesetzes nur die §§ 7, 12, 18, 19, 20, 21 und 27. Die Rechtsvorschrift hat den Zweck der Statistik, die zu erfassenden Tatbestände und den Kreis der Befragten festzulegen. Personenbezogene Daten sind nur im Rahmen des Zweckes der Statistik zu verarbeiten.
(2) Das Statistische Landesamt und die anderen speichernden öffentlichen Stellen dürfen personenbezogene Daten im Sinne des Absatz 1 nur dem Statistischen Bundesamt, den fachlich zuständigen obersten Bundes- und Landesbehörden oder den von ihnen bestimmten Stellen und nur insoweit übermitteln, als es die die statistische Erhebung anordnende Rechtsvorschrift zuläßt und in den Erhebungsdrucksachen bekanntgegeben wird.

§ 25: Öffentlich-rechtliche Religionsgesellschaften

Personenbezogene Daten dürfen in entsprechender Anwendung des § 14 von der speichernden Stelle an Stellen der öffentlich-rechtlichen Religionsgesellschaften übermittelt werden, soweit die empfangene Stelle die Daten zur Erfüllung ihrer öffentlichen Aufgaben benötigt und ausreichender Datenschutz sichergestellt ist.

§ 26: Meldebehörden

(1) Anderen Personen als den Betroffenen dürfen Meldebehörden abweichend von § 16 Auskunft aus dem Melderegister über
Namen
akademische Grade
Anschriften
einer oder mehrerer namentlich bezeichneter Personen erteilen.

(2) Eine Auskunft aus dem Melderegister nach Absatz 1 über eine Vielzahl von Betroffenen darf nur erteilt werden, wenn sie im öffentlichen Interesse liegt.

§ 27: Strafvorschriften

(1) Wer unbefugt von diesem Gesetz geschützte personenbezogene Daten, die nicht offenkundig sind,
1. übermittelt oder verändert,
2. abruft oder sich aus in Behältnissen verschlossenen Dateien verschafft,
wird mit Freiheitsstrafe bis zu einem Jahr oder mit Geldstrafe bestraft.

(2) Handelt der Täter gegen Entgelt oder in der Absicht, sich oder einen anderen zu bereichern oder einen anderen zu schädigen, so ist die Strafe Freiheitsstrafe bis zu zwei Jahren oder Geldstrafe.

(3) Die Tat wird nur auf Antrag verfolgt. Den Antrag kann auch der Landesbeauftragte für Datenschutz stellen.

§ 28: Ordnungswidrigkeiten

(1) Ordnungswidrig handelt, wer sich durch unwahre Angaben gegenüber einer Behörde oder sonstigen öffentlichen Stellen von diesem Gesetz geschützte personenbezogene Daten, die nicht offenkundig sind, verschafft.

(2) Ordnungswidrig handelt, wer vorsätzlich oder fahrlässig entgegen § 16 Abs. 7 eine Auflage nicht erfüllt.

(3) Die Ordnungswirdigkeit kann mit einer Geldbuße bis zu 50000 Deutsche Mark geahndet werden.

§ 29: Inkrafttreten

(1) Das Gesetz tritt am 1. Juli 1978 in Kraft. Abweichend davon tritt § 12 Abs. 1 und die Anlage zu § 12 Abs. 1 Satz 1 am 1. Januar 1980 in Kraft.

(2) Das Datenschutzregister ist bis zum 1. Juli 1979 einzurichten.

(3) Auf automatisch betriebene Dateien, in denen personenbezogene Daten gespeichert werden, finden §§ 10 und 17 erst ab 1. Januar 1980 Anwendung. Das gilt nicht für automatisch betriebene Dateien, die nach dem 1. Januar 1978 neu errichtet werden.

(4) Soweit Meldebehörden an andere öffentliche Stellen und öffentlich-rechtliche Religionsgesellschaften personenbezogene Daten durch Weitergabe der Meldescheine übermitteln, ist § 14 Abs. 1 erst ab 1. Januar 1980 anzuwenden.

Anlage zu § 12 Abs. 1 Satz 1

Werden personenbezogene Daten automatisch verarbeitet, sind zur Ausführung der Vorschriften dieses Gesetzes Maßnahmen zu treffen, die je nach der Art der zu schützenden personenbezogenen Daten geeignet sind.

1. Unbefugten den Zugang zu Datenverarbeitungsanlagen, mit denen personenbezogene Daten verarbeitet werden, zu verwehren (Zugangskontrolle),
2. Personen, die bei der Verarbeitung personenbezogener Daten tätig sind, daran zu hindern, daß sie Datenträger unbefugt entfernen (Abgangskontrolle),
3. die unbefugte Eingabe in den Speicher sowie die unbefugte Kenntnisnahme. Veränderung oder Löschung gespeicherter personenbezogener Daten zu verhindern (Speicherkontrolle),
4. die Benutzung von Datenverarbeitungssystemen, aus denen oder in die personenbezogene Daten durch selbsttätige Einrichtungen übermittelt werden, durch unbefugte Personen zu verhindern (Benutzerkontrolle),
5. zu gewährleisten, daß die zur Benutzung eines Datenverarbeitungssystems Berechtigten durch selbsttätige Einrichtungen ausschließlich auf die ihrer Zugriffsberechtigung unterliegenden personenbezogenen Daten durch selbsttätige Einrichtungen übermittelt werden können (Übermittlungskontrolle),
6. zu gewährleisten, daß überprüft und festgestellt werden kann, an welche Stellen personenbezogene Daten durch selbsttätige Einrichtungen übermittelt werden können (Übermittlungskontrolle).

7. zu gewährleisten, daß nachträglich überprüft und festgestellt werden kann, welche personenbezogenen Daten zu welcher Zeit von wem in Datenverarbeitungssysteme eingegeben worden sind (Eingabekontrolle),
8. zu gewährleisten, daß personenbezogene Daten, die im Auftrag verarbeitet werden, nur entsprechend den Weisungen des Auftraggebers verarbeitet werden können (Auftragskontrolle),
9. zu gewährleisten, daß bei der Übermittlung personenbezogener Daten sowie beim Transport entsprechender Datenträger diese nicht unbefugt gelesen, verändert oder gelöscht werden können (Transportkontrolle),
10. die innerbehördliche oder innerbetriebliche Organisation so zu gestalten, daß sie den besonderen Anforderungen des Datenschutzes gerecht wird (Organisationskontrolle).

11. Gesetz zum Schutz vor Mißbrauch personenbezogener Daten bei der Datenverarbeitung (Landesdatenschutzgesetz Schleswig-Holstein – LDSG SH –) GVBl. vom 1.6.1978, S. 156ff.

§ 1: Aufgabe und Gegenstand des Datenschutzes

(1) Personenbezogene Daten, die in Dateien gespeichert, verändert, gelöscht oder aus Dateien übermittelt werden, sind so vor Mißbrauch zu schützen, daß der Beeinträchtigung schutzwürdiger Belange des Betroffenen entgegengewirkt wird.

(2) Jeder hat nach Maßgabe dieses Gesetzes ein Recht auf
1. Auskunft über die zu seiner Person gespeicherten Daten (§ 14),
2. Berichtigung, Sperrung und Löschung der zu seiner Person gespeicherten Daten (§ 15),
3. Anrufung des Landesbeauftragten für den Datenschutz (§ 22).

§ 2: Begriffsbestimmungen

(1) Im Sinne dieses Gesetzes sind personenbezogene Daten Einzelangaben über persönliche oder sachliche Verhältnisse einer bestimmten oder bestimmbaren natürlichen Person (Betroffener).

(2) Im Sinne dieses Gesetzes ist Datenverarbeitung die Speicherung, Veränderung, Löschung oder Übermittlung personenbezogener Daten.

(3) Im Sinne dieses Gesetzes ist
1. Speichern (Speicherung) das Erfassen, Aufnehmen oder Aufbewahren von Daten auf einem Datenträger zum Zwecke ihrer weiteren Verwendung,
2. Verändern (Veränderung) das inhaltliche Umgestalten gespeicherter Daten,
3. Löschen (Löschung) das Unkenntlichmachen gespeicherter Daten,
4. Übermitteln (Übermittlung) das Bekanntgeben gespeicherter oder durch Datenverarbeitung unmittelbar gewonnener Daten an Dritte in der Weise, daß die Daten durch die speichernde Stelle weitergegeben oder zur Einsichtnahme, namentlich zum Abruf bereitgehalten werden,

ungeachtet der dabei angewendeten Verfahren.

(4) Im Sinne dieses Gesetzes ist
1. speichernde Stelle jede Stelle, die Daten für sich selbst speichert oder durch andere speichern läßt; öffentlich-rechtliche Versicherungsanstalten, die der Aufsicht des Landes unterstehen, gleichartige Aufgaben erfüllen und zwischen denen Verwaltungs- und Organgemeinschaft besteht, gelten als eine öffentliche Stelle,
2. Dritter jede Person oder Stelle außerhalb der speichernden Stelle, ausgenommen der Betroffene und Auftragnehmer nach den §§ 4 und 5,
3. eine Datei eine gleichartig aufgebaute Sammlung von Daten, die nach bestimmten Merkmalen erfaßt und geordnet, nach anderen Merkmalen umgeordnet und ausgewertet werden kann, ungeachtet der dabei angewendeten Verfahren; nicht hierzu gehören Akten und Aktensammlungen, es sei denn, daß sie durch automatisierte Verfahren umgeordnet und ausgewertet werden können.

§ 3: Geltungsbereich bei der Verarbeitung personenbezogener Daten für eigene Zwecke

(1) Die Vorschriften dieses Gesetzes gelten, auch für die Ausführung von Bundesrecht, für Behörden und sonstige öffentliche Stellen der in § 2 des Landesverwaltungsgesetzes genannten Träger der öffentlichen Verwaltung.

(2) Soweit sie personenbezogene Daten durch andere Personen oder Stellen verarbeiten lassen, haben sie den Auftragnehmer unter besonderer Berücksichtigung der Eignung der von ihm getroffenen technischen und organisatorischen Maßnahmen (§ 8 Abs. 1) sorgfältig auszuwählen.

(3) Für öffentlich-rechtliche Rundfunkanstalten gilt das Recht des jeweiligen Sitzlandes.

(4) Für den Schutz personenbezogener Daten, die nicht zur Übermittlung an Dritte bestimmt sind und nicht in automatisierten Verfahren verarbeitet werden, gilt von den Vorschriften dieses Gesetzes nur § 8.

§ 4: Geltungsbereich bei der Verarbeitung personenbezogener Daten als Auftragnehmer

(1) Soweit die in § 3 Abs. 1 genannten Behörden und sonstigen öffentlichen Stellen personenbezogene Daten als Auftragnehmer verarbeiten, gelten die §§ 9 bis 15 dieses Gesetzes nicht. In disen Fällen ist die Verarbeitung personenbezogener Daten nur im Rahmen der Weisungen des Auftraggebers zulässig.

(2) Absatz 1 gilt auch für die Datenzentrale Schleswig-Holstein und sonstige öffentlich-rechtliche Unternehmen nach § 5, soweit diese für Behörden und sonstige öffentliche Stellen im Sinne von § 3 Abs. 1 personenbezogene Daten im Auftrag verarbeiten.

(3) Für juristische Personen, Gesellschaften und andere Personenvereinigungen des Privatrechts, bei denen einem der in § 2 des Landesverwaltungsgesetzes genannten Träger der öffentlichen Verwaltung die Mehrheit der Anteile gehört oder die Mehrheit der Stimmen zusteht, gilt Absatz 1 entsprechend, soweit diese Personen oder Personenvereinigungen geschäftsmäßig personenbezogene Daten im Auftrag von Behörden oder sonstigen öffentlichen Stellen verarbeiten.

§ 5: Anwendung des Bundesdatenschutzgesetzes

(1) Abweichend von den §§ 3 und 4 gelten für öffentlich-rechtliche Unternehmen mit eigener Rechtspersönlichkeit, die am Wettbewerb teilnehmen und die der Aufsicht des Landes unterstehen, anstelle der §§ 9 bis 22 dieses Gesetzes,

1. soweit sie personenbezogene Daten für eigene Zwecke selbst verarbeiten oder durch Auftragnehmer verarbeiten lassen, § 22 Abs. 2 und 3 sowie die §§ 23 bis 30 des Bundesdatenschutzgesetzes vom 27. Januar 1977 (BGBl I S. 201).
2. soweit sie personenbezogene Daten geschäftsmäßig als Auftragnehmer natürlicher und juristischer Personen, Gesellschaften und anderer Personenvereinigungen des Privatrechts oder öffentlich-rechtlicher Wettbewerbsunternehmen mit eigener Rechtspersönlichkeit verarbeiten, die §§ 38 bis 40 sowie nach Maßgabe von § 31 Abs. 1 der § 31 Abs. 2 und die §§ 32 bis 37 des Bundesdatenschutzgesetzes. Dies gilt auch für die in § 4 Abs. 3 genannten Personen oder Personenvereinigungen, soweit diese geschäftsmäßig personenbezogene Daten im Auftrag von öffentlich-rechtlichen Wettbewerbsunternehmen mit eigener Rechtspersönlichkeit verarbeiten.

(2) Absatz 1 gilt nicht für Zweckverbände.

§ 6: Zulässigkeit der Datenverarbeitung

Personenbezogene Daten, die nach diesem Gesetz zu schützen sind, dürfen nur verarbeitet werden, wenn

1. dieses Gesetz oder eine andere Rechtsvorschrift die Verarbeitung erlaubt oder
2. der Betroffene eingewilligt hat.

Die Einwilligung bedarf der Schriftform, soweit nicht wegen besonderer Umstände eine andere Form angemessen ist; wird die Einwilligung zusammen mit anderen Erklärungen schriftlich erteilt, ist der Betroffene hierauf schriftlich besonders hinzuweisen.

§ 7: Datengeheimnis

(1) Den bei der Datenverarbeitung beschäftigten Personen ist untersagt, geschützte personenbezogene Daten unbefugt zu einem anderen als dem zur jeweiligen rechtmäßigen Aufgabenerfüllung gehörenden Zweck zu verarbeiten, bekanntzugeben, zugänglich zu machen oder sonst zu nutzen.

(2) Diese Personen sind bei der Aufnahme ihrer Tätigkeit nach Maßgabe von Absatz 1 zu verpflichten. Die Verpflichtungserklärung bedarf der Schriftform und ist von jeder Person einzeln abzufordern. Ihre Pflichten bestehen auch nach Beendigung ihrer Tätigkeit fort.

§ 8: Technische und organisatorische Maßnahmen

(1) Wer personenbezogene Daten verarbeitet, hat die technischen und organisatorischen Maßnahmen zu treffen, die erforderlich sind, um die Ausführung der Vorschriften dieses Gesetzes, insbesondere die in der Anlage zu diesem Gesetz genannten Anforderungen, zu gewährleisten. Erforderlich sind Maßnahmen jedoch nur, soweit der dafür notwendige Aufwand in einem angemessenen Verhältnis zu dem angestrebten Schutzzweck steht.

(2) Die Landesregierung wird ermächtigt, durch Verordnung die in der Anlage genannten Anforderungen nach dem jeweiligen Stand der Technik und Organisation fortzuschreiben. Stand der Technik und Organisation im Sinne dieses Gesetzes ist der Entwicklungsstand fortschrittlicher Verfahren, Einrichtungen oder Betriebsweisen, der die praktische Eignung einer Maßnahme zur Gewährleistung der Durchführung dieses Gesetzes gesichert erscheinen läßt. Bei der Bestimmung des Standes der Technik und Organisation sind insbesondere vergleichbare Verfahren, Einrichtungen oder Betriebsweisen heranzuziehen, die mit Erfolg im Betrieb erprobt worden sind.

§ 9: Datenspeicherung und -veränderung

(1) Das Speichern und das Verändern personenbezogener Daten sind zulässig, wenn sie zur rechtmäßigen Erfüllung der in der Zuständigkeit der speichernden Stelle liegenden Aufgabe erforderlich sind.

(2) Werden Daten beim Betroffenen aufgrund einer Rechtsvorschrift erhoben, dann ist er auf sie, sonst auf die Freiwilligkeit seiner Angaben hinzuweisen.

§ 10: Datenübermittlung innerhalb des öffentlichen Bereichs

(1) Die Übermittlung personenbezogener Daten an Behörden und öffentliche Stellen ist zulässig, wenn sie zur rechtmäßigen Erfüllung der in der Zuständigkeit der übermittelnden Stelle oder des Empfängers liegenden Aufgaben erforderlich ist. Unterliegen die personenbezogenen Daten einem Berufs- oder besonderen Amtsgeheimnis (§ 45 Satz 2 Nr. 1 und Satz 3 des Bundesdatenschutzgesetzes) und sind sie der übermittelnden Stelle von der zur Verschwiegenheit verpflichteten Person in Ausübung ihrer Berufs- oder Amtspflicht übermittelt worden, ist für die Zulässigkeit der Übermittlung ferner erforderlich, daß der Empfänger die Daten zur Erfüllung des gleichen Zweckes benötigt, zu dem sie die übermittelnde Stelle erhalten hat.

(2) Die Übermittlung personenbezogener Daten an Stellen der Kirchen, Religionsgesellschaften und Weltanschauungsgemeinschaften des öffentlichen Rechts ist in entsprechender Anwendung der Vorschriften über die Datenübermittlung an Behörden und sonstige öffentliche Stellen zulässig, sofern sichergestellt ist, daß bei dem Empfänger ausreichende Datenschutzmaßnahmen getroffen werden.

§ 11: Datenübermittlung an Stellen außerhalb des öffentlichen Bereichs

Die Übermittlung personenbezogener Daten an Personen und an andere Stellen als die in § 10 bezeichneten ist unzulässig, wenn sie zur rechtmäßigen Erfüllung der in der Zuständigkeit der übermittelnden Stelle liegenden Aufgabe erforderlich ist oder soweit der Empfänger ein berechtigtes Interesse an der Kenntnis der zu übermittelnden Daten glaubhaft macht und dadurch schutzwürdige Belange des Betroffenen nicht beeinträchtigt werden. Unterliegen die personenbezogenen Daten einem Berufs- oder besonderen Amtsgeheimnis (§ 45 Satz 2 Nr. 1 und Satz 3 des Bundesdatenschutzgesetzes) und sind sie der übermittelnden Stelle von der zur Verschwiegenheit verpflichteten Person in Ausübung ihrer Berufs- oder Amtspflicht übermittelt worden, ist für die Zulässigkeit der Übermittlung ferner erforderlich, daß die gleichen Voraussetzungen gegeben sind, unter denen sie die zur Verschwiegenheit verpflichtete Person übermitteln dürfte. Für die Übermittlung an Behörden und sonstige Stellen außerhalb des Geltungsbereichs dieses Gesetzes sowie an über- und zwischenstaatliche Stellen finden die Sätze 1 und 2 nach Maßgabe der für diese Übermittlung geltenden Gesetze und Vereinbarungen Anwendung.

§ 12: Dateienregister

(1) Die in § 3 genannten Behörden und sonstigen öffentlichen Stellen, ausgenommen die Verfassungsschutzbehörde, sind verpflichtet, die von ihnen automatisch betriebenen Dateien beim Landesbeauftragten für den Datenschutz anzumelden.
(2) Der Landesbeauftragte für den Datenschutz führt aufgrund der Anmeldungen nach Absatz 1 das Register der automatisch betriebenen Dateien.
(3) Über die Dateien
1. der Behörden der Staatsanwaltschaft,
2. der Behörden der Polizei sowie
3. der Landesfinanzbehörden und der Behörden der Gemeinden, Kreise und Ämter, soweit sie personenbezogene Daten in Erfüllung ihrer gesetzlichen Aufgaben im Anwendungsbereich der Abgabenordnung zur Überwachung und Prüfung in Dateien speichern,

wird ein besonderes Register geführt. Es beschränkt sich auf eine Übersicht über Art und Verwendungszweck.
(4) Der Innenminister regelt durch Verordnung Inhalt und Form des Registers sowie Inhalt, Form und Termine für die Anmeldungen nach Absatz 1.

§ 13: Veröffentlichung und Einsichtnahme in das Register

(1) Der Landesbeauftragte für den Datenschutz gibt
1. die Art der von den speichernden Stellen oder in ihrem Auftrag gespeicherten personenbezogenen Daten,
2. die Aufgaben, zu deren Erfüllung die Kenntnis dieser Daten erforderlich ist,
3. den betroffenen Personenkreis,
4. die Stellen, an die personenbezogene Daten regelmäßig übermittelt werden, sowie
5. die Art der zu übermittelnden Daten

im Amtsblatt für Schleswig-Holstein bekannt. Auf Antrag sind dem Betroffenen die bisherigen Bekanntmachungen zugänglich zu machen.
(2) Absatz 1 gilt nicht für
1. Dateien, die in das besondere Register nach § 12 Abs. 3 aufzunehmen sind,
2. die personenbezogenen Daten, die deshalb nach § 15 Abs. 2 Satz 2 gesperrt sind, weil sie aufgrund gesetzlicher Aufbewahrungsvorschriften nicht nach § 15 Abs. 3 Satz 1 gelöscht werden dürfen,
3. gesetzlich vorgeschriebene Register oder sonstige aufgrund von Rechts- oder veröffentlichten Verwaltungsvorschriften zu führende Dateien, soweit die Art der in ihnen gespeicherten personenbezogenen Daten, die Aufgaben, zu deren Erfüllung die Kenntnis dieser Daten erforderlich ist, der betroffene Personenkreis, die Stellen, an die personenbezogene Daten regelmäßig übermittelt werden, sowie die Art der zu übermittelnden Daten in Rechts- oder veröffentlichten Verwaltungsvorschriften festgelegt sind.

(3) Das Register kann von jedem eingesehen werden. Dies gilt nicht für das besondere Register nach § 12 Abs. 3.
(4) Die Landesregierung wird ermächtigt, durch Verordnung das Verfahren der Veröffentlichung sowie das Verfahren der Einsichtnahme in das Register zu bestimmen.

§ 14: Auskunft an den Betroffenen

(1) Dem Betroffenen ist auf Antrag durch die speichernde Stelle Auskunft über die zu seiner Person gespeicherten Daten zu erteilen. In dem Antrag soll die Art der personenbezogenen Daten, über die Auskunft erteilt werden soll, näher bezeichnet werden. Die speichernde

Stelle bestimmt das Verfahren, insbesondere die Form der Auskunftserteilung, nach pflichtgemäßem Ermessen.

(2) Absatz 1 gilt nicht für

1. a) die Verfassungsschutzbehörde,
   b) die Behörden der Staatsanwaltschaft,
   c) die Behörden der Polizei,
   d) Landesfinanzbehörden und Behörden der Gemeinden, Kreise und Ämter, soweit sie personenbezogene Daten in Erfüllung ihrer gesetzlichen Aufgaben im Anwendungsbereich der Abgabenordnung zur Überwachung und Prüfung in Dateien speichern,
2. die personenbezogenen Daten, die deshalb nach § 15 Abs. 2 gesperrt sind, weil sie aufgrund gesetzlicher Aufbewahrungsvorschriften nicht nach § 15 Abs. 3 Satz 1 gelöscht werden dürfen.

(3) Die Auskunftserteilung unterbleibt, soweit

1. die Auskunft die rechtmäßige Erfüllung der in der Zuständigkeit der speichernden Stelle liegenden Aufgaben gefährden würde,
2. die Auskunft die öffentliche Sicherheit oder Ordnung gefährden oder sonst dem Wohle des Bundes oder eines Landes Nachteile bereiten würde,
3. die personenbezogenen Daten oder die Tatsache ihrer Speicherung nach einer Rechtsvorschrift oder ihrem Wesen nach, namentlich wegen der überwiegenden berechtigten Interessen einer dritten Person, geheimgehalten werden müssen,
4. die Auskunft sich auf die Übermittlung personenbezogener Daten an die in Absatz 2 Nr. 1 genannten Behörden bezieht.

(4) Das Verwaltungskostengesetz des Landes Schleswig-Holstein vom 17. Januar 1974 (GVOBl Schl.-H. S. 37) ist abweichend von seinem § 1 Abs. 2 auch anzuwenden auf Verwaltungsgebühren und Auslagen für Amtshandlungen nach diesem Gesetz in Selbstverwaltungsangelegenheiten der Gemeinden, Kreise, Ämter und der der Aufsicht des Landes unterstehenden Körperschaften des öffentlichen Rechts ohne Gebietshoheit und rechtsfähigen Anstalten und Stiftungen des öffentlichen Rechts. Amtshandlungen, die zur Berichtigung, Sperrung oder Löschung unrichtiger oder unzulässig gespeicherter personenbezogener Daten führen, sind frei von Verwaltungskosten. Dasselbe gilt, wenn besondere Umstände die Annahme rechtfertigen, daß die Amtshandlung zur Berichtigung, Sperrung oder Löschung personenbezogener Daten führt.

§ 15: Berichtigung, Sperrung und Löschung von Daten

(1) Personenbezogene Daten sind zu berichtigen, wenn sie unrichtig sind.

(2) Personenbezogene Daten sind zu sperren, wenn ihre Richtigkeit vom Betroffenen bestritten wird und sich weder die Richtigkeit noch die Unrichtigkeit feststellen läßt. Sie sind ferner zu sperren, wenn ihre Kenntnis für die speichernde Stelle zur rechtmäßigen Erfüllung der in ihrer Zuständigkeit liegenden Aufgaben nicht mehr erforderlich ist. Gesperrte Daten sind mit einem entsprechenden Vermerk zu versehen; sie dürfen nicht mehr verarbeitet, insbesondere übermittelt, oder sonst genutzt werden, es sei denn, daß die Nutzung zu wissenschaftlichen Zwecken, zur Behebung einer bestehenden Beweisnot oder aus sonstigen im überwiegenden Interesse der speichernden Stelle oder eines Dritten liegenden Gründen unerläßlich ist oder der Betroffene in die Nutzung eingewilligt hat.

(3) Personenbezogene Daten können gelöscht werden, wenn ihre Kenntnis für die speichernde Stelle zur rechtmäßigen Erfüllung der in ihrer Zuständigkeit liegenden Aufgabe nicht mehr erforderlich ist und kein Grund zu der Annahme besteht, daß durch die Löschung schutzwürdige Belange des Betroffenen beeinträchtigt werden. Sie sind zu löschen, wenn ihre Speicherung unzulässig war oder wenn es in den Fällen des Absatzes 2 Satz 2 der Betroffene verlangt.

§ 16: Durchführung des Datenschutzes

Die obersten Landesbehörden, die Behörden der Gemeinden, Kreise und Ämter sowie der der Aufsicht des Landes unterstehenden Körperschaften des öffentlichen Rechts ohne Gebietshoheit und rechtsfähigen Anstalten und Stiftungen des öffentlichen Rechts haben jeweils für ihren Geschäftsbereich die Ausführung dieses Gesetzes sowie anderer Vorschriften über den Datenschutz sicherzustellen.

Sie haben insbesondere dafür zu sorgen, daß

1. eine Übersicht über die Art der gespeicherten personenbezogenen Daten und über die Aufgaben, zu deren Erfüllung die Kenntnis dieser Daten erforderlich ist, sowie über deren regelmäßige Empfänger geführt und
2. die ordnungsgemäße Anwendung der Datenverarbeitungsprogramme, mit deren Hilfe personenbezogene Daten verarbeitet werden sollen, überwacht

werden.

§ 17: Verwaltungsvorschriften

Die obersten Landesbehörden erlassen im Benehmen mit dem Landesbeauftragten für den Datenschutz jeweils für ihren Geschäftsbereich Verwaltungsvorschriften, die die Ausführung dieses Gesetzes, bezogen auf die besonderen Verhältnisse in dem jeweiligen Geschäftsbereich und die sich daraus ergebenden besonderen Erfordernisse für den Datenschutz, regeln.

§ 18: Landesbeauftragter für den Datenschutz

(1) Die Landesregierung bestellt auf Vorschlag des Innenministers den Landesbeauftragten für den Datenschutz. Sie kann ihn von diesem Amt abberufen. Die Bestellung und die Abberufung bedürfen der Zustimmung des Landtages. Der Landesbeauftragte für den Datenschutz ist auf seinen Antrag von seinem Amt zu entbinden.

(2) Der Landesbeauftragte für den Datenschutz ist zum Beamten auf Lebenszeit zu ernennen, sofern er nicht bereits zum Zeitpunkt der Berufung Beamter auf Lebenszeit des Landes Schleswig-Holstein ist. Die beamtenrechtlichen Vorschriften bleiben unberührt.

(3) Der Landesbeauftragte für den Datenschutz ist in Ausübung seiner Aufgaben nach diesem Gesetz unabhängig und nur dem Gesetz unterworfen. Der Landesbeauftragte und seine Mitarbeiter haben sich der üblichen Sicherheitsprüfung durch die zuständigen Behörden zu unterziehen. Dem Landesbeauftragten für den Datenschutz können auch andere, insbesondere sich aus anderen Vorschriften des Datenschutzrechts ergebende Aufgaben übertragen werden.

(4) Der Landesbeauftragte für den Datenschutz wird beim Innenminister eingerichtet.

§ 19: Zuständigkeiten des Landesbeauftragten für den Datenschutz

(1) Der Landesbeauftragte für den Datenschutz überwacht die Einhaltung der Vorschriften dieses Gesetzes sowie anderer Vorschriften über den Datenschutz bei den in § 3 genannten Behörden und sonstigen öffentlichen Stellen sowie den Auftragnehmern nach § 4. Dies gilt nicht für die Gerichte, soweit sie nicht in Verwaltungsangelegenheiten tätig werden, und den Landesrechnungshof bezüglich seiner Prüfungstätigkeit. Er hat die Landesregierung und einzelne Minister sowie die übrigen in den §§ 3 und 4 genannten Behörden, öffentlichen Stellen und Auftragnehmer in Fragen des Datenschutzes zu beraten. Zu diesem Zweck kann er Empfehlungen zur Verbesserung des Datenschutzes geben.

(2) Auf Anforderung des Landtages, des Eingabenausschusses des Landtages, der Landesregierung, einzelner Minister oder des Landesrechnungshofs soll der Landesbeauftragte für den Datenschutz ferner Hinweisen auf Angelegenheiten und Vorgänge, die seinen Aufgabenbereich unmittelbar betreffen, nachgehen. Der Landesbeauftragte für den Datenschutz kann sich jederzeit an den Landtag wenden.

(3) Auf Anforderung des Landtages oder der Landesregierung hat der Landesbeauftragte für den Datenschutz Gutachten zu erstellen und Berichte zu erstatten. Außerdem legt er dem Landtag jährlich, erstmals zum 1. Januar 1979, einen Bericht über seine Tätigkeit vor.

§ 20: Auskunft der datenverarbeitenden Stellen

Die in § 19 Abs. 1 Satz 1 genannten Behörden und sonstigen öffentlichen Stellen und Auftragnehmer nach § 4 sind verpflichtet, den Landesbeauftragten für den Datenschutz und seine Beauftragten bei der Erfüllung ihrer Aufgaben zu unterstützen. Ihnen ist dabei insbesondere

1. Auskunft zu ihren Fragen sowie Einsicht in alle Unterlagen und Akten zu gewähren, die in Zusammenhang mit der Verarbeitung personenbezogener Daten stehen, namentlich in die gespeicherten Daten und in die Datenverarbeitungsprogramme,
2. jederzeit Zutritt in alle Diensträume zu gewähren.

Die Sätze 1 und 2 gelten für die in § 14 Abs. 2 Nr. 1 genannten Behörden mit der Maßgabe, daß die Unterstützung nur dem Landesbeauftragten für den Datenschutz selbst und den von ihm schriftlich besonders damit betrauten Beauftragten zu gewähren ist. In diesen Fällen unterbleibt eine Auskunftserteilung an den Betroffenen im Sinne von § 14 durch den Landesbeauftragten für den Datenschutz und den von ihm betrauten Beauftragten. Einsicht in Unterlagen und Akten der in § 14 Abs. 2 Nr. 1 genannten Behörden darf nicht gewährt werden, soweit die jeweils zuständige oberste Landesbehörde im Einzelfall feststellt, daß durch eine mit der Einsicht verbundene Bekanntgabe personenbezogener Daten die Sicherheit des Bundes oder eines Landes gefährdet wird.

§ 21: Beanstandungen durch den Landesbeauftragten für den Datenschutz

(1) Stellt der Landesbeauftragte für den Datenschutz Verstöße gegen die Vorschriften dieses Gesetzes oder gegen andere Datenschutzbestimmungen oder sonstige Mängel bei der Verarbeitung personenbezogener Daten fest, so fordert er die Behörde oder sonstige öffentliche Stelle zur Mängelbeseitigung auf.

(2) Bei erheblichen Verstößen oder sonstigen erheblichen Mängeln beanstandet der Landesbeauftragte für den Datenschutz diese gegenüber der Behörde oder sonstigen öffentlichen Stelle und fordert zur Stellungnahme innerhalb einer von ihm zu bestimmenden Frist auf. Gleichzeitig unterrichtet er die zuständige Aufsichtsbehörde.

(3) Mit der Beanstandung soll er Vorschläge zur Beseitigung der Mängel und zur sonstigen Verbesserung des Datenschutzes verbinden.

(4) Die nach Absatz 2 abzugebende Stellungnahme soll auch eine Darstellung der Maßnahmen enthalten, die aufgrund der Beanstandung des Landesbeauftragten für den Datenschutz getroffen worden sind. Eine Abschrift der Stellungnahme ist der zuständigen Aufsichtsbehörde zuzuleiten.

(5) Der Landesbeauftragte für den Datenschutz kann nach pflichtgemäßem Ermessen den Betroffenen von Verstößen gegen die Vorschriften dieses Gesetzes oder anderer Datenschutzvorschriften unterrichten.

§ 22: Anrufung des Landesbeauftragten für den Datenschutz

Jeder kann sich an den Landesbeauftragten für den Datenschutz wenden, wenn er der Ansicht ist, bei der Verarbeitung seiner personenbezogenen Daten durch die in § 3 genannten Behörden und öffentlichen Stellen in seinen Rechten verletzt worden zu sein. Dies gilt nicht für die Tätigkeit der Gerichte, soweit sie nicht in Verwaltungsangelegenheiten tätig werden, und den Rechnungshof bezüglich seiner Prüfungstätigkeit.

§ 23: Strafvorschriften

(1) Wer unbefugt von diesem Gesetz geschützte personenbezogene Daten, die nicht offenkundig sind,
1. speichert, verändert übermittelt oder löscht oder
2. abruft oder sich aus den in Behältnissen verschlossenen Dateien verschafft,

wird mit Freiheitsstrafe bis zu einem Jahr oder mit Geldstrafe bestraft.

(2) Handelt der Täter gegen Entgelt oder in der Absicht, sich oder einen anderen zu bereichern oder einen anderen zu schädigen, so ist die Strafe Freiheitsstrafe bis zu zwei Jahren oder Geldstrafe.

(3) Die Tat wird nur auf Antrag verfolgt.

§ 24: Übergangsvorschriften

(1) Die Veröffentlichung über personenbezogene Daten (§ 13), die beim Inkrafttreten des Gesetzes schon gespeichert waren, hat binnen eines Jahres nach Inkrafttreten des Gesetzes zu erfolgen.

(2) Soweit Meldebehörden an Behörden und andere öffentliche Stellen personenbezogene

Daten durch Weitergabe der Meldescheine übermitteln, bleibt die Datenübermittlung in dem bisherigen Umfang bis zum 31. Dezember 1979 zulässig.
(3) Ein berechtigtes Interesse nach § 11 Satz 1 braucht nicht glaubhaft gemacht zu werden, wenn Meldebehörden Namen, akademische Grade und Anschriften einer oder mehrerer namentlich bezeichneter Personen bekanntgeben.

§ 25: Weitergeltende Vorschriften
Soweit besondere Rechtsvorschriften des Bundes und des Landes auf in Dateien gespeicherte personenbezogene Daten anzuwenden sind, gehen sie den Vorschriften dieses Gesetzes vor. Zu den vorrangigen Vorschriften gehören in der geltenden Fassung namentlich
1. die in § 45 des Bundesdatenschutzgesetzes genannten Vorschriften, soweit die in § 3 genannten Behörden und öffentlichen Stellen diese Vorschriften anwenden,
2. Vorschriften über die Geheimhaltung von dienstlich oder sonst in Ausübung des Berufs erworbenen Kenntnissen, z. B. § 77 des Landesbeamtengesetzes, § 10 des Personalvertretungsgesetzes, § 18 des Architektengesetzes in der Fassung der Bekanntmachung vom 12. Januar 1971 (GVOBl Schl.-H. S. 15),
3. Vorschriften über die Einsicht des Beamten oder Arbeitnehmers in seine Personalunterlagen, z. B. § 106 des Landesbeamtengesetzes und
4. Vorschriften über die Auskunftspflicht von Behörden an Bürger über die zu seiner Person gespeicherten Daten, z. B. §§ 11, 13 des Vermessungs- und Katastergesetzes vom 6. Dezember 1974 (GVOBl Schl.-H. S. 470), § 101 des Landeswassergesetzes in der Fassung der Bekanntmachung vom 7. Juni 1971 (GVOBl. Schl.-H. S. 327).

§ 26: Inkrafttreten
Dieses Gesetz tritt am 1. Juli 1978 in Kraft. Abweichend davon treten in Kraft
1. § 12 Abs. 4 und § 13 Abs. 4 am Tage nach der Verkündung des Gesetzes,
2. § 8 und die Anlage zu § 8 Abs. 1 Satz 1 am 1. Januar 1979.

Anlage
Werden personenbezogene Daten automatisch verarbeitet, sind zur Ausführung der Vorschriften dieses Gesetzes Maßnahmen zu treffen, die je nach Art der zu schützenden personenbezogenen Daten geeignet sind,
1. Unbefugten den Zugang zu Datenverarbeitungsanlagen, mit denen personenbezogene Daten verarbeitet werden, zu verwehren (Zugangskontrolle),
2. Personen, die bei der Verarbeitung personenbezogener Daten tätig sind, daran zu hindern, daß sie Datenträger unbefugt entfernen (Abgangskontrolle),
3. die unbefugte Eingabe in den Speicher sowie die unbefugte Kenntnisnahme, Veränderung oder Löschung gespeicherter personenbezogener Daten zu verhindern (Speicherkontrolle),
4. die Benutzung von Datenverarbeitungssystemen, aus denen oder in die personenbezogene Daten durch selbsttätige Einrichtungen übermittelt werden, durch unbefugte Personen zu verhindern (Benutzerkontrolle),
5. zu gewährleisten, daß die zur Benutzung eines Datenverarbeitungssystems Berechtigten durch selbsttätige Einrichtungen ausschließlich auf die ihrer Zugriffsberechtigung unterliegenden personenbezogenen Daten zugreifen können (Zugriffskontrolle),
6. zu gewährleisten, daß überprüft werden kann, an welche Stellen personenbezogene Daten durch selbsttätige Einrichtungen übermittelt werden können (Übermittlungskontrolle),
7. zu gewährleisten, daß nachträglich überprüft und festgestellt werden kann, welche personenbezogenen Daten zu welcher Zeit von wem in Datenverarbeitungssysteme eingegeben worden sind (Eingabekontrolle),
8. zu gewährleisten, daß personenbezogene Daten, die im Auftrag verarbeitet werden, nur entsprechend den Weisungen des Auftraggebers verarbeitet werden können (Auftragskontrolle),
9. zu gewährleisten, daß bei der Übermittlung personenbezogener Daten sowie beim

Transport entsprechender Datenträger diese nicht unbefugt gelesen, verändert oder gelöscht werden können (Transportkontrolle),

10. die innerbehördliche oder innerbetriebliche Organisation so zu gestalten, daß sie den besonderen Anforderungen des Datenschutzes gerecht wird (Organisationskontrolle).

II. Erläuterungen

1. Vorbemerkung

Obwohl ursprünglich davon ausgegangen wurde, daß bis Jahresende 1978 alle Bundesländer Datenschutzgesetze erlassen haben würden, wurde in Baden-Württemberg und Hamburg dieses Ziel nicht erreicht. Bei Redaktionsschluß für dieses Buch stand auch noch nicht fest, wann der Entwurf eines Datenschutzgesetzes für Baden-Württemberg verabschiedet werden würde. Für Hamburg stand sogar nicht einmal ein offizieller Entwurf zur Verfügung, sondern nur eine Art Vorentwurf vom Frühjahr 1977.

Die vorliegenden Erläuterungen berücksichtigen daher im wesentlichen die Landesdatenschutzgesetze, wie sie in 9 Bundesländern bestehen, bzw. novelliert wurden und zwar in

- Bayern: BayDSG
  (Gesetz zum Schutz vor Mißbrauch personenbezogener Daten bei der Datenverarbeitung vom 28. 4. 1978, GVBl 1978, S. 165ff.)
- Berlin: BlnDSG
  (Gesetz über den Datenschutz in der Berliner Verwaltung vom 12. 7. 1978, GVBl 1978, S. 1317ff.)
- Bremen: BrDSG
  (Gesetz zum Schutz vor Mißbrauch personenbezogener Daten bei der Datenverarbeitung vom 19. 12. 1977, GBl 1977, S. 393ff.)
- Hessen: HDSG
  (Hessisches Datenschutzgesetz vom 31. 1. 1978, GVBl I 1978, S. 96ff.)
- Niedersachsen: NDSG
  (Niedersächsisches Datenschutzgesetz vom 26. 5. 1978, GVBl 1978, S. 422ff.)
- Nordrhein-Westfalen: DSG NW
  (Gesetz zum Schutz vor Mißbrauch personenbezogener Daten bei der Datenverarbeitung vom 19. 12. 1978, GVBl 1978, S. 640ff.)
- Rheinland-Pfalz: LDatG (DSG Rh.-Pf.)
  (Landesgesetz zum Schutz des Bürgers bei der Verarbeitung personenbezogener Daten vom 21. 12. 1978, GVBl 1978, S. 749ff.)
- Saarland: SDSG
  (Gesetz zum Schutz vor Mißbrauch personenbezogener Daten bei der Datenverarbeitung vom 17. 5. 1978, AmtsBl 1978, S. 581ff.)
- Schleswig-Holstein: DSG SH
  (Gesetz zum Schutz vor Mißbrauch personenbezogener Daten bei der Datenverarbeitung vom 1. 6. 1978, GVBl 1978, S. 156ff.)

Nur punktuell wurden in den nachstehenden Erläuterungen die Entwürfe der Länder

- Hamburg
- Baden-Württemberg

berücksichtigt, deren Wortlaut ebenfalls abgedruckt und wegen seiner Vorläufigkeit durch eine Strichmarkierung gekennzeichnet worden ist.

2. Einleitung

Die Landesdatenschutzgesetze, die in ihrer jetzigen Fassung insgesamt zeitlich dem BDSG folgten, haben das Datenschutzrecht weiterentwickelt, teils im Sinne einer Angleichung, teils im Sinne einer Differenzierung zum BDSG. Die Angleichung kommt insbesondere in den Gesetzen zum Ausdruck, die die Systematik des BDSG weitgehend übernommen haben, wie das Datenschutzgesetz des Landes Bremen (BrDSG) oder des Landes Niedersachsen (NDSG). Differenzierungen zeigen sich, abgesehen von Fragen des Gesetzesaufbaus, im wesentlichen in Einzelfragen, bei denen bestimmte Bundesländer im BDSG erkannte Mängel für den Bereich des Landesdatenschutzrechts abzubauen versucht haben. Insoweit ist u. a. die kostenlose Auskunft an den Betroffenen in Rheinland-Pfalz oder die Einführung eines Gefährdungshaftungstatbestands in mehreren Landesdatenschutzgesetzen zu erwähnen.
Die nachfolgende Darstellung will daher versuchen, Gemeinsamkeiten und Unterschiede bei den Landesdatenschutzgesetzen im Vergleich untereinander und zum Bundesdatenschutzgesetz im Aufriß aufzuzeigen.

3. Verhältnis der Landesdatenschutzgesetze bzw. Gesetzesentwürfe zum Bundesdatenschutzgesetz

3.1 Konkurrenz des Datenschutzrechts von Bund und Ländern

Der Datenschutz in den Ländern wird durch ineinandergreifende Regelungen des Bundes und der Länder bestimmt. Die Konkurrenz dieser Vorschriften hat ihre Vorgabe in § 7 Abs. 2 BDSG. Nach dieser Vorschrift können im öffentlichen Bereich die Länder sowohl für die ihrer Gesetzgebungskompetenz unterliegenden als auch für die Gebiete, in denen sie Bundesrecht ausführen (und die Mehrzahl der Bundesgesetze wird von den Ländern ausgeführt) eigenes Datenschutzrecht setzen. Soweit der Datenschutz durch Landesgesetz geregelt ist, tritt das BDSG als subsidiäres Gesetz zurück. obwohl der Grundsatz „Bundesrecht bricht Landesrecht" eine entgegengesetzte Lösung hätte vermuten lassen[1]. Für den nichtöffentlichen Bereich enthalten die Landesdatenschutzgesetze keine Regelungen.
Die Landesdatenschutzgesetze finden nach § 7 Abs. 2 BDSG auch Anwendung bei der Ausführung von Bundesrecht durch die Behörden und sonstigen öffentlichen Stellen der Länder, der Gemeinden und Gemeindeverbände und der sonstigen der Aufsicht des Landes unterstehenden juristischen Personen des öffentlichen Rechts und deren Vereinigungen. Sie gelten auch für Behörden und sonstige öffentliche Stellen des Landes, soweit diese als Organe der Rechtspflege (nicht aber in Verwaltungsangelegenheiten) tätig sind. Der Vorbehalt des § 7 Abs. 2 BDSG ist ausschließlich „Landesdatenschutzgesetzen" eingeräumt, nicht aber in

1 *Ordemann/Schomerus,* § 7 Anm. 5.1f.; *Auernhammer,* § 7 Anm. 17.

anderen Gesetzen verstreuten Einzelregelungen datenschutzrechtlichen Charakters[2]. In den beiden Ländern, die bisher kein Landesdatenschutzgesetz erlassen haben, gilt weiterhin das BDSG, wobei zu beachten ist, daß die §§ 15–21 BDSG über die Durchführung des Datenschutzes in der Bundesverwaltung, über die allgemeinen Verwaltungsvorschriften und über den Bundesbeauftragten für den Datenschutz nicht anzuwenden sind[3]. Das BDSG gilt hier wohlgemerkt jedoch nur für die Ausführung von Bundesrecht. Für die Ausführung von Landesrecht besteht für die Bundesländer, die noch kein Landesdatenschutzgesetz erlassen haben, seit dem 1. 1. 1978 eine Gesetzeslücke.

3.2 Historische Aufeinanderfolge der Datenschutzgesetzgebung in Bund und Ländern

Historisch steht das hessische Datenschutzgesetz vom 7. 10. 1970[4] an erster Stelle der datenschutzgesetzgeberischen Aktivitäten in der Bundesrepublik. Dieses Gesetz behandelte allein die maschinelle Datenverarbeitung in der öffentlichen Verwaltung des Landes Hessen. Nachfolgend wurde das Rheinland-Pfälzische Gesetz vom 21. 1. 1974[5] erlassen, das ebenfalls nur die automatische Datenverarbeitung im öffentlichen Bereich behandelte.

In den meisten Bundesländern wurde ab 1974 der beabsichtigte Erlaß von Landesdatenschutzgesetzen bis zur Verabschiedung des BDSG zurückgestellt[6]. Obwohl ursprünglich vorgesehen war, daß die Landesdatenschutzgesetze bei Inkrafttreten der wesentlichen Bestandteile des BDSG am 1. 1. 1978 erlassen sein sollten, konnte nur Bremen mit seinem Gesetz vom 19. 12. 1977 diesen Zeitpunkt einhalten. Die anderen Länder folgten erst im Laufe des Jahres 1978, abgesehen von Hamburg und Baden-Württemberg.

3.3 Datenschutzgesetzgebung als noch im Fluß befindliche Rechtsmaterie

Die Kritik am BDSG setzte sich – wie bei einer so stark politisch bewerteten Materie zu erwarten – nach seinem Erlaß mit unverminderter Intensität fort. Obwohl es, verglichen mit anderen nationalen Gesetzeswerken, das „nach Anwendungsbereich und Inhalt derzeit umfassendste Datenschutzgesetz“ ist, besteht in Fach- als auch in politischen Kreisen weitgehend darüber Einigkeit, daß das BDSG nicht den Abschluß, sondern erst den Anfang einer Entwicklung markiert[7]. Bei den Beratungen im Bundestag bestand bereits Übereinstimmung darüber, daß das Ge-

2 *Ordemann/Schomerus,* § 7 Anm. 5.2; *Dammann,* in *Simitis/Dammann/Mallmann/Reh,* § 7 Anm. 44; Vgl. die differierende Meinung v. *Auernhammer,* § 7 Anm. 19.
3 Vgl. z.B. *Auernhammer,* § 7 Anm. 18.
4 GVBl I, S. 625.
5 GVBl S. 31.
6 Vgl. die historische Entwicklung bei *Simitis,* (Fn. 2), Einleitung, Anm. 32ff.
7 *Simitis,* (Fn. 2), Einleitung, Anm. 78f.

setz verbesserungswürdig sei[8]. Die Datenschutzgesetzgebung wurde als ein kontinuierlicher Prozeß verstanden, in dessen Verlauf weitere Entwicklungen und Verbesserungen des Datenschutzrechts vorzunehmen sind[9].
Themenkreise, die bei einer Novellierung des BDSG berücksichtigt werden sollten, waren bereits bei seiner Verabschiedung im Gespräch, und sind auch teilweise bei der Abfassung der Landesdatenschutzgesetze berücksichtigt worden. Hier ist beispielsweise die Einführung eines datenschutzspezifischen Schadensersatztatbestandes zu erwähnen[10].

3.4 Tendenzen zur Angleichung und zur Differenzierung zwischen den Datenschutzgesetzen von Bund und Ländern

Die Landesgesetzgeber haben sich grundsätzlich kompromißbereit gezeigt, ihre Datenschutzgesetze an das BDSG anzugleichen, um den Bürger vor zu nachhaltiger Unübersichtlichkeit und Zersplitterung des Datenschutzrechts zu bewahren[11]. Bei vielen Vorschriften – so erfreulicherweise vor allem bei den Begriffsbestimmungen und Datensicherungsvorschriften – fand sogar eine wörtliche Übernahme in die Landesdatenschutzgesetze bzw. – entwürfe statt[12]. Abweichungen wurden nur dort angestrebt, wo nach dem Verständnis der Landesgesetzgeber eine erhebliche Verbesserung des Datenschutzes im Interesse des Bürgers erreicht werden sollte[13].
Dennoch hat sich die Datenschutzgesetzgebung der Länder bei der Weiterentwicklung des Datenschutzrechts bewährt. Sie hat zunächst einmal Verbesserungen im Gesetzesaufbau gebracht, indem beispielsweise Rechte des Betroffenen oder bereichsspezifische Regelungen zusammengefaßt und so eine organische Systematik zu schaffen versucht wurde.
Trotz des Vorwurfs, schon aus logisch-systematischen Gründen fehle ein unmittelbarer Zusammenhang zum Datenschutz, haben mehrere Landesdatenschutzgesetze Vorschriften zum Schutz des Gleichgewichts der Gewalten aufgenommen[14]. Die Wahrung des Gewaltenteilungsprinzips wird entweder als eine der Aufgaben des Datenschutzes genannt oder aber tritt in Form eines Auskunfts- bzw. in manchen Fällen sogar eines direkten Zugriffrechts der Legislative auf die bei der Exekutive gespeicherten Daten in Erscheinung. Teilweise wird auch eine Verpflichtung der obersten Kontrollorgane des Datenschutzes begründet, laufend

8 Vgl. auch *Schneider/Steinbrinck* in *Gallwas/Schneider/Schwappach/Schweinoch/Steinbrinck,* Einleitung Anm. 70ff.
9 Vgl. auch: 6. Tätigkeitsbericht des hess. Datenschutzbeauftragten, S. 7f.
10 *Dammann/Simitis,* BDSG m. Materialien, Vorwort S. 9
11 Vgl. *Tuner,* Die Weiterentwicklung im Datenschutzrecht, DVR 1978, S. 35ff.
12 Auch hinsichtlich der Datenerfassung und -übermittlung wurden schon frühzeitig durch die DEVO und DÜVO Standards festgelegt; Vgl. bei *Burnhenne/Perband,* EDV-Recht, Ziff. 105, S. 91 und 111.
13 S. z.B. bei *Schedl,* Die Bayerische Datenschutzgesetzgebung, DSWR 1978, S. 262ff.
14 Siehe dazu 10. Kap., II, 4.2.1.

zu beobachten, ob das Gleichgewicht zwischen Legislative und Exekutive durch die ADV gestört wird.
Schließlich haben die Landesdatenschutzgesetze viele aus dem BDSG übernommene Vorschriften präzisiert, erweitert oder ggf. leicht abgeändert.

3.5 Der in § 7 Abs. 2 BDSG geregelte Vorrang der Landesdatenschutzgesetze

Die jeweiligen Landesdatenschutzgesetze haben stets Vorrang vor dem BDSG, gleichgültig, ob ihre materielle Datenschutzregelung im Vergleich zum BDSG stärker oder schwächer ausgestaltet ist[15].
Die Regelung des BDSG tritt nur zurück, „soweit“ der Datenschutz durch Landesgesetz kongruent geregelt ist, d. h. bei einer nur teilweisen Regelung durch das Landesgesetz hat für den nicht geregelten Teil das BDSG zu gelten. Das Landesdatenschutzgesetz ist in einem solchen Fall gegenüber dem BDSG wie ein Spezialgesetz zu behandeln[16].
Aus diesem Grunde kann der Entscheidung des Landgerichts *Kreuznach*[17] vom 10. 3. 1978 nicht gefolgt werden. In dem genannten Beschluß ging es darum, daß wegen Verletzung von § 15 des damaligen Rheinland-Pfälzischen Datenschutzgesetzes Anklage erhoben worden war, weil mit personenbezogenem Datenmaterial von Jungwählern unzulässiger Handel getrieben worden war. Das Landgericht *Kreuznach* lehnte die Eröffnung des Hauptverfahrens mit der Begründung ab, daß die Strafandrohungskompetenz des Landesgesetzes nur solange gelte, als der Bund von seiner konkurrierenden Strafgesetzgebungskompetenz keinen Gebrauch gemacht habe. Dies sei aber durch § 41 BDSG geschehen. Das Gericht ging davon aus, daß § 41 BDSG eine Strafandrohung nur für Tatbestände enthalte, die der Regelungskompetenz des Bundes unterliegen. Tatsächlich haben aber die Länder, soweit ihnen ein Gesetzgebungsrecht für den Bereich des Datenschutzes zusteht, auch das Recht zum Erlaß von Strafrechtsnormen[18].

4. Schwerpunkte der Landesdatenschutzgesetzgebung

4.1 Beschränkung auf den öffentlichen Bereich

Die Verschiedenartigkeit der Behandlung des öffentlichen und privaten Bereichs im BDSG ergibt sich aus der verschiedenartigen Zweckrichtung und den unterschiedlichen tatsächlichen Umständen der Verarbeitung personenbezogener Daten in beiden Bereichen, denen nur durch unterschiedliche Regelung angemessen

15 *Auernhammer,* § 7 Anm. 19.
16 *Schweinoch* (Fn. 8), § 7 Anm. 22.
17 NJW 1978, S. 1931; zur Kritik siehe *Hümmerich/Kniffka*, NJW 1979, S. 1182 (1189).
18 Vgl. bei *Dammann,* Erste Erfahrung mit dem Bundesdatenschutzgesetz, NJW 1978, S. 1906f.; s. auch *Becker,* Landesdatenschutzgesetz Rheinl.-Pfalz, Erfahrungen aus 4-jähriger Praxis, IKD, Berlin 1978, Kongreßdokumentation.

Rechnung getragen werden konnte[19]. Beide Bereiche waren jedoch grundsätzlich nach gleichen Maßstäben zu regeln, wie sie in dem allgemeinen Teil des BDSG zum Ausdruck kommen[20]. Von einer Beschränkung auf den einen oder anderen Bereich wurde daher im BDSG mit Rücksicht auch auf die vielfältigen Informationsverflechtungen abgesehen[21].

Wenngleich die Landesdatenschutzgesetze – wie erwähnt – allein den Datenschutz in der öffentlichen Verwaltung zu regeln hatten (da die Sachkompetenz für den nichtöffentlichen Bereich entsprechend den Artikeln 74 Nr. 1, 11 und 12 GG für den privaten Bereich beim Bund liegt), hatten sie hierbei gleichwohl die durch das BDSG getroffenen Regelungen für den privaten Datenverarbeiter ihres Landes mit zu betrachten, insbesondere auch soweit es um die Rechtstellung der am Wettbewerb teilnehmenden öffentlich-rechtlichen Unternehmen ging.

4.2 Beschränkung auf Daten natürlicher Personen

Daß § 2 Abs. 1 BDSG nur die Daten bestimmter oder bestimmbarer natürlicher Personen schützt, ist nicht so selbstverständlich, wie man zunächst annehmen könnte. Da es beim Datenschutz um die durch das Grundgesetz in den Artikeln 1, 2 geschützten Rechtsgüter geht, hätte es nahegelegen, ihn in § 2 BDSG auch auf Personengruppen oder juristische Personen zu erstrecken, da nach Artikel 19 Abs. 3 GG die Grundrechte auch für inländische juristische Personen gelten, soweit sie ihrem Wesen nach auf diese anwendbar sind[22]. Bei den vorbereitenden Arbeiten zum BDSG wurde die Einbeziehung von Daten der Familien und anderer Personengruppen sehr eingehend diskutiert[23]. Gegen die Einbeziehung sprach jedoch, daß sich ein Schutz von Personengruppen erübrigt, weil jedes Gruppenmitglied als Individuum seine Rechte nach dem Gesetz wahrnehmen kann[24]. Nach *Auernhammer*[25] ist auch die Konfliktsituation jeweils eine andere und das erforderliche Instrumentarium deshalb nicht ohne weiteres auf die nach Zielsetzung und Größe unterschiedlichen juristischen Personen oder Personengruppen übertragbar.

In der Literatur gehen die Meinungen hierüber nach wie vor auseinander. Wenn die über eine Personenvereinigung gespeicherten Daten Rückschlüsse auf Daten der Einzelmitglieder dieser Personenvereinigung zulassen, so handelt es sich jedenfalls um schutzwürdige personenbezogene Daten dieser Einzelpersonen, d. h. von deren Schutzbedürfnis fällt ein Teil auf die Personenvereinigung zurück[26].

---

19 *Auernhammer,* Einführung, Anm. 25.
20 *Simitis* (Fn. 2), Einleitung, Anm. 43ff., 47.
21 *Auernhammer,* Einführung, Anm. 25.
22 Vgl. bei *Ordemann/Schomerus,* § 2 Anm. 1.5; *Dammann* (Fn. 2), § 2 Anm. 16.
23 Siehe nur *Gallwas* (Fn. 8), § 2, Anm. 6.
24 *Ordemann/Schomerus,* § 2 Anm. 1.5; *Dammann* (Fn. 2), Anm. 55f.
25 § 2, Anm. 4.
26 Vgl. Fn. 24.

Dennoch schützen heute alle Datenschutzgesetze der Länder nur die Daten natürlicher Personen. Allein das frühere Datenschutzgesetz von Rheinland-Pfalz vom 24. 1. 1974 (§ 1 Abs. 1) und die Entwürfe zu einigen Landesdatenschutzgesetzen schlossen die Daten von Personengruppen und juristischen Personen ein[27].

4.3 Beschränkung auf EDV

Eine Beschränkung der Datenschutzregelungen auf maschinell oder automatisch verarbeitete Daten enthielten das frühere Datenschutzgesetz von Rheinland-Pfalz vom 24. 1. 1974 (§ 1 Abs. 1) und das frühere Hessische Datenschutzgesetz vom 7. 10. 1970 (§ 1). Die nunmehr geltenden Datenschutzgesetze beider Länder wie auch die übrigen Landesgesetze haben auf diese Einschränkung verzichtet, um Gesetzesumgehungen und Ungleichbehandlungen zu vermeiden, obwohl die primär von der EDV ausgehenden Gefährdungen infolge rascher Zugänglichkeit und Auswertbarkeit großer Datenmengen Ausgangspunkt und Anlaß für die Datenschutzgesetzgebung gewesen sind[28]. Auf die gesteigerten Gefahren im Bereich automatisierter Verarbeitung wird heute nur noch in Einzelbestimmungen hingewiesen, wie etwa in der von der Landesgesetzgebung sinngemäß übernommenen Bestimmung des § 19 Abs. 4 BDSG, nach der der Bundesbeauftragte für den Datenschutz über die automatisch betriebenen Dateien der öffentlichen Hand ein Register zu führen hat.

4.4 Einführung einer verschuldensunabhängigen Schadensersatzpflicht

Die Frage einer eigenständigen Schadensersatzregelung hatte in den politischen und wissenschaftlichen Diskussionen um das BDSG einen breiten Raum eingenommen[29]. Die Aufnahme einer Schadensersatzregelung in das BDSG wurde schließlich zurückgestellt, bis man Erfahrungen auf diesem Gebiet gesammelt habe[30]. Eine Rolle dabei spielte auch die Tatsache, daß der Bund ein Staatshaftungsgesetz sowie ein Gesetz zur Änderung des Grundgesetzes vorbereitet, das landesgesetzlichen Haftungsregelungen keinen Raum mehr lassen würde[31]. Schließlich haben auch die nur schwer abschätzbaren finanziellen Auswirkungen einer solchen Regelung zum Verzicht auf eine besondere Haftungsklausel beigetragen[32].

27 Der bayerische SPD-Entwurf vom 18. 2. 1975 bezog sich in seinem Art. 1 Abs. 1 ebenfalls auf Daten natürlicher Personen and Personengruppen. Das bayerische und auch das Berliner Landesdatenschutzgesetz sehen solche in ersten Vorentwürfen vorgesehene Erweiterungen in Anpassung an das BDSG nicht mehr vor.
28 *Simitis,* (Fn. 2) Einleitung, Anm. 48.
29 Vgl. *Auernhammer,* Einführung, Anm. 34.
30 Bericht des Bundestagsinnenausschusses, BT-Dr 7/5277, S. 5.
31 Begründung zu § 15 des Entwurfs Rheinl.-Pfalz,LT-Dr 8/2528.
32 Begründung zum Entwurf Baden-Württemberg, A III 4; LT-Dr 7/2550.

Soweit Landesdatenschutzgesetze keine Schadensersatzregelungen treffen, stellt sich die Rechtslage wie folgt dar:
Für Amtspflichtverletzungen ihrer Bediensteten bei der Datenverarbeitung im Rahmen der Ausübung hoheitlicher Tätigkeit haftet die öffentlich-rechtliche Anstellungskörperschaft gem. Art. 34 GG in Verbindung it § 839 BGB, soweit eine Vorschrift des Landesdatenschutzgesetzes verletzt ist und ein Schaden beim Betroffenen eingetreten ist. Allerdings ist § 830 Abs. 3 BGB zu beachten, wonach eine Haftung ausgeschlossen ist, wenn es der Betroffene verabsäumt hat, ein Rechtsmittel einzulegen.
Bei Amtspflichtsverletzungen im nicht-hoheitlichen, fiskalischen Bereich kommt eine Haftung des für die Behörde tätigen Mitarbeiters, wenn er Beamter ist, nach § 839 BGB und wenn er es nicht ist nach § 823 Abs. 1 BGB (Verletzung des allgemeinen Persönlichkeitsrechts) oder nach § 823 Abs. 2 BGB wegen Verletzung eines Schutzgesetzes in Betracht. Anstelle des beamteten oder nichtbeamteten Bediensteten haftet die juristische Person des öffentlichen Rechts, für welche er tätig ist gemäß Art. 34 GG bzw. unter den Voraussetzungen der §§ 31, 831 BGB[33]. Bei Schädigung im Rahmen eines öffentlich-rechtlichen Vertragsverhältnisses kommt weiterhin eine Haftung unmittelbar aus dem Vertrag oder unter dem Gesichtspunkt der positiven Vertragsverletzung in Frage[34].
Zu der in einigen Landesdatenschutzgesetzen zur Verstärkung der Bürgerrechte gewählten Gefährdungshaftung läßt sich vorab folgendes sagen[35]: Der Vorteil der verschuldensunabhängigen Gefährdungshaftung besteht darin, daß es keiner subjektiven Voraussetzungen beim Anspruchsgegner bedarf, um eine Haftung zu begründen. Die Folge ist u. a. eine erhebliche Beweiserleichterung beim Anspruchsteller[36].
Die Gefährdungshaftung beim Betrieb von Computern schließt an die Kette von für den Betroffenen latent gefährlichen Vorgängen an, für die der Gesetzgeber bisher die Gefährdungshaftung vorgesehen hat, wie beim Schienen- und Straßenverkehr, beim Umweltschutz oder bei der Verwertung der Kernenergie.

4.5 Vorschriften zur Wahrung des Gleichgewichts der Gewalten

Eine Reihe von Landesgesetzen enthält Vorschriften über die Wahrung des Informationsgleichgewichts zwischen Legislative und Exekutive. Hierbei handelt es sich um Bestimmungen, die entweder – ganz allgemein – die Wahrung des Prinzips der Gewaltenteilung als Aufgabe des Datenschutzes aufzählen, oder ein Recht der Legislative auf Auskunft oder sogar auf unmittelbaren Zugriff auf die Datenbestände der Exekutive festlegen oder die obersten Kontrollinstanzen des Datenschutzes mit der Beobachtung beauftragen, ob durch die Anwendung der ADV

33 Zum Überblick *Auernhammer,* Einführung, Anm. 35ff.
34 Zum Gesamtkomplex s. *Gola/Hümmerich/Kerstan,* Datenschutzrecht II, S. 48ff. sowie unten 8. Kapitel, 5.4.5.
35 Näheres unten 8. Kapitel II, 5.4.5.
36 Vgl. Begründung zu § 4 des Entwurfs Nordrhein-Westfalen, LT-Dr 8/2241.

das Informationsgleichgewicht zwischen den beiden Gewalten beeinträchtigt wird.
Ausgangspunkt für die Verankerung von Vorschriften über das Informationsgleichgewicht ist, daß die Legislative ihrer Aufgabe als Kontrollinstanz, die die Planungen der Regierung verfolgen und Alternativen prüfen soll, nur gerecht werden kann, wenn hier die entsprechenden Daten, – je nach Bedarf aufbereitet – zur Verfügung stehen[37]. Außerdem besteht die Gefahr, daß mangels ausreichender Informationsunterlagen die Gesetzesinitiative zunehmend auf die Exekutive übergeht.
Vorschriften zum Informationsgleichgewicht enthalten die Datenschutzgesetze von Berlin, Bremen, Hessen, Nordrhein-Westfalen, Rheinland-Pfalz und Saarland. In anderen Gesetzen wurde die Aufnahme derartiger Bestimmungen offensichtlich für überflüssig erachtet, weil ähnliche Regelungen schon in den Organisationsgesetzen dieser Länder enthalten sind[38]. In Nordrhein-Westfalen wurde eine Vorschrift über das Informationsgleichgewicht in das Datenschutzgesetz aufgenommen, obwohl auch hier das ADV-Informationsgesetz[39] (§§ 2, 3) diesen Bereich bereits angesprochen hat[40].

4.6 Die bereichsspezifischen Regelungen

Die Vielzahl der in einzelnen Bundes-[41] sowie Landesgesetzen verstreuten Datenschutzvorschriften wurde durch die Datenschutzgesetzgebung mit einer spezifischen Systematik untermauert und in eine Ordnung gebracht, die jedoch selbst wieder ein Auseinanderstreben in bereichsspezifische Regelungen vorsieht. Schon das BDSG trägt beispielsweise in einigen Vorschriften der Notwendigkeit von Sonderregelungen Rechnung, so z. B. im Medienprivileg. Bei der Regelung des Datenschutzes auf Landesebene macht sich dieser Trend in verstärktem Maße bemerkbar. Die Zahl der bereichsspezifischen Regelungen ist größer als im Bundesrecht. Die bereichsspezifischen Regelungen betreffen vor allem publizistische Daten, Daten für Rundfunk und Fernsehen, Statistik, wissenschaftliche Daten, Datenverarbeitung von am Wettbewerb teilnehmenden öffentlichen Stellen, das Meldewesen oder die Datenverarbeitung für öffentlich-rechtliche Religionsgemeinschaften.
Während im BDSG solche Sondervorschriften eher als Ausnahmen vom Regelfall dargestellt werden, sind sie in den Gesetzen der Länder meist unter den Sonder- oder bereichsspezifischen Regelungen oder unter den Übergangsvorschriften aufgeführt. Als sehr detaillierte Spezialregelungen können beispielsweise die „Son-

37 Vgl. *Fiedler,* Datenschutz und „Gleichgewicht“ gesellschaftlicher Gewalten, Vortrag auf dem IKD, 1978, Berlin, Kongreßdokumentation.
38 Gleichwohl wird nach einer Auskunft der bayerischen Staatskanzlei die Aufnahme einer derartigen Bestimmung in ein novelliertes Landesdatenschutzgesetz erwogen.
39 § 2 ADVG NW, hier S. 234.
40 S. auch unten 10. Kapitel II, 4.2.1.
41 S. dazu *Gola/Hümmerich/Kerstan,* Datenschutzrecht II, S. 4ff.

derbestimmungen für Eigenbetriebe und öffentlich-rechtliche Unternehmen" im Dritten Abschnitt des Datenschutzgesetzes des Landes Nordrhein-Westfalen genannt werden.

5. Unterschiede zwischen den Regelungen des BDSG und den Landesdatenschutzgesetzen bzw. Gesetzesentwürfen

5.1 Allgemeine Bestimmungen

5.1.1 Aufgabe des Datenschutzes

Die überwiegende Mehrzahl der Bundesländer hat die Definition der Aufgabe des Datenschutzes wörtlich § 1 Abs. 1 BDSG entnommen. Diese lautet: „Aufgabe des Datenschutzes ist es, durch den Schutz personenbezogener Daten vor Mißbrauch bei ihrer Speicherung, Übermittlung, Veränderung und Löschung (Datenverarbeitung) der Beeinträchtigung schutzwürdiger Belange der Betroffenen entgegenzuwirken".

Gleichlautend sind die Aufgabendefinitionen gefaßt in Art. 1 Abs. 1 BayDSG, § 3 Abs. 1 BlnDSG, § 1 Abs. 1 BrDSG, § 1 Abs. 1 NDSG, § 1 Abs. 1 SDSG sowie Reg Entw DSG BW, § 1 Abs. 1 und Vorentw. HmbDSG § 1 Abs. 1.

Abweichende Formulierungen finden sich in § 1 Abs. 1 Ziff. 1 HDSG, § 1 Abs. 1 DSG Rh.-Pf., § 1 Abs. 1 DSG SH und § 1 Abs. 1 Ziff. 1 DSG NW. Aus der Verschiedenheit der Formulierungen ergeben sich jedoch keine praktischen Konsequenzen. Das HDSG sowie das DSG SH versuchen mit der Umformulierung offensichtlich nur eine bessere Lesbarkeit zu erzielen. Das DSG Rh.-Pf. ersetzt das Wort „entgegenwirken" durch „verhindern", eine sprachliche Verbesserung, die jedoch ohne Auswirkungen auf die Rechtslage ist. Verschiedene Landesgesetze – so das HDSG, das DSG NW und das DSG Rh-Pf. – fügen dieser Aufgabenstellung noch eine weitere hinzu. § 1 Abs. 1 Ziff. 2 HDSG und § 1 Abs. 1 Ziff. 2 des DSG NW lauten übereinstimmend:

„Aufgabe des Gesetzes ist es, . . . das auf dem Grundsatz der Gewaltenteilung beruhende verfassungsmäßige Gefüge des Staates, insbesondere der Verfassungsorgane des Landes und der Organe der kommunalen Selbstverwaltung untereinander und zueinander, vor einer Veränderung infolge der automatisierten Datenverarbeitung zu bewahren."

Ähnlich verlangt das DSG Rh.-Pf. (§ 1 Abs. 2) sicherzustellen, daß „die verfassungsmäßige Stellung von Parlament und Regierung zueinander sowie die kommunale Selbstverwaltung und die Stellung ihrer Organe nicht beeinträchtigt werden".

5.1.2 Geregelter Bereich

Wie bereits ausgeführt, regeln die Landesdatenschutzgesetze nur die Datenverarbeitung im Bereich der öffentlichen Verwaltung. Sie drücken dies aus entweder zusammen mit der Definition des geschützten Gegenstandes (§ 1 Abs. 2 BrDSG, §

1 Abs. 2 NDSG, § 1 Abs. 2 DSG NW)[42] oder in einer selbständigen Vorschrift, die meist mit „Anwendungsbereich" überschrieben ist (§ 1 Abs. 1 BlnDSG – vergleiche aber auch § 3 Abs. 2 BlnDSG –, Art. 2 Abs. 1 BayDSG, § 3 Abs. 1 HDSG, § 2 Abs. 1 DSG Rh.-Pf., § 2 Abs. 1 SDSG sowie § 2 Abs. 1 Reg Entw DSG BW und § 2 Abs. 1 Vorentw. HmbDSG.)

§ 7 BDSG zählt in Abs. 2 Ziff. 1 die Behörden und sonstigen öffentlichen Stellen der Länder, Gemeinden und Gemeindeverbände und der sonstigen der Aufsicht des Landes unterstehenden juristischen Personen des öffentlichen Rechts und deren Vereinigungen auf.

Dieser Einteilung folgen auch die meisten Landesgesetze. Das DSG SH dagegen verweist in § 3 Abs. 1 auf die in § 2 des Landesverwaltungsgesetzes genannten „Träger der öffentlichen Verwaltung".

Das BayDSG stellt ausdrücklich die „beliehenen Unternehmer" den Behörden gleich[43]. Das DSG NW regelt sie in seinem Dritten Abschnitt zusammen mit den öffentlich-rechtlichen Unternehmen.

5.1.3 Geschützte Daten

Nach § 7 Abs. 2 BDSG sind Gegenstand des Datenschutzes nur solche Daten, die in Dateien gespeichert, verändert, gelöscht oder aus Dateien übermittelt werden. Dieser Vorschrift entsprechen wörtlich die Regelungen des BayDSG (Art. 1 Abs. 2 Satz 1) BlnDSG (§ 3 Abs. 2) BrDSG (§ 1 Abs. 2 Satz 1) HDSG (§ 1 Abs. 2) NDSG (§ 1 Abs. 2 Satz 1) DSG NW (§ 1 Abs. 2 Satz 1) SDSG (§ 1 Abs. 2 Satz 1) und RegEntw. DSG BW (§ 1 Abs. 2 Satz 1). Mit gleichem Inhalt, aber anders formuliert, ist die entsprechende Vorschrift in § 2 Abs. 2 DSG Rh.-Pf. Verkürzt Erwähnung findet diese Definition in § 1 Abs. 1 DSG SH.

5.1.4 Daten mit reduziertem Datenschutz

Hinsichtlich der sogenannten „internen" Daten, d. h. solcher Daten, die nicht automatisiert verarbeitet werden und nicht zur Übermittlung an Dritte bestimmt sind, sind nach § 1 Abs. 2 Satz 2 BDSG ausschließlich die technisch-organisatorischen Maßnahmen des § 6 BDSG anzuwenden. Die Landesdatenschutzgesetze haben diese Ausnahmeregelung für interne Daten insgesamt übernommen und mit geringfügigen Abweichungen § 6 Abs. 1 BDSG nachformuliert. § 6 BDSG erklärt diejenigen Maßnahmen für erforderlich, deren „Aufwand in angemessenem Verhältnis zu dem angestrebten Schutzzweck steht".

Demgegenüber verlangt Art. 1 Abs. 2 Satz 2 BayDSG schlechthin „angemessene" technisch-organische Maßnahmen für diese Daten, während ansonsten Art. 15

---

42 § 1 Abs. 3 BlnDSG läßt für die Behörde der Landespostdirektion und der Zoll- und Verbrauchssteuerverwaltung sowie einiger anderer Behörden das BDSG gelten.

43 Vgl. *Schedl*, DSWR 1978, S. 263f., die auf die amtliche Begründung zum Behördenbegriff in Art. 1 Abs. 1 des Bayerischen Verwaltungsverfahrensgesetzes hinweist.

BayDSG der Definition des § 6 BDSG entspricht. § 1 Abs. 2 Satz 1 NDSG begrenzt die zu treffenden technisch-organisatorischen Maßnahmen danach, daß sie „erforderlich sind, um die Kenntnisnahme durch Unbefugte zu verhindern". Das SDSG spricht schließlich von einer Erforderlichkeit „im Interesse der schutzwürdigen Belange des Betroffenen" (§ 1 Abs. 2 Satz 2). Gem. § 1 Abs. 2 DSG NW gilt der dem BDSG nachgebildete § 6 nur, „soweit er die Verpflichtung enthält, technische und organisatorische Maßnahmen zum Schutze dieser Daten gegenüber Dritten zu treffen". § 9 Abs. 1 DSG Rh.-Pf. spricht von „erforderlichen und angemessenen" Maßnahmen. Im Ergebnis laufen beide Begriffe auf das Gleiche hinaus: Maßnahmen, die außer Verhältnis stehen, müssen nicht ergriffen werden.

5.1.5 Die Begriffsbestimmungen

Die maßgebenden Begriffsbestimmungen sind in fast allen Landesgesetzen wörtlich dem BDSG entnommen. Nur das HDSG enthält eine Änderung. In § 2 Abs. 2 Ziff. 4 HDSG wird der Vorgang des „Sperrens" als das „Verhindern weiterer Verarbeitung oder sonstiger Nutzung gespeicherter Daten" definiert.

5.1.6 Zulässigkeit der Datenverarbeitung

§ 3 BDSG macht die Zulässigkeit der Datenverarbeitung von einer Erlaubnis durch Gesetz oder andere Rechtsvorschriften oder einer schriftlichen Einwilligung des Betroffenen abhängig.
§ 3 BDSG entsprechende Vorschriften bestehen in allen Landesdatenschutzgesetzen mit Ausnahme des DSG Rh.-Pf. Das DSG Rh.-Pf. hat die Zulässigkeitskriterien nicht in die dem Gesetz vorausgestellten „allgemeinen Vorschriften" übernommen, sondern zählt diese jeweils bei den speziellen Regelungen der Datenspeicherung, -veränderung und -übermittlung im einzelnen auf.
Verschiedene Gesetze sehen eine Belehrung des Betroffenen über die Bedeutung der Einwilligung vor (Art. 4 Abs. 2 Bay DSG, § 3 Satz 3 DSG NW; § 5 Abs. 2 DSG Rh.-Pf.

5.1.7 Datengeheimnis

Die das Datengeheimnis betreffenden Vorschriften der Landesgesetze entsprechen wörtlich § 5 BDSG. Verschieden ist nur die systematische Berücksichtigung dieser Vorschrift im Gesetz. Entsprechend dem BDSG findet sich die Verpflichtung auf das Datengeheimnis teilweise im „allgemeinen Teil" der Landesdatenschutzgesetze (§§ 9 HDSG, 5 NDSG, 5 DSG NW), teilweise in besonderen Abschnitten, so BayDSG: Art. 14 (3. Abschn. „Einzelvorschriften für öffentliche Stellen), BLnDSG: § 8 (2. Abschn. „Voraussetzungen der DV und Rechte des Betroffenen", DSG Rh.-Pf.: § 8 (2. Abschn. „Bestimmungen für die Datenverarbeitung"), SDSG: § 11 (3. Abschn. „Einzelregelungen").

5.1.8 Verarbeitung personenbezogener Daten im Auftrag

Für die Verarbeitung personenbezogener Daten im Auftrag von Landesbehörden kann wiederum die entsprechende Bestimmung des BDSG (§ 8) zum Ausgangspunkt genommen werden. Durch diese Regelung wird sichergestellt, daß sich die Behörde ihrer Verantwortung für die Zulässigkeit der Datenverarbeitung nicht dadurch entziehen kann, daß sie sich bei der Ausführung ihrer Aufgaben eines Hilfsorgans bedient[44]. Dem Auftraggeber wird daneben aufgegeben, den Auftragnehmer unter besonderer Berücksichtigung der Eignung der von ihm getroffenen technisch-organisatorischen Maßnahmen sorgfältig auszuwählen (§ 8 Abs. 1 BDSG).

Der Auftragnehmer darf die personenbezogenen Daten nur im Rahmen der Weisungen des Auftraggebers verarbeiten und unterliegt hierbei ebenfalls den entsprechenden Vorschriften über die Durchführung des Datenschutzes und der Kontrolle durch den Datenschutzbeauftragten (§§ 15–21 BDSG). Ist der Auftragnehmer eine nichtöffentliche Stelle, kommt § 37 BDSG zur Anwendung[45]. Die meisten Landesgesetze haben diese Regelung entweder wörtlich oder sinngemäß übernommen.

Eine dem BDSG völlig entsprechende Regelung enthält § 2 Abs. 1 und 2 BlnDSG. Das DSG SH behandelt die Thematik in zwei Paragraphen: Die Pflichten des Auftraggebers sind in § 3 Abs. 2 DSG SH entsprechend dem BDSG geregelt, die des Auftragnehmers in § 4 Abs. 1 DSG SH. Hiernach werden die Vorschriften der §§ 9–15 DSG SH abbedungen, die inhaltlich etwa den §§ 9–14 BDSG entsprechen. In § 4 Abs. 2 DSG SH wird zudem die Datenzentrale Schleswig-Holstein ausdrücklich als Auftragnehmer aufgeführt.

Eine Reihe von Landesgesetzen enthalten den Zusatz: „Sofern die Vorschriften dieses Gesetzes auf den Auftragnehmer keine Anwendung finden, ist der Auftraggeber verpflichtet sicherzustellen, daß der Auftragnehmer die Bestimmungen dieses Gesetzes beachtet und sich der Kontrolle des Landesbeauftragten für den Datenschutz unterwirft".

Eine derartige Bestimmung enthalten § 7 Abs. 1 Satz 3 BrDSG und § 7 DSG NW. In § 7 Abs. 2 DSG NW werden die einzelnen in Frage kommenden datenverarbeitenden Institutionen enumerativ aufgezählt. § 4 Abs. 1 und 2 HDSG enthält den genannten Zusatz ebenfalls, wobei in Satz 3 des Abs. 1 noch die „vertragliche" Sicherstellung der Beachtung der Bestimmungen des Gesetzes und die Unterwerfung unter die Kontrolle des Hessischen Datenschutzbeauftragten verlangt wird. Auch § 5 Abs. 3 SDSG enthält die oben zitierte Unterwerfungsklausel. Das BayDSG (Art. 3) und das SDSG (§ 5 Abs. 2) lassen die technisch-organisatorischen Maßnahmen, die Datenschutzkontrolle und die Schluß-, Übergangs- und Strafvorschriften ausdrücklich auch für die Datenverarbeitung im Auftrag gelten.

---

44 Vgl. *Auernhammer,* § 8 Anm. 1.

45 *Auernhammer,* § 8 Anm. 5.

§ 8 Abs. 2 NDSG läßt es dagegen bei den Weisungen des Auftraggebers bewenden.
Das DSG Rh.-Pf. regelt die Verantwortlichkeit in § 4. Nach § 4 Abs. 1 DSG Rh.-Pf. gilt die Regelung des Landesdatenschutzgesetzes für den Auftraggeber, wenn er Daten in seinem Auftrag verarbeiten läßt oder seine Zustimmung zur Verarbeitung gegeben hat. Soweit für den Auftragnehmer die Bestimmungen des Gesetzes keine Anwendung finden, hat der Auftraggeber sicherzustellen, daß die Bestimmungen des Landesdatenschutzgesetzes beachtet werden. Verarbeitet eine Behörde oder sonstige öffentliche Stelle selbst Daten im Auftrag, so ist sie an die Weisungen des Auftraggebers gebunden, „sofern die Bestimmungen dieses Gesetzes nicht entgegenstehen" (§ 4 Abs. 2 DSG Rh.-Pf.).
Art. 17 Abs. 4 BayDSG stellt ausdrücklich fest, daß es sich bei der Datenweitergabe an eine die Daten im Auftrag verarbeitende Stelle um keine Datenübermittlung an eine „andere öffentliche Stelle" handelt.

5.1.9 Datenverarbeitung im Auftrag durch privatrechtlich organisierte Unternehmen, die wirtschaftlich von der öffentlichen Hand abhängig sind

§ 8 Abs. 3 BDSG regelt die Datenverarbeitung juristischer Personen, Gesellschaften und anderer Personenvereinigungen des Privatrechts, die der wirtschaftlichen Kontrolle der öffentlichen Hand dadurch unterliegen, daß dieser die Mehrheit der Anteile gehört oder die Mehrheit der Stimmen zusteht, wobei diese Stellen personenbezogene Daten im Auftrag einer Behörde oder einer sonstigen öffentlichen Stelle verarbeiten. Hier gelten die §§ 15–21 BDSG entsprechend. Anlaß für diese Regelung ist, daß ein privatrechtlich organisiertes Unternehmen, das wirtschaftlich von einer Einrichtung des Bundes abhängig ist, in mancher Hinsicht wie ein Teil der öffentlichen Verwaltung behandelt werden kann, analog den Unternehmen der öffentlichen Hand, die am Wettbewerb teilnehmen[46]. Die Vorschriften über den internen Datenschutzbeauftragten, über Meldepflicht und Aufsichtsbehörden, die nach den §§ 38–40 BDSG vorgesehen sind, kommen nicht zur Anwendung. An ihre Stelle treten die Vorschriften aus dem öffentlichen Bereich (§§ 15–21 BDSG) über die Sicherstellung der Durchführung des Datenschutzes, über die allgemeinen Verwaltungsvorschriften und über den Bundesbeauftragten für den Datenschutz[47].
Die meisten Landesgesetze haben diese Regelung ebenfalls aufgegriffen. Entsprechende Regelungen ohne besondere Zusätze enthalten das BrDSG (§ 7 Abs. 3: „Vorschriften über den Landesbeauftragten für den Datenschutz und den Parlamentsausschuß finden Anwendung"), das HDSG (§ 4 Abs. 3: „es gelten die Vorschriften für den Landesbeauftragten für den Datenschutz"), der Vorentw. HmbDSG (§ 3 Abs. 3: „es gelten die Vorschriften über den Landesbeauftragten für den Datenschutz"). Nach § 2 Abs. 3 BlnDSG gelten insoweit nur die Vor-

46 *Ordemann/Schomerus,* § 8 Anm. 3.
47 *Auernhammer,* § 8 Anm. 10.

schriften über den Berliner Datenschutzbeauftragten; angefügt ist die Befugnis zur Einschränkung des Grundrechts auf Unverletzlichkeit der Wohnung für die Betriebs- und Geschäftszeit, falls der Datenschutzbeauftragte von seinem Zutrittsrecht nach § 25 BlnDSG Gebrauch macht.
§ 8 Abs. 3 NDSG läßt ebenfalls die Vorschriften über die Überwachung des Datenschutzes für diese Unternehmen gelten. In § 15 Abs. 3 NDSG ist eine entsprechende Regelung für den Fall enthalten, daß diese Unternehmen im Auftrag öffentlich-rechtlicher Unternehmen arbeiten, die am Wettbewerb teilnehmen. § 15 Abs. 3 NDSG läßt also auch die Vorschriften über die Sicherstellung der Durchführung des Datenschutzes, die allgemeinen Verwaltungsvorschriften und die Vorschriften über den Landesbeauftragen für den Datenschutz zur Anwendung kommen, soweit diese Personen oder Personenvereinigungen geschäftsmäßig personenbezogene Daten im Auftrag von Behörden oder sonstigen öffentlichen Stellen verarbeiten.

5.1.10 Datenverarbeitung durch Unternehmen der öffentlichen Hand, die am Wettbewerb teilnehmen

Die Regelungen der Landesgesetze nehmen ihren Ausgang in der bundesrechtlichen Regelung des § 7 BDSG. § 7 Abs. 1 Satz 2 BDSG läßt für öffentlich-rechtliche Unternehmen des Bundes, die am Wettbewerb teilnehmen, von den Vorschriften des Zweiten Abschnitts nur die §§ 15–21 gelten.
Nach § 7 Abs. 2 gelten für öffentlich-rechtliche Unternehmen der Länder, Gemeinden etc., die am Wettbewerb teilnehmen, in einem Land ohne landesgesetzlich geregelten Datenschutz bei der Ausführung von Bundesrecht die Vorschriften des Zweiten Abschnitts des BDSG nicht, sondern die Vorschriften der Abschnitte 3 und 4. In diesen Abschnitten nehmen die §§ 22 bzw. 31 BDSG ausdrücklich auf diese Unternehmen Bezug.
Besteht eine landesgesetzliche Regelung, so unterliegen diese Unternehmen uneingeschränkt dem Landesrecht und zwar auch hinsichtlich der Datenschutzkontrolle, da der Bundesgesetzgeber keine organisationsrechtlichen Vorschriften für die Länder erlassen konnte[48]. Als am privatwirtschaftlichen Wettbewerb teilnehmend werden jene Unternehmen betrachtet, die Geschäfte betreiben, die im allgemeinen Gegenstand der privatwirtschaftlichen Betätigung von Personen oder Gesellschaften des Privatrechts sind, wie etwa öffentlich-rechtliche Kreditanstalten[49]. Das Unternehmen muß in seinen wesentlichen Belangen privat-wirtschaftlich sein, d.h. diese Regelung gilt dann nicht, wenn das öffentlich-rechtliche Unternehmen nur in einer bestimmten Beziehung am wirtschaftlichen Wettbewerb teilnimmt. Die einzelnen Regelungen der Landesgesetze weisen folgende Besonderheiten auf:

---

48 *Ordemann/Schomerus,* § 8 Anm. 5.4.
49 Vgl. *Schweinoch* (Fn. 8), § 7 Anm. 70.

- Im BayDSG ist die Regelung unter den „Sondervorschriften für bestimmte öffentliche Stellen“ in Art. 22 untergebracht. Auch hier ist nur der Fünfte Abschnitt des Gesetzes (Überwachung des Datenschutzes) mit einer Ausnahme anwendbar, im übrigen aber orientiert es sich an den Vorschriften des BDSG mit Ausnahme des Zweiten Abschnitts und einiger Einzelbestimmungen. Innerhalb dieser Sonderregelung gilt wieder eine spezielle Regelung für die öffentlich-rechtlichen Kreditinstitute und ihrer Zusammenschlüsse und Verbände (Art. 22 Abs. 2 BayDSG), nämlich daß die Vorschriften des BDSG, die für privatrechtliche Kreditinstitute in Frage kommen, Anwendung finden.
- Das BlnDSG regelt diesen Themenkreis in § 1 Abs. 2, indem es einige Vorschriften des Landesgesetzes zugunsten der Vorschriften des BDSG aus dem Dritten und Vierten Abschnitt abbedingt; § 22 Satz 4 BlnDSG schreibt vor, die Dateien dieser Unternehmen in dem besonderen Register des Landesbeauftragten für den Datenschutz zu führen.
- Im BrDSG gibt es eine ähnliche Regelung in § 1 Abs. 3, ebenso im HDSG (§ 3 Abs. 2), das aber für öffentlich-rechtliche Kreditinstitute und Versicherungsunternehmen eine abweichende Behandlung vorsieht.
- Das NDSG erklärt in § 7 Abs. 1 zweiter Halbsatz die Vorschriften seines Zweiten Abschnitts als für diese Art von Unternehmen nicht geltend. § 15 Abs. 1 NDSG regelt die Anwendung von bestimmten Vorschriften des BDSG. Im letzten Satz des Abs. 1 werden die Eigenbetriebe der Gemeinden und Landkreise sowie die Zweckverbände diesen Unternehmen gleichgestellt. Nach § 15 Abs. 2 gilt die gleiche Regelung auch für die Verarbeitung von Daten im Auftrag solcher Unternehmen.
  Dagegen gelten nach § 15 Abs. 4 NDSG für die öffentlich-rechtlichen Kreditinstitute und Versicherungsanstalten sämtliche Vorschriften des BDSG, die auf privatrechtliche Unternehmen anzuwenden sind. Für öffentlich-rechtliche Versicherungsunternehmen unter Aufsicht des Landes gilt eine Sonderregelung. Durch Verordnung des Niedersächsischen Landesministeriums über das vom Landesdatenschutzbeauftragten zu führende Register kann hinsichtlich der Daten dieser Unternehmen das Einsichtsrecht von der Glaubhaftmachung eines berechtigten Interesses abhängig gemacht werden (§ 18 Abs. 4 letzter Satz NDSG).
- Das DSG NW enthält einen Abschnitt „Sonderbestimmungen für Eigenbetriebe und für öffentlich-rechtliche Unternehmen“. Nach § 18 Ziff. 2 DSG NW gelten diese Sonderregelungen anstelle der §§ 10–17 dieses Gesetzes, unter anderem für die Fälle der juristischen Personen des öffentlichen Rechts, die am Wettbewerb teilnehmen, der Aufsicht des Landes unterstehen und personenbezogene Daten als Hilfsmittel für die Erfüllung ihrer Geschäftszwecke oder Ziele verarbeiten[50].
- Das DSG Rh.-Pf. läßt in seinem § 2 Abs. 4 ebenfalls das BDSG mit Ausnahme des zweiten Abschnitts gelten, wobei nur anstelle des Bundesbeauftragten für den Datenschutz jeweils die Datenschutzkommission (anstelle des früheren „Datenschutzausschusses“) getreten ist.
- Das SDSG regelt die Frage – ebenso wie Bayern – unter den Sonderbestimmungen (§ 22). Auch hier gelten von den Vorschriften des Landesgesetzes weitgehend nur die Vorschriften über die Datenschutzkontrolle, im übrigen die meisten Vorschriften des BDSG mit Ausnahme des Zweiten Abschnitts. Ebenso wie in Bayern gelten für die öffentlich-rechtlichen Kreditinstitute ausschließlich die Vorschriften des BDSG für privatrechtliche Unternehmen.
  Das gleiche gilt für öffentliche Stellen, die Daten im Auftrag solcher Kreditinstitute oder privater Auftraggeber verarbeiten (§ 22 Abs. 2 Satz 2 SDSG).
- Für Schleswig-Holstein gelten schließlich nach § 5 Abs. 1 DSG SH für diese Unternehmen ebenfalls die Vorschriften des Dritten Abschnitts des BDSG, wenn sie Daten für eigene Zwecke verarbeiten lassen, und des Vierten Abschnitts, wenn sie selbst die Daten

50 S. unten 8. Kapitel II, 5.5.

geschäftsmäßig als Auftragnehmer für privatrechtliche Auftraggeber oder für öffentlich-rechtliche Wettbewerbsunternehmen verarbeiten. Letzteres gilt auch für die Verarbeitung durch Personenvereinigungen des Privatrechts, die wirtschaftlich von der öffentlichen Hand abhängig sind und die Daten geschäftsmäßig im Auftrag öffentlich-rechtlicher Wettbewerbsunternehmen mit eigener Rechtspersönlichkeit verarbeiten. Eine Ausnahme von diesen Vorschriften besteht für die Zweckverbände.

5.1.11 Datenverarbeitung im Rahmen von dienst- und arbeitsrechtlichen Rechtsverhältnissen

Das BDSG läßt in § 7 Abs. 3 für die Datenverarbeitung innerhalb von dienst- und arbeitsrechtlichen Rechtsverhältnissen anstelle der §§ 9–14 BDSG, die die Datenverarbeitung im öffentlichen Bereich regeln, die §§ 23–27 BDSG über die Datenverarbeitung nichtöffentlicher Stellen für eigene Zwecke gelten. Diese Regelung geht von der Erwägung aus, daß die Vorschriften des Dritten Abschnitts auch für dienst- und arbeitsrechtliche Rechtsverhältnisse mit der öffentlichen Hand besser geeignet sind und daß für Arbeits- und Dienstverhältnisse gleichgültig, ob sie im privaten oder öffentlichen Bereich bestehen, einheitliche datenschutzrechtliche Bestimmungen gelten sollten[51]. Wörtlich oder fast wörtlich übernommen haben diese Regelung das BrDSG (§ 1 Abs. 4) sowie das NDSG (§ 7 Abs. 2). Einige Landesgesetze schließen jedoch § 24 Abs. 2 BDSG hinsichtlich der Übermittlung listenmäßig oder sonst zusammengefaßter Daten über Angehörige einer Personengruppe von der entsprechenden Anwendung aus, so das HDSG (§ 3 Abs. 4) und das DSG Rh.-Pf. (§ 2 Abs. 3).

In Nordrhein-Westfalen und Bayern hat man von einer derartigen einheitlichen Regelung der dienst- und arbeitsrechtlichen Daten bewußt abgesehen und mangels besonderer Regelung die Bestimmungen über die Verarbeitung der Behörden oder sonstiger öffentlicher Stellen Anwendung finden lassen. Die Zulässigkeitsvoraussetzungen für die Verarbeitung von Personaldaten im öffentlichen Dienst hängen somit von der „rechtmäßigen Aufgabenerfüllung" und nicht von der „Zweckbestimmung des Vertragsverhältnisses" ab[52]. Dies hat zunächst zur Konsequenz, daß es in Nordrhein-Westfalen und Bayern ebenfalls keine sogenannten „freien" Personaldaten im Sinne von § 24 Abs. 2 BDSG gibt. Inwieweit im übrigen für die Bediensteten der öffentlichen Hand in diesen Ländern ein effektiverer Datenschutz erreicht wird, läßt sich nicht generell absehen; in der Regel werden gleiche Grundsätze anzuwenden sein wie im Arbeitsverhältnis, da sich die rechtmäßige Aufgabenerfüllung im Rahmen der Abwicklung des Beamtenverhältnisses weitgehend an den gleichen Kriterien ausrichtet wie sie aus dem Arbeitsverhältnis bekannt sind[53].

---

51 Vgl. *Auernhammer,* § 7 Anm. 20.

52 Ausweichend *Schweinoch,* (Fn. 8), § 7 Anm. 36; zu den Vorteilen einer einheitlichen Behandlung des Personaldatenrechts s. *Hümmerich/Gola,* BB 1977, S. 148; zum Inhalt des gesetzlichen Merkmals der Zweckbestimmung s. *Hümmerich,* Erfassungsschutz im arbeitsvertraglichen Anbahnungsverhältnis, Diss., Bonn 1977, S. 148ff., S. 89ff.

53 *Hümmerich/Gola,* Personaldatenrecht im Arbeitsverhältnis, S. 33ff.

5.1.12 Durchführung des Datenschutzes

Die in den meisten Landesgesetzen enthaltenen Vorschriften über die Durchführung des Datenschutzes sind dem § 15 BDSG nachgebildet. Hiernach haben die obersten Bundesbehörden sowie die bundesunmittelbaren Körperschaften, Anstalten und Stiftungen des öffentlichen Rechts, über die eine oberste Bundesbehörde die Rechtsaufsicht ausführt, für ihren Geschäftsbereich die Durchführung dieses Gesetzes und anderer, den Datenschutz betreffende Rechtsvorschriften sicherzustellen. Zu diesem Zweck haben sie insbesondere Übersichten über die Art der gespeicherten Daten, über die Aufgabe, zu deren Erfüllung diese benötigt werden, sowie über die regelmäßigen Empfänger zu erstellen und ferner die ordnungsgemäße Anwendung der Datenverarbeitungsprogramme zu überwachen. Es geht hier also um die interne Kontrolle des Datenschutzes, die selbstverständlich neben der externen Kontrolle durch Landesdatenschutzbeauftragte bzw. Datenschutzkommissionen erforderlich ist.

Die Vorschriften der Landesgesetze über die Sicherstellung des Datenschutzes im Wege der Fachaufsicht entsprechen einander mit Ausnahme der unterschiedlichen Bezeichnungen der verschiedenen Institutionen des Landes oder der kommunalen Selbstverwaltung (vergleiche §§ 16 BlnDSG, 8 BrDSG, 5 HDSG, 16 NDSG, 16 DSG SH). Nur die Gesetze des Saarlandes und Nordrhein-Westfalens haben eine abweichende und wesentlich ausführlichere Regelung getroffen. So verlangt § 18 Abs. 2 SDSG beim erstmaligen Einsatz automatischer Verfahren, mit denen personenbezogene Daten verarbeitet werden, hinsichtlich der Datenarten und der regelmäßigen Übermittlung die schriftliche Freigabe durch die oberste Dienstbehörde. Entsprechendes gilt auch für die wesentlichen Änderungen des Verarbeitungsverfahrens sowie für den Fall, daß personenbezogene Daten aus den Geschäftsbereichen verschiedener oberster Dienstbehörden oder verschiedener juristischer Personen in automatisierten Verfahren verarbeitet werden. Ist die Datenübermittlung nicht durch Rechts- oder Verwaltungsvorschriften geregelt, bedarf es hinsichtlich der Datenarten und der regelmäßigen Übermittlung der Zustimmung der beteiligten obersten Dienstbehörden oder der zuständigen Organe der juristischen Personen. Eine ähnliche Tendenz der Einschränkung oder Verrechtlichung der Datenverarbeitung in der öffentlichen Verwaltung verfolgt § 14 DSG NW, wonach die Landesregierung ermächtigt – und wohl auch beauftragt – wird, für bestimmte Sachgebiete die Voraussetzungen für die Datenübermittlung durch Rechtsverordnung näher zu regeln. § 8 des DSG NW wendet sich zwecks Sicherstellung der Durchführung des Datenschutzes nicht nur an die oberen Bundesbehörden etc., sondern auch direkt an die Gemeinden und Gemeindeverbände, wobei auch die Übermittlung innerhalb von Behörden einbezogen ist. Die zu erstellende Übersicht hat (abweichend vom BDSG) „Empfänger oder Empfängergruppen“ schlechthin und die Voraussetzungen für die Übermittlung zu berücksichtigen.[54]

---

54 *Ruckriegel,* Das Nordrhein-Westf. Datenschutzgesetz, ÖVD 12/78, S. 4ff.

5.1.13 Allgemeine Verwaltungsvorschriften

Nach § 16 BDSG erlassen die obersten Bundesbehörden allgemeine Verwaltungsvorschriften über die Durchführung dieses Gesetzes. Hierdurch soll der Unterschiedlichkeit der in die Zuständigkeit der Behörden und Stellen des Bundes fallenden Aufgaben und den besonderen Erfordernissen der jeweiligen Geschäftsbereiche Rechnung getragen werden[55]. Auch im Bereich der Länder, Gemeinden etc. muß auf die besonderen Gegebenheiten der einzelnen Geschäftsbereiche Rücksicht genommen werden.
Das BrDSG weist daher in § 9 ausdrücklich auf die besonderen Erfordernisse des Datenschutzes gem. den besonderen Verhältnissen in den verschiedenen Geschäftsbereichen der Behörden des Senats hin. Eine entsprechende Regelung enthält § 6 HDSG und § 9 DSG NW. § 28 DSG Rh.-Pf. läßt die allgemeinen Verwaltungsvorschriften durch das Ministerium des Inneren im Einvernehmen mit den Ministerien, deren Geschäftsbereich berührt wird, nach Anhörung der Datenschutzkommission ergehen. Gem. § 18 Abs. 1 Satz 2 SDSG ergehen die allgemeinen Verwaltungsvorschriften nach Anhörung des Landesbeauftragten für den Datenschutz. § 17 DSG SH überträgt die Befugnis zur Herausgabe der Verwaltungsvorschriften den obersten Landesbehörden im Benehmen mit dem Landesbeauftragten für ihren jeweiligen Geschäftsbereich.
Auf die spezielle Regelung des § 14 DSG NW über den Erlaß von Rechtsverordnungen zur Datenübermittlung wurde bereits hingewiesen, nämlich daß die Rechtsverordnungen „im Einvernehmen mit dem zuständigen Landtagsausschuß" ergehen müssen[56].
Das BayDSG enthält in Art. 19 ebenfalls eine Vorschrift über den Erlaß von Rechtsverordnungen zur Datenübermittlung, wobei Art. 19 Abs. 2 auch die Regelung für die Übermittlung von vom DSG nicht geschützten personenbezogenen Daten, d.h. z.B. also Daten, die nicht in Dateien gespeichert sind, zuläßt.

5.1.14 Technisch-organisatorische Maßnahmen

Die Landesgesetze haben fast sämtlich die Bestimmungen über die technisch-organisatorischen Maßnahmen des § 6 BDSG nebst Anlage übernommen. Abweichungen weisen nur das BayDSG und das DSG Rh.-Pf. auf. Im Bereich der Datensicherung ist die Rechtslage im Bundes- und Landesrecht daher nahezu identisch.
Die meisten Landesvorschriften sehen auch die Ermächtigung zum Erlaß von Verwaltungsverordnungen vor, die sich auf die Fortschreibung der in der Anlage zu § 6 BDSG aufgeführten Datensicherungsmaßnahmen beziehen, damit eine Fortschreibung dieser Maßnahmen entsprechend dem Stand der Technik möglich

55 *Ordemann/Schomerus*, § 16.
56 Vgl. Fn. (54)

wird, wie sie auch für das BDSG vorgesehen ist. § 5 Abs. 2 letzter Satz BlnDSG weist hierauf noch einmal ausdrücklich hin.
Das BayDSG hat in Artikel 15 unter Fortfall einer Ermächtigung zum Erlaß von Verwaltungsverordnungen die Anlage zu § 6 in den Gesetzestext übernommen, eine Methode, die insofern ungünstig ist, als eine Anpassung der technisch-organisatorischen Hinweise an veränderte Entwicklungen durch das damit notwendig werdende komplizierte Gesetzgebungsverfahren erschwert wird. § 9 DSG Rh.-Pf. hat den Verhältnismäßigkeitsgrundsatz des BDSG nur mit anderem Wortlaut übernommen, wenn es anordnet, daß diejenigen technisch-organisatorischen Maßnahmen zu treffen seien, die erforderlich und angemessen sind, um die Ausführungen der Bestimmungen dieses Gesetzes zu gewährleisten.
Nach § 9 Abs. 2 DSG Rh.Pf. sind die Sicherungsmaßnahmen in Dienstanweisungen im einzelnen festzulegen. Das Innenministerium regelt im Einvernehmen mit dem Ministerium, dessen Geschäftsbereich betroffen ist, nach Anhörung der Datenschutzkommission durch Rechtsverordnung die nach dem jeweiligen Stand der Technik und Organisation notwendigen Anforderungen an die zu treffenden Maßnahmen (§ 9 Abs. 1 Satz 2 DSG Rh.-Pf.).

5.2 Datenverarbeitung bei Behörden und sonstigen öffentlichen Stellen

Unter den materiellen Vorschriften für die Datenverarbeitung der Behörden und sonstigen öffentlichen Stellen sind hier vor allem die den §§ 9–12 BDSG entsprechenden Regelungen über die Zulässigkeit der Datenverarbeitung zu behandeln.

5.2.1 Datenspeicherung und Datenveränderung

Gem. § 9 Abs. 1 BDSG ist das Speichern und das Verändern personenbezogener Daten zulässig, wenn es zur rechtmäßigen Erfüllung der in der Zuständigkeit der speichernden Stelle liegenden Aufgaben erforderlich ist. Nach § 9 Abs. 2 BDSG ist der Betroffene, von dem Daten erhoben werden, auf die die Datenerhebung rechtfertigenden Rechtsvorschriften – und bei Fehlen solcher – auf die Freiwilligkeit seiner Angaben hinzuweisen.
Mit dem Hinweis auf Zuständigkeit, Rechtmäßigkeit und Erforderlichkeit der in der Regel einen Eingriff in Persönlichkeitsrechte bewirkenden Datenspeicherung[57] werden an sich selbstverständliche Grundsätze rechtsstaatlichen Verwaltungshandelns (Art. 20 GG) aufgezeigt[58]. Die Aufgabenerfüllung ist zunächst immer dann rechtmäßig, wenn sie gesetzmäßig ist, also wenn die Aufgaben der Behörde oder öffentlichen Stelle durch Rechtsvorschrift explizit übertragen worden sind. Stützt sich der Wille der Verwaltung nicht auf konkrete Rechtsvorschriften, was bei planender oder fiskalischer Verwaltungstätigkeit häufig vorkommt, ist die Rechtmäßigkeit der Aufgabenerfüllung danach zu beurteilen, ob die Art

57 Vgl. *Dammann,* (Fn. 2), § 10 Anm. 30.
58 *Ordemann/Schomerus,* § 9 Anm. 1; *Dammann* (Fn. 2), § 9 Anm. 8.

und Weise der Aufgabenerfüllung nicht gegen allgemeine Rechtsvorschriften und -grundsätze verstößt.

Zu den allgemeinen Rechtsgrundsätzen zählen insbesondere die in § 9 Abs. 1 BDSG teilweise bereits benannten Prinzipien wie Erforderlichkeit, Verhältnismäßigkeit und Geeignetheit des Verwaltungshandelns. Das Merkmal der „Erforderlichkeit" bedeutet, daß nur die tatsächlich und zwingend benötigten Daten überhaupt gespeichert bzw. festgehalten werden dürfen[59]. Aus der Gegenwartsform der Formulierung „erforderlich ist" ist zu schließen, daß es sich nur um die aktuelle Aufgabenerfüllung handeln darf, d.h., daß eine Speicherung von Daten „auf Vorrat" unzulässig ist[60].

Ist der Betroffene nicht zur Angabe seiner Daten verpflichtet, ist auf die Freiwilligkeit hinzuweisen. Die freiwillige Bekanntgabe erfüllt in der Regel jedoch nicht – allein schon wegen der Formerfordernisse – die Erfordernisse einer Einwilligung.

Die Mehrzahl der Landesdatenschutzgesetze hat die Regelung des § 9 BDSG wörtlich übernommen (vgl. §§ 9 BlnDSG, 9 NDSG, 10 DSG NW, 9 DSG SH, 13 SDSG).

Das HDSG fügt ebenso wie das DSG Rh.-Pf. und das DSG NW (§§ 5 Abs. 2, 11 Abs. 2, 10 Abs. 2 S. 2) der Hinweispflicht noch ein Nachteilsverbot an durch den Zusatz, „dem Betroffenen dürfen aus einer Verweigerung der Einwilligung keine Rechtsnachteile entstehen". Dabei wird man allerdings ergänzen müssen, daß beispielsweise dort, wo Daten als Grundlage eines begünstigenden Verwaltungshandelns benötigt werden, bei Verweigerung der entsprechenden Daten nach entsprechendem Hinweis die damit verbundenen Nachteile, d.h. die Ablehnung des Antrags, in Kauf genommen werden muß.

Art. 16 BayDSG entspricht in seinem Abs. 1 und 2 dem BDSG, mit dem Unterschied, daß die Zulässigkeit der Verarbeitung von der Erfüllung der durch „Rechtsnorm" der speichernden Stelle zugewiesenen Aufgaben abhängig gemacht wird. Hierin liegt eine wesentliche Verschärfung der Zulässigkeitsvoraussetzungen für die Datenverarbeitung[61]. Der zum Beispiel durch bloße Verwaltungsrichtlinien geregelte Datenaustausch zwischen den Länderbehörden ist nach dieser Regelung nicht mehr zulässig[62].

Diese Tendenz zur strikten Verrechtlichung des Datenschutzes tritt im BayDSG immer wieder hervor. Da bei weitem nicht alle Verwaltungsaufgaben durch „Rechtsnorm" geregelt und bestimmten Behörden zugewiesen sind, sieht das Gesetz Übergangsregelungen vor (Art. 37 Abs. 1 BayDSG). Insofern besteht nun also ein zwingender Nachholbedarf für die betroffenen bayerischen Rechtssetzungsorgane. Bis zum Ablauf der Übergangsfristen, die am 1. 1. 1983 enden, genügt es, wenn in den einschlägigen Vorschriften von „öffentlichen Aufgaben"

---

59 Vgl. näheres bei *Dammann* (Fn. 2), § 9 Anm. 18, 27ff.
60 *Ordemann/Schomerus,* § 9 Anm. 1.1.–1.3.; *Dammann* (Fn. 2), § 9 Anm. 21.
61 Vgl. *Hergenhahn,* DANA 1/78, S. 2.
62 *Schedl* (Fn. 13).

schlechthin die Rede ist. Unbefristet gilt diese Ausnahme für die Träger der gesetzlichen Sozialversicherungen, ihrer Verbände und für die kassenärztlichen wie für die kassenzahnärztlichen Vereinigungen Bayerns[63].

5.2.2 Datenübermittlung innerhalb des öffentlichen Bereichs

Die Datenverarbeitung innerhalb des öffentlichen Bereichs ist für die Bundesverwaltung in § 10 BDSG geregelt. § 10 Abs. 1 Satz 1 BDSG macht die Zulässigkeit wiederum von der Erforderlichkeit der für die rechtmäßige Erfüllung der in der Zuständigkeit der übermittelnden Stelle oder des Empfängers liegenden Aufgaben abhängig. Diese „Aufgaben-/Erforderlichkeitsklausel" ist restriktiv auszulegen. Formale Rechtfertigungen wie „Planungszwecke" oder „übliche Betreuung" (eines Kunden) könnten mit der Zeit den Datenschutz unterlaufen.[63 a)] Demgemäß ist die Berufung auf eine allgemeine Verpflichtung zur Amtshilfe als Rechtfertigung einer Weitergabe von personenbezogener Daten nicht mehr ausreichend. Die Übermittlung bzw. die Kenntnis der Daten muß für die Erfüllung der Aufgaben unverzichtbar sein, nicht jedoch steht der Übermittlung entgegen, daß die Daten ggf. auch auf andere Weise von dem Empfänger beschafft werden könnten[64].

Sofern nicht eine eindeutige Rechtsgrundlage für die Datenübermittlung gegeben ist, muß substantiert dargelegt werden können, warum und wozu man die Daten benötigt. Dabei ist auch zu prüfen, ob alle angeforderten Daten notwendig sind und ggf. eine Selektion zu treffen ist.[65] Ebenfalls ist die Möglichkeit einer Anonymisierung der Daten zu prüfen. In § 10 Abs. 1 Satz BDSG wird festgelegt, daß Daten, die einem Berufs- oder besonderen Amtsgeheimnis unterliegen und der übermittelnden Person oder Stelle bereits unter der Voraussetzung der Amtsverschwiegenheit mitgeteilt worden sind, von der letzteren nur weitergegeben werden dürfen, wenn der weitere Empfänger die Daten zu dem gleichen Zweck wie der Erstempfänger benötigt.

Durch § 10 Abs. 1 Satz 2 BDSG wird der Schutz des Berufs- oder besonderen Amtsgeheimnisses erweitert. Wenn Daten aufgrund gesetzlicher Vorschriften weitergegeben werden müssen, erlischt in der Regel der Schutz des Berufs- oder besonderen Amtsgeheimnisses, da dieses an die Person des Berufsinhabers gebunden ist. Die weitergebende Stelle muß also zusätzlich prüfen, ob die Daten zur Erfüllung des gleichen Zwecks, zu dem sie der speichernden Stelle übermittelt wurden, benötigt werden, wobei die Einheitlichkeit des Zwecks nicht zu weit ausgelegt werden darf[66]. Ggf. ist die Einwilligung des Betroffenen einzuholen.

---

63 *Schweinoch/Geiger,* Bayerisches Datenschutzgesetz, Köln, 1979, Art. 37, Anm. 2.

63a Vgl. Erster Tätigkeitsbericht des Bundesbeauftragten für den Datenschutz, S. 43f.

64 Zur Frage der Amtshilfe und der Anwendung des VwVfG vgl. die ausführliche Darstellung bei *Dammann* (Fn. 2) § 10 Anm. 50ff.

65 *Ordemann/Schomerus,* § 10 Anm. 1.

66 Vgl. das sehr weit angelegte Beispiel bei *Ordemann/Schomerus* § 10 Anm. 1.2; zu recht einschränkend: *Dammann* (Fn. 2), § 10 Anm. 17.

In § 10 Abs. 2 BDSG wird die Übermittlung an Stellen der öffentlich-rechtlichen Religionsgemeinschaften unter den gleichen Voraussetzungen wie zwischen Behörden zugelassen, allerdings unter der zusätzlichen Bedingung, daß der Empfänger ausreichende Datenschutzmaßnahmen getroffen hat. In dieser Konsequenz haben auch die Religionsgesellschaften begonnen, Datenschutzregelungen zu erlassen[67].

Die Landesgesetze entsprechen der Regelung des § 10 BDSG weitgehend (vgl. §§ 11 BlnDSG, 12 HDSG, 11 DSG NW und Art. 17, 25 BayDSG).

Das BlnDSG fügt in § 10 Abs. 3 einen Zusatz an, nach dem über die Zulässigkeit der Übermittlung die übermittelnde Stelle entscheidet und nicht wie ansonsten im Streitfall zwischen Behörden die nächsthöhere gemeinsame Stelle[68]. Das BayDSG macht die Frage der Datenübermittlung in Art. 17 Abs. 1 – ebenso wie die Datenspeicherung – von den zu rechtmäßigen Erfüllung der durch „Rechtsnorm" der übermittelnden Stelle oder dem Empfänger zugewiesenen Aufgaben abhängig.

Art. 17 Abs. 3 BayDSG enthält eine nützliche Definition der „anderen öffentlichen Stelle". Abgestellt wird dabei auf die Wahrnehmung anderer Aufgaben und einen anderen räumlichen Bereich. Eine „andere Stelle" kann daher auch zwischen Einheiten der selben Behörde vorliegen[69]. Eine dem BayDSG entsprechende Definition der „anderen Stelle‘ enthält das SDSG in § 14 Abs. 3 und 4[69a].

Die Regelung des § 10 DSG SH entspricht in Abs. 1 dem BDSG, in Abs. 2 wird neben den öffentlich-rechtlichen Religionsgemeinschaften auch von „Kirchen und Weltanschauungsgemeinschaften" als Empfangsberechtigten der Datenübermittlung gesprochen, d.h. der Kreis der insoweit Empfangsberechtigten wird weiter gezogen[70]. Das NDSG schließlich enthält eine wesentliche Verstärkung des Datenschutzes bei der Übermittlung von Daten an die öffentlich-rechtlichen Religionsgemeinschaften, da gem. § 10 Abs. 2 nur Mitgliederdaten übermittelt werden dürfen[70a].

§ 6 Abs. 3 DSG Rh.-Pf. fügt eine besondere Regelung für die Weitergabe perso-

---

67 Vgl. das im Anhang wiedergegebene Kirchengesetz der Evangelischen Kirche im Rheinland, S. 263 ff., oder das bei *Ordemann/Schomerus*, Anhang, S. 444 ff. abgedruckte Kirchengesetz über den Datenschutz der EKD.

68 *Ordemann/Schomerus*, § 10 Anm. 1.

69 Zur Abgrenzung der Datenübermittlung innerhalb einer Behörde: Vgl. *Dammann* (Fn. 2), § 10 Anm. 5.; *Schweinoch* (Fn. 8), § 10 Anm. 10 ff.

69a Demgegenüber geht das DSG NW von der Einheit der Gemeinde und dem „organisatorischen Behördenbegriff" aus; § 1 Abs. 2 DSG NW nennt die Gemeinde – und nicht ihre Behörden – als Normadressat. Für den Datenschutz bei internen Datenflüssen hat gem. § 8 Abs. 3 DSG NW die Gemeinde zu sorgen.

70 Privatrechtlich organisierte Relegionsgemeinschaften sind z.B. die Zeugen Jehovas. Vgl. auch die Auflistung bei *Dammann* (Fn. 2) § 10 Anm. 66 f., *Schweinoch* (Fn. 8) § 10 Anm. 38 ff.

70a Auch nach dem BDSG ist die Übermittlung der Daten von Nicht-Mitgliedern im Grundsatz verboten; vgl. *Schweinoch* (Fn. 8), § 10 Anm. 42.

nenbezogener medizinischer Daten hinzu. Nach dieser bedeutsamen Vorschrift dürfen medizinische Daten nur mit Zustimmung des Betroffenen oder aufgrund gesetzlicher Erlaubnis übermittelt werden. Ist die Zustimmung vom Betroffenen nicht rechtzeitig zu erlangen, weil er zu einer Willensäußerung nicht in der Lage ist, so entscheidet der behandelnde Arzt, ob die Übermittlung dem mutmaßlichen Willen des Betroffenen entspricht und in seinem wohlverstandenen Interesse liegt.

5.2.3 Datenübermittlung an Stellen außerhalb des öffentlichen Bereichs

§ 11 Abs. 1 BDSG macht die Datenübermittlung an Stellen außerhalb des öffentlichen Bereichs einmal davon abhängig, daß sie zur rechtmäßigen Aufgabenerfüllung (vgl. § 9 und 10 BDSG) erforderlich ist und zum anderen davon, ob sie im berechtigten Interesse des Empfängers liegt und schutzwürdige Belange des Betroffenen nicht beeinträchtigt werden. Bei Daten, die einem Berufs- oder besonderen Amtsgeheimnis unterliegen, gilt das bereits zu § 10 BDSG Gesagte. Die Regelung des BDSG übernommen haben das BrDSG (§ 13), das NDSG (§ 11) und das DSG SH (§ 11). § 16 Abs. 2 HDSG fügt der dem BDSG entsprechenden Übermittlungsregelung eine Zweckbindungsvorschrift an, nach der die Daten vom Empfänger nur für den Zweck verwendet werden dürfen, zu dessen Erfüllung sie ihm übermittelt wurden. Eine entsprechende Regelung enthält § 13 Abs. 2 DSG NW, sowie § 16 Abs. 6 SDSG. § 11 BlnDSG entspricht § 11 BDSG mit der bemerkenswerten Verschärfung, daß zusätzlich zu den anderen Gründen, welche eine Datenübermittlung an Stellen außerhalb des öffentlichen Bereichs rechtfertigen, die Einwilligung des Betroffenen erforderlich ist[71].

Das BayDSG regelt die Frage in Art. 18 Abs. 1 bis 3 entsprechend der bundesgesetzlichen Regelung, wobei Abs. 1 – wie schon in den übrigen Zulässigkeitsvorschriften – von den durch „Rechtsnorm" der übermittelnden Stelle zugewiesenen Aufgaben spricht. Nach Art. 18 Abs. 4 BayDSG ist die Datenübermittlung an solche Stellen grundsätzlich unzulässig, denen gegenüber der Betroffene nach Art. 8 Abs. 2 BayDSG kein Recht auf Auskunft hat.

Dieses begrüßenswerte Übermittlungsverbot wird jedoch durch einen Vorbehalt des Gesetzes eingeschränkt. Die Übermittlung ist zulässig, wenn das öffentliche Interesse sie erfordert.

Das DSG Rh.-Pf. ist ebenfalls erheblich restriktiver gefaßt als das BDSG. §§ 7 Abs. 2 und 5 DSG Rh.-Pf. entprechen § 11 Satz 1 und 2 BDSG, gelten jedoch nur für nicht-automatische Verfahren, wohingegen die Datenübermittlung an Stellen außerhalb des öffentlichen Bereichs bei automatisierten Verfahren nur aufgrund einer gesetzlichen Ermächtigung oder bei Einverständnis des Betroffenen zulässig

---

71 Die in § 11 BlnDSG, Art. 18 Abs. 1 BayDSG, § 7 Abs. 1 DSG Rh.-Pf. gemachten Ansätze, von den unbestimmten Rechtsbegriffen des BDSG zu konkreten Ermächtigungsnormen zu kommen, bedeutet eine der wesentlichen Anstöße der Landesgesetzgebung für eine Fortschreibung des BDSG und Verbesserung des Datenschutzes.

ist (§ 7 Abs. 1 DSG Rh.-Pf.). Für die Einwilligung ist regelmäßig Schriftform notwendig; die Vorschrift des § 7 Abs. 3 DSG Rh.-Pf. enthält ebenfalls eine Zweckbindungsvorschrift. Ferner macht § 7 Abs. 4 DSG Rh.-Pf. die Datenübermittlung an Behörden oder sonstige Stellen außerhalb des Geltungsbereichs des Grundgesetzes sowie an über- und zwischenstaatliche Stellen davon abhängig, daß dies durch Gesetz vorgesehen ist und schutzwürdige Belange des Betroffenen nicht beeinträchtigt werden[71a]. Endlich läßt § 7 Abs. 6 DSG Rh.-Pf. die Regelung des § 6 Abs. 3 für die Übermittlung von medizinischen Daten im öffentlichen Bereich entsprechend gelten.

Hinzuweisen ist letztlich auf eine weitere abweichende Regelung im SDSG. § 16 Abs. 4 SDSG schließt eine Übermittlung in den Fällen aus, in denen kein Recht des Betroffenen auf Einsicht in das Datenschutzregister besteht (§ 7 Abs. 4) und dann, wenn an den Betroffenen keine Auskunft erteilt wird, und enthält die Möglichkeit, daß die übermittelnde Stelle Übermittlungen mit Auflagen versehen kann, die den Datenschutz beim Empfänger sicherstellen.

5.2.4 Veröffentlichung der Datenspeicherung

§ 12 Abs. 1 BDSG regelt die bei einer ersten Speicherung in dem für den Bereich bestehenden Veröffentlichungsblatt für amtliche Bekanntmachungen unverzüglich vorzunehmende Veröffentlichung der Art der von der Behörde oder sonstigen öffentlichen Stellen oder in ihrem Auftrag gespeicherten Daten, der Aufgaben, zu deren Erfüllung diese benötigt werden, des betroffenen Personenkreises und der Stellen, an die regelmäßig Daten übermittelt werden sowie der Art der zu übermittelnden Daten[71b]. Dem Betroffenen sind auf Antrag die bisherigen Bekanntmachungen zugänglich zu machen. Von dieser Veröffentlichungspflicht bestehen nach § 12 Abs. 2 BDSG Ausnahmen, vor allem für die Nachrichtendienste, für Staatsanwaltschaften, Polizei und Bundes- und Landesfinanzbehörden sowie für die bereits gesetzlich geregelten Fälle der Registerführung.

Die Regelungen über die Veröffentlichungspflicht auf Landesebene entsprechen dem BDSG, enthalten jedoch teilweise einschränkende oder erweiternde Ergänzungen. So erwähnt § 12 Abs. 2 Ziff. 1 NDSG auch den Landesrechnungshof als von der Veröffentlichungspflicht befreit. Andererseits machen einige Gesetze Zusätze zu Ausnahmen für die Polizei. So enthält das BlnDSG in § 12 Abs. 2 Ziff. 1 die Befreiung nur, soweit die Polizei nicht Ordnungsaufgaben wahrnimmt. § 14 Abs. 2 Ziff. 1 BrDSG priveligiert die Polizei nur, soweit sie strafverfolgend oder im Rahmen der vorbeugenden Verbrechungsbekämpfung tätig wird. Das DSG

71a Zur Frage, inwieweit schutzwürdige Belange berührt werden, wenn im Ausland keine Datenschutzregelung besteht: *Ordemann*, Grenzüberschreitender Datentransport– Intern. Datenschutzabkommen, ÖVD 6/1977, ferner *Schweinoch* (Fn. 8) § 11 Anm. 43.

71b Die erste für Bundesbehörden gemäß § 1 Datenschutzveröffentlichungsverordnung (BGBl I 1977, S. 1477) als Beilage zum Bundes-Anzeiger vorzunehmende Veröffentlichung wurde mit Nr. 34/78 des Bundesanzeigers (Beilage) vorgelegt.

SH verfügt in § 13 Abs. 1, daß der Landesbeauftragte für den Datenschutz die Angaben im Amtsblatt bekanntgibt. Nach § 13 Abs. 2 Ziff. 1 DSG SH bestimmen sich die Ausnahmen von der Veröffentlichung nicht entsprechend dem BDSG, sondern es wird Bezug genommen auf Dateien, die nach § 12 Abs. 3 DSG SH in ein besonderes Register aufzunehmen sind, d.h. Dateien von Polizei, Staatsanwaltschaften, Finanzbehörden etc.
Die Landesdatenschutzgesetze der Länder Rheinland-Pfalz, Saarland und Bayern enthalten keine Veröffentlichungsregelungen, da man mit dem seit 1974 in Rheinland-Pfalz geführten Datenschutzregister des Datenschutzausschusses, das die entsprechenden näheren Angaben über die Datenspeicherung enthält, gute Erfahrungen gemacht hat[72] und unterstellte, daß die Veröffentlichungsblätter für die amtlichen Bekanntmachungen in aller Regel von den Bürgern ohnehin nicht gelesen würden[73]. Nach § 17 Abs. 1 HDSG genügt auch ein Hinweis auf eine im Staatsanzeiger für das Land Hessen erfolgte Veröffentlichung.

5.2.5 Anmeldungspflicht von Dateien

In einigen Landesgesetzen wird die Pflicht zur Anmeldung beim Dateiregister des Landesbeauftragten für den Datenschutz nicht – wie im BDSG – bei den Vorschriften über die externe Kontrolle angeführt, sondern bei den Vorschriften über die Datenverarbeitung im öffentlichen Bereich.
Nach § 19 Abs. 4 BDSG hat der Bundesbeauftragte für den Datenschutz ein Register der im öffentlichen Bereich betriebenen automatisierten Dateien, die personenbezogene Daten enthalten, zu führen. Dieses Register kann von jedermann eingesehen werden. Die Behörden und sonstigen öffentlichen Stellen des Bundes, wie sie in § 7 Abs. 1 BDSG aufgezählt sind, haben ihre automatisch betriebenen Dateien bei diesem Register anzumelden.
Völlig ausgenommen von dieser Anmeldepflicht sind das Bundesamt für Verfassungsschutz, der Bundesnachrichtendienst und der militärische Abschirmdienst. Für weitere in § 12 Abs. 2 Nr. 1 BDSG genannte Bundesbehörden wird ein besonderes Register geführt, das nur eine Übersicht über Art und Verwendungszweck der dort verarbeiteten Daten enthält, jedoch nicht dem Einsichtsrecht für jedermann unterliegt.
§ 19 Abs. 4 BDSG regelt nicht, welche Angaben im einzelnen das Register des Bundesbeauftragten für den Datenschutz enthalten muß. Dies ist vielmehr durch Rechtsverordnung des Bundesinnenministers geregelt[74].
Die folgenden Landesgesetze haben entsprechende Regelungen bei den Vorschriften für den Landesbeauftragten für Datenschutz untergebracht: §§ 12, 13

---

72 So Begründung zum Entwurf Datenschutzgesetz Rheinland-Pfalz, A 4.2, LT-Dr.
73 *Schedl* (Fn. 13), S. 263; Vgl. aber auch die amtliche Begründung zur Datenschutzveröffentlichung des Bundes zur „Transparenz" im Bundesanzeiger, wiedergegeben bei *Ordemann/Schomerus,* Anhang S 272 ff.
74 Datenschutzregisterordnung (DSRegO) v. 9.2.78, BGBl I, S. 250.

Abs. 1 und 4 DSG SH, § 21 BrDSG, § 25 HDSG. Auch § 22 BlnDSG entspricht dem BDSG. Interessant ist jedoch, daß hier auch die Dateien der öffentlich-rechtlichen Unternehmen, die am Wettbewerb teilnehmen, zu dem besonderen Register angemeldet werden müssen. Auch § 18 Abs. 4 NDSG entspricht dem BDSG mit der Besonderheit, daß durch Verordnung das grundsätzlich jedermann zustehende Einsichtsrecht hinsichtlich der Daten der öffentlich-rechtlichen Unternehmen, die am Wettbewerb teilnehmen, von der Glaubhaftmachung eines berechtigten Interesses abhängig gemacht werden kann. Das DSG NW regelt die Frage der Registerführung in § 27, mit der zunächst einmaligen Besonderheit, daß das Register auch nicht automatisch geführte Dateien umfaßt[75]. § 27 Abs. 2 DSG NW enthält bereits eine Aufzählung der Angaben, die das Register enthalten muß. Ebenfalls ist für die Dateien der öffentlich-rechtlichen Unternehmen, die am Wettbewerb teilnehmen, sowie für öffentlich-rechtliche Kreditinstitute ein gesondertes Register zu führen, das nicht von jedermann eingesehen werden kann.

Während die bisher aufgezählten Bestimmungen die Frage der Registerführung im Rahmen der Vorschriften über den Landesbeauftragten behandeln, regelt das BayDSG die wesentlichen Bestimmungen über die Registerführung bei den Schutzrechten des Betroffenen (Art. 7) und erwähnt die Führung des Datenschutzregisters unter Hinweis auf Art. 7 nur kurz bei den Aufgaben des Landesbeauftragten in Art. 28 Abs. 1 Satz 2. Im Rahmen der Schutzrechte stellt Art. 7 BayDSG das Einsichtsrecht des Betroffenen nach dem Anrufungsrecht an die Spitze der Vorschriften, wobei ausdrücklich erwähnt wird, daß die Einsichtnahme kostenlos zu gewähren ist. Auch hier werden die Angaben, die dem Register zu machen sind, bereits im Gesetz aufgezählt. Art. 7 Abs. 3 BayDSG sieht vor, daß der Landesbeauftragte mindestens einmal jährlich eine Übersicht über den Inhalt des Registers veröffentlicht. Bei Glaubhaftmachung eines berechtigten Interesses können Auszüge gefertigt werden.

Das SDSG ordnet die Registerführung ebenfalls unter die Schutzrechte ein. § 7 SDSG enthält auch eine Aufzählung der im Register zu machenden Angaben und die Möglichkeit der Anfertigung von Auszügen, die aber nicht kostenfrei sind. Das DSG Rh.-Pf. enthält in seinem zweiten Abschnitt (Bestimmungen für die Datenverarbeitung) in § 10 die Regelung der Anmeldepflicht bei der Datenschutzkommission. Zu den nach § 10 Abs. 1 DSG Rh.-Pf. zu meldenden Angaben gehören neben Art und Umfang der von der öffentlichen Stelle in ihrem Auftrag oder mit ihrer Zustimmung gespeicherten Daten u.a. der Verwendungszweck, die vorgesehenen Schutzvorkehrungen und spätere Veränderungen. Nach § 10 Abs. 1 Satz 3 DSG Rh.-Pf. ist die Anmeldung so rechtzeitig vorzunehmen, daß die Datenschutzkommission noch vor der ersten Speicherung ihrer Überwachungspflicht nachkommen kann. Die Vorschrift wird ergänzt durch das in § 11 DSG Rh.-Pf.

75 Hierdurch, wie durch die erweiterte Auskunft (§ 16 Abs. 1, DSG-NW) und die erweitere Datenübersicht (§ 8 Nr. 1 DSG NW) soll eine verbesserte „Transparenz" der Datenverarbeitung für den Betroffenen erreicht werden, vgl. *Ruckriegel* (Fn. 54), S. 4.

behandelte Recht des Betroffenen auf gebührenfreie Auskunft aus dem Datenschutzregister.

5.3 Die Überwachung des Datenschutzes (externe Kontrolle)

Alle Landesdatenschutzgesetze haben zunächst eine externe institutionelle Kontrolle der öffentlichen Verwaltung im Bereich des Datenschutzes durch Landesbeauftragte für den Datenschutz bzw. durch eine an seine Stelle tretende Datenschutzkommission sowie in einem Fall durch einen als Hilfsorgan des Datenschutzbeauftragten handelnden Beirat geschaffen.
Daneben regeln einige Datenschutzgesetze jedoch auch die externe Kontrolle über private Datenverarbeiter, indem sie Regelungen über die Aufsichtsbehörden treffen.
Die Datenschutzgesetzgebung der Länder hat auch für den öffentlichen Bereich das vom BDSG gewählte System der externen Kontrolle übernommen, weil die allgemeinen Kontrollsysteme durch Verwaltung und Parlament nur bedingt als geeignet angesehen wurden, Verletzungen der Privatsphäre bei der Datenverarbeitung zu vermeiden, zumal es sich bei der Dienstaufsicht und Kontrolle durch die Parlamente in der Regel um nachträgliche Kontrollen handelt. Gerade im Bereich der elektronischen Datenverarbeitung ist jedoch eine vorbeugende und verfahrensbegleitende Kontrolle unabdingbar, u.a. schon deshalb, weil das gesamte Verfahren im vorhinein festgelegt werden muß, so daß nachträgliche Änderungen schwierig und kostenaufwendig sind[76].

5.3.1 Der Landesbeauftragte für den Datenschutz

Die Landesbeauftragten für den Datenschutz sind – obwohl unabhängig und weisungsfrei – gleichwohl Teil der Exekutive, d.h. die Tätigkeit des Landesbeauftragten ist als Verwaltung zu qualifizieren. Datenschutz in der öffentlichen Verwaltung ist somit eine Frage des Verwaltungsverfahrens[77]. In dieser Verwaltungsbezogenheit liegt auch ein Argument gegen Übertragung der Datenschutzkontrolle an einen parlamentarischen Ausschuß, da hierdurch das Prinzip der Gewaltenteilung berührt sein könnte[78]. In Konsequenz der Verwaltungszugehörigkeit ist der Datenschutzbeauftragte dann auch in der Regel der klassischen Verwaltungsbehörde, d.h. dem Innenministerium, organisatorisch zugeordnet bzw. dessen Dienstaufsicht unterstellt. Gleichwohl weist die Position des Datenschutzbeauftragten einige verwaltungsatypische Besonderheiten auf. Vorbild für die meisten Landesgesetze ist auch insoweit wiederum das BDSG. Der Bundesbeauftragte ist

76 Begr. zum Entwurf Datenschutzgesetz NW. I 4, LT-Drucksache 8/2241, S. 28; vgl. *Heinz,* Zum Grundrecht auf Datenschutz u.z. Datenschutzgesetz NW, DANA 1/1979, S. 1 f.
77 *Schimmel,* Die institutionelle Kontrolle des Datenschutzes nach den Datenschutzgesetzen der Länder, DuD 1/79, S.25.
78 Begr. Entwurf Datenschutzgesetz NW (Fn. 76).

unabhängig und nur dem Gesetz unterworfen, er unterliegt somit keiner Fachaufsicht (§ 17, 18 BDSG)[79]. Um seiner unabhängigen Funktion gerecht werden zu können, ist der Bundesbeauftragte weder Beamter auf Zeit noch Angestellter, sondern steht zum Bund in einem „öffentlich-rechtlichen Arbeitsverhältnis eigener Art", auf welches Beamtenrecht, Dienst- und Tarifrecht keine Anwendung finden[80]. Er steht nur hinsichtlich offenkundiger Rechtsverstöße unter der Rechtsaufsicht der Bundesregierung und im beschränkten Umfang unter der Dienstaufsicht des Bundesministers des Inneren[81].

Die Gesetze der Länder zeigen zur Bundesregelung nicht nur in der Anordnung der Vorschriften Unterschiedlichkeit. Manchmal sind die Bestimmungen über die externe Aufsicht in einem einzigen, manchmal in einer Reihe von Vorschriften zusammengefaßt. Hinsichtlich der organisatorischen Einordnung des Landesbeauftragten ergibt sich überwiegend die Tendenz, ihn in der Nähe der Exekutive einzuordnen und ihr einen großen Einfluß auf seine Bestellung einzuräumen[82], während der Einfluß des Parlaments auf seine Bestellung gering gehalten wird[83].

Als persönliche Voraussetzung für die Bestellung zum Beauftragten wird in den Landesgesetzen gelegentlich die Befähigung zum Richteramt oder zum höheren Verwaltungsdienst[84] verlangt (§§ 24 Abs. 1 DSG NW, 19 Abs. 1 SDSG). Die Berufung in das Amt des Datenschutzbeauftragten erfolgt in einer Reihe von Fällen durch Wahl bzw. mit Zustimmung des Parlaments nebst Ernennung durch die Exekutive, in anderen Fällen durch bloße „Berufung" bzw. „Bestellung" durch die Exekutive.

Ein Vergleich der Landesgesetze ergibt die nachfolgende Zusammenstellung. Die spätere Ernennung erfolgt

durch *Wahl* bzw. *mit parlamentarischer Zustimmung:*

- § 18 Abs. 1 BlnDSG (auf Vorschlag des Senats, vom Abgeordnetenhaus mit der Mehrheit der Stimmen der Mitglieder gewählt und vom Senat ernannt)
- § 17 Abs. 1 BrDSG (auf Vorschlag des Senats von der Bürgerschaft gewählt und vom Senat ernannt)
- § 20 Abs. 1 HDSG (auf Vorschlag der Landesregierung vom Landtag gewählt, vom Präsidenten des Landtags verpflichtet)
- § 24 Abs. 3 DSG NW (vom Landtag auf Vorschlag der Landesregierung mit mehr als der Hälfte seiner gesetzlichen Mitgliederzahl gewählt – hierzu wurde ein neuer Artikel 77a in die Landesverfassung aufgenommen)
- Art. 27 Abs. 1 BayDSG (Ernennung durch die Staatsregierung mit Zustimmung des Landtags)

79 Vgl. hierzu auch *Ordemann/Schomerus,* § 17 Anm. 5.

80 *Schweinoch* (Fn. 8) § 17, Anm. 9ff.

81 *Ordemann/Schomerus,* § 17 Anm. 4.

82 Vgl. bei *Schimmel* (Fn. 77), S. 28.

83 Zur engen Anbindung des Beauftragten an das Parlament im Datenschutzgesetz NW, vgl., *Ruckriegel,* (Fn. 52), S. 7.

84 Einzige Voraussetzung für den Bundesbeauftragten ist nach § 17 Abs. 1 S. 2 BDSG die Vollendung des 35. Lebensjahres.

durch *Berufung:*
- § 17 Abs. 1 NDSG (vom Landesministerium berufen)

durch *Bestellung:*
- § 19 Abs. 1 SDSG (durch die Landesregierung bestellt mit Zustimmung des Landtages)
- §18 Abs. 1 DSG SH (auf Vorschlag des Innenministers durch die Landesregierung bestellt)

Die Dauer der Berufung reicht von 5 Jahren bis „auf Lebenszeit", häufig entspricht sie der „Dauer der Wahlperiode". Eine Bestellung für 5 Jahre sieht vor: § 18 Abs. 3 BlnDSG; für 6 Jahre: § 19 Abs. 2 SDSG; für 8 Jahre: § 24 Abs. 3 DSG NW; auf Lebenszeit: §§ 17 Abs. 1 NDSG, 18 DSG SH; für die Dauer der Wahlperiode des Parlaments: § 20 Abs. 4 HDSG. Eingerichtet ist die Behörde des Landesbeauftragten für den Datenschutz zumeist beim Innenminister, dessen Dienstaufsicht er grundsätzlich auch untersteht. Interessant ist der Zusatz im SDSG, daß der Landesbeauftragte für Datenschutz der Dienstaufsicht nur insoweit untersteht, als seine Unabhängigkeit nicht beeinträchtigt wird (§ 19 Abs. 3 SDSG). In Bayern führt die Dienstaufsicht der Ministerpräsident (Art. 27 Abs. 2 BayDSG) und die Geschäftsstelle des Landesbeauftragten ist bei der Staatskanzlei eingerichtet (Art. 27 Abs. 3 BayDSG). In Berlin ist der Beauftragte bei der obersten Landesbehörde eingerichtet und untersteht der Dienstaufsicht des Präsidenten des Abgeordnetenhauses (§ 19 Abs. 2 BlnDSG)[84a].

Von den in § 19 BDSG geregelten Aufgaben des Bundesbeauftragten für den Datenschutz differieren die Landesdatenschutzgesetze nicht wesentlich. Eine erwähnenswerte Nuance hat das BayDSG aufzuweisen, nämlich daß bei den jährlichen Berichten ein Überblick über technisch-organisatorische Maßnahmen verlangt wird. In manchen Gesetzen wird im Rahmen des Zutrittsrecht der „unangemeldete" Zutritt durch den Landesbeauftragten zugelassen, so z. B. im DSG NW (§ 26 Abs. 3) oder im SDSG (§ 20 Abs. 2). Die letztere Vorschrift ist andererseits insoweit einschränkend formuliert als nach § 20 Abs. 1 SDSG die Verfassungsschutzbehörde schlechthin von der Überwachung durch den Landesbeauftragten ausgenommen ist. Eine etwas weniger gravierende Abwandlung enthält das BrDSG in § 20 Abs. 2 Ziff 3, wenn es bei Stellen, wie Verfassungsschutz oder Polizei das Auskunfts- und Zutrittsrecht nur dem Landesbeauftragten persönlich oder seinem Vertreter zugesetzt. Eine Sonderregelung gilt bei Gefährdung der Sicherheit des Bundes oder eines Landes.

In Nordrhein-Westfalen erstattet der Landesbeauftragte nicht nur der Landesregierung, sondern auch dem Landtag jährlich Bericht (§ 31 Abs. 1 DSG NW). Hier kann er im übrigen auch auf Ersuchen des Landtages (nicht nur auf Ersuchen der Landesregierung) Hinweisen nachgehen (§ 31 Abs. 2 DSG NW). Er kann sich im übrigen auch jederzeit an den Landtag wenden (§ 31 Abs. 3 DSG NW), ein Grundsatz, der auch in Art. 77 a der Landesverfassung festgehalten wurde[85]. Verstärkten Datenschutz bietet das DSG NW im übrigen dadurch, daß die sog. „Staatswohlklausel" nicht aufgenommen wurde und ebenso auf die Bestimmung verzichtet wurde, nach der sich im sogenannten „Sicherheitsbereich" nur der Landesbeauftragte selbst oder ein von ihm schriftlich besonders Beauftragter informieren darf[86]. Eine Reihe von Gesetzen dehnt die Überwachung ausdrücklich auf die juristischen Personen des Privatrechts aus, die sich als Auftragnehmer einer Behörde oder sonstigen öffentlichen Stelle der Kontrolle des Landesbeauftragten für den Datenschutz zu unterwerfen haben[87] (vgl. z.B. §§ 20 Abs. 1 BrDSG, 23 Abs. 1 HDSG, 26 Abs. 1 DSG NW, 19 Abs. 1 DSG SH).

84a Der Regierungsentwurf NDSG v. 1. 9. 1977, LT-Dr. 8/2896, A. 3.4. sah den Präsidenten des Landesrechnungshofs als LBDS vor. Vgl. die entspr. Vorüberlegungen zum BDSG bei *Ordemann/Schomerus,* § 17 Anm. 1.3.

85 GVBl 78, S. 632.

86 *Heinz* (Fn. 76), S. 5.

87 *Ruckriegel,* (Fn. 54). S. 7.

Diejenigen Gesetze, die die Wahrung des Gleichgewichts der Gewalten als Anliegen des Datenschutzes behandeln[88], zählen in einigen Fällen die Beobachtung der Auswirkungen der ADV auf das Informationsgleichgewicht zwischen Exekutive und Legislative auch unter den Aufgaben des Landesdatenschutzbeauftragten auf (vgl. §§ 21 Abs. 2, BlnDSG, 20 Abs. 2 BrDSG, 26 Abs. 4 DSG NW, 23 Abs. 2 HDSG, 17 Abs. 3 DSG Rh.-Pf.). In den genannten Fällen hat der Landesbeauftragte die Auswirkung der ADV dahingehend zu beobachten, ob sie zu einer Beschränkung der Kontrollmöglichkeiten durch das Parlament oder zu einer Verschiebung der Zuständigkeitsabgrenzung zwischen den Organen der kommunalen Selbstverwaltung untereinander oder zur staatlichen Verwaltung etc. führen können und ggfls. entsprechende Gegenmaßnahmen anzuregen.

Die noch wenig bekannten Adressen der Landesdatenschutzbeauftragten bzw. Datenschutzausschüsse lauten wie folgt:

Berlin (noch nicht gewählt)

Bayern
Der Landesbeauftragte für den Datenschutz, Dr. Konrad Stollreither, Königinstraße 11, 8000 München 22

Bremen
Der Landesbeauftragte für den Datenschutz, Hans Schepp, Arndtstraße 1, 2850 Bremerhaven 1

Hessen
Der Hessische Datenschutzbeauftragte Prof. Dr. Spiros Simitis, Mainzer Straße 19, 6200 Wiesbaden

Niedersachsen
Der Beauftragte für Datenschutz, Klaus Tebarth, Schwarzer Bär 2, 3000 Hannover 1

Nordrhein-Westfalen (Anschrift bei Redaktionsschluß noch unbekannt).

Rheinland-Pfalz
Der Vorsitzende des Ausschusses für Datenschutz, Dr. Walter Schmitt, Deutschhausplatz 12, 6500 Mainz

Saarland
Der Landesbeauftragte für den Datenschutz, Dr. Schneider, Hindenburgstraße 21, 6600 Saarbrücken 1

Schleswig-Holstein
Der Landesbeauftragte für den Datenschutz, Ernst-Eugen Becker, Landeshaus, 2300 Kiel

Hinsichtlich der Ausübung des Kontrollrechts durch den Datenschutzbeauftragten in Form von „Beanstandungen" oder durch die Abgabe von Stellungnahmen entsprechen die Regelungen der Landesdatenschutzgesetze weitgehend dem BDSG. Natürlich handelt es sich um andere Behörden als Adressaten der Beanstandungen. Bei Verletzung von Datenschutzvorschriften durch die Landesverwaltung sind es die obersten Landesbehörden, bei Verletzungen durch Gemeinde und Gemeindenverbände oder sonst unter der Aufsicht des Landes stehende juristische Personen des öffentlichen Rechts das diese vertretende Organ. Unterschiede bestehen zwischen den Gesetzen, inwieweit bei Beanstandungen der „Dienstweg" einzuhalten ist. In manchen Gesetzen ist der Adressat bestimmt (§§ 23 Abs. 1 Nr. 1 BlnDSG, 22 Abs. 1 Nr. 1 BrDSG). In anderen Gesetzen wird der Adressat umschrieben. So erfolgt gem. Art. 30 BayDSG die Beanstandung bei der „verletzenden" Behörde oder öffentlichen Stelle, mit einer Aufforderung unter Fristsetzung. Gleichzeitig ist die oberste Dienstbehörde sowie die Aufsichtsbe-

88 Vgl. hierzu Kapitel 10, sowie hier Abschnitt 4.5.

hörde zu verständigen. Bei nicht erfolgter Behebung wird diese von der obersten Dienstbehörde und der Aufsichtsbehörde, ebenfalls unter Fristsetzung, verlangt. Bleibt dies ebenfalls erfolglos, werden Landtag und Staatsregierung verständigt. Das BrDSG zeigt hiervon eine kleine Abweichung, da die mit der Beanstandung gleichzeitig verbundene Unterrichtung der Aufsichtsbehörden nicht in allen Fällen erforderlich ist (§ 22 Abs. 1). Eine andere Nuance weist § 21 Abs. 1 DSG SH auf, wonach die Aufforderung zur Behebung zunächst an die Behörde selbst, ohne daß eine Frist gesetzt wird, gerichtet wird. Nur bei erheblichen Verstößen wird eine Stellungnahme binnen gesetzter Frist unter gleichzeitiger Verständigung der Aufsichtsbehörde gefordert (§ 21 Abs. 2 DSG SH). Nach § 17 Abs. 2 DSG Rh.-Pf. sind Beanstandungen unmittelbar an die Aufsichtsbehörde zu richten. Gem. § 21 Abs. 5 DSG SH wird der Betroffene von dem Landesbeauftragten für Datenschutz nach dessen pflichtgemäßen Ermessen von der Beanstandung unterrichtet.[88a]

5.3.2 Der Beirat

Allein Bayern sieht vor, daß beim Landesbeauftragten für den Datenschutz ein Beirat eingerichtet wird (Art. 29 BayDSG). Dieser Beirat besteht aus elf Mitgliedern, die sich aus sechs Mitgliedern der Landtages, sowie je einem Mitglied des Senats, der Staatsregierung, der Kommunalen Spitzenverbände, des Staatsministeriums für Arbeit und Sozialordnung aus dem Bereich der gesetzlichen Sozialversicherungsträger und des Verbandes freier Berufe in Bayern zusammensetzt (Art. 29 Abs. 1 BayDSG). Die Mitglieder des Beirats sind nicht an Weisungen gebunden und zur Verschwiegenheit verpflichtet (Art. 29 Abs. 2, 6 BayDSG). Der auf den ersten Blick begründete Eindruck von parteiunabhängigem, ausgewogenem Pluralismus im Beirat muß mit *Schimmel*[89] zurecht relativiert werden. Dieser Beirat ist im Schwerpunkt eine gemischte Kommission aus Exekutive, Legislative und Selbstverwaltungsträgern, wobei die Legislative die Mehrheit der Mitglieder stellt. Dabei darf nicht übersehen werden, daß darunter wiederum die Mehrheit aus der jeweils die Regierung tragenden Fraktion oder Koalition kommt.

88a Von Bedeutung für Rechte des Landesbeauftragten ist ferner, daß einige Gesetze (§ 33 Abs. 3 DSG NW, § 30 Abs. 3 BrDSG) dem Landesbeauftragten ein Strafantragsrecht einräumen. § 21 Abs. 3 NDSG läßt im Gegensatz zu § 41 Abs. 3 BDSG die Strafverfolgung auch ohne Antrag des Betroffenen zu, wenn ein besonderes öffentliches Interesse vorliegt. Ob der Landesbeauftragte einen Antrag stellt, bzw. die Strafverfolgungsbehörde die Tat von Amts wegen verfolgt, wird auch von den Gründen abhängen, warum der Betroffene keinen Strafantrag gestellt hat (Vgl. *Bautsch,* Datenschutzrecht in Niedersachsen, § 21 Anm. 2). Im übrigen erfolgt die Verfolgung von schwerwiegenden Datenschutzverletzungen ohne Antrag des Betroffenen.

89 *Schimmel* (Fn. 77) S. 26f.; Vgl. aber auch *Schweinoch/Geiger* (Fn. 63) Art 29 Anm. 1,3, die die Rolle des Beirats als zusätzliche politische Rückendeckung des Landesbeauftragten positiv werten, gleichzeitig aber davor warnen, daß sich der Beirat in eine Gegenposition zum Landesbeauftragten manövrieren läßt.

Der Beirat soll den Landesbeauftragten für den Datenschutz in seiner Arbeit unterstützen (Art. 29 Abs. 3 BayDSG). Er tritt auf Antrag eines seiner Mitglieder oder des Landesbeauftragten für den Datenschutz zusammen (Art. 29 Abs. 4 BayDSG). Der Landesbeauftragte verständigt ihn von Maßnahmen, die auf Beanstandungen hin von ihm getroffen wurden und gibt ihm Gelegenheit zur Stellungnahme. Der Beirat soll also die Funktion einer Clearing-Stelle zwischen dem Landesbeauftragten für den Datenschutz, der Legislative und den DV-Anwendern in der öffentlichen Verwaltung haben[90]. Weisungs- oder Kontrollrechte hat der Beirat nicht.

Ein im Regierungsentwurf von Schleswig-Holstein[91] vorgesehener Beirat, der eine Kontrollfunktion gegenüber dem Landesbeauftragten für den Datenschutz haben sollte, ist nicht in die endgültige Fassung des DSG SH übernommen worden. Weitere Kontrollinstitutionen über die Kontrolleinrichtung des Datenschutzbeauftragten zu stellen, wäre sicherlich auch keine besonders glückliche Lösung gewesen[92].

5.3.3 Die Datenschutz-Kommission

Während zunächst eine Reihe von Bundesländern anstelle des Landesbeauftragten für den Datenschutz ein Gremium in Form eines Datenschutzausschusses als oberstes Kontrollorgan über die öffentliche Verwaltung geplant hatten, wurde an dieser Konzeption nur im DSG Rh.-Pf. festgehalten. Das frühere Gesetz von Rheinland-Pfalz nannte das Gremium „Datenschutzausschuß".

Die Kommission ist heute zusammengesetzt aus drei Abgeordneten des Landtags und zwei Beamten oder Richtern des Landes, wobei die Abgeordneten und ein Beamter oder Richter vom Landtag für die Dauer der Wahlperiode gewählt, der zweite Beamte oder Richter von der Landesregierung für den gleichen Zeitraum bestellt werden. Eine Vergütung erhalten die Mitglieder des Ausschusses bzw. der Kommission nicht. Sie werden vielmehr finanziell entschädigt durch Tagegelder für ihre Sitzung bzw. in Form einer geringen monatlichen Aufwandsentschädigung (§ 18 DSG Rh.-Pf.).

Durch die Zusammensetzung der Kommission soll eine Anbindung an das Parlament sichergestellt und eine parlamentsnahe Kontrolle der Einhaltung der Datenschutzvorschriften gewährleistet werden[93]. Durch die Hinzuziehung eines Vertreters der Landesregierung soll Vorsorge getroffen sein, daß die Beschlüsse und Empfehlungen des Ausschusses reibungslos umgesetzt werden können.

Die Aufgaben und Pflichten der Kommission entsprechen im wesentlichen denen der Landesbeauftragten für den Datenschutz. Die Kommission überwacht die Einhaltung der Datenschutzvorschriften bei den Behörden und sonstigen Stellen

---

90 Ebenso *Schimmel* (Fn.77) S. 27.
91 LT-Dr. 8/868
92 So auch *Schimmel* (Fn. 77), S. 26.
93 Begr. des Entwurf DSG Rheinland-Pfalz, (Fn. 31) A. 4.2.

des Landes und berät den Landtag, die Landesregierung und die anderen Stellen (Art. 17 Abs. 1 DSG Rh.-Pf.). Sie unterrichtet die zuständigen Dienstaufsichtsbehörden über festgestellte Verstöße und gibt Anregungen zur Verbesserung des Datenschutzes. Die Aufsichtsbehörde berichtet innerhalb einer gesetzten Frist über das, was auf Grund ihrer Feststellungen veranlaßt wurde. Unterläßt es die Aufsichtsbehörde, Bericht zu erstatten, verständigt die Kommission die Landesregierung und den Landtag (§ 17 Abs. 2 DSG Rh.-Pf.).
Die Kommission beobachtet die Auswirkungen der Datenverarbeitung auf Arbeitsweise und Entscheidungsbefugnis der Behörden und der sonstigen öffentlichen Stellen des Landes. Sie regt Maßnahmen an, die eine „Beeinträchtigung der Wirkungsmöglichkeiten der Verfassungsorgane des Landes und der Organe der kommunalen Selbstverwaltung" verhindern sollen. Hier ist gegenüber anderen entsprechenden Vorschriften die Beobachtungspflicht weitergefaßt. Sie erstreckt sich nicht nur auf die Verfassungsorgane des Landes, sondern auch auf die Behörden (§ 17 Abs. 3 DSG Rh.-Pf.).
Außerdem führt die Kommission das Register der automatisierten Dateien (§ 19 in Verbindung mit § 10 DSG Rh.-Pf.) und erstattet jährlich dem Landtag einen Tätigkeitsbericht. Gegenüber den datenverarbeitenden Stellen, die verpflichtet sind, die Kommission zu unterstützen, stehen ihr Auskunfts-, Einsichts- und Zutrittsrechte zu.
Nach § 22 DSG Rh.-Pf. hat die Kommission ausdrücklich mit den für den öffentlichen und den nichtöffentlichen Bereich zuständigen Behörden und Stellen des Landes, der anderen Bundesländer und des Bundes Verbindung zu halten und auf die Verwirklichung des Datenschutzes nach einheitlichen Grundsätzen hinzuwirken[94]. Sie kann auch von den für die Überprüfung des Datenschutzes im nichtöffentlichen Bereich zuständigen Landesbehörden und den Aufsichtsbehörden Auskünfte verlangen.
Die Einrichtung der Datenschutzkommission hat sich in Rheinland-Pfalz in der Vergangenheit bewährt[95].

5.3.4 Parlamentsausschuß zur Kontrolle des Datenschutzes

Als besondere Einrichtung zur Datenschutzkontrolle ist der in Bremen eingerichtete parlamentarische Datenschutzausschuß zu nennen (§ 17 ff. BrDSG). Der Ausschuß arbeitet formal unabhängig neben dem Landesbeauftragten für den Datenschutz im Rahmen der vorgegebenen parlamentarischen Verfahrensweisen, d.h. also z.B. durch Einsetzung von Untersuchungsausschüssen oder parlamentarischen Anfragen. Der Datenschutzausschuß ist ein permanentes politisches Diskussionforum des Parlaments. Verglichen mit der Kombination von Datenschutz-

---

94 Eine gleiche Verpflichtung schrieben eine Reihe von Landesgesetzen auch ausdrücklich dem Datenschutzbeauftragten zu (vgl. z.B. § 18 Abs. 5 NDSG, Art. 31 Abs. 3 Bay. DSG. Ebenso § 19 Abs. 5 BDSG).
95 *Becker* (Fn. 18).

beauftragtem und Beirat ist der Bremer Lösung wohl der Vorzug zu geben, weil in einem parlamentarischen Ausschuß zumindest die Parteienlandschaft repräsentiert wird und nicht – wie beim bayerischen Beirat – Pluralismus theoretisch vorgetäuscht werden kann[96]. Im übrigen ist darauf hinzuweisen, daß es natürlich auch in den anderen Bundesländern den Parlamenten unbenommen ist, Parlamentsausschüsse ad-hoc zur Untersuchung bestimmter Datenschutzfragen einzusetzen.

5.3.5 Die Aufsichtsbehörden

Die externe Kontrolle über private Datenverarbeiter üben die Aufsichtsbehörden aus. Die Zuständigkeit der Aufsichtsbehörden wird gewöhnlich in Verordnungen, Runderlassen der Innenminister oder Allgemeinen Verwaltungsvorschriften geregelt. Hierzu und zu den Aufgaben und Möglichkeiten der Aufsichtsbehörden sei auf die Ausführungen an anderer Stelle[97] verwiesen.
Nur in Bayern und Berlin bestimmen die Datenschutzgesetze der Länder auch die Zuständigkeit der Aufsichtsbehörden. Das BlnDSG erklärt in § 31 den Senator für Inneres als die nach den §§ 30, 40 BDSG zuständige Aufsichtsbehörde.
Das BayDSG überträgt gem. Art. 31 Abs. 1 den Regierungen die Funktion der Aufsichtsbehörden. Nach Art. 31 Abs. 2 BayDSG erläßt das Staatsministerium des Inneren im Einvernehmen mit dem Staatsminister für Wirtschaft und Verkehr nach Anhörung des Landesbeauftragten für den Datenschutz die Allgemeinen Verwaltungsvorschriften zum Vollzug des Dritten und Vierten Abschnitts des BDSG. Nach Art. 31 Abs. 3 BayDSG ist ein regelmäßiger Erfahrungsaustausch zwischen Aufsichtsbehörden und Landesbeauftragten für den Datenschutz vorgesehen. Die Aufsichtsbehörden können sich auch mit Zustimmung des Landesbeauftragten der Bediensteten seiner Geschäftsstelle zur Vornahme einzelner Handlungen nach § 30 Abs. 2 und 3 und § 40 BDSG bedienen. In Bremen und Schleswig-Holstein wurden die Landesbeauftragten für den Datenschutz zur Aufsichtsbehörde bestimmt.[97a]

5.3.6 Der technische Überwachungsverein e.V. (TÜV)

Nach dem in vielerlei Hinsicht originellen bayerischen Datenschutzgesetz bedienen sich die Aufsichtsbehörden nach §§ 30, 40 BDSG zur Erfüllung ihrer Aufgaben des TÜV Bayern e.V. (Art. 32 Abs. 1 BayDSG)[98]. Den Bediensteten des TÜV stehen die in § 30 Abs. 2 BDSG genannten Rechte (Zutritts-, Einsichts-

---

96 *Schimmel* (Fn. 77) S. 27.

97 Dazu hier Kapitel 10.II, S. 197ff.

97a Erster Tätigkeitsbericht (Bremen), S. 2; Erster Tätigkeitsbericht (Schleswig-Holstein), S. 5.

98 Durch diese Regelung soll der Aufsicht der erforderliche technische Sachverstand bereitgestellt werden. Zum Tätigwerden bedarf der TÜV jeweils eines konkreten Auftrags; (vgl. *Schweinoch/Geiger*, Fn. 63, Art. 32 Anm. 1) ferner zur Gesamtthematik *Heymann*, DuD 1979, S. 103.

recht) zu. Ebenso besteht ihnen gegenüber eine Auskunftspflicht (Art. 32 Satz 1 BayDSG). Der TÜV erhebt Gebühren und kann dieErstattung von Auslagen verlangen (Art. 32 Abs. 1, 3 BayDSG).
Es ist durchaus denkbar, daß sich aus den Erfahrungen der Datenschutzaufsichtsbehörden und der Beauftragten für den Datenschutz mit der Zeit mehr oder weniger verläßliche Kriterien für gerechte Relationen zwischen Schutzbedürfnis und konkreten Schutzmaßnahmen entwickeln[99]. Anhand solcher Kriterien und Maßstäbe wäre dann auch eine Art „Gütesiegel" oder „TÜV-Plakette" für eine datenschutzgerechte Datenverarbeitung erteilbar. Daß eine neutrale Kontroll- und Zertifikatsstelle ein solches Gütesiegel ausstellt, ist zwar umstritten, aber nicht undenkbar. Jedenfalls sollte durchaus diskutiert werden, ob nicht eine dem TÜV vergleichbare Institution ggf. durch die freiwillige Einholung von Prüfzeichen (z.B. VDE-Prüfzeichen) für die Einhaltung von Datenschutz und Datensicherung sorgen sollte.

5.4 Schutzrechte des Betroffenen

Die Rechte des Betroffenen sind im Bundesdatenschutzgesetz in § 4 zusammengefaßt. Nicht erwähnt sind in § 4 BDSG das Recht auf Anrufung des Bundesbeauftragten für den Datenschutz (§ 21 BDSG) und das Recht auf Einsicht in das Dateienregister des Bundesbeauftragen (§ 19 Abs. 4 Satz 2 BDSG).
Im Gegensatz dazu enthalten die Landesgesetze meist einen erweiterten Abschnitt über die Schutzrechte des Betroffenen, in dem dann auch – soweit vorhanden – Schadensersatz- oder Beseitigungs- und Unterlassungsansprüche aufgeführt sind.

5.4.1 Anrufung des Landesbeauftragten für den Datenschutz

Dem in § 21 BDSG geregelten Recht des Bürgers, den Bundesbeauftragten für den Datenschutz bei vermeintlichen Verletzungen seiner Datenschutzrechte anzurufen, entsprechen die Bestimmungen der Landesgesetze meist wörtlich.
Anstelle der Formulierung „in seinen Rechten verletzt", wird in einigen Gesetzen (Art. 6 BayDSG, § 15 DSG Rh.-Pf., § 6 SDSG) die Wendung „in seinen schutzwürdigen Belangen beeinträchtigt" gewählt. Nach *Schedl* kann in Bayern die Anrufung schon „bei vermuteter" Beeinträchtigung der schutzwürdigen Belange erfolgen[100]. Diese Auslegung des bayerischen Gesetzes wird man auch in den übrigen Ländern praktizieren müssen, da der Betroffene hier gerade der Hilfe des Landesbeauftragten bedarf, um – durch gewisse Anhaltspunkte belegte – vermutete Verletzungen seiner Belange überprüfen lassen zu können[101].

---

99 *Ruckriegel,* ÖVD 1978, S. 1.3.
100 Hierzu *Schedl,* (Fn. 13) S. 263, *Schweinoch/Geiger* (Fn. 63) Art. 6 Anm. 2 verlangen zu Recht einen substantiierten Vortrag.
101 Für das BDSG: Z.B. *Ordemann/Schomerus,* § 21 Anm. Editorial, „Grundrecht auf Datenschutz".

5.4.2 Einsicht in das Dateienregister

Das BDSG regelt das Einsichtsrecht des Bürgers in das Dateienregister in § 19 Abs. 4 Satz 2. Dementsprechend haben auch einige Landesgesetze das Einsichtsrecht bei den Bestimmungen über den Landesbeauftragten für den Datenschutz vorgesehen. Die Vorschriften über die Registerführung sind bei den Aufgaben des Datenschutzbeauftragten oder in einer selbständigen Vorschrift über das Register zu finden. In anderen Gesetzen wird das Einsichtsrecht den Schutzrechten des Betroffenen zugeordnet. Unter den Aufgaben des Landesbeauftragten für den Datenschutz wird das Einsichtsrecht angeführt in §§ 25 Abs. 1 Satz 2 HDSG, 18 Abs. 4 Satz 2 NDSG. Bei der den Landesbeauftragten zugeordneten Registerführung erwähnen das Einsichtsrecht die §§ 22 BlnDSG, 21 BrDSG, 27 Abs. 1 Satz 2 DSG NW und 13 Abs. 3 DSG SH.
Unter den Schutzrechten oder Rechten des Betroffenen ist das Einsichtsrecht in Art. 7 Abs. 1 Satz 1 BayDSG, § 11 Abs. 1 DSG Rh.-Pf. und § 7 Abs. 1 SDSG aufgeführt.

5.4.3 Auskunftsanspruch

Das Auskunftsrecht des Betroffenen über die zu seiner Person gespeicherten Daten wird nach dem Bundesdatenschutzgesetz (§ 4 Ziff. 1, § 13) gegenüber der öffentlichen Verwaltung dadurch ausgeübt, daß der Betroffene einen Antrag stellt, in dem er die Art der Daten, über die Auskunft erteilt werden soll, näher bezeichnet. Kein Recht auf Auskunftserteilung besteht im Falle des § 12 Abs. 2 Satz 1 und 2 BDSG (bei Behörden des Verfassungsschutzes, Bundesnachrichtendienstes etc.) und des § 14 Abs. 2 Ziff. 2 und 3 BDSG (Sperrung, weil keine Löschung möglich ist). Die Auskunftserteilung unterbleibt, soweit sie die rechtmäßige Aufgabenerfüllung der Behörde, die öffentliche Sicherheit und Ordnung oder überwiegende berechtigte Interessen einer dritten Person gefährden würde, ebenso wie im Falle des § 12 Abs. 2 Nr. 1 BDSG.
Die Auskunft ist gebührenpflichtig. Die Gebühr darf aber nur zur Deckung der Verwaltungskosten erhoben werden. Ausgenommen von der Gebührenpflicht sind die Fälle, in denen anzunehmen ist, daß Daten unrichtig oder unzulässig gespeichert sind (§ 13 Abs. 4 BDSG).
Für den Antrag auf Auskunft ist keine besondere Form vorgesehen, er kann auch mündlich zu Protokoll gestellt werden[102]. Die Auskunftserteilung selbst kann durch Einsichtnahme, Übergabe einer Kopie oder eines Speicherauszugs oder auch mündlich erfolgen. Die Regelung des § 13 Abs. 3 Nr. 1 BDSG, nach der durch die Auskunftserteilung die Aufgabenerfüllung der speichernden Stelle nicht gefährdet werden darf[103], soll u.a. querulatorischen Auskunftsbegehren vorbeugen. Diese Begründung überzeugt jedoch nicht: Offensichtlich querulatorische

---

102 *Ordemann/Schomerus,* § 13 Anm. 1.

103 *Ordemann/Schomerus,* § 13 Anm. 3.1; Weitergehend: *Schweinoch* (Fn. 8) § 13 Anm. 36, der hier auch die Fälle subsumiert, in denen die Behörde gegen den Betroffenen tätig wird; Vgl. auch *Schweinoch/Geiger* (Fn. 89) Art. 8 Anm. 9.

Auskunftsbegehren einzelner werden die Aufgabenerfüllung der Behörde oder Stelle kaum gefährden können und andererseits kann diese Wirkung durch berechtigte Auskunftsbegehren einer großen Zahl von Antragstellern ohne querulatorische Absicht durchaus eintreten.

Das skizzierte System des BDSG zum Auskunftsrecht wurde in den Gesetzen folgender Länder übernommen: HDSG (§ 18 in Verbindung mit § 8), NDSG (§ 13 in Verbindung mit § 4), DSG SH (§ 14).

Eine Beschränkung des Auskunftsrechts gegenüber der Polizei, wie sie § 13 Abs. 3, Ziff. 4 BDSG vorsieht, gilt in Bayern und Rheinland-Pfalz nur, soweit diese strafverfolgend oder zur Aufrechterhaltung von Sicherheit und Ordnung tätig wird.

Andere Gesetze verlangen, daß dem Betroffenen nicht nur über die gespeicherten Daten, sondern auch über die Stellen Auskunft zu erteilen ist, an die seine Daten regelmäßig übermittelt werden, so Art. 8 Abs. 1 BayDSG, §§ 15 Abs. 1 BrDSG, 16 Abs. 1 DSG NW, 12 Abs. 1 BSG Rh.-Pf., 8 Abs. 1 SDSG.

Erwähnenswerte Besonderheiten enthalten die folgenden Gesetze: Art 8 Abs. 2 BayDSG bestimmt, daß kein Auskunftsanspruch gegenüber dem Ministerpräsidenten und den für Gnadensachen zuständigen Stellen bei Ausübung des Gnadenrechts besteht.

Nach § 13 Abs. 1 BlnDSG ist der Betroffene in Kenntnis zu setzen über die Empfänger personenbezogener Daten in den letzten zwei Jahren, auch wenn die Daten nicht regelmäßig übermittelt werden, soweit der Betroffene nicht von der Übermittlung auf andere Weise Kenntnis erhalten hat. § 12 Abs. 4 DSG Rh.-Pf. enthält die Bestimmung, daß eine Auskunft über personenbezogene medizinische Daten durch den behandelnden Arzt eingeschränkt werden kann, „wenn dies zum Schutz der Gesundheit des Betroffenen geboten ist".

§ 8 SDSG sieht die Auskunftserteilung nach „pflichtgemäßem Ermessen" in den Fällen vor, in denen Daten wegen gesetzlicher Aufbewahrungsvorschriften nicht gelöscht werden können, obwohl ansonsten die Voraussetzungen für eine Löschung vorliegen. Auch Art 8 Abs. 4 BayDSG sieht eine Auskunftserteilung nach pflichtgemäßem Ermessen hinsichtlich von Daten vor, die gesperrt wurden, weil sie zur rechtmäßigen Aufgabenerfüllung nicht mehr erforderlich waren.

Art. 8 Abs. 1 Satz 2 BayDSG sieht vor, daß bei Unrichtigkeit der Daten die Kosten der Auskunft zurückerstattet werden müssen. Nach § 8 Abs. 5 SDSG bemißt sich die Höhe der Gebühr nicht nach diesem Gesetz, wenn zur Frage der Gebühr eine Regelung in einem anderen Gesetz enthalten ist. Überflüssig ist der Zusatz, daß die Höhe der Gebühr die Zielsetzung des Gesetzes nicht beeinträchtigen darf (§ 8 Abs. SDSG), denn jede Gebühr für eine Auskunft baut eine Schwelle auf, die den Bürger an der Wahrnehmung seines Auskunftsrechts hindert. Daß andererseits übermäßig hohe Gebühren nicht erhoben werden dürfen, ergibt sich bereits aus dem Verhältnismäßigkeitsgrundsatz[104]. Allein in Rheinland-Pfalz ist die Auskunft kostenlos (§11 DSG Rh.-Pf.)

---

104 Vgl. *Dammann* (Fn. 2), § 13 Anm. 77ff.

5.4.4 Rechte auf Berichtigung, Sperrung und Löschung

§ 14 BDSG regelt die Rechte des Betroffenen auf Berichtigung, Sperrung und Löschung in einer einzigen Gesetzesbestimmung, während manche Gesetze der Länder die Materie in mehreren Vorschriften kodifizieren.
§ 14 Abs. 1 BDSG bestimmt, daß unrichtige personenbezogene Daten zu löschen sind, § 14 Abs. 2 BDSG regelt, daß Daten zu sperren sind, wenn ihre Richtigkeit vom Betroffenen bestritten wird und sich weder Richtigkeit noch Unrichtigkeit feststellen lassen sowie wenn sie zur rechtmäßigen Aufgabenerfüllung nicht mehr erforderlich sind.
Nach § 14 Abs. 2 BDSG sind die gesperrten Daten mit einem entsprechenden Vermerk zu versehen. Die Nutzung gesperrter Daten ist grundsätzlich ausgeschlossen. Dies gilt nicht bei der Verwendung für wissenschaftliche Zwecke, zur Behebung einer bestehenden Beweisnot, bei sonstigem überwiegendem Interesse der speichernden Stelle oder eines Dritten oder bei Einwilligung des Betroffenen.
Nach § 14 Abs. 2 BDSG *können* die Daten gelöscht werden, wenn ihre Kenntnis zur rechtmäßigen Aufgabenerfüllung nicht mehr erforderlich ist und dadurch schutzwürdige Belange des Betroffenen nicht beeinträchtigt werden. Die Daten *müssen* gelöscht werden, wenn ihre Speicherung unzulässig war oder es der Betroffene verlangt, sofern die Daten zur rechtmäßigen Aufgabenerfüllung der speichernden Stelle nicht mehr erforderlich sind.
Mit dieser Regelung stimmen folgende Landesgesetze wörtlich überein: NDSG (§ 14), DSG SH (§ 15).
Nach § 7 Ziff. 5 BlnDSG ist die Sperrung an Stellen außerhalb des öffentlichen Bereichs ohne weitere Voraussetzungen möglich. Manche Ländergesetze enthalten die zusätzliche Regelung, daß durch Rechtsverordnung eine Frist für die Durchführung der Sperrung bzw. Löschung gesetzt werden kann, so §§ 16 Abs. 5 BrDSG, 19 Abs. 4 HDSG sowie 17 Abs. 5 DSG NW.
Eine unverzügliche Verständigung von der erfolgten Berichtigung, Sperrung oder Löschung derjenigen Stellen, denen regelmäßig die Daten übermittelt werden, verlangen § 14 Abs. 4 BlnDSG sowie § 17 Abs. 4 DSG NW, bei dem die Einschränkung besteht, daß die Verständigung im pflichtgemäßen Ermessen liegt.
Im BayDSG sind die Regelungen über die Berichtigung, Sperrung und Löschung in drei verschiedenen Vorschriften niedergelegt: Art. 9 Abs. 1 (der Betroffene kann Berichtigung verlangen), Art. 10 (es kann Sperrung verlangt werden, wenn ein berechtigtes Interesse dargelegt wird oder im „non liquet-Fall") und Art. 11 in Verbindung mit Art. 9 Abs. 2 (es kann Löschung verlangt werden bei Unzulässigkeit der Speicherung und Nichterforderlichkeit zur Aufgabenerfüllung, sowie, wenn die Unrichtigkeit feststeht und die richtigen Daten nicht zu ermitteln sind).
Nach § 14 Abs. 3 Satz 1 BlnDSG müssen die Daten gelöscht werden, wenn sie für die rechtmäßige Aufgabenerfüllung nicht mehr erforderlich sind und dadurch schutzwürdige Belange nicht beeinträchtigt werden. Nach dem BDSG hat in diesem Fall die Löschung nicht von Amts wegen zu erfolgen, sondern liegt im Ermessen der speichernden Stelle.

§ 13 DSG Rh.-Pf. verpflichtet die speichernde Stelle bei Unzulässigkeit der Speicherung, bei Unmöglichkeit der Berichtigung unrichtiger Daten und im „non-liquet-Fall" bei Daten, die der Betroffene nicht selbst offenbart hat, von Amts wegen zur Löschung. Sind die Daten nicht mehr zur rechtmäßigen Aufgabenerfüllung erforderlich, sind sie von Amts wegen nur zu löschen, wenn dadurch schutzwürdige Belange des Betroffenen nicht beeinträchtigt werden (§ 13 Abs. 4 in Verbindung mit Abs. 3 DSG Rh.-Pf., ähnlich die bereits erwähnte Bestimmung des § 14 Abs. 3 BlnDSG). Weiter erwähnenswert ist die Regelung des § 13 Abs. 5 DSG Rh.-Pf., wonach das Recht des Betroffenen auf Löschung der Daten im „non-liquet-Fall" ausgeschlossen ist, wenn es sich um Daten der Verfassungsschutzbehörden des Landes handelt.
§ 9 SDSG gibt dem Betroffenen das Recht auf Berichtigung und auf Löschung, wenn die Unrichtigkeit feststeht und die Richtigkeit der Daten nicht ermittelt werden kann. Das Recht auf Sperrung wird gewährt, wenn der Betroffene ein berechtigtes Interesse hat, überwiegende Interessen der Allgemeinheit nicht entgegenstehen, oder – wie in den anderen Gesetzen – im „non-liquet-Fall" (§ 10 Abs. 1 SDSG). Eine bürgerfreundliche Zusatzbestimmung enthält § 10 Abs. 3 SDSG, wonach der Betroffene immer von der Sperrung und Löschung schriftlich zu verständigen ist, sofern er hierauf nicht ausdrücklich verzichtet hat.

5.4.5 Schadensersatzansprüche

Das Bundesdatenschutzgesetz hat die Frage, ob derjenige, dessen Daten widerrechtlich verarbeitet wurden, schadensersatzberechtigt sein soll, unbeantwortet gelassen. Umfang und Voraussetzungen einer Haftung ergeben sich daher aus den generellen Zivilrechtsbestimmungen[105].
Der Innenausschuß des Deutschen Bundestages hatte von einem Kodifizierungsvorschlag abgesehen, weil er es für sinnvoll hielt, zuächst Erfahrungen mit dem Bundesdatenschutzgesetz abzuwarten, um dann endgültig über Notwendigkeit und Inhalt eines eigens in das BDSG aufzunehmenden Haftungstatbestandes zu beschließen[106].
Die Länderdatenschutzgesetze sind überwiegend diesen Weg nicht gegangen. Sie haben vielmehr – von Bremen, Saarland und Schleswig-Holstein abgesehen – Schadensersatzregelungen getroffen. Die Kompetenz der Länder hierzu ist Art. 77 EG BGB zu entnehmen[107].
Schadensersatzregelungen sind enthalten in den Landesgesetzen von Bayern (Art. 13 BayDSG), Berlin (§ 15 BlnDSG), Hessen (§ 8 Abs. 2 HDSG), Niedersachsen (§ 4 Abs. 2 NDSG), Nordrhein-Westfalen (§ 4 Abs. 2 DSG NW) und Rheinland-

---

105 Zum Überblick *Simitis* (Fn. 2), § 4 Anm. 26ff.; *Gola/Hümmerich/Kerstan,* Datenschutzrecht II, S. 47ff.
106 BT-Dr. 7/5277 S. 5.
107 Vgl. die Begr. des Entwurfs DSG NW, LT-Dr. 8/2241, S. 31.

Pfalz (§ 16 DSG Rh.-Pf.). Gemeinsam ist diesen Regelungen, daß sie – von Rheinland-Pfalz abgesehen – die Höhe der Ersatzpflicht begrenzen und zwar in Niedersachsen bis zum Betrag von 100000,– DM (§ 4 Abs. 2 NDSG) in den übrigen Gesetzen einheitlich bis zum Betrag von 250000,– DM je Betroffenem und schadensstiftendem Ereignis. Daß diese Schadensersatzregelungen einen gewaltigen Fortschritt in der Entwicklung des Datenschutzrechts bedeuten, wie dies der Innenminister des Landes Nordrhein-Westfalen Hirsch in einer Presseerklärung[108] andeutete, ist nicht jedermanns Meinung. Zwar ist die Ersatzpflicht in den Ländergesetzen[109] nach dem Gefährdungsprinzip ausgestaltet, d.h. wegen des seiner Natur nach für die Rechte des Betroffenen gefährlichen Vorgangs der Datenverarbeitung haftet die speichernde Stelle oder ihr Auftraggeber auch, wenn kein Verschulden vorliegt.

Dies bedeutet für den Ersatzberechtigten insofern einen Vorteil, als für ihn Beweisschwierigkeiten, die mit dem Nachweis eines Verschuldens beim Anspruchsgegner verbunden sind, entfallen, und daß der Ersatzpflichtige eben auch grundsätzlich haftet, wenn ihn oder seine Mitarbeiter kein Verschulden an dem Schadensereignis trifft.

Das Kernproblem des Schadensausgleichs bei datenschutzwidrigem Verhalten aber, ob und unter welchen Umständen immaterieller Schaden zu ersetzen ist, wird von den Landesdatenschutzgesetzen jedoch nicht gelöst; im Gegenteil, das BayDSG bestimmt sogar ausdrücklich, daß nur materielle Nachteile ausgeglichen werden sollen (Art. 13 Abs. 1 BayDSG und ebenso § 15 Abs. 1 Bln DSG). In einer ausdrücklichen Regelung, daß Schaden im Falle der Verletzung von Datenschutznormen nicht allein die Differenz zwischen der Vermögenslage vor und nach der rechtswidrigen Datenverarbeitung ist, sondern schon der bloße Integritätsverlust beim Betroffenen Vermögenswert besitzt, hätte ein entscheidender Durchbruch gelegen. Ansätze hierzu[110] fielen sehr rasch den Streichungen der Parlamentarier zum Opfer. Was die Datenschutzgesetze der Länder, von der Verbesserung im Bereich der Verschuldensproblematik abgesehen, durch ihre Schadensersatzregelungen leisten, leistet das heutige Zivilrecht im wesentlichen auch[111]. Überdies wird die Haftung nach den allgemeinen zivilrechtlichen Bestimmungen durch die spezialgesetzlichen Regelungen der Landesdatenschutzgesetze nicht abbedungen. Die Tatbestandsmerkmale der Datenschutzgesetze sind daher nach den im Zivilrecht entwickelten Grundsätzen zu lesen (Beispiel: Schadensbegriff). Schließlich können die zivilrechtlichen Anspruchsgrundlagen neben den Bestimmungen der Landesdatenschutzgesetze herangezogen werden. Teilweise müssen sie bei einer

---

108 Vgl. General-Anzeiger (Bonn) v. 18. 12. 1978.

109 Nicht eindeutig für Bayern: Wenn Art. 13 Abs. 3 Satz 1 Bay DSG eine § 7 Abs. 2 Satz 1 StVG nachgebildete Vorschrift sein sollte, so ist Art. 13 Bay DSG der Gefährdungshaftung zuzurechnen.

110 So beispielsweise im Hess. Novellierungsentwurf, Lt-Dr. 8/3962.

111 Vgl. *Auernhammer,* Einf. Anm. 7, 34ff.

Verletzung des Datenschutzgesetzes herangezogen werden, wenn die Schadensersatzpflicht nur bei automatischer Datenverarbeitung (§ 15 Abs. 1 BlnDSG, § 4 Abs. 2 NDSG) eintritt, bzw. am Wettbewerb teilnehmende öffentlich-rechtliche Unternehmen von der Schadensersatzregelung ausgenommen worden sind (§ 4 Abs. 2 letzter Satz NDSG).

5.4.6 Unterlassungs- und Beseitigungsansprüche

Das BayDSG, das DSG NW, das BlnDSG und das DSG Rh.-Pf. sehen einen Unterlassungsanspruch vor. Nach § 15 BlnDSG kann Unterlassung verlangt werden, wenn weitere Rechtsverletzungen zu besorgen sind. Art. 12 BayDSG räumt dem Betroffenen das Recht ein, vom Träger der öffentlichen Stelle, von der eine Beeinträchtigung seiner schutzwürdigen Belange ausgeht, deren Unterlassung oder Beseitigung zu verlangen, wenn sie nach einer Berichtigung, Sperrung oder Löschung noch andauert. Nach *Schedl*[112] kann dieser Anspruch sowohl gegenüber der speichernden wie der nichtspeichernden Stelle verfolgt werden. Das DSG NW kennt in § 4 Abs. 1 Nr. 6 ebenfalls einen Beseitigungs- bzw. Unterlassungsanspruch bei andauernder Beeinträchtigung nach Berichtigung, Sperrung oder Löschung.
Auch diese Beseitigungs- oder Unterlassungsansprüche sind ohne ausdrückliche gesetzliche Regelung aus allgemeinen zivilrechtlichen Haftungsgrundsätzen herzuleiten und gelten somit auch im Anwendungsbereich des BDSG, das entsprechende ausdrückliche Regelungen nicht normiert hat[113].

5.5 Bereichsspezifische Regelungen

Das BDSG weist mit seinem Medienprivileg in § 1 Abs. 3, in der Bestimmung über öffentlich-rechtliche Unternehmen, die am Wettbewerb teilnehmen, über § 7 Abs. 1 und 2 BDSG, in seiner Bestimmung über Datenverarbeitung bei dienst- und arbeitsrechtlichen Rechtsverhältnissen (§ 7 Abs. 3 BDSG), in der Regelung über juristische Personen des Privatrechts, bei denen der Bund die Mehrheit der Anteile hat (§ 8 Abs. 3 BDSG) oder hinsichtlich der Datenübermittlung an öffentlich-rechtliche Religionsgemeinschaften (§ 10 Abs. 2 BDSG) Sonderregelungen auf, durch die besonders gelagerten Fallgestalten Rechnung getragen werden soll. Systematisch fügt dabei das BDSG diese Vorschriften als Ausnahmetatbestände an die Regeltatbestände an.
Die Landesgesetze gehen hier verschiedentlich einen Schritt weiter, wenn sie diese Ausnahmeregelungen in eigenen Abschnitten mit dem Titel „Sondervorschriften" zusammenfassen oder gar einen ihnen als besonders wichtig erscheinenden Bereich solcher Ländervorschriften als eigenen Abschnitt ausweisen. Vereinzelt sind Sonderregelungen aber auch – vor allem wenn sie provisorischen Charakter haben, wie die melderechtlichen Regelungen – unter den „Übergangsvorschrif-

112 *Schedl* (Fn. 13) S. 263; ebenso *Schweinoch/Geiger* (Fn. 63), Art. 12 Anm. 3.
113 *Gola/Hümmerich/Kerstan,* Datenschutzrecht I, S. 26f.

ten" zu finden. Neben den Sonderregelungen, die das Bundesdatenschutzgesetz enthält, finden sich in einigen Landesdatenschutzgesetzen spezielle Regelungen für wissenschaftliche Daten, statistische Daten, Daten des Meldewesens. Das BlnDSG trifft eine Sonderregelung für die Landespostdirektion und einige andere Behörden (§ 1 Abs. 3 BenDSG). Das HDSG befaßt sich mit der Hessischen Datenzentrale und den kommunalen Gebietszeichenzentren (§ 37 HDSG).
Das DSG NW regelt die Datenverarbeitung für wissenschaftliche Zwecke durch Hochschulen und andere wissenschaftliche Einrichtungen mit der Aufgabe unabhängiger wissenschaftlicher Forschung in § 12, d.h. bei den Bestimmungen über die Datenverarbeitung der Behörden und sonstigen öffentlichen Stellen. Tatsächlich scheint diese Vorschrift aber eher unter die Sonderbestimmung zu gehören. Interessant ist ferner, daß die Übermittlung personenbezogener Daten zu solchen Zwecken beim Landesbeauftragten für den Datenschutz anzuzeigen ist. Das DSG NW enthält ferner einen sehr ausführlichen Abschnitt über „Sonderbestimmungen für Eigenbetriebe und öffentlich-rechtliche Unternehmen" sowie einen Abschnitt „Sonderbestimmungen für Gerichte und den Westdeutschen Rundfunk".

5.6 Optischer Überblick

Einem vereinfachenden abschließenden Überblick dient die nachfolgende Synopse. Vorlage zu dieser Übersicht war das Schaubild des Hessischen Datenschutzbeauftragten[114], das u.a. um die Gesetze von Nordrhein-Westfalen und Rheinland-Pfalz erweitert wurde.

114 Vgl. *Hess. Datenschutzbeauftragter,* Erster Tätigkeitsbericht, LT-Dr. 9/67 v. 18.12. 1978, S. 13ff.

Abschließender optischer Überblick (arabische Ziffern: § oder Artikel, römische Ziffern: Absatz)

		Hessen	Bayern
1.	**Aufgabenerweiterung**		
	– Schutz des Informationsgleichgewichts/ der Gewaltenteilung	1 I Nr. 2, 23 II	–
2.	**Erhöhte Anforderungen an die Zulässigkeit der Datenverarbeitung**		
2.1	Die Aufgabe, zu deren Erfüllung die Verarbeitung von Daten erforderlich ist, muß der Stelle durch eine Rechtsnorm zugewiesen sein	–	16 I, 17 18 I
2.2	Die Übermittlungsregelung gilt auch zwischen Teilen einer Stelle, die verschiedene Aufgaben wahrnehmen oder räumlich getrennt sind	–	17 III
2.3	Zweckbindung bei Übermittlung an Private	16 II	18 V
2.4	Keine Übermittlung an Private bei Sperrung durch den Betroffenen	–	–
2.5	Keine Übermittlung an Private, wenn an den Betroffenen keine Auskunft erteilt wird	–	18 IV (eingeschr
2.6	Möglichkeit zu Datenschutzauflagen bei Übermittlung an Private	–	–
3.	**Besondere Durchführungsmaßnahmen**		
3.1	Genehmigungspflicht des EDV-Einsatzes durch die oberste Dienstbehörde	–	26 II
3.2	Veröffentlichung gespeicherter Daten	17	–
3.3	Benachrichtigung des Empfängers nach erfolgter Berichtigung (sowie Löschung oder Sperrung)	–	16 III
4.	**Weitergehende Rechte des Betroffenen**		
4.1	Anspruch auf Sperrung bei berechtigtem Interesse	–	10
4.2	Keine Übermittlung an Private bei Sperrung durch den Betroffenen	–	–
4.3	Anspruch auf Löschung, wenn die Richtigkeit der gespeicherten Daten von der speichernden Stelle nicht bewiesen werden kann	–	–
4.4	Belehrung über die Bedeutung der Einwilligung	–	4 II
4.5	Gefährdungs-/verschuldensunabhängige Haftung	8 II	13 (eingeschr
5.	**Parlamentarisches Auskunftsrecht**	13	–
	dazu Untersuchungen durch den Datenschutzbeauftragten (DSB)	14	–
6.	**Verstärkte Kontrollrechte des DSB**		
6.1	Organisatorische Zuordnung des DSB zur Legislative	30	–
6.2	Zusätzlicher Ausschuß/Beirat	–	29
6.3	Private Auftragnehmer öffentlicher Stellen unterliegen der Kontrolle des DSB	4 I Nr. 3	–
6.4	Öffentlich-rechtliche Wettbewerbsunternehmen unterliegen der Kontrolle des DSB	–	–
6.5	Religionsgesellschaften unterliegen der Kontrolle des DSB, soweit sie vom Staat erhaltene Daten verarbeiten	–	25 II
6.6	Register des DSB enthält auch manuell geführte Dateien	25	–
7.	**Sonderregelungen**		
7.1	Kein Rundfunkprivileg	–	–
7.2	Anwendung der §§ 23–27 BDSG auf dienst- und arbeitsrechtliche Rechtsverhältnisse	3 IV	–
7.3	DV für wissenschaftliche Zwecke	15	–
7.4	DV für statistische Zwecke	–	23
7.5	Auskunftssperre im Melderegister auf Antrag	16 a IV HMG	–
8.	**Straf- und Bußgeldvorschriften**		
8.1	Weitergehende Strafvorschriften	–	–
8.2	Strafantragsrecht des DSB	–	–
8.3	Sanktion bei Zweckentfremdung übermittelter Daten	33 II	–
8.4	Sanktion bei Datenerschleichung	–	–

Berlin	Bremen	Nieder-sachsen	Saarland	Schleswig-Holstein	Nordrhein-Westfalen	Rheinland-Pfalz
21 II	20 II	–	–	–	1 I Nr. 2, 26 IV	1 II, 17 III
–	–	–	–	–	–	–
–	–		14 III	–	–	–
–	–	–	16 VI	–	13 II	7 III
7 Nr. 5	–	–	–	–	–	–
–	–	–	16 IV, V	–	–	–
–	–	–	16 VII	–	–	–
–	–	–	18 II	–	–	–
12	14	12	–	13	15	–
14 IV	16 IV	–	10 III	–	17 IV 23 IV	–
–	–	–	10 I	–	–	–
7 Nr. 5	–	–	–	–	–	–
–	4 IV, 16 III	–	–	–	–	13 III Nr. 3
–	–	–	–	–	3	5 II
15 I	–	4 II	–	–	4 II	16
17	12	–	15	–	–	23
–	24	–	–	–	–	–
19 II	–	–	–	–	–	18 III
–	28	–	–	–	–	–
–	7 I Nr. 3	–	5 III	–	7 I	–
–	–	–	–	5	–	2 IV
–	–	–	–	–	–	–
–	21	–	–	–	27	–
–	–	1 III	–	3 III	–	–
1 IV	1 IV	7 II	–	–	–	2 III
–	–	–	–	–	12	25
–	–	–	24	–	–	26
–	–	25	–	–	–	26
–	30	21 I, II	–	23	–	27
–	–	21 III	27 III	–	33 III	27 IV
–	–	–	–	–	34	27 I
–	–	–	28 I	–	–	27 I

III. Literaturhinweise

Auernhammer, Bundesdatenschutzgesetz, Kommentar, 1977
Bautsch, Datenschutz- und Datenverarbeitung in Niedersachsen, Rechtsvorschriften und Erläuterungen zum Datenschutzgesetz, Köln 1979
Becker, Landesdatenschutzgesetz Rheinland-Pfalz, Erfahrungen aus vierjähriger Praxis, IKD Berlin 1978, Kongreß-Dokumentation
Bergmann/Möhrle, Handkommentar zum BDSG, 1977
Burhenne/Perband, DV-Recht (Loseblattsammlung)
Dammann, Die Kontrolle des Datenschutzes, 1977
Dammann, Erste Erfahrungen mit dem Bundesdatenschutzgesetz, NJW 1978, S. 1906ff.
Dammann/Simitis, Bundesdatenschutzgesetz mit Materialien, 1977
Fiedler, Datenschutz und Gleichgewicht gesellschaftlicher Gewalten, Vortrag IKD, Kongreßdokumentation, Berlin 1978
Gallwas/Schneider/Schwappach/Schweinoch/Steinbrinck, Datenschutzrecht, 1978 (Loseblattsammlung)
Gebhardt/Beilecke, Datenschutz- und Datenverarbeitung in Schleswig-Holstein, Rechts- und Verwaltungsvorschriften mit Erläuterung (in Vorbereitung)
Grell, Datenschutzgesetz für Baden-Württemberg, (in Vorbereitung)
Heymann, Die Mitwirkung des Technischen Überwachungsvereins Bayern an der Erfüllung gesetzlicher Datenschutzvorschriften, DuD 1979, S. 103.
Hessischer Datenschutzbeauftragter, Tätigkeitsberichte des Hessischen Datenschutzbeauftragten mit Stellungnahmen der Hessischen Landesregierung aus der Zeit von 1972–1977, Wiesbaden 1978
Hessischer Datenschutzbeauftragter, 7. Tätigkeitsbericht, 1979, Lt-Dr. 9/67.
Heinz, Zum Grundrecht auf Datenschutz und zum Datenschutzgesetz Nordrhein-Westfalen, DANA 1/1979, S. 1ff.
Hollmann, Formularmäßige Erklärung über die Entbindung von der Schweigepflicht gegenüber Versicherungsunternehmen, NJW 1978, S. 2332f.
Erster Jahresbericht des Landesbeauftragten für den Datenschutz, Bremen 1979.
Krieger, Das Recht des Bürgers auf behördliche Auskunft, 1972
Kutzmann, Datenschutz und Datenverarbeitung in Rheinland-Pfalz, Rechtsvorschriften mit Erläuterung zum Landesdatenschutzgesetz (in Vorbereitung)
Mallmann, O., Zielfunktionen des Datenschutzes, 1977
Ordemann/Schomerus, Bundesdatenschutzgesetz mit Erläuterung, 2. Auflage, 1978
Ruckriegel/von der Groeben/Hunsche, Datenschutz und Datenverarbeitung in Nordrhein-Westfalen, Köln, 1979
Ruckriegel, Datenschutz – Gütesiegel für Hard- und Software? ÖVD 10/1978, S. 2
Ruckriegel, Das nordrhein-westfälische Datenschutzgesetz, ÖVD 12/1978, S. 3ff.
Schedl, Kritische Bemerkungen zum BDSG, DSWR 1977, S. 180ff.
Schedl, Die bayerische Datenschutzgesetzgebung, Teil 1, DSWR 1978, S. 262ff.; Teil 2, DSWR 1978, S. 282ff.
Schimmel, Die institutionelle Kontrolle des Datenschutzes nach den Datenschutzgesetzen der Länder, DuD 1979, S. 25ff.
Schweinoch/Geiger, Bayerisches Datenschutzgesetz, Köln, 1978
Simitis/Dammann/Mallmann/Reh, Kommentar zum Bundesdatenschutzgesetz, 1978
Suppes, Datenschutz und Datenverarbeitung in Hessen, (in Vorbereitung)
Erster Tätigkeitsbericht des Bundesbeauftragten für den Datenschutz, Bonn 1979
Erster Tätigkeitsbericht des Landesbeauftragten für den Datenschutz, Schleswig-Holstein, Kiel 1979
Tuner, Die Weiterentwicklung im Datenschutz, DVR 1978, S. 29ff.
Tuner, Verfassungsrechtlicher Datenschutz, IKD Berlin, 1978, Kongreß-Dokumentation sowie DSWR 1979, S. 89ff.

9. Kapitel: Aufsichtsbehördlicher Datenschutz

I. Rechtsnormen

1. Baden-Württemberg

1.1 Verordnung der Landesregierung über die zuständige Aufsichtsbehörde für den Datenschutz im nichtöffentlichen Bereich (Datenschutzzuständigkeitsverordnung – DSZuVO BW) vom 10. 1. 1978, GVBl vom 31. 1. 1978, S. 78:

Auf Grund von § 30 Abs. 5 und § 40 Abs. 2 des Gesetzes zum Schutz vor Mißbrauch personenbezogener Daten bei der Datenverarbeitung (Bundesdatenschutzgesetz – BDSG) vom 27. Januar 1977 (BGBl I S. 201) und § 36 Abs. 2 des Gesetzes über Ordnungswidrigkeiten (OWiG) in der Fassung vom 2. Januar 1975 (BGBl I S. 81) wird verordnet:

§ 1
Aufsichtsbehörde für die Überwachung der Durchführung des Datenschutzes im Anwendungsbereich des Dritten und Vierten Abschnitts des Bundesdatenschutzgesetzes ist das Innenministerium.

§ 2
§ 3 der Verordnung der Landesregierung über Zuständigkeiten nach dem Gesetz über Ordnungswidrigkeiten (OWiZuV) vom 3. Dezember 1974 (Gbl S. 524) wird wie folgt geändert:
1. Absatz 1 erhält folgende Fassung: „(1) Das Innenministerium ist zuständig für Ordnungswidrigkeiten nach § 42 des Bundesdatenschutzgesetzes."
2. Die bisherigen Absätze 1 bis 5 werden Absätze 2 bis 6.

§ 3
Die durch § 30 Abs. 5 und § 40 Abs. 2 des Bundesdatenschutzgesetzes erteilten Ermächtigungen werden auf das Innenministerium übertragen. Das Innenministerium regelt die Änderung der Zuständigkeit durch Änderung des § 1 dieser Verordnung.

§ 4
Diese Verordnung tritt am Tage nach ihrer Verkündung in Kraft.

1.2 Die Hinweise über die Durchführung des BDSG – vorläufige Verwaltungsvorschriften Teil 1 – (Staatsanzeiger BW vom 1. 4. 1978, Nr. 26, S. 5) werden hier nicht abgedruckt. Stattdessen erscheinen diese, zwischen den Ländern abgestimmten Verwaltungsvorschriften in der vom Bundesland Hessen verkündeten Fassung, hier S. 157.

2. Bayern

2.1 Die Zuständigkeit der Aufsichtsbehörden ist in den Art. 31–33 BayDSG geregelt. Diese Vorschriften sind hier bereits auf S. 9 und 10 abgedruckt.

2.2 Die Vollzugsvorschriften zum BDSG – vorläufige Verwaltungsvorschriften

Teil 1 – (Bek. des Bayerischen Staatsministeriums dee Innern vom 12. 7. 1978, Nr. I A 7–480–3–2/6, MABl Nr. 19/1978, S. 451) werden hier nicht abgedruckt. Stattdessen erscheinen diese, zwischen den Ländern abgestimmten Verwaltungsvorschriften in der vom Bundesland Hessen verkündeten Fassung, hier S. 157.

3. Berlin

3.1 Oberste Aufsichtsbehörde ist gem. § 31 BlnDSG der Senator für Inneres. § 31 BlnDSG ist hier bereits auf S. 29 abgedruckt.

3.2 Die Verwaltungsvorschriften für den Datenschutz im nichtöffentlichen Bereich, Teil 1 (vom 4. 8. 1978, Amtsblatt für Berlin vom 18. 8. 1978, S. 1348) werden hier nicht abgedruckt. Stattdessen erscheinen diese, zwischen den Ländern abgestimmten Verwaltungsvorschriften in der vom Bundesland Hessen verkündeten Fassung, hier S. 157.

4. Bremen

4.1 Verordnung über Zuständigkeiten nach dem Bundesdatenschutzgesetz vom 29. Mai 1978, GBl 1978/22, S. 151.

Aufgrund von § 30 Abs. 5 und § 40 Abs. 2 des Bundesdatenschutzgesetzes vom 27. Januar 1977 (BGBl I S. 201) verordnet der Senat:

§ 1
Aufsichtsbehörde im Sinne von §§ 30 und 40 des Bundesdatenschutzgesetzes ist der Landesbeauftragte für den Datenschutz.

§ 2
Diese Verordnung tritt am 1. Juli 1978 in Kraft.

4.2 Verordnung über die Zuständigkeit für die Verfolgung und Ahndung von Ordnungswidrigkeiten nach § 42 des Bundesdatenschutzgesetzes vom 29. Mai 1978, GBl 1978/22, S. 151.

Aufgrund von § 36 Abs. 2 des Gesetzes über Ordnungswidrigkeiten verordnet der Senat:

§ 1
Zuständige Behörde für die Verfolgung und Ahndung von Ordnungswidrigkeiten nach § 42 des Bundesdatenschutzgesetzes vom 27. Januar 1977 (BGBl I S. 201) ist der Landesbeauftragte für den Datenschutz.

§ 2
Diese Verordnung tritt am 1. Juli 1978 in Kraft.

4.3 Die Richtlinien zur Anwendung des BDSG im nichtöffentlichen Bereich in der Freien Hansestadt Bremen – vorläufige Verwaltungsvorschriften, Teil 1 –

(Amtsbl. vom 20. 12. 1978, Nr. 78, S. 641) werden hier nicht abgedruckt. Stattdessen erscheinen diese, zwischen den Ländern abgestimmten Verwaltungsvorschriften in der vom Bundesland Hessen verkündeten Fassung, hier S. 157.

5. Hamburg

5.1 **Anordnung zur Durchführung des Bundesdatenschutzgesetzes** vom 20. September 1977, Amtl. Anz. v. 26.9.1977, Nr. 186, S. 1433.

Zuständig für die Durchführung des Bundesdatenschutzgesetzes vom 27. Januar 1977 (Bundesgesetzblatt I Seite 201) als Aufsichtsbehörde im Sinne der §§ 30 und 40 ist die Behörde für Wirtschaft, Verkehr und Landwirtschaft.

5.2 Die Hinweise zur Anwendung des BDSG – vorläufige Verwaltungsvorschriften, Teil 1 – (vom 7. 6. 1978, Amtl. Anz. 1978, Nr. 108, S. 953) werden hier nicht abgedruckt. Stattdessen erscheinen diese, zwischen den Ländern abgestimmten Verwaltungsvorschriften in der vom Bundesland Hessen verkündeten Fassung, hier S. 157.

6. Hessen

6.1 **Anordnung über die zuständige Aufsichtsbehörde nach den §§ 30 und 40 des Bundesdatenschutzgesetzes** vom 10. Januar 1978, GVBl 1978, Nr. 2, S. 49.

Auf Grund des § 30 Abs. 5 und des § 40 Abs. 2 des Bundesdatenschutzgesetzes vom 27. Januar 1977 (BGBl I S. 201) wird bestimmt:

§ 1
Zuständige Aufsichtsbehörde für die Überwachung der Durctführung des Datenschutzes im Anwendungsbereich des Dritten und Vierten Abschnitts des Bundesdatenschutzgesetzes ist der Regierungspräsident.

§ 2
Diese Anordnung tritt am Tage nach ihrer Veröffentlichung in Kraft.

6.2 **Vorläufige Verwaltungsvorschriften zum Datenschutz im nichtöffentlichen Bereich des Ministers des Innern,** vom 9. 3. 1978, Staatsanzeiger Nr. 12/1978, S. 587.

A Aufsichtsbehörden

Die Hessische Landesregierung hat durch Anordnung vom 10. Januar 1978 (GVBl I S. 49) die Regierungspräsidenten in Darmstadt und Kassel als zuständige Aufsichtsbehörden für die Überwachung des Datenschutzes im Anwendungsbereich des Dritten und Vierten Abschnitts des Bundesdatenschutzgesetztes vom 27. Januar 1977 (BGBl I S. 201) bestimmt. Die örtliche Zuständigkeit der Regierungspräsidenten richtet sich nach § 3 Abs. 1 Nr. 2 des Hessischen Verwaltungsverfahrensgesetzes (HVwVfG) vom 1. Dezember 1976 (GVBl I S. 454). Danach ist in Angelegenheiten, die sich auf den Betrieb eines Unternehmens oder einer seiner Betriebsstätten beziehen, derjenige Regierungspräsident zuständig, in dessen Bezirk das Unternehmen oder die Betriebsstätte betrieben wird. In Angelegenheiten, die sich auf die Ausübung eines Berufes beziehen, ist der Regierungspräsident zuständig, in dessen Bezirk der Beruf ausgeübt wird.

B Hinweise zur Anwendung des Bundesdatenschutzgesetzes

Das BDSG als völlig neuartige gesetzliche Regelung einer komplizierten Materie wirft zahlreiche Fragen auf, die noch nicht durchwegs geklärt sind. Bis zu einer endgültigen Klärung durch die Gerichte ist im Interesse einer weitgehend einheitlichen Handhabung folgendes zu beachten:

1. Anwendungsbereich

Das BDSG bestimmt als Aufgabe des Datenschutzes, der Beeinträchtigung schutzwürdiger Belange der Betroffenen entgegenzuwirken (§ 1 Abs. 1 BDSG). Es schränkt seinen Anwendungsbereich allgemein dadurch ein, daß nur „personenbezogene Daten", die in „Dateien" verarbeitet werden, dem Gesetz unterliegen (§ 1 Abs. 2 Satz 1 BDSG; vgl. dazu Nr. 5.1 und Nr. 5.2).
Das BDSG ist ein Auffanggesetz; Rechtsvorschriften des Bundes, die auf in Dateien gespeicherte personenbezogene Daten anzuwenden sind, gehen dem BDSG vor. In § 45 Nr. 1–8 BDSG sind wichtige Anwendungsfälle genannt, jedoch nicht erschöpfend aufgezählt.
Das BDSG gilt für die Datenverarbeitung öffentlicher und privater Stellen. Die speziellen Vorschriften über die Zulässigkeit der Datenverarbeitung sind gegliedert in Abschnitte für
- die öffentliche Verwaltung (zweiter Abschnitt)
- die private Datenverarbeitung für eigene Zwecke (dritter Abschnitt) und
- die geschäftsmäßige private Datenverarbeitung für fremde Zwecke (vierter Abschnitt).

Hessen hat den landesrechtlichen Vorbehalt in § 7 Abs. 2 BDSG ausgenutzt. Für die Datenverarbeitung öffentlicher Stellen des Landes Hessen, der Gemeinden und Gemeindeverbände und der sonstigen der Aufsicht des Landes unterstehenden juristischen Personen des öffentlichen Rechts und für deren Vereinigungen gilt daher nicht das BDSG, sondern das Hessische Datenschutzgesetz vom 31. Januar 1978 (GVBl I S. 96).

2. Allgemeine Ausnahmen und Einschränkungen

2.1 Medienprivileg

Dem BDSG unterliegen nicht personenbezogene Daten, die durch Unternehmen oder Hilfsunternehmen der Presse, des Rundfunks oder des Films ausschließlich zu eigenen publizistischen Zwecken verarbeitet werden (§ 1 Abs. 3 BDSG). Gibt z.B. ein Presseunternehmen personenbezogene Daten aus einem in Dateiform geführten Archiv nicht nur gelegentlich an andere weiter, dann unterliegt diese Datei voll dem BDSG.
Unabhängig davon unterliegen alle in Dateien verarbeiteten personenbezogenen Daten den Datensicherungsvorschriften des § 6 Abs. 1 und, sofern sie in automatisierten Verfahren verarbeitet werden, der Anlage zum BDSG.
Soweit das Medienprivileg reicht, unterliegt die Datenverarbeitung auch nicht der staatlichen Aufsicht durch die Aufsichtsbehörden.

2.2 Interne Dateien

Für Dateien, die lediglich internen Zwecken dienen, deren Daten also nicht zur Übermittlung an Dritte bestimmt sind und in nicht automatisierten Verfahren betrieben werden, z.B. Kartei über Personaleinsatz oder Personalförderung, gelten die Vorschriften des Gesetzes ebenfalls nicht; gemäß § 1 Abs. 2 Satz 2 BDSG sind lediglich die Datensicherungsvorschriften des § 6 anzuwenden.
Daten, die zwar noch nicht übermittelt wurden, die aber ihrer Art nach auf Grund gesetzlicher Vorschriften oder nach ihrer sonstigen Zweckbestimmung zur Übermittlung bestimmt sind, unterliegen voll dem BDSG. Eine gelegentliche Übermittlung von Daten entgegen der sonst aufrechterhaltenen Zweckbestimmung schließt deren internen Charakter nicht aus. Die Übermittlung selbst unterliegt jedoch den Vorschriften des BDSG.

3. Abgrenzung zwischen drittem und viertem Abschnitt

Für die Datenverarbeitung privater Stellen bringt das BDSG unterschiedliche Regelungen je nach dem, ob die Datenverarbeitung für eigene oder für fremde Zwecke geschieht (dritter oder vierter Abschnitt BDSG). Das BDSG regelt den Datenschutz für die Datenverarbeitung aller privater Stellen. Die einschlägigen Begriffsbestimmungen des § 1 Abs. 2 sowie in § 22 und § 31 BDSG wollen lediglich die Anwendungsbereiche des dritten und vierten Abschnitts zueinander abgrenzen, nicht etwa abschließende Begriffsbestimmungen der Normadressaten bringen. Andererseits kann die gleiche juristische oder natürliche Person mit bestimmten Anwendungen der Datenverarbeitung den Vorschriften des dritten Abschnittes unterliegen, für bestimmte andere Bereiche denen des vierten Abschnittes. Im einzelnen:

3.1 Anwendung des dritten Abschnitts

Wer personenbezogene Daten in Dateien für eigene private Geschäftszwecke oder Ziele verarbeitet, hat die Vorschriften des dritten Abschnittes BDSG einzuhalten. Dabei kommt es nicht darauf an, ob die tatsächliche Datenverarbeitung durch den Normadressaten selbst oder in seinem Auftrag durch andere (z.B. Service-Rechenzentren) durchgeführt wird. Entscheidend ist, für wessen Zwecke oder Ziele die Daten verarbeitet werden, in wessen Verfügungsgewalt sie sind, wer also „Herr" der Daten ist.
Beliehene Unternehmer, also private Rechtspersonen, die Aufgaben der öffentlichen Verwaltung wahrnehmen, unterliegen mit diesen Funktionen nicht dem dritten oder vierten Abschnitt, sondern ausschließlich den Vorschriften über die Datenverarbeitung öffentlicher Stellen (§ 22 Abs. 3 BDSG).

3.2 Anwendung des vierten Abschnitts

3.2.1 Anwendungsfälle
Die Vorschriften über die geschäftsmäßige Datenverarbeitung privater Stellen für fremde Zwecke (vierter Abschnitt) gliedern sich in drei Hauptanwendungsbereiche:
- Datenverarbeitung zum Zwecke der Übermittlung an andere (§ 31 Abs. 1 Nr. 1 BDSG); Hauptanwendungsfälle: Auskunfteien, Adresshändler, Adressverlage
- Verarbeitung zu anonymisierender Daten (§ 31 Abs. 1 Nr. 2 BDSG); Hauptanwendungsfälle: Markt- und Meinungsforschungsinstitute
- Datenverarbeitung als Dienstleistungsunternehmen für andere (§ 31 Abs. 1 Nr. 3 BDSG); Hauptanwendungsfälle: Service-Rechenzentren, Datenerfassungsbüros.

In allen Fällen ist Voraussddatenverarbeitung geschäftsmäßig geschieht, also auf Wiederholung gerichtet ist; Gewinnerzielungsabsicht ist nicht notwendig.

3.2.2 Datenverarbeitung im Auftrag

In der Praxis wird häufig die Datenverarbeitung „außer Haus" durchgeführt, besonders von kleineren Betrieben. Verpflichtet nach den Vorschriften des dritten Abschnitts oder nach §§ 32 bis 36 BDSG bleibt dann der Betrieb, für den die Daten verarbeitet werden; gegen ihn richten sich die Rechte des Betroffenen.

Welcher Art die Rechtsbeziehungen zwischen Auftraggeber und Auftragnehmer sind, ist dabei unbeachtlich. Es kommen Dienstleistungsverträge, Werkverträge oder gemischte Vertragsverhältnisse in Betracht. Besondere Gestaltung kann dieses Rechtsverhältnis finden, wenn in verbundenen Unternehmen (Konzernen) eine Gesellschaft die Datenverarbeitung auch für die anderen Gesellschaften betreibt (vgl. dazu Nr. 3.3 und Nr. 3.5).

Wer geschäftsmäßig als Dienstleistungsunternehmen die Datenverarbeitung im Auftrag übernimmt, hat die einschlägigen Vorschriften des vierten Abschnitts einzuhalten (§ 31 Abs. 1 Nr. 3 BDSG). Er darf insbesondere nur nach den Weisungen des Auftraggebers die Daten verarbeiten (§ 37 BDSG). Er muß ferner die notwendigen Maßnahmen zur Datensicherung (§ 6 BDSG) und zur Wahrung des Datengeheimnisses (§ 5 BDSG) treffen.

3.3 Verpflichtete Unternehmen

Das BDSG geht von einer juristischen, nicht von einer wirtschaftlichen Betrachtungsweise aus.

Verpflichtet ist jeweils die einzelne natürliche oder juristische Person. Außer Betracht bleiben dabei Beteiligungsverhältnisse an einer anderen juristischen Person, z.B. bei verbundenen Unternehmen (Konzernen). Die Pflichten aus dem Gesetz treffen jeweils die einzelne Gesellschaft.

3.4 Grenzfälle

Wird Datenverarbeitung teils für eigene, teils für fremde Zwecke betrieben, dann ist im Grundsatz für den Fremdanteil der 4. Abschnitt anzuwenden.

Ein geringfügiger Anteil der Fremdarbeiten kann jedoch ein Anzeichen dafür sein, daß die Datenverarbeitung insoweit nicht geschäftsmäßig als Dienstleistungsunternehmen betrieben wird. Dabei sind verschiedene Fälle denkbar:

3.4.1 Zeigt die Organisation der Datenverarbeitung oder des Rechenzentrums eine Ausprägung als Dienstleistungsunternehmen, findet für den als Auftragsdatenverarbeitung abgrenzbaren Teil immer der 4. Abschnitt Anwendung.

3.4.2 Haben einzelne Rechenzentren eines Unternehmens ausschließlich die Aufgabe der Auftragsdatenverarbeitung (Kundenrechenzentren), so findet auf diese Rechenzentren der 4. Abschnitt Anwendung.

3.4.3 Ist in den sonstigen Fällen der Anteil der Auftragsdatenverarbeitung im Verhältnis zur Gesamtdatenverarbeitung des Unternehmens geringfügig, dann spricht das dafür, daß die Datenverarbeitung nicht geschäftsmäßig als Dienstleistungsunternehmen betrieben wird. Es ist dann nur der 3. Abschnitt anzuwenden.

3.5 Sonderfall: Verbundene Unternehmen/Konzerne

Verbundene Unternehmen/Konzerne betreiben häufig die Datenverarbeitung für mehrere oder alle der einzelnen Gesellschaften gemeinschaftlich. Betreibt eine Gesellschaft die Datenverarbeitung für den Konzern und gleichzeitig auch für die eigene juristische Peron, dann ist für den „Eigenanteil" der dritte Abschnitt anzuwenden. Für den Teil der Datenverarbeitung, der für andere Konzernunternehmen durchgeführt wird, gilt im Grundsatz der vierte Abschnitt.

Zu unterscheiden sind jedoch zwei Fälle:

3.5.1 Wird eine gesamte Aufgabe (z.B. Vertrieb) einschließlich der Datenverarbeitung auf eine Gesellschaft im Konzern als Funktion übertragen, findet nur der dritte Abschnitt Anwendung. Geschäftszweck im Sinne des § 22 Abs. 1 BDSG ist im genannten Beispiel auch der Vertrieb.

3.5.2 Verbleibt die Verwaltung, die personenbezogene Daten verarbeitet, als Funktion bei den einzelnen Gesellschaften und wird lediglich die tatsächliche Datenverarbeitung von einer anderen Konzerngesellschaft betrieben, dann werden von letzterer die Daten im Auftrag der anderen Gesellschaften verarbeitet. Geschieht das geschäftsmäßig als Dienstleistungsunternehmen, dann findet wegen § 31 Abs. 1 Nr. 3 der vierte Abschnitt Anwendung. Die Gefahr des Mißbrauchs ist in der Regel geringer als bei reinen Fremdarbeiten. Die Überwachung nach § 40 BDSG durch die Aufsichtsbehörde in einem längeren Turnus ist daher im allgemeinen ausreichend (vgl. dazu 6.5.2).

4. Geltung des BDSG bei grenzüberschreitendem Datenverkehr

4.1 Das BDSG ist auch anzuwenden, wenn personenbezogene Daten von im Ausland lebenden Betroffenen im Inland verarbeitet werden. Dem Betroffenen ist somit auch dann Auskunft über seine Daten zu erteilen, wenn er nicht im Geltungsbereich des Gesetzes wohnt.

4.2 Wird die Verarbeitung personenbezogener Daten (z. B. Personal, Kunden, Lieferanten) von rechtlich selbständigen ausländischen Tochtergesellschaften eines deutschen Unternehmens im Inland vorgenommen, dann sind zwei Fälle zu unterscheiden:

4.2.1 Der Muttergesellschaft im Inland sind Teile der Verwaltung auch für die ausländische Tochtergesellschaft als eigene Funktion übertragen, z.B. der zentrale Vertrieb. Dann fällt die Datenverarbeitung unter den dritten Abschnitt BDSG. Somit besteht ein Anspruch des Betroffenen auf Auskunft (s. Nr. 4.1).

4.2.2 Die Verwaltung bleibt ungeschmälert Aufgabe der ausländischen Tochter. Die Muttergesellschaft betreibt dann insoweit Auftragsdatenverarbeitung, es findet der 4. Abschnitt Anwendung. Es sind somit kein Auskunftsanspruch und keine Benachrichtigungspflicht gegeben. Datensicherungsmaßnahmen nach § 6 sind zu treffen.

4.3 Personenbezogene Daten dürfen an ausländische Tochtergesellschaften unter den gleichen Voraussetzungen wie an Dritte im Inland übermittelt werden. Schutzwürdige Belange des Betroffenen werden nicht schon dadurch beeinträchtigt, weil es im Empfängerland kein Datenschutzgesetz gibt.

5. Begriffsbestimmungen

Das BDSG definiert für seine Ausführung wichtige Begriffe in § 2 und an anderen Stellen; es weicht dabei mitunter vom üblichen Sprachgebrauch ab. Um eine gleichmäßige Anwendung des Gesetzes zu erreichen, ist bis auf weiteres von folgendem auszugehen:

5.1 Personenbezogene Daten

Personenbezogene Daten im Sinne des Gesetzes sind „Einzelangaben über persönliche oder sachliche Verhältnisse einer bestimmten oder bestimmbaren natürlichen Person (Betroffener)“ (§ 2 Abs. 1 BDSG).

Dabei sind Einzelangaben Daten, die den Betroffenen bestimmen oder bestimmbar machen (z.B. Namen, Personalnummer, Sozialversicherungsnummer, Personalausweisnummer, Kfz-Kennzeichen). Einzelangaben sind aber auch Daten, die einen in der Person des Betroffenen liegenden oder auf den Betroffenen bezogenen Sachverhalt beschreiben (z.B. Adressen, Einkommen, Familienstand, Geburtsdatum, Staatsangehörigkeit, Krankheiten, Zeugnisnoten, Berufsbezeichnung); auch Werturteile, Planungs- und Prognosedaten über den Betroffenen gehören dazu. Die Einzelangaben können persönliche oder sachliche Verhältnisse einer Person betreffen (z.B. Familienstand, Geschlecht, Geburtsdatum einerseits, Besitz, Eigentum, Kraftfahrzeug andererseits). Die Unterscheidung ist wegen der gleichen Rechtsfolge nicht begriffserheblich, in der Praxis oft fließend.Die Daten müssen einer natürlichen Person zugeordnet werden können. Damit sind nicht geschützt Daten über juristische Personen oder über Personenvereinigungen (z.B. offene Handelsgesellschaften, nicht rechtsfähige Vereine).
Die natürliche Person muß bestimmt (z.B. durch Identifizierungsdaten wie Name und Anschrift, Personalnummer, Kontonummer u.ä.) oder bestimmbar sein (z.B. durch Bezugnahme auf andere Daten oder äußere Umstände).
Aggregierte Daten, z.B. Summendaten in der Statistik, sind nicht personenbezogen; enthält die statistische Gruppe nur Angaben über eine oder zwei Personen, dann sind die Daten wieder personenbezogen.
Bei personenbezogenen Daten, bei denen die speichernde Stelle Namen und Anschrift des Betroffenen nicht kennt, ist sie von der Einhaltung solcher Bestimmungen entbunden, die diese Kenntnis voraussetzt.

5.2 Datei

Datei ist eine ,,gleichartig aufgebaute Sammlung von Daten, die nach bestimmten Merkmalen erfaßt und geordnet, nach anderen bestimmten Merkmalen umgeordnet und ausgewertet werden, ungeachtet der dabei angewendeten Verfahren" (§ 2 Abs. 3 Nr. 3 BDSG).
Für die Anwendbarkeit des Gesetzes kommt es somit nicht darauf an, ob die Daten in konventionellen Verfahren oder in automatisierten Verfahren verarbeitet werden (vgl. dazu Nr. 9.2). In aller Regel werden die in Datenverarbeitungsanlagen verarbeiteten Datensammlungen den Dateibegriff erfüllen.
Abgrenzungsschwierigkeiten kann es bei manuell geführten Dateien geben. Dazu wird auf folgendes hingewiesen: Gleichartig aufgebaut ist eine Sammlung von Daten, die sich entweder auf einem einzigen Datenträger oder auf mehreren physisch gleichartigen Datenträgern (z.B. Lochkarten, Karteikarten, Magnetkontenkarten) befindet.
Die darauf gespeicherten Daten müssen auf dem Datenträger in einer bestimmten Ordnung enthalten sein, also in einer für die Datenverarbeitung geeigneten Weise formalisiert sein (z.B. Nachname, Vorname, Kalenderdaten in bestimmter Folge, Kennummer nach festgelegtem Schema) und formalisiert auf dem Datenträger untergebracht sein (z.B. feste Platzeinteilung oder festgelegtes Zugriffsverfahren). Die Sammlung selbst muß – um den Dateibegriff zu erfüllen – noch nicht geordnet sein, sie muß aber geordnet werden können und zwar nach bestimmten Merkmalen.
Merkmale sind nicht alle Daten, sondern nur solche, nach denen die Sammlung geordnet und ausgewertet werden kann. ,,Freie Texte" sind in der Regel keine Merkmale. Merkmale beziehen sich nämlich auf die in der Datenverarbeitung verwertbaren Inhalte der Daten, z.B. Name, Geburtsdatum, Anschrift, Belegnummer. Die Zahl der in der Datei enthaltenen Betroffenen ist unerheblich.
Datei im Sinne des Gesetzes sind jedenfalls – neben den in Computern verarbeiteten – Karteien, Sichtlochkarteien, Randlochkarteien, Sammlungen von Lochkarten, Sammlungen von Schecks, Tickets und dergleichen. Datei sind nicht Akten oder Aktensammlungen. Zwar bezieht § 2 Abs. 3 Nr. 3 BDSG sie wieder in den Dateibegriff ein, wenn sie durch automatisierte Verfahren umgeordnet und ausgewertet werden können. Derzeit sind jedoch Verfahren nicht bekannt, die beide Anforderungen erfüllen.

5.3 Speichern

Speichern ist das „Erfassen, Aufnehmen oder Aufbewahren von Daten auf einem Datenträger zum Zwecke ihrer weiteren Verwendung" (§ 2 Abs. 2 Nr. 1).
Das Erfassen von Daten unterliegt dem BDSG nur, wenn der Datenträger eine Datei enthält oder selbst Datenbestandteil ist (z.B. Karteikarte). Noch nicht erfaßt im Sinne des Gesetzes sind somit Daten auf Urbelegen oder Erfassungsbelegen, die nur zum Aufbau einer Datei benutzt werden; sie werden erst mit Übertragung auf den Datenträger der Datei „erfaßt".
Das Speichern im Sinne des Gesetzes endet mit dem Löschen der Daten (dazu Nr. 5.5) oder wenn die Daten nicht mehr zum Zwecke ihrer weiteren Verwendung aufbewahrt werden, z.B. wenn ein Magnetband zum Überschreiben mit anderen Daten freigegeben wird.

5.4 Sperren

Gesperrte Daten sind „mit einem entsprechenden Vermerk zu versehen; sie dürfen nicht mehr verarbeitet, insbesondere übermittelt oder sonst genutzt werden" (§ 14 Abs. 2 Satz 3 BDSG). Die Definition gilt auf Grund Verweises in § 27 Abs. 2 Satz 3 und § 35 Abs. 2 Satz 3 BDSG für die gesamte Datenverarbeitung.
Auf diese Weise gesperrt werden können
- einzelne Daten eines Betroffenen, z.B. in einem Feld einer Karteikarte oder eines Datensatzes
  - Einzelsperre,
- alle Daten eines Betroffenen, auch in mehreren Dateien
  - Datensatzsperre – und
- der Inhalt ganzer Sammlungen, z.B. eine gesamte Datei oder Teile davon
  - Sammelsperre.

Demzufolge kann der „Sperrvermerk" in verschiedener Weise bewirkt werden. Bei der Einzelsperre muß sich aus dem Sperrvermerk ergeben, welche einzelnen Daten (Datenfelder in einem bestimmten Datensatz) gesperrt sind. Bei der Datensatzsperre (z.B. die gesamte Karteikarte, der gesamte Datensatz) genügt es, wenn der Sperrvermerk auf der Karte vermerkt ist oder sich aus ihm ergibt, welcher Datensatz gesperrt ist (z.B. bei Anlage einer Sperrdatei). Bei der Sammelsperre (z.B. Daten, die nach Zeitablauf archiviert werden) genügt es, wenn der Sperrvermerk allgemein angebracht wird (z.B. eine gesamte Kartei oder ausgesonderte Teile davon werden sichtbar mit dem Vermerk „Gesperrt" versehen; Magnetbänder oder Magnetplatten werden an einer besonderen Stelle des Archivs abgelegt und mit dem Vermerk „Gesperrt" versehen).
Gesperrte Daten bleiben gespeichert, sie unterliegen der Berichtigungspflicht und müssen unter bestimmten Voraussetzungen auch gelöscht werden. Die Berichtigung kann bei Archivbeständen (§§ 14 Abs. 2 Satz 2, 27 Abs. 2 Satz 2 und 35 Abs. 2 Satz 2 BDSG) solange unterbleiben, bis diese Datenbestände wieder genutzt werden (§ 14 Abs. 2 Satz 3 BDSG).
Gesperrte Daten dürfen nicht mehr verarbeitet oder – z.B. für interne Auswertungen – sonst genutzt werden. Praktisch bedeutsam ist dabei vor allem, daß gesperrte Daten nicht mehr übermittelt werden dürfen. Erlaubt ist auf Grund des § 14 Abs. 2 Satz 3 BDSG nur die Nutzung für wissenschaftliche Zwecke, zur Behebung einer bestehenden Beweisnot oder aus sonstigen im überwiegenden Interesse der speichernden Stelle oder eines Dritten liegenden Gründen. Ob einer dieser Fälle vorliegt, hat die speichernde Stelle in eigener Verantwortung zu entscheiden.
Sind die Daten nach Ablauf einer bestimmten Frist zu sperren (vgl. § 35 Abs. 2 Satz 2 BDSG), genügt es, wenn der Fristablauf vor einer beabsichtigten Verarbeitung oder sonstigen Nutzung überprüft wird.

5.5 Löschen

Löschen ist „das Unkenntlichmachen gespeicherter Daten" (§ 2 Abs. 2 Nr. 4 BDSG). Daten

sind unkenntlich gemacht, wenn sie von Menschen nicht mehr zur Kenntnis genommen werden können. Das kann in verschiedener Form geschehen. Auf Papier können Schriftzeichen durch Ausstreichen, Überschreiben oder Schwärzen unkenntlich gemacht werden, aber auch durch Vernichten des Datenträgers Papier (z.B. durch Verbrennen oder Zerreißen im Reißwolf).
Können Daten nur unter Zuhilfenahme technischer Mittel durch den Menschen zur Kenntnis genommen werden (z.B. auf Magnetträgern durch Datenverarbeitungsanlagen), dann sind sie unkenntlich, wenn durch technische oder organisatorische Mittel sichergestellt ist, daß sie von niemandem zur Kenntnis genommen werden können. Das kann durch Neuformierung der Magnetschichten (z.B. Überschreiben) geschehen, wodurch die Daten für den Lesekopf der Verarbeitungsanlage nicht mehr lesefähig sind. Das Gesetz fordert nicht ein physisches Vernichten der Daten. Deshalb können z.B. einzelne Daten auf Sicherungsbändern auch dadurch gelöscht werden, daß durch geeignete organisatorische Maßnahmen sichergestellt ist, daß sie nicht mittels Datenverarbeitung „zur Kenntnis genommen" werden.

6. Aufgaben der Aufsichtsbehörden

Die Aufgaben der Aufsichtsbehörden sind in §§ 30, 39 und 40 BDSG abschließend normiert. Sie unterscheiden sich in wesentlichen Punkten danach, ob im Einzelfall die zu beaufsichtigende private Datenverarbeitung den Vorschriften des dritten oder des vierten Abschnittes des BDSG unterliegt. Im einzelnen:

6.1 Datenverarbeitung für eigene Zwecke

Wer personenbezogene Daten als Hilfsmittel zur Erfüllung eigener Geschäftszwecke oder Ziele verarbeitet (dritter Abschnitt BDSG), unterliegt insoweit nur einer sogenannten Anlaßaufsicht. Die Aufsichtsbehörden werden gemäß § 30 Abs. 1 BDSG nur tätig, wenn

6.1.1 entweder ein Betroffener ihnen gegenüber begründet darlegt, daß er bei der Verarbeitung seiner personenbezogenen Daten in seinen Rechten verletzt worden ist oder

6.1.2 wenn der Beauftragte für Datenschutz des Unternehmens sie um Unterstützung bittet.

6.2 Datenverarbeitung für fremde Zwecke

Soweit jemand personenbezogene Daten geschäftsmäßig für andere verarbeitet (vierter Abschnitt BDSG) sind die Aufgaben der Aufsichtsbehörde weiter gefaßt. Gemäß § 40 Abs. 1 BDSG werden die Aufsichtsbehörden außer in den Fällen der Nr. 6.1.1 und 6.1.2 auch tätig, indem sie
6.2.1 die Anmeldungen der Unternehmen nach § 39 BDSG entgegennehmen und darüber ein Register führen,
6.2.2 ständig die Ausführung der einschlägigen Datenschutzvorschriften überwachen (§ 40 Abs. 1 BDSG).

6.3 Anrufung durch einen Betroffenen (Nr. 6.1.1)

Das Anrufungsrecht des Betroffenen greift sowohl im dritten wie im vierten Abschnitt BDSG Platz. Wendet sich ein Betroffener an die Aufsichtsbehörde mit dem Vorbringen, er sei durch Datenverarbeitung Privater in seinen Rechten verletzt, ist in der Regel wir folgt zu verfahren:
Der Betroffene muß begründet darlegen, daß er in seinen Rechten verletzt worden ist. Soweit nicht schon in der Anrufung geschehen, bittet die Aufsichtsbehörde den Betroffenen um möglichst konkrete Darlegung des Sachverhalts. Allgemein gehaltene Behauptungen,

die Ausforschungsuntersuchungen notwendig machen, weist sie mit dem Hinweis auf die Rechtslage zurück. Sie fordert den Betroffenen ggf. auf, einschlägige Unterlagen vorzulegen, aus denen sich ausreichende Hinweise für eine konkrete Rechtsverletzung ergeben. Das können etwa Schriftstücke sein, aus denen sich ergibt, daß personenbezogene Daten des Betroffenen unter Mißachtung der Zulässigkeitsvoraussetzungen des BDSG gespeichert oder übermittelt werden.
Wurde die Rechtsverletzung vom Betroffenen schlüssig dargelegt und begründet, so hat der Betroffene einen Rechtsanspruch auf Tätigkeigwerden der Behörde. Im Regelfall fordert die Aufsichtsbehörde zunächst denjenigen, gegen den sich die Vorwürfe richten, zu einer schriftlichen Stellungnahme auf. Bringt diese keinen hinreichenden Aufschluß oder verbleibt der Verdacht, daß die Datenverarbeitung nicht ordnungsgemäß durchgeführt wird und deswegen der Betroffene in seinen Rechten weiterhin verletzt ist, dann kann die Aufsichtsbehörde Untersuchungen an Ort und Stelle veranlassen.
Ist nach dem ermittelten Sachverhalt anzunehmen, daß eine Rechtsverletzung zwar gegeben aber in Zukunft nicht mehr zu befürchten ist, dann verweist die Aufsichtsbehörde den Beschwerdeführer auf den Rechtsweg. Es ist nicht ihre Aufgabe, etwaige Rechte des Beschwerdeführers gegenüber dem Beanstandeten durchzusetzen. Soweit mit dem Auskunftsverweigerungsrecht nach § 26 Abs. 4 und § 34 Abs. 4 BDSG sowie mit der Geheimhaltungspflicht des § 30 VwVfG vereinbar, kann die Aufsichtsbehörde dabei dem Beschwerdeführer den ermittelten Sachverhalt mitteilen. Der Beanstandete ist entsprechend zu verständigen.
Soweit Rechtsverletzungen auch in Zukunft zu besorgen sind, legt die Aufsichtsbehörde dem Träger der Datenverarbeitung Maßnahmen nahe, die künftig eine Rechtsverletzung ausschließen. Sie soll dabei zu Einzelfragen den Datenschutzbeauftragten des Unternehmens heranziehen.
Stellt die Aufsichtsbehörde bei der Untersuchung eine Ordnungswidrigkeit fest, leitet sie ein Bußgeldverfahren ein. Liegt eine strafbare Handlung vor, verständigt sie die zuständige Staatsanwaltschaft.

6.4 Unterstützung des Datenschutzbeauftragten (Nr. 6.1.2)

Wendet sich der Datenschutzbeauftragte eines Unternehmens mit der Bitte um Unterstützung an die Aufsichtsbehörde, dann berät sie ihn im Rahmen ihrer Möglichkeiten zweckentsprechend.

6.5 Meldepflicht und ständige Überwachung

Wer geschäftsmäßig personenbezogene Daten für fremde Zwecke verarbeitet (vierter Abschnitt BDSG), unterliegt der Meldepflicht nach § 39 BDSG und einer ständigen Überwachung durch die Aufsichtsbehörde nach § 40 BDSG.

6.5.1 Meldepflicht (Nr. 6.2.1)
Die Aufsichtsbehörden nehmen die Anmeldungen nach § 39 BDSG entgegen; vgl. auch Nr. 8. Betrifft die Anmeldung eine Zweigniederlassung oder unselbständige Zweigstelle, dann übersenden die Aufsichtsbehörden einen Abdruck der Anmeldung der für den Sitz oder die Hauptverwaltung zuständigen Aufsichtsbehörde.
Die Aufsichtsbehörden führen über die Anmeldung ein Register. Das Register kann von jedermann eingesehen werden (§ 40 Abs. 1 Satz 2 BDSG).

6.5.2 Ständige Überwachung (Nr. 6.2.2)
Auf Grund des Registers legen die Aufsichtsbehörden einen Überwachungsturnus fest. Die Überwachungsberichte werden von der Aufsichtsbehörde entsprechend ausgewertet.

7. Befugnisse der Aufsichtsbehörden

Damit die Aufsichtsbehörden ihre Aufgaben erfüllen können, werden ihnen durch § 30 Abs.

2 und 3 BDSG bestimmte Rechte eingeräumt. Diese sind
- Auskunftsverlangen,
- Betreten von Grundstücken und Geschäftsräumen zu Prüfungen und Besichtigungen sowie
- Einsichtanhme in geschäftliche Unterlagen.

Die Aufsichtsbehörden können diese Rechte selbst oder durch Beauftragte wahrnehmen. Zu Besichtigungen an Ort und Stelle ist der Beauftragte für den Datenschutz des Unternehmens hinzuzuziehen; ihre Ergebnisse sind mit ihm zu erörtern.

Das BDSG räumt den Aufsichtsbehörden jedoch keine besonderen Befugnisse ein, festgestellte Mängel durch behördliches Einschreiten abzustellen. Werden bei Betrieben, die der Gewerbeordnung unterliegen, schwerwiegende Mängel festgestellt, dann sind diese der zuständigen Behörde mitzuteilen. Werden Ordnungswidrigkeiten nach § 42 BDSG festgestellt, dann kann ggf. mit Geldbuße vorgegangen werden.

8. Meldepflicht

Wer geschäftsmäßig Datenverarbeitung für dremde Zwecke betreibt (vierter Abschnitt BDSG – vgl. Nr. 3.2 bis 3.5) muß das der Aufsichtsbehörde binnen eines Monats nach der Aufnahme der Tätigkeit melden.

8.1 Verpflichtete Stelle

Meldepflichtig sind sowohl das Unternehmen als auch Zweigniederlassungen und unselbständige Zweigstellen.

Das können sein:
- natürliche Personen,
- juristische Personen,
- Gesellschaften, z.B. BGB-Gesellschaft, offene Handelsgesellschaft, Kommanditgesellschaft,
- sonstige Personenvereinigungen des privaten Rechts, z.B. nicht rechtsfähige Vereine, Parteien, Gewerkschaften,
- Zweigniederlassungen der genannten Stellen, und zwar solche, die nach § 13 HGB, § 42 AktG, § 12 GmbHG und § 14 GenG zum Handelsregister anzumelden sind,
- unselbständige Zweigstellen der genannten Stellen, das sind organisatorische Einheiten, die nach außen mit einer gewissen Selbständigkeit auftreten.

Wer innerhalb des Unternehmens oder der sonstigen Stelle die Anmeldung vorzunehmen hat, bestimmt die interen Regelung des Unternehmens oder der sonstigen Stelle; der Anmeldende muß nur ausreichend legitimiert sein. Es kann auch die Zentrale die Anmeldung für alle Zweigniederlassungen und unselbständige Zweigstellen durchführen.

8.2 Inhalt der Meldepflicht

Die Anmeldung muß folgenden Inhalt haben (§ 39 Abs. 2 BDSG):

1. Name oder Firma der Stelle (die Bezeichnung, unter der die Stelle im Geschäftsverkehr auftritt), bei Zweigniederlassungen und unselbständigen Zweigstellen auch Name der Hauptstelle;

2. Inhaber, Vorstände, Geschäftsführer oder sonstige gesetzlich oder verfassungsmäßig berufene Leiter und die mit der Leitung der Datenverarbeitung beauftragten Personen;

2.1 die Personen, die für die Leitung des Unternehmens, der Zweigniederlassung oder der unselbständigen Zweigstelle verantwortlich sind;

2.2 die Personen, die den Bereich Datenverarbeitung verantwortlich leiten; bei Zweigniederlassungen und unselbständigen Zweigstellen die vorstehenden Angaben auch für die Hauptstelle;

3. Anschrift der meldepflichtigen Stelle; bei Zweigniederlassungen und unselbständigen Zweigstellen auch Anschrift der Hauptstelle;
4. Geschäftszwecke und Ziele der Stelle und der Datenverarbeitung;
4.1 Geschäftszwecke und Ziele des Unternehmens, ähnlich den Angaben, die zum Handelsregister oder Vereinsregister gemacht werden müssen;
4.2 Zwecke und Ziele der Verarbeitung personenbezogener Daten;
5. Art der eingesetzten automatisierten Datenverarbeitungsanlagen: Hersteller, Typ, Einrichtungen der Datenfernverarbeitung und deren Standort;
6. Name des Beauftragten für den Datenschutz;
7. Art der gespeicherten personenbezogenen Daten, das ist eine Kurzbeschreibung der Inhalte der gespeicherten Daten, z. B. Namen, Anschrift, Familienstand;
8. bei regelmäßiger Übermittlung personenbezogener Daten Empfänger und Art der übermittelten Daten;
8.1 Name, Anschrift;
8.2 Art der übermittelten Daten entsprechend Nr. 7.

Wer Auftragsdatenverarbeitung im Sinne des § 31 Abs. 1 Nr. 3 BDSG betreibt, braucht in der Meldung die nach Nr. 7 und 8 geforderten Angaben nicht zu machen.

8.3 Zuständige Aufsichtsbehörde

Die Meldung ist an die zuständige Aufsichtsbehörde zu richten. Zuständig ist die Aufischtsbehörde, in deren Bereich der Betrieb oder die Betriebsstätte gelgen ist, in welchen die Datenverarbeitung betrieben wird; vgl. dazu auch Nr. 8.1.

9. Der Datenschutzbeauftragte des Unternehmens

9.1 Verpflichtete Unternehmen

Natürliche oder juristische Personen, die Datenverarbeitung für eigene Zwecke (3. Abschnitt; § 22 BDSG) oder geschäftsmäßig Datenverarbeitung für fremde Zwecke (4. Abschnitt; § 31 BDSG) betreiben, haben von einem bestimmten Umfang der Datenverarbeitung an einen Beauftragten für den Datenschutz zu bestellen (§§ 28, 38 BDSG). Dieser Umfang ist für Unternehmen mit Datenverarbeitung für eigene Zwecke der gleiche wie für Unternehmen mit geschäftsmäßiger Datenverarbeitung für fremde Zwecke. Verpflichtet zur Bestellung ist unter den gesetzlichen Voraussetzungen jede einzelne natürliche oder juristische Person. Wirtschaftliche Zusammenhänge zwischen mehreren juristischen oder natürlichen Personen (Mehrheitsverhältnisse, verbundene Unternehmen) bleiben insoweit außer Betracht; vgl. jedoch Nr. 9.4.

9.2 Voraussetzungen für die Ernennung

Einen Datenschutzbeauftragten muß bestellen, wer personenbezogene Daten entweder
- in automatisierten Verfahren verarbeitet und hierbei in der Regel mindestens fünf Arbeitnehmer ständig beschäftigt oder
- in manuellen Verfahren verarbeitet und hierbei in der Regel mindestens zwanzig Arbeitnehmer ständig beschäftigt.

Automatisierte Verfahren sind solche, in denen wesentliche Verfahrensschritte (z. B. Erfassung, Speicherung, Übermittlung, Veränderung) mit Hilfe programmgesteuerter Geräte ablaufen.

Zu berücksichtigen sind sämtliche Arbeitnehmer, die innerhalb des Unternehmens bei der Datenverarbeitung beschäftigt sind. Bei automatisierten Verfahren gehören dazu nicht nur die unmittelbar in Rechenzentren und im Bereich der Systementwicklung und Programmie-

rung Beschäftigten, sondern auch Arbeitnehmer, die zentral oder dezentral Daten erfassen oder verändern (Off-line oder On-line).
Ständig beschäftigt ist ein Arbeitnehmer, der nicht nur vorübergehend in seiner Hauptbeschäftigung in der Datenverarbeitung tätig ist; gelegentliche anderweitige Tätigkeiten bleiben außer Betracht. In der Regel in der Datenverarbeitung beschäftigt sind auch solche Arbeitnehmer, die nur periodisch, aber in kürzeren Abständen, etwa in den letzten Wochen eines jeden Monats, dafür eingesetzt werden.
Verarbeitet ein Unternehmen personenbezogene Daten teils in automatisierten, teils in manuellen Verfahren, dann muß die Mindestzahl (fünf oder zwanzig) mindestens in einer der Verarbeitungsarten erreicht sein.
Vergibt ein Unternehmen die Datenverarbeitung „außer Haus", behält es aber die Datenerfassung, dann ist das in der Datenerfassung beschäftigte Personal zu berücksichtigen.

9.3 Persönliche Voraussetzungen

Der Datenschutzbeauftragte muß die erforderliche Fachkunde und Zuverlässigkeit haben. Fachkunde ist notwendig auf dem Gebiete der Datenverarbeitung, der betrieblichen Organisation und der einschlägigen Gesetze. Erfüllt der Datenschutzbeauftragte nicht von Anfang an alle Voraussetzungen, dann muß er jedenfalls die Fähigkeit haben, sich in die anderen Gebieten einzuarbeiten.
Der Datenschutzbeauftragte muß nicht ausschließlich mit den Funktionen des Datenschutzbeauftragten betraut sein. Besonders in kleineren Unternehmen kann er noch andere Tätigkeiten wahrnehmen, sofern das die Erfüllung seiner Aufgaben als Datenschutzbeauftragter nicht beeinträchtigt.
Inhaber, Vorstände, Geschäftsführer und sonstige gesetzliche oder verfassungsmäßig berufene Leiter können nicht zum Datenschutzbeauftragten ihres Unternehmens bestellt werden. Zum Datenschutzbeauftragten sollen darüber hinaus solche Personen nicht bestellt werden, die in dieser Funktion in Interessenkonflikte geraten würden, die über das unvermeidliche Maß hinausgehen; das wird in der Regel der Fall sein, wenn zum Beispiel der Leiter der EDV, der Personalleiter oder bei Direktbetrieb der Betriebsleiter zum Datenschutzbeauftragten bestellt werden soll.
Der Datenschutzbeauftragte kann Arbeitnehmer des Unternehmens sein. Das Unternehmen kann aber auch einen „Externen" zum Datenschutzbeauftragten bestellen. Er ist vertraglich so zu verpflichten, daß er die Aufgaben eines Datenschutzbeauftragten entsprechend den Vorschriften des BDSG wahrnehmen kann. Ihm müssen auch die zur Erfüllung seiner Aufgaben nach §§ 28f. BDSG notwendigen Recht eingeräumt werden. Der „externe" Datenschutzbeauftragte kann die gleiche Aufgabe auch in anderen Unternehmen wahrnehmen. Dabei muß gewährleistet sein, daß er seine Aufgaben für jedes Unternehmen ordnungsgemäß erfüllen kann.

9.4 Datenschutzbeauftragte im Konzern

Es bestehen keine Bedenken, wenn verbundene Unternehmen dieselbe Person in den einzelnen rechtlich selbständigen Gesellschaften zum Datenschutzbeauftragten bestellen. Er muß von jeder Gesellschaft besonders bestellt und jeder Gesellschaft gesondert verantwortlich sein. Es muß dann sichergestellt sein, daß er für jede Gesellschaft seine Aufgaben ordnungsgemäß erfüllen kann.

9.5 Auftragsdatenverarbeitung

Service-Rechenzentren mit der entsprechenden Größe müssen selbst einen Datenschutzbeauftragten bestellen (§ 38 BDSG; vgl. oben Nr. 9.1). Wer seine Datenverarbeitung für eigene Zwecke (3. Abschnitt) ganz oder teilweise „außer Haus" gibt, braucht nur dann selbst einen Datenschutzbeauftragten zu bestellen, wenn er selbst (in seinem Unternehmen) die nach Nr. 9.2 genannte Zahl der Beschäftigen erreicht.

9.6 Stellung und Aufgaben des Datenschutzbeauftragten

Der Datenschutzbeauftragte ist dem Vorstand oder dem sonst zur Leitung des Unternehmens Berufenen dafür verantwortlich, daß der Datenschutz im Unternehmen gewahrt wird (§ 28 Abs. 3 BDSG). Er muß der Unternehmensleitung auf Grund seiner Fachkunde die notwendigen Entscheidungsgrundlagen liefern. Dazu muß er u. a. (§ 29 BDSG) eine Übersicht mit folgendem Inhalt führen:
- Bezeichnung der Dateien, in denen personenbezogene Daten gespeichert werden,
- Angaben über die Art der gespeicherten Daten, z. B. Personaldaten, Kontokorrentdaten, Marketingdaten, Einkaufsdaten, Inkassodaten.
- Geschäftszwecke oder Ziele, zu deren Erfüllung gerade diese Daten notwendig sind,
- diejenigen Dritten, denen regelmäßig, das ist ständig wiederkehrend, solche Daten übermittelt werden und
- die Art der eingesetzten Datenverarbeitungsanlagen nach Hersteller, Typ und Einrichtungen der Datenfernverarbeitung und deren Standort.

9.7 Zusammenarbeit mit der Aufsichtsbehörde

Der Datenschutzbeauftragte kann sich nach § 30 Abs. 1 Satz 2 BDSG in Zweifelsfällen an die Aufsichtsbehörde mit der Bitte um Unterstützung wenden. Die Aufsichtsbehörden beraten den Datenschutzbeauftragten im Rahmen ihrer Möglichkeiten.
Der Datenschutzbeauftragte ist nur von Unternehmen mit geschäftsmäßiger Datenverarbeitung für fremde Zwecke der Aufsichtsbehörde zu melden. (§ 39 Abs. 2 Nr. 6 BDSG). In den anderen Fällen vergewissert sich die Aufsichtsbehörde über die Identität des Datenschutzbeauftragten in angemessener Form.

7. Niedersachsen

7.1 Regelung der Zuständigkeit für die Überwachung des Datenschutzes nach dem Bundesdatenschutzgesetz RdErl. d. MI v. 29. 11. 1977 – 51.3 – 02743/26, Minbl. 57/1977, S. 1488

Am 1. 1. 1978 tritt das Bundesdatenschutzgesetz (BDSG) vom 27. 1. 1977 (BGBl I S. 201) im wesentlichen in Kraft.
Als zuständige Aufsichtsbehörden nach den §§ 30 und 40 BDSG bestimme ich hiermit die Regierungspräsidenten/Präsidenten der Verwaltungsbezirke in Braunschweig, Hannover, Lüneburg und Oldenburg (ab 1. 2. 1978 die Bezirksregierungen Braunschweig, Hannover, Lüneburg und Weser-Ems). Die örtliche Zuständigkeit richtet sich nach dem ab 1. 2. 1978 geltenden Gebietszuschnitt der Regierungsbezirke (Art. II § 2 Abs. 2 des Achten Gesetzes zur Verwaltungs- und Gebietsreform vom 28. 6. 1977, Nds. GVBl S. 233).
Bei der Durchführung von Prüfungen und Beratungen, für die spezielle Kenntnisse der automatisierten Datenverarbeitung erforderlich sind, bedienen sich die Regierungspräsidenten/Präsidenten der Verwaltungsbezirke einer Prüfgruppe, die für diesen Zweck beim Landesverwaltungsamt vorgehalten wird.

7.2 Die vorläufigen Verwaltungsvorschriften zum BDSG, Teil 1 (RdErl. d. MI v. 28. 3. 1978 – 58.3 – 024743/23 – 1, Minbl. Nr. 16/1978, S. 510) werden hier nicht abgedruckt. Stattdessen erscheinen diese, zwischen den Ländern abgestimmten Verwaltungsvorschriften in der vom Bundesland Hessen verkündeten Fassung, hier S.157.

8. Nordrhein-Westfalen

8.1 Verordnung über Zuständigkeiten nach dem BDSG (DSZuVO NW) vom 10.1.1978, GVBl. 5/1978, S. 16:

Aufgrund der §§ 30 Abs. 5 und 40 Abs. 2 des Bundesdatenschutzgesetzes vom 27. Januar 1977 (BGBl I S. 201) in Verbindung mit § 7 Abs. 4 Satz 2 des Landesorganisationsgesetzes vom 10. Juli 1962 (GV NW S. 421), zuletzt geändert durch Gesetz vom 21. Dezember 1976 (GV NW S. 438), sowie des § 36 Abs. 2 Satz 1 des Gesetzes über Ordnungswidrigkeiten wird verordnet:

§ 1

Aufsichtsbehörden im Sinne der §§ 30 und 40 des Bundesdatenschutzgesetzes sind:

1. der Regierungspräsident Arnsberg für die Regierungsbezirke Arnsberg, Detmold und Münster,
2. der Regierungspräsident Köln für die Regierungsbezirke Düsseldorf und Köln.

§ 2

Die Zuständigkeit für die Verfolgung und Ahndung von Ordnungswidrigkeiten nach § 42 Bundesdatenschutzgesetz wird den Aufsichtsbehörden (§ 1) übertragen.

§ 3

Die Verordnung tritt am Tage nach der Verkündung in Kraft.

8.2 Nordrhein-Westfalen hat die vorläufigen Verwaltungsvorschriften Teil 1 und Teil 2 zusammengefaßt und als „vorläufige Richtlinien" zur Durchführung des BDSG (Minbl NW vom 22.3.1979, S. 362) bekanntgemacht. Hierbei wurden die Grundsätze zur Datensicherung bei nichtautomatischen Verfahren ausgespart.

8.3 Register gem. § 39 Abs. 2 BDSG, Bekanntmachung des Innenministers vom 12.12.1977 – I A 1/52–20.10, MinBl 137/1977, S. 2103

1 Nach § 39 Abs. 2 i.V.m. § 31 Bundesdatenschutzgesetz (BDSG) sind natürliche und juristische Personen, Gesellschaften und andere Personenvereinigungen des privaten Rechts, soweit sie geschäftsmäßig geschützte personenbezogene Daten

- zum Zweck der Übermittlung speichern und übermitteln
- zum Zweck der Veränderung speichern, diese Daten anonymisieren und sie in dieser Form übermitteln
- im Auftrag als Dienstleistungsunternehmen verarbeiten,

verpflichtet, die Aufnahme ihrer Tätigkeit innerhalb eines Monats der zuständigen Aufsichtsbehörde anzumelden. Für natürliche und juristische Personen usw., die schon bei Inkrafttreten des Bundesdatenschutzgesetzes eine derartige Tätigkeit ausüben, entsteht die Verpflichtung mit dem Inkrafttreten des Gesetzes am 1. 1. 1978 (§ 43 BDSG).

2 Die Landesregierung hat den Regierungspräsidenten Arnsberg für die Regierungsbezirke Arnsberg, Detmold und Münster und den Regierungspräsidenten Köln für die Regierungsbezirke Düsseldorf und Köln zu Aufsichtsbehörden gemäß §§ 30/40 BDSG bestimmt. Mit dem Erlaß der Rechtsverordnung ist im Januar 1978 zu rechnen.

3 Im Interesse eines möglichst bundeseinheitlichen Verfahrens der Bundesaufsichtsbehörden ist von den zuständigen Referenten der Bundesländer vereinbart worden, daß die Aufsichtsbehörden bei der Bearbeitung der Meldungen folgende Grundsätze beachten sollen:

3.1 Meldepflichtige Stellen gemäß § 39 Abs. 1 BDSG sind:

3.11 natürliche Personen;

3.12 juristische Personen;

3.13 Gesellschaften (z.B. BGB-Gesellschaft, OHG, KG);

3.14 Personenvereinigungen des privaten Rechts (z.B. nicht rechtsfähige Vereine, Parteien, Gewerkschaften usw.);

3.15 Zweigniederlassungen der unter 1. bis 4. genannten Stellen – Zweigniederlassungen von Handelsgesellschaften müssen zum Handelsregister angemeldet werden, vgl. §§ 13 HGB, 42 AktG, 12 GmbHG, 14 GenG;

3.16 unselbständige Zweigstellen der unter 1. und 4. genannten Stellen (Organisatorische Einheiten, die nach außen hin mit einer gewissen Selbständigkeit auftreten).

3.2 Notwendiger Inhalt der Meldung gemäß § 39 Abs. 2 BDSG:

3.21 Name oder Firma der Stelle (die Bezeichnung, unter der die Stelle im Geschäftsverkehr auftritt);

3.22 Inhaber, Vorstände, Geschäftsführer oder sonstige gesetzlich oder verfassungsmäßig berufene Leiter und die mit der Leitung der Datenverarbeitung beauftragten Personen,

3.221 die Personen, die für die Leitung des Unternehmens usw. verantwortlich sind,

3.222 die Personen, die den Bereich Datenverarbeitung verantwortlich leiten;

3.23 Anschrift;

3.24 Geschäftszwecke oder Ziele der Stelle und der Datenverarbeitung,

3.241 Geschäftszwecke und Ziele des Unternehmens, evtl. ähnlich den Angaben, die zum Handelsregister oder Vereinsregister gemacht werden müssen,

3.242 Zweck und Ziele der Verarbeitung personenbezogener Daten;

3.25 Art der eingesetzten automatisierten Datenverarbeitungsanlagen: Hersteller, Typ, Einrichtungen der Datenfernverarbeitung und deren Standort;

3.26 Name des Beauftragten für den Datenschutz;

3.27 Art der von ihnen oder in ihrem Auftrag gespeicherten personenbezogenen Daten (gilt nicht für die in § 31 Abs. 1 Nr. 3 genannten Unternehmen usw., soweit sie nicht ausnahmsweise selbst personenbezogene Daten im Sinne des Gesetzes speichern oder übermitteln), Kurzbeschreibung des Inhalts der gespeicherten Daten, z.B. Name, Anschrift, Familienstand, Angabe, ob Schwerbeschädigter, ob kreditwürdig, usw.;

3.28 Bei regelmäßiger Übermittlung personenbezogener Daten Empfänger und Art der übermittelten Daten (gilt nicht für die in § 31 Abs. 1 Nr. 3 genannten Unternehmen usw., soweit sie nicht ausnahmsweise selbst personenbezogene Daten im Sinne des Gesetzes speichern oder übermitteln),

3.281 Name, Anschrift,

3.282 entsprechend 3.27.

9. Rheinland-Pfalz

9.1 Landesverordnung über die Zuständigkeiten nach §§ 30 und 40 BDSG und § 36 Abs. 2 Satz 1 des Gesetzes über Ordnungswidrigkeiten vom 29.11.1977, GVBl 1977, S. 432:

Auf Grund des § 30 Abs. 5 und des § 40 Abs. 2 des Gesetzes zum Schutz vor Mißbrauch personenbezogener Daten bei der Datenverarbeitung (Bundesdatenschutzgesetz – BDSG) vom 27. Januar 1977 (BGBl I S. 201) in Verbindung mit § 1 der Anordnung über die Übertragung der Befugnis zur Bestimmung der Zuständigkeiten nach § 30 Abs. 5 und § 40 Abs. 2 des Bundesdatenschutzgesetzes vom 7. November 1977 (GVBl S. 402) und des § 7 Abs. 2 des Landesgesetzes über die Verkündung von Rechtsverordnungen, Zuständigkeitsanordnungen und Anstaltsordnungen vom 3. Dezember 1973 (GVBl S. 375, Bs 114-1) und auf Grund des § 36 Abs. 2 Satz 1 des Gesetzes über Ordnungswidrigkeiten (OWiG) in der Fassung vom 2. Januar 1975 (BGBl I S. 80, 520), geändert durch Artikel 4 § 17 des Gesetzes zur Änderung des Gerichtskostengesetzes, des Gesetzes über Kosten der Gerichtsvollzieher, der Bundesgebührenordnung für Rechtsanwälte und anderer Vorschriften vom 20. August 1975 (BGBl I S. 2189), in Verbindung mit § 1 der Landesverordnung zur Übertragung der Ermächtigung der Landesregierung nach § 36 Abs. 2 Satz 1 des Gesetzes über Ordnungswidrigkeiten vom 6. November 1968 (GVBL S. 247, BS 453-1) wird bestimmt und verordnet:

§ 1

Zuständige Aufsichtsbehörde nach den §§ 30 und 40 des Bundesdatenschutzgesetzes ist die Bezirksregierung.

§ 2

Zuständige Behörde für die Verfolgung und Ahndung von Ordnungswidrigkeiten nach § 42 des Bundesdatenschutzgesetzes ist die Bezirksregierung.

§ 3

Diese Verordnung tritt am 1. Januar 1978 in Kraft.

9.2 Die Verwaltungsvorschriften Teil 1 zum Datenschutz im nichtöffentlichen Bereich waren bei Redaktionsschluß noch nicht veröffentlicht. In Rheinland-Pfalz soll dies zusammen mit den Verwaltungsvorschriften, Teil 2 geschehen.

10. Saarland

10.1 Verordnung über die zuständige Aufsichtsbehörde für die Überwachung der Durchführung des Datenschutzes in nichtöffentlichen Stellen vom 20. Januar 1978, Amtsbl. des Saarlandes 1978, S. 91.

Auf Grund der §§ 30 Abs. 5, 40 Abs. 2 des Gesetzes zum Schutz vor Mißbrauch personenbezogener Daten bei der Datenverarbeitung – Bundesdatenschutzgesetz – vom 27. Januar 1977 (Bundesgesetzbl. I S. 201) und des § 5 Abs. 3 des Gesetzes über die Organisation der Landesverwaltung – Landesorganisationsgesetz – vom 2. Juli 1969 (Amtsbl. S. 445), zuletzt geändert durch Gesetz vom 6. Juli 1976 (Amtsbl. S. 702) verordnet die Landesregierung:

§ 1
Aufsichtsbehörde für die Überwachung der Durchführung des Datenschutzes im Anwendungsbereich des dritten und vierten Abschnitts des Bundesdatenschutzgesetzes sowie zuständige öffentliche Stelle nach § 26 Abs. 4 Nr. 2 und § 34 Abs. 4 des Bundesdatenschutzgesetzes ist der Minister des Innern.

§ 2
Diese Verordnung tritt am Tage nach ihrer Verkündung in Kraft.

10.2 Hinweis zur Durchführung des Bundesgesetzes zum Schutz vor Mißbrauch personenbezogener Daten bei der Datenverarbeitung (Bundesdatenschutzgesetz – BDSG) vom 27. Januar 1977 (Bundesgesetzbl. I S. 201) vom 23. Dezember 1977, GMBl Saarland 1978, S. 14.

Am 1. Januar 1978 ist das Bundesdatenschutzgesetz in Kraft getreten. Das Gesetz regelt die konventionelle und automatisierte Verarbeitung personenbezogener Daten sowohl in der öffentlichen Verwaltung als auch in der privaten Wirtschaft. Für den privaten Bereich gibt der Minister des Innern folgenden Hinweis:

1. Aufsichtsbehörde nach §§ 30, 40 BDSG ist der Minister des Innern (Hindenburgstraße 21, 6600 Saarbrücken, Telefon (0681) 5929). Die entsprechende Rechtsverordnung der Landesregierung wird im Amtsblatt des Saarlandes veröffentlicht. Sie kann aus Rechtsgründen erst nach Inkrafttreten des Bundesdatenschutzgesetzes erlassen werden.
2. Die Vorschriften über die Bestellung des Beauftragten für den Datenschutz (§ 28 und § 38 BDSG) sind bereits am 1. Juli 1977 in Kraft getreten (§ 47 Nr. 2 BDSG). Die Meldepflichten nach § 39 BDSG gelten jedoch erst ab 1. Januar 1978.
   2.1. Dabei ist zu beachten, daß § 39 BDSG nur bei geschäftsmäßiger Datenverarbeitung für fremde Zwecke gilt (4. Abschnitt des BDSG). Personen oder Stellen, die ausschließlich Datenverarbeitung für eigene Zwecke betreiben, brauchen weder die Bestellung des Beauftragten für den Datenschutz noch sonstige Angaben der Aufsichtsbehörde mitzuteilen.
   2.2. Meldepflichtige Stellen nach § 39 BDSG sind sowohl das Unternehmen als auch Zweigniederlassungen und unselbständige Zweigniederlassungen und unselbständige Zweigstellen.
   Das können sein:
      2.2.1. natürliche Personen
      2.2.2. juristische Personen
      2.2.3. Gesellschaften, z.B. BGB-Gesellschaften, offene Handelsgesellschaften, Kommanditgesellschaften

2.2.4. sonstige Personenvereinigungen des privaten Rechts, z.B. nicht rechtsfähige Vereine, Parteien, Gewerkschaften

2.2.5. Zweigniederlassungen der genannten Stellen, und zwar solche, die nach § 13 HGB, § 42 AktG, § 12 GmbHG und § 14 GenG zum Handelsregister anzumelden sind

2.2.6. unselbständige Zweigstellen der genannten Stellen, das sind organisatorische Einheiten, die nach außen mit einer gewissen Selbständigkeit auftreten.

Wer innerhalb des Unternehmens oder der sonstigen Stelle die Anmeldung vorzunehmen hat, bestimmt die interne Regelung des Unternehmens oder der sonstigen Stelle; der Anmeldende muß nur ausreichend legitimiert sein. Es kann auch die Zentrale die Anmeldung für alle Zweigniederlassungen und unselbständige Zweigstellen durchführen.

2.3. Die Meldung ist an die zuständige Aufsichtsbehörde zu richten. Zuständig ist die Aufsichtsbehörde, in deren Bereich der Betrieb oder die Betriebsstätte belegen ist, in welchem die Datenverarbeitung betrieben wird (vgl. 1).

3. Soweit die Meldepflichten nach § 39 BDSG gelten, ist zu beachten, daß nicht nur der Name des Beauftragten für den Datenschutz sondern auch die übrigen in dieser Vorschrift genannten Angaben mitzuteilen sind. Die Anmeldung muß folgenden Inhalt haben:

3.1. Name oder Firma der meldepflichtigen Stelle, d.h. die Bezeichnung, unter der die Stelle im Geschäftsverkehr auftritt.

3.2. Inhaber, Vorstände, Geschäftsführer oder sonstige, gesetzlich oder verfassungsmäßig berufene Leiter sowie die mit der Leitung der Datenverarbeitung beauftragten Personen, d.h.:

3.2.1. die Namen der Personen, die für die Leitung des Unternehmens, der Zweigniederlassung oder unselbständigen Zweigstelle verantwortlich sind sowie

3.2.2. die Namen der Personen, die den Bereich Datenverarbeitung verantwortlich leiten.

3.3. Anschrift der meldepflichtigen Stelle

3.4. Geschäftszwecke oder Ziele der Stelle und der Datenverarbeitung, d.h.:

3.4.1. Geschäftszwecke oder Ziele des Unternehmens, eventuell ähnlich den Angaben, die zum Handelsregister oder Vereinsregister gemacht werden müssen sowie

3.4.2. Zwecke oder Ziele, der Verarbeitung personenbezogener Daten

3.5. Art der eingesetzten automatisierten Datenverarbeitungsanlagen: Hersteller, Typ, Einrichtungen der Datenverarbeitung und deren Standort

3.6. Namen des Beauftragten für den Datenschutz

3.7. Art der gespeicherten personenbezogenen Daten, d.h. eine Kurzbeschreibung der Inhalte der gespeicherten Daten (z.B. Name, Vorname, Geburtsdatum).

3.8. Bei regelmäßiger Übermittlung personenbezogener Daten Empfänger und Art der übermittelten Daten, d.h.:

3.8.1. Name und Anschrift des Empfängers sowie

3.8.2. Kurzbeschreibung der Inhalte der übermittelten Daten (vgl. 3.7).

Die Angaben nach Nummer 3.7 und 3.8 entfallen nach der Zielsetzung der Vorschrift des § 39 BDSG für die Auftragsdatenverarbeitung im Sinne des § 31 Abs. 1 Nr. 3 BDSG. Zweigniederlassungen und unselbständige Zweigstellen haben außer den sie betreffenden Angaben die das Gesamtunternehmen betreffenden Angaben nach Nummer 3.1, 3.2 und 3.3 mitzuteilen.

11. Schleswig-Holstein

11.1 Landesverordnung über die zuständige Aufsichtsbehörde nach dem Bundesdatenschutzgesetz vom 20. Dezember 1977 (GVBl 1977/26, S. 530)

Aufgrund des § 28 Abs. 1 des Landesverwaltungsgesetzes in Verbindung mit § 30 Abs. 5 und § 40 Abs. 2 des Bundesdatenschutzgesetzes vom 27. Januar 1977 (BGBl I S. 201) verordnet die Landesregierung:

§ 1
Zuständige Aufsichtsbehörde nach den §§ 30 und 40 des Bundesdatenschutzgesetzes ist der Innenminister.

§ 2
Diese Verordnung tritt am 1. Januar 1978 in Kraft.

11.2 Durchführungshinweise – vorläufige Verwaltungsvorschriften, Teil 1, sollen in Schleswig-Holstein nicht im Verordnungswege erlassen werden, da hierzu wegen fehlender regionaler Aufsichtsbehörden kein Bedarf besteht. Es ist jedoch beabsichtigt, die Verwaltungsvorschriften zusammen mit Hinweisen zur Anwendung des Landesdatenschutzgesetzes (DSG SH) in Form eines Runderlasses des Innenministers zu veröffentlichen.

12. Vorläufige Verwaltungsvorschriften zum Datenschutz im nichtöffentlichen Bereich, Teil 2*)

I. Abschnitt: Allgemeine Grundsätze

1. Wesen der Datensicherung

Das BDSG verwendet zwar nicht den Begriff „Datensicherung“, regelt aber in § 6 und der Anlage zu § 6 Abs. 1 Satz 1 BDSG die Maßnahmen der Datensicherung, soweit sie für den Datenschutz von Bedeutung sind. Im einzelnen:

1.1 Begriff

Unter Datensicherung allgemein sind die technischen und organisatorischen Maßnahmen zu verstehen, die eine störungsfreie und gegen Mißbrauch gesicherte Datenverarbeitung zum Ziel haben. Solche Maßnahmen sind für jede Art von Datenverarbeitung unerläßlich; besonders wichtig sind sie in automatisierten Verfahren. Jede Störung oder Verzögerung der Datenverarbeitung kann schwerwiegende Folgen haben.

---

* Die Verwaltungsvorschriften Teil 2 waren bei Redaktionsschluß noch in keinem Bundesland veröffentlicht.

Soweit Maßnahmen zur Datensicherung auch dem Datenschutz im Sinn von § 1 Abs. 1 BDSG zu dienen geeignet sind, werden sie durch § 6 und die Anlage zu § 6 Abs. 1 Satz 1 BDSG gesetzlich vorgeschrieben. Durch geeignete technische und organisatorische Vorkehrungen soll die Erfüllung der Vorschriften des BDSG gewährleistet werden, also der Beeinträchtigung schutzwürdiger Belange des Betroffenen durch Mißbrauch bei der Datenverarbeitung entgegengewirkt werden. Dabei greift das Gesetz teilweise die für das Funktionieren der Datenverarbeitung ohnehin notwendigen Maßnahmen auf, teilweise geht es im Interesse eines wirksamen Datenschutzes darüber hinaus.

1.2 Anwendungsbereich

§ 6 BDSG gilt für jede Verarbeitung personenbezogener Daten in Dateien, in automatisierten ebenso wie in nichtautomatisierten Verfahren. Auch die nur internen Zwecken dienenden manuellen Dateien (§ 1 Abs. 2 Satz 2 BDSG) und die ausschließlich eigenen publizistischen Zwecken dienden Dateien (§ 1 Abs. 3 BDSG) unterliegen den Vorschriften über die Datensicherung.
Das Gesetz stellt in § 6 Abs. 1 Satz 1 BDSG eine Grundregel der Datensicherung für jede Verarbeitung personenbezogener Daten in Dateien auf: Es sind immer alle erforderlichen technischen und organisatorischen Maßnahmen zu treffen, um die Ausführung der Vorschriften des BDSG zu gewährleisten. Für automatisierte Verfahren wird das Gesetz konkreter: In der Anlage zu § 6 Abs. 1 Satz 1 BDSG definiert es bestimmte Anforderungen für zehn Bereiche; die zur Datensicherung verpflichtete Stelle hat sie mit entsprechenden Maßnahmen auszufüllen.

2. Verpflichtete Stelle

Zu Datensicherungsmaßnahmen nach § 6 Abs. 1 BDSG ist jeder verpflichtet, der im Rahmen des § 1 Abs. 2 BDSG oder im Auftrag der dort genannten Personen oder Stellen personenbezogene Daten verarbeitet. Verpflichtet ist somit einmal die speichernde Stelle im Sinne des § 2 Abs. 3 Nr. 1 BDSG, zum anderen aber auch jede Stelle, die im Auftrag speichernder Stellen Daten verarbeitet (§ 8 BDSG für öffentliche Stellen und § 31 Abs. 1 Nr. 3 BDSG i.V. mit § 37 BDSG für nicht-öffentliche Stellen).
Beauftragt eine speichernde Stelle ganz oder teilweise eine andere Stelle mit der Durchführung der Datenverarbeitung (vgl. dazu Teil B Nr. 3.2), dann ist die Verantwortung für die Durchführung der Datensicherung auf den Auftraggeber und den Auftragnehmer verteilt:

2.1 Der Auftraggeber hat bei Erteilung des Auftrages die vom Auftragnehmer vorgesehenen Datensicherungsmaßnahmen zu berücksichtigen; die Wirksamkeit dieser Maßnahmen ist ein Auswahlkriterium für die Vergabe des Auftrages (§ 22 Abs. 2 Satz 2, § 31 Abs. 2 Satz 2 BDSG). Dem Auftraggeber müssen aber nicht notwendigerweise alle im einzelnen getroffenen Datensicherungsmaßnahmen offen gelegt werden; dies könnte zu einer Ausspähung der Datensicherung für bestimmte Bereiche führen.

2.2 Der Auftraggeber hat ferner bei konkreten Anhaltspunkten den Auftragnehmer auf die Einhaltung der Datensicherungspflichten hinzuweisen. Zu Besichtigungen und Kontrollen an Ort und Stelle ist er nur insoweit befugt, als die vertraglichen Beziehungen ein solches Vorgehen erlauben.

2.3 Der Auftragnehmer ist für die Einhaltung der Datensicherung in allen Phasen der Datenverarbeitung, die er tatsächlich abwickelt, voll verantwortlich.

2.4 Soweit der Auftraggeber Teile der Datenverarbeitung tatsächlich selbst ausführt, trägt er insoweit die alleinige Verantwortung für die notwendige Datensicherung.

2.5 Fragen der zivilrechtlichen Haftung bleiben unberührt.

3. Notwendigkeit einzelner Maßnahmen

3.1 Rechtsgrundlagen

Nach § 6 Abs. 1 BDSG sind die zur Ausführung der Vorschriften des Gesetzes erforderlichen Maßnahmen der Datensicherung zu treffen; dies gilt sowohl für nichtautomatisierte als auch für automatisierte Verfahren. Für automatisierte Verfahren legt die Anlage zu § 6 Abs. 1 Satz 1 BDSG ergänzend Anforderungen für zehn einzelne Bereiche vor, die durch konkrete Maßnahmen auszufüllen sind; vgl. dazu Abschnitt II. Das Gesetz schreibt solche Maßnahmen jedoch nicht konkret vor.

3.2 Verantwortung des Verpflichteten

Der zur Datensicherung Verpflichtete (vgl. Nr. 2) muß in eigener Verantwortung unter den in Betracht kommenden technischen und organisatorischen Maßnahmen der Datensicherung jene auswählen, die den vom Gesetz vorgeschriebenen Schutz der Daten gewährleisten. Sie sind vor dem Einsatz eines neuen oder geänderten Verfahrens im einzelnen festzulegen und mit Beginn des Einsatzes zu realisieren. Der Verpflichtete muß der Aufsichtsbehörde die Maßnahmen in geeigneter Form darlegen können.
Der Datenschutzbeauftragte ist zu beteiligen. Zu den Aufgaben des Datenschutzbeauftragten gehört es auch, die Wirksamkeit der Datensicherung zu überwachen. Stellt er Mängel fest, dann unterrichtet er unverzüglich den für den jeweiligen Bereich Verantwortlichen. In Zweifelsfällen kann er sich an die Aufsichtsbehörde wenden.
Im Falle der Auftragsdatenverarbeitung wirken Auftraggeber und Auftragneh-

mer zusammen. Verantwortlich ist dabei jeweils derjenige, in dessen Tätigkeitsbereich die jeweiligen Maßnahmen der Datensicherung fallen. Für das gesamte Verfahren trägt der Auftraggeber im Rahmen der in Nr. 2 geannten Grundsätze die Verantwortung.

3.3 Summe der Maßnahmen

Für die Wirksamkeit der Datensicherung ist die Summe aller Maßnahmen entscheidend. Die Datensicherung ist dann ausreichend, wenn die getroffenen technischen und organisatorischen Maßnahmen in ihrer Gesamtheit einen hinreichenden Schutz gegen die Beeinträchtigung schutzwürdiger Belange des Betroffenen durch Mißbrauch seiner Daten gewährleisten.
Anforderungen, die für bestimmte Verfahren nicht relevant sind (z.B. Aaftragskontrolle, wenn keine Auftragsdatenverarbeitung vorliegt), brauchen nicht berücksichtigt zu werden.

3.4 Angemessenheit der einzelnen Maßnahmen

Eine Datensicherungsmaßnahme ist nirht schon allein deshalb zu treffen, weil sie objektiv geeignet ist, ein Höchstmaß an Datensicherung zu gewährleisten. Alle Maßnahmen zur Datensicherung stehen unter dem Grundsatz der Angemessenheit (§ 6 Abs. 1 Satz 2). Eine Maßnahme braucht dann nicht getroffen zu werden, wenn der durch sie verursachte Aufwand im Verhältnis zu dem vom Gesetz verlangten Schutz der Daten unangemessen groß wäre. Dieser Grundsatz darf jedoch nicht dazu führen, die dem Gesetz unterliegende Datenverarbeitung ohne jede Sicherung zu lassen. Soweit im Einzelfall eine Anforderung nicht durch angemessene Maßnahmen voll erfüllt wird, ist die dadurch entstehende Lücke durch entsprechende Maßnahmen zur Erfüllung anderer Anforderungen zu schließen; vgl. auch Nr. 3.3, Absatz 1.
Ob eine Maßnahme als verhältnismäßig im Sinne des § 6 Abs. 1 Satz 2 anzusehen ist, kann nur anhand der konkreten Umstände des Einzelfalles entschieden werden. Dabei ist zwischen dem vom Gesetz verlangten Schutz der Daten und dem durch die Maßnahme verursachten Aufwand abzuwägen.
Als Entscheidungshilfen bei der Angemessenheitsprüfung können neben der Art der verarbeiteten Daten und ihrer Schutzwürdigkeit auch die Menge der verarbeiteten Daten sowie die Art der eingesetzten Verfahren dienen.
So erfordern z.B. Angaben über gesundheitliche Verhältnisse, starfbare Handlungen, religiöse oder politische Anschauungen weitergehende Datensicherungsmaßnahmen. Gleiches gilt, je mehr Daten über einen Betroffenen gespeichert werden. Die Verarbeitung von personenbezogenen Daten in einem großen Datenverarbeitungssystem (z.B. mit Hilfe einer Datenbank) kann wegen der vielfältigeren Nutzungsmöglichkeiten strengeren Anforderungen an die Datensicherung unterliegen.

II. Abschnitt: Anforderungen und Maßnahmen für automatisierte Verfahren

0. Anforderungen für automatisierte Verfahren; Erläuterung zentraler Begriffe

0.1 Anforderungen für automatisierte Verfahren

Die zur Datensicherung verpflichtete Stelle (vgl. Nr. I 2) hat nach den in Nr. I 3.3 und I 3.4 dargelegten Grundsätzen die Anforderungen der Anlage zu § 6 Abs. 1 Satz 1 BDSG zu erfüllen (vgl. jedoch Nr. I 3.3 Absatz 2 und I 3.4 Absatz 1 Satz 4). Der Anforderungskatalog der Anlage zu § 6 Abs. 1 Satz 1 BDSG ist nicht abschließend. Häufig wird es notwendig sein, auch nicht in der Anlage aufgeführte Bereiche durch Datensicherungsmaßnahmen abzudecken. Die Verpflichtung hierzu ergibt sich unmittelbar aus § 6 Abs. 1 Satz 1 BDSG. Dies gilt beispielsweise für den Bereich der Datenübertragung innerhalb der speichernden Stelle bzw. zwischen Auftraggeber und Auftragnehmer bei Auftragsdatenverarbeitung.
Die zehn Anforderungen der Anlage werden in diesem Abschnitt erläutert. An die Erläuterung ist jeweils angesrhlossen eine Zusammenstellung in Betracht kommender Maßnahmen, mit denen die Anforderungen erfüllt werden können. Die dort aufgeführten Beispiele für Maßnahmen sind nicht abschließend; sie können auch nicht die für den Einzelfall erforderlichen Entscheidungen ersetzen.

0.2 Erläuterung zentraler Begriffe

0.2.1 Datenverarbeitungsanlage

Eine Datenverarbeitungsanlage ist die Gesamtheit der Baueinheiten, aus denen eine Funktionseinheit zur Verarbeitung von Daten aufgebaut ist (vgl. auch DIN 44 300).
Dazu gehören Zentraleinheiten und programmgesteuerte Geräte, einschließlich Geräte der angeschlossenen Peripherie (z.B. Leser, Drucker, Band- und Plattenlaufwerke, Stapelstationen, sowie die über Stand- oder Wählleitungen angeschlossenen Terminals).
Nicht dazu zählen Geräte wie Kartenlocher, -prüfer, -doppler, Lochstreifen-Stanzer, die nicht an eine Zentraleinheit angeschlossen sind; für sie gilt § 6 Abs. 1 BDSG.

0.2.2 Datenverarbeitungssystem

Ein Datenverarbeitungssystem ist eine Funktionseinheit zur Verarbeitung von Daten (vgl. DIN 44 300), bestehend aus Datenverarbeitungsanlage(n) und Software.

0.2.3 Benutzung eines Datenverarbeitungssystems

Unter Benutzung eines Datenverarbeitungssystems ist jede Tätigkeit zu verstehen, mit der ein datenverarbeitender Vorgang in einem Datenverarbeitungssystem eingeleitet oder durchgeführt wird.

0.2.4 Selbsttätige Einrichtungen

Selbsttätige Einrichtungen werden verwendet, wenn Daten im Online-Betrieb verarbeitet werden.

0.2.5 Unbefugt

Unbefugt handeln Personen dann, wenn ihre Tätigkeit nicht im Rahmen der ihnen übertragenen Aufgaben oder einer anderweitigen Ermächtigung liegt.

0.2.6 Datenträger

Ein Datenträger ist ein Mittel, auf dem Daten aufgezeichnet werden können. Datensicherungsmaßnahmen sind jedoch nur für Datenträger zu treffen, auf denen personenbezogene Daten aufgezeichnet sind (vgl. § 1 Abs. 1, Abs. 2 BDSG). Das sind bei automatisierter Datenverarbeitung sowohl die verarbeitbaren (z.B. Magnetbänder, -platten, Lochkarten, Lochstreifen und optisch lesbare Belege) als auch die dabei erstellten Datenträger (z.B. Ausdrucke, Mikrofilmausgaben einschließlich ihrer Kopien).

1. Zugangskontrolle

1.1 Text der Anlage zum BDSG

„Unbefugten ist der Zugang zu Datenverarbeitungsanlagen, mit denen personenbezogene Daten verarbeitet werden, zu verwehren.“

1.2 Erläuterungen

1.2.1 Datenverarbeitungsanlage:

Siehe Nr. 0.2.1

1.2.2 Unbefugte:

Siehe Nr. 0.2.5, bezogen auf den Zugang zu Datenverarbeitungsanlagen.

1.2.3 Zugang:

Zugang ist die Annäherung an Datenverarbeitungsanlagen in der Weise, daß hierdurch eine Mögichkeit entsteht, auf diese einzuwirken oder von Daten Kenntnis zu nehmen.

1.2.4 Verarbeitung von Daten:

Hierunter sind die in § 2 Abs. 2 Nr. 1 bis 4 BDSG definierten Verarbeitungsphasen Speichern, Übermitteln, Verändern und Löschen zu verstehen, soweit sie mit Hilfe von Datenverarbeitungsanlagen erfolgen.

1.3 Zielrichtung

Ziel der Zugangskontrolle ist es, mit Hilfe geeigneter Maßnahmen zu verhindern, daß Unbefugte Zugang zu solchen Datenverarbeitungsanlagen haben, mit denen mindestens eine der vier Phasen der Verarbeitung personenbezogener Daten durchgeführt wird. Um dieses Ziel zu erreichen, kommen etwa folgende Verfahrensschritte in Betracht:

1.4 Verfahrensschritte

- Festlegung von Sicherungsbereichen
- Absicherung der Zugangswege
- Festlegung von Zugangsberechtigungen einschließlich ihrer Dokumentation
  - für Mitarbeiter der Behörden/Firmen
  - für Behörden-/Firmenfremde (Wartungspersonal, Besucher usw.)
- Legitimation der Zugangsberechtigten
- Kontrolle des Zugangs

1.5 Beispiele für Maßnahmen (siehe dazu Nr. 0.1)

- Festlegung befugter Personen
- Berechtigungsausweise
- Regelungen für Behörden-/Firmenfremde
- Anwesenheitsaufzeichnungen
- Besucherausweise
- Sicherung auch außerhalb der Arbeitszeit durch Alarmanlage und/oder Werkschutz
- Sicherheitsbereiche und wenig Zugangswege schaffen
- Schlüsselregelung
- Gesicherter Eingang für An- und Ablieferung
- Türsicherung (Elektrischer Türöffner, Ausweisleser, Fernsehmonitor etc.)
- Einbau von Schleusen
- Closed-Shop-Betrieb
- Entsprechende Ausgestaltung der Maßnahmen zur Objektsicherung (z.B. Spezialverglasung, Einbruchmeldesystem, Absicherung von Schächten, Geländebewachung)

2. Abgangskontrolle

2.1 Text der Anlage zum BDSG

„Personen, die bei der Verarbeitung personenbezogener Daten tätig sind, sind daran zu hindern, daß sie Datenträger unbefugt entfernen."

2.2 Erläuterungen

2.2.1 Bei der Verarbeitung personenbezogener Daten tätige Personen:

Zu berücksichtigen sind sämtliche Personen, die für die in § 1 Abs. 2 Satz 1 BDSG genannten Personen oder Stellen bei der automatischen Datenverarbeitung tätig sind. Hierzu können gehören z.B. die unmittelbar in Rechenzentren und im Bereich der Verfahrensentwicklung und Programmierung Beschäftigten oder Personen, die zentral oder dezentral Daten erfassen oder verändern (Offline oder Online). Zur „Verarbeitung von Daten" siehe Nr. 1.2.4. Für Personen, die nicht bei der Datenverarbeitung tätig sind, jedoch Zugang zu Datenträgern haben, können gleichwohl Maßnahmen nach § 6 Abs. 1 BDSG in Betracht kommen.

2.2.2 Datenträger:

siehe Nr. 0.2.6

2.2.3 Unbefugtes Entfernen:

Datenträger werden unbefugt entfernt, wenn sie aus dem durch die Befugnis abgedeckten Bereich herausgenommen werden.

2.3 Zielrichtung

Ziel der Abgangskontrolle ist es, mit Hilfe geeigneter Maßnahmen bei der Verarbeitung personenbezogener Daten tätige Personen an der unbefugten Entfernung von Datenträgern zu hindern. Um dieses Ziel zu erreichen, kommen etwa folgende Verfahrensschritte in Betracht:

2.4 Verfahrensschritte

- Festlegung der Bereiche, in denen sich Datenträger befinden dürfen
- Festlegung der Personen, die aus diesen Bereichen befugt Datenträger entfernen dürfen
- Kontrolle der Entfernung von Datenträgern
- Absicherung der Bereiche, in denen sich Datenträger befinden.

2.5 Beispiele für Maßnahmen (siehe dazu Nr. 0.1)

- Feststellung befugter Personen

- Ausgabe von Datenträgern nur an autorisierte Personen (z.B. Auftragsquittung, Begleitpapier)
- Datenträgerverwaltung
- Lagerung der Datenträger in einem Sicherheitsbereich (Dateiarchiv)
- Bestandkontrollen
- Sicherheitsschränke
- Verbot der Mitnahme von Taschen und sonstigen Gepäckstücken in die Sicherheitsbereiche
- Kontrollierte Vernichtung von Datenträrern (z.B. Fehldrucke)
- Regelung der Anfertigung von Kopien

3. Speicherkontrolle

3.1 Text der Anlage zum BDSG

„Die unbefugte Eingabe in den Speicher sowie die unbefugte Kenntnisnahme, Veränderung oder Löschung gespeicherter personenbezogener Daten is zu verhindern."

3.2 Erläuterungen

3.2.1 Eingabe in den Speicher:

Eingabe ist die Aufnahme von Daten in den Speicher eines Datenverarbeitungssystems (siehe Nr. 0.2.2).
Ein Speicher ist eine Funktionseinheit innerhalb eines Datenverarbeitungssystems, der Daten aufnimmt, aufbewahrt und abgibt (vgl. DIN 44 300).
Hierzu gehören sowohl der Hauptspeicher der Datenverarbeitungsanlage (siehe Nr. 0.2.1) als auch maschinell verarbeitbare Datenträger (siehe dazu Nr. 0.2.6), wenn und solange diese in ein Datenverarbeitungssystem integriert sind.**
Im Sinne dieser Erläuterung ist zwischen Speicher und Datenträger zu unterscheiden. Eine Magnetplatte z.B. ist für sich allein nur Datenträger. Sobald sie in ein am Datenverarbeitungssystem angeschlossenes Magnetplattenlaufwerk eingelegt ist, wird sie zum Bestandteil des Speichers.

3.2.2 Kenntnisnahme, Veränderung, Löschung gespeicherter Daten:

„Kenntnisnahme" ist das unmittelbare oder mittelbare geistige Aufnehmen gespeicherter Daten.
Unter „Veränderung" und „Löschung" sind die in § 2 Abs. 2 Nr. 3 und 4 BDSG definierten Verarbeitungsphasen zu verstehen.
Die Kenntnisnahme, Veränderung oder Löschung kann unmittelbar über die

** Der Halbsatz „und solange ... integriert sind" soll in der Textfassung des Landes *Baden-Württemberg* gestrichen werden.

Konsole oder ein Datenendgerät sowie mittelbar über maschinell verarbeitbare Datenträger erfolgen; die Veränderung oder Löschung kann auch durch Hinzufügen, Entfernen oder Austauschen einzelner solcher Datenträger geschehen.

3.2.3 Unbefugt:

Siehe Nr. 0.2.5, bezogen auf die Eingabe, Kenntnisnahme, Veränderung oder Löschung von Daten.

3.3 Zielrichtung

Ziel der Speicherkontrolle ist es, mit Hilfe geeigneter Maßnahmen sicherzustellen, daß personenbezogene Daten nur befugt gespeichert und gespeicherte personenbezogene Daten nur befugt verwendet werden können. Um dieses Ziel zu erreichen, kommen etwa folgende Verfahrensschritte in Betracht:

3.4 Verfahrensschritte

- Festlegung der Befugnis für die
  - Eingabe von Daten in Speicher
  - Kenntnisnahme gespeicherter Daten
  - Veränderung gespeicherter Daten
  - Löschung gespeicherter Daten
- Legitimation der Befugten
- Absicherung der
  - Eingabe von Daten in Speicher
  - Kenntnisnahme gespeicherter Daten
  - Veränderung gespeicherter Daten
  - Löschung gespeicherter Daten

3.5 Beispiele für Maßnahmen (siehe dazu Nr. 0.1)

- Einsatz von Benutzercodes für Dateien und Programme
- Einsatz von Verschlüsselungsroutinen für Dateien
- Differenzierte Zugriffsregelung (z.B. durch Segment-Zugriffssperren)
- Richtlinien für die Dateiorganisation
- Protokollierung der Dateibenutzung
- Besondere Kontrolle des Einsatzes von Hilfsprogrammen, soweit diese geeignet sind, Sicherungsmaßnahmen zu umgehen.

4. Benutzerkontrolle

4.1 Text der Anlage zum BDSG

„Die Benutzung von Datenverarbeitungssystemen, aus denen oder in die personenbezogene Daten durch selbsttätige Einrichtungen übermittelt werden, durch unbefugte Personen ist zu verhindern.“

4.2 Erläuterungen

4.2.1 Datenverarbeitungssystem:

Siehe Nr. 0.2.2

4.2.2 Benutzung:

Siehe Nr. 0.2.3

4.2.3 Selbsttätige Einrichtungen:

Siehe Nr. 0.2.4

4.2.4 Übermittlung:

Unter „Übermitteln" ist zu verstehen die in § 2 Abs. 2 Nr. 2 BDSG definierte Phase der Datenverarbeitung in Verbindung mit der Definition des Dritten lt. § 2 Abs. 3 Nr. 2 BDSG.
Daraus ergibt sich z.B., daß der Datenaustausch innerhalb der speichernden Stelle von der Benutzerkontrolle nicht betroffen ist. Ferner ist nicht betroffen der Datenaustausch zwischen Auftraggeber und Auftragnehmer bei der Auftrags-Datenverarbeitung im Geltungsbereich des BDSG (vgl. aber Nr. 0.1 Abs. 2).

4.2.5 Unbefugte Personen:

Siehe Nr. 0.2.5, bezogen auf die Benutzung von Datenverarbeitungssystemen.

4.3 Zielrichtung

Ziel der Benutzerkontrolle ist es, mit Hilfe geeigneter Maßnahmen zu verhindern, daß unbefugte Personen solche Datenverarbeitungssysteme benutzen, aus denen oder in die personenbezogene Daten durch selbsttätige Einrichtungen übermittelt werden. Um dieses Ziel zu erreichen, kommen etwa folgende Verfahrensschritte in Betracht.

4.4 Verfahrensschritte

- Festlegung der Benutzungsberechtigungen
- Legitimation der Benutzungsberechtigten
- Kontrolle der Benutzung von Datenverarbeitungssystemen
- Absicherung der Datenverarbeitungssysteme

4.5 Beispiele für Maßnahmen (siehe dazu Nr. 0.1)

- Abschließbarkeit von Datenstationen

- Identifizierung eines Terminals und/oder eines Terminalbenutzers gegenüber dem DV-System (z.B. durch Ausweisleser)
- Vergabe und Sicherung von Identifizierungsschlüsseln
- Zuordnung einzelner Terminals und Identifizierungsmerkmale ausschließlich für bestimmte Funktionen
- Funktionelle und/oder zeitlich beschränkte Nutzung von Terminals und Identifizierungsmerkmalen
- Auswertung von Protokollen
- Regelung der Benutzungsberechtigung

5. Zugriffskontrolle

5.1 Text der Anlage zum BDSG

„Es ist zu gewährleisten, daß die zur Benutzung eines Datenverarbeitungssystems Berechtigten durch selbsttätige Einrichtungen ausschließlich auf die ihrer Zugriffsberechtigung unterliegenden personenbezogenen Daten zugreifen können."

5.2 Erläuterungen

5.2.1 Benutzung eines Datenverarbeitungssystems:

Siehe Nr. 0.2.3

5.2.2 Berechtigte:

Berechtigte sind Personen, bei denen der Zugriff auf Daten im Rahmen der ihnen übertragenen Aufgaben oder einer anderweitigen Ermächtigung liegt.

5.2.3 Selbsttätige Einrichtungen:

Siehe Nr. 0.2.4

5.2.4 Zugriff:

Zugriff ist die Einwirkung auf ein Datenverarbeitungssystem (siehe Nr. 0.2.2) mit der Möglichkeit der Kenntnisnahme, der Veränderung oder einer anderweitigen Verarbeitung oder Nutzung von Daten.

5.3 Zielrichtung

Die Maßnahmen müssen darauf gerichtet sein, daß durch selbsttätige Einrichtungen nur auf die Daten zugegriffen werden kann, für die eine Zugriffsberechtigung besteht. Um dieses Ziel zu erreichen, kommen etwa folgende Verfahrensschritte in Betracht:

5.4 Verfahrensschritte

- Festlegung der Zugriffsberechtigungen für den Zugriff auf Daten durch selbsttätige Einrichtungen
  - für Personen
  - für Datenbereiche
- Legitimation der Zugriffsberechtigten
- Kontrolle des Zugriffs
- Absicherung des über selbsttätige Einrichtungen erfolgenden Zugriffs

5.5 Beispiele für Maßnahmen (siehe dazu Nr. 0.1)

- Zuordnung einzelner Terminals und Identifizierungsmerkmale ausschließlich für bestimmte Funktionen
- Funktionelle und/oder zeitlich beschränkte Nutzung von Terminals und Identifizierungsmerkmalen
- Datenstationen mit Funktionsberechtigungsschlüsseln, Regelung der Zugriffsberechtigung
- Überprüfung der Berechtigung, maschinell z.B. durch Identifizierungsschlüssel
- Auswertung von Protokollen
- Ausweisleser am Terminal
- Zeitliche Begrenzung der Zugriffsmöglichkeit
- Teilzugriffsmöglichkeit auf Datenbestände und Funktionen

6. Übermittlungskontrolle

6.1 Text der Anlage zum BDSG

„Es ist zu gewährleisten, daß überprüft und festgestellt werden kann, an welche Stellen personenbezogene Daten durch selbsttätige Einrichtungen übermittelt werden können."

6.2 Erläuterungen

6.2.1 Überprüft und festgestellt werden kann:

Die Überprüfung und Feststellung muß nicht dauernd tatsächlich erfolgen, sondern sie muß möglich sein (z.B. anhand der Verfahrens- und Ablaufdokumentation).

6.2.2 Stellen:

Darunter ist jeder „Dritte" entsprechend der in § 2 Abs. 3 Nr. 2 BDSG gegebenen Definition zu verstehen.

6.2.3 Selbsttätige Einrichtungen:

Siehe Nr. 0.2.4

6.2.4 Übermittelt werden können:

Es kommt hier weder auf die tatsächliche, noch auf die theoretisch mögliche, sondern auf die nach der Verfahrenskonzeption vorgesehene Übermittlung (§ 2 Abs. 2 Nr. 2 BDSG) an.

6.3 Zielrichtung

Ziel der Übermittlungskontrolle ist es, mit Hilfe geeigneter Maßnahmen bei den durch selbsttätige Einrichtungen erfolgenden Datenübermittlungen die nach der Verfahrenskonzeption vorgesehenen Empfänger feststellen zu können. Um dieses Ziel zu erreichen, kommen etwa folgende Verfahrensschritte in Betracht:

6.4 Verfahrensschritte

- Festlegung der Stellen, an die durch selbsttätige Einrichtungen Daten übermittelt werden können
- Dokumentation in der Weise, daß eine Feststellung der „Dritten" möglich ist.

6.5 Beispiele für Maßnahmen (siehe dazu Nr. 0.1)

- Dokumentation der Abruf- und Übermittlungsprogramme
- Dokumentation der Stellen, an die eine Übermittlung vorgesehen ist, sowie der Übermittlungswege (Konfiguration)

7. Eingabekontrolle

7.1 Text der Anlage zum BDSG

„Es ist zu gewährleisten, daß nachträglich überprüft und festgestellt werden kann, welche personenbezogenen Daten zu welcher Zeit von wem in Datenverarbeitungssysteme eingegeben worden sind."

7.2 Erläuterungen

7.2.1 Nachträglich überprüft und festgestellt werden kann:

Die Überprüfung und Feststellung muß nicht dauernd tatsächlich erfolgen, sondern sie muß nach erfolgter Eingabe anhand von Unterlagen möglich sein. Die Protokollierung der einzelnen Eingaben wird demnach vom Gesetz für den Regelfall nicht vorgeschrieben. Es reicht vielmehr aus, wenn die näheren Umstände einer Eingabe z.B. wegen der Organisation des Verfahrens jederzeit rekonstruierbar sind. Die Nachweisfrist muß den Erfordernissen des Einzelfalles angemessen sein. Sonstige Aufbewahrungsvorschriften werden nicht berührt.

7.2.2 Zu welcher Zeit:

Der Zeitpunkt der Dateneingabe muß in Abhängigkeit von der Verarbeitung bestimmbar sein. Dies kann durch Einzelnachweis oder aufgrund organisatorischer Regelungen geschehen.

7.2.3 Vom wem:

Hiermit ist je nach Lage des Einzelfalles entweder eine einzelne Person oder eine Organisationseinheit gemeint. Im letzteren Falle muß sichergestellt sein, daß anhand der getroffenen organisatorischen Festlegungen die in Betracht kommenden Personen festgestellt oder der Personenkreis näher eingeengt werden können.***

7.2.4 Datenverarbeitungssystem:

Siehe Nr. 0.2.2

7.2.5 Eingeben von Daten:

Eingabe ist jeder Vorgang in einem Datenverarbeitungssystem, mit dem das System Daten von außen her aufnimmt (vgl. DIN 44300).

7.3 Zielrichtung

Ziel der Eingabekontrolle ist es, mit Hilfe geeigneter Maßnahmen sicherzustellen, daß nachträglich die näheren Umstände der Dateneingabe überprüft und festgestellt werden können. Um dieses Ziel zu erreichen, kommen etwa folgende Verfahrensschritte in Betracht:

7.4 Verfahrensschritte

- Dokumentation der Eingabeverfahren mit der Möglichkeit der nachträglichen Überprüfung der erfolgten Dateneingaben

7.5 Beispiele für Maßnahmen (siehe dazu Nr. 0.1)

- Nachweis der organisatorisch festgelegten Zuständigkeiten für die Eingabe
- Protokollierung von Eingaben

*** Für *Baden-Württemberg* und *Rheinland-Pfalz* soll II. 7.2.3 wie folgt gelten: „Hiermit ist grundsätzlich eine einzelne Person gemeint. Es kann sich aber auch um eine Stelle handeln; dabei muß jedoch sichergestellt sein, daß mit Hilfe der organisatorischen Festlegungen bei dieser Stelle festgestellt werden kann, von welcher Person die Daten eingegeben wurden."

8. Auftragskontrolle

8.1 Text der Anlage zum BDSG

„Es ist zu gewährleisten, daß personenbezogene Daten, die im Auftrag verarbeitet werden, nur entsprechend den Weisungen des Auftraggebers verarbeitet werden können."

8.2 Erläuterungen

8.2.1 Auftragsverhältnis:

Welcher Art die Rechtsbeziehungen zwischen Auftraggeber und Auftragnehmer sind, ist unbeachtlich. Es kommen Auftragsverhältnisse jeglicher Art, wie z.B. Dienstleistungsverträge, Werkverträge oder gemischte Vertragsverhältnisse in Betracht.
Besondere Formvorschriften bestehen nicht.

8.2.2 Weisungen:

Zwischen Auftraggeber und Auftragnehmer muß eine – möglichst schriftliche – Regelung über die vom Auftragnehmer durchzuführende Datenverarbeitung bestehen.

8.3 Zielrichtung

Diese Anforderung verpflichtet den Auftragnehmer im Sinne des § 2 Abs. 3 Nr. 2 BDSG. Die Auftragskontrolle ist als Ergänzung der Vorschriften der §§ 8, 22 Abs. 2, 31 Abs. 2 und 37 BDSG anzusehen. Danach ist die Verarbeitung personenbezogener Daten in allen vier Phasen der Datenverarbeitung nur im Rahmen der Weisungen des Auftraggebers gestattet. Um dieses Ziel zu erreichen, kommen etwa folgende Verfahrensschritte in Betracht:

8.4 Verfahrensschritte

- Eindeutige Vertragsgestaltung
- Kontrolle der Vertragsausführung

8.5 Beispiele für Maßnahmen (siehe dazu Nr. 0.1)

- Sorgfältige Auswahl der Auftragnehmer
- Abgrenzung der Kompetenzen und Pflichten zwischen Auftragnehmer und Auftraggeber
- Formalisierung der Auftragserteilung
- Kontrolle der Arbeitsergebnisse

9. Transportkontrolle

9.1 Text der Anlage zum BDSG

„Es ist zu gewährleisten, daß bei der Übermittlung personenbezogener Daten sowie beim Transport entsprechender Datenträger diese nicht unbefugt gelesen, verändert oder gelöscht werden können."

9.2 Erläuterungen

9.2.1 Transport entsprechender Datenträger:

Hiermit ist jeglicher Transport von Datenträgern (siehe Nr. 0.2.6) mit geschützten personenbezogenen Daten gemeint – und zwar sowohl der Transport innerhalb der speichernden Stelle als auch der Transport an Dritte, soweit die Datenträger den Dateibegriff von § 2 Abs. 3 Nr. 3 BDSG erfüllen. Beim Transport von Datenträgern, die nicht den Dateibegriff erfüllen, kommen Maßnahmen nach § 6 Abs. 1 BDSG in Betracht, um die mißbräuchliche Kenntnisnahme von Daten zu verhindern.

9.2.2 Übermittlung von Daten:

Siehe Nr. 4.2.4. Daraus und aus Nr. 9.2.1 ergibt sich, daß der Datenaustausch zwischen Auftraggeber und Auftragnehmer bei der Auftrags-Datenverarbeitung im Geltungsbereich des BDSG von der Transportkontrolle nicht betroffen sind, wenn die Übertragung von Daten auf Übertragungsleitungen und nicht mit Datenträgern, die den Dateibegriff erfüllen, erfolgt; vgl. aber Nr. 0.1 Absatz 2.****

9.2.3 Lesen, Verändern, Löschen von Daten:

„Lesen" ist die Kenntnisnahme (siehe Nr. 3.2.2) gespeicherter Daten.
Zum „Verändern" und „Löschen" von Daten siehe die unter Nr. 3.2.2 zu diesen Begriffen gegebenen Erläuterungen.

9.2.4 Unbefugt:

Siehe Nr. 0.2.5, bezogen auf das Lesen, Verändern oder Löschen von Daten.

9.3 Zielrichtung

Ziel der Transportkontrolle ist es, durch geeignete Maßnahmen personenbezogene Daten auch bei der Übermittlung und dem Transport zu sichern. Um dieses Ziel zu erreichen, kommen etwa folgende Verfahrensschritte in Betracht:

**** In *Baden-Württemberg* und *Rheinland-Pfalz* soll der Zusatz „Soweit die Datenträger den Dateibegriff erfüllen nebst den dazu ergänzenden Regelungen", entfallen.

9.4 Verfahrensschritte:

- Festlegung der zur Übermittlung bzw. zum Transport Befugten
- Legitimation der Berechtigten
- Festlegung der Wege und Verfahren
- Absicherung der Übermittlung bzw. des Transports

9.5 Beispiele für Maßnahmen (siehe dazu Nr. 0.1)

- Verpackungs- und Versandvorschriften (Versandart z.B. in verschlossenen Behältnissen)
- Verschlüsselung
- Direktabholung, Kurierdienst, Transportbegleitung
- Plausibilitätsprüfung
- Vollständigkeits- und Richtigkeitsprüfung

10. Organisationskontrolle

10.1 Text der Anlage zum BDSG

„Die innerbehördliche oder innerbetriebliche Organisation ist so zu gestalten, daß sie den besonderen Anforderungen des Datenschutzes gerecht wird."

10.2 Zielrichtung

Ziel der Organisationskontrolle ist es, die technischen und organisatorischen Maßnahmen zu unterstützen, zu ergänzen und aufeinander abzustimmen. Um dieses Ziel zu erreichen, kommen etwa folgende Verfahrensschritte in Betracht:

10.3 Verfahrensschritte

- Festlegung der Funktionen, der Zuständigkeiten und Verantwortung bei der Datenverarbeitung
- Regelungen zur ordnungsgemäßen und sicheren Abwicklung der automatisierten Datenverarbeitungsaufgaben
- Überwachung der Einhaltung der Regelungen
- Prüfung der Wirksamkeit der Regelungen und Maßnahmen und permanente Anpassung

10.4 Beispiele für Maßnahmen (siehe dazu Nr. 0.1)

- Funktionstrennung (z.B. 4-Augen-Prinzip, Closed-Shop-Betrieb)
- Richtlinien und Arbeitsanweisungen
- Stellenbeschreibung
- Verfahrensdokumentation
- Regelungen zur Programmierung

- Regelungen zur System- und Programmprüfung
- Abstimm- und Kontrollsystem
- Auflagen zur sicheren Behandlung und Aufbewahrung von Eingabelisten und Ausdrucken

III. Abschnitt: Maßnahmen für nichtautomatisierte Verfahren

1. Maßnahmen im allgemeinen

Für nichtautomatisierte Verfahren gilt die Anlage zu § 6 Abs. 1 Satz 1 BDSG nicht. Auch für diese Verfahren sind jedoch nach § 6 Abs. 1 BDSG geeignete technische und organisatorische Maßnahmen zur Datensicherung zu treffen, um der Beeinträchtigung schutzwürdiger Belange des Betroffenen entgegenzuwirken.

Notwendigkeit und Umfang einzelner Maßnahmen der Datensicherung beurteilen sich nach den in Nr. I. 1 bis I. 3 dargestellten Grundsätzen.

Besonders in nachstehenden Bereichen sind Maßnahmen angezeigt:

- Anlegen und Bearbeiten von Dateien
- Weitergeben von Daten, ihr Bereithalten zur Einsichtnahme und der Transport von Datenträgern
- Aufbewahren von Dateien
- Vernichtung von Datenträgern

Im Einzelfall können sich Bereiche überschneiden.

Konkrete Aussagen über Art und Umfang der zu treffenden Datensicherungsmaßnahmen sind für nichtautomatisierte Verfahren wegen der Vielfalt der Organisationsformen nur in noch begrenzterem Umfang als bei automatisierten Verfahren möglich. Die Maßnahmen sind unter Abwägung aller Umstände des Einzelfalls (vgl. Nr. I. 3.3 und I. 3.4) in eigener Verantwortung zu treffen. Die in Nr. III. 3. genannten Beispiele sind daher lediglich als Orientierungshilfe zu verstehen. Sie sind somit weder als abschließende Aufzählung noch als Mindestkatalog anzusehen.

2. Erläuterung zentraler Begriffe

2.1 Nichtautomatisierte Verfahren

Nichtautomatisierte Verfahren sind solche Verfahren, in denen die Verfahrensschritte ohne Hilfe programmgesteuerter Geräte ablaufen (vgl. Teil B Nr. 9.2 der Hinweise zum Vollzug des BDSG). Dabei ist es unerheblich, ob diesem Verfahren automatisierte Verfahren voraus- oder nachgehen.

2.2 Dateien im nichtautomatisierten Verfahren

Dateien in nichtautomatisierten Verfahren können z.B. sein: Karteien, Sichtlochkarteien, Randlochkarteien, Sammlungen von Lochkarten, von Microfiches, von gleichartigen Formblättern, von Schecks, von Tickets und dergleichen.
Sammlungen von Datenträgern, die zugleich in automatisierten Verfahren verarbeitet werden (z.B. Sammlungen von Magnetkontenkarten, Verbundlochkarten, Klarschriftbelegen), unterliegen hinsichtlich ihrer automatisierten Verarbeitung dem II. Abschnitt, hinsichtlich ihrer nichtautomatisierten Verarbeitung dem III. Abschnitt.
Akten und Aktensammlungen erfüllen nicht den Dateibegriff (vgl. Teil B Nr. 5.2 der Hinweise zum Vollzug des BDSG).

2.3 Unbefugt

Unbefugt handeln Personen dann, wenn ihre Tätigkeit nicht im Rahmen der ihnen übertragenen Aufgaben oder einer anderweitigen Ermächtigung liegt.

2.4 Datenträger

Ein Datenträger ist ein Mittel, auf dem Daten aufgezeichnet werden können. Datensicherungsmaßnahmen sind jedoch nur für Datenträger zu treffen, auf denen personenbezogene Daten aufgezeichnet sind (vgl. § 1 Abs. 1, Abs. 2 BDSG). In nichtautomatisierten Verfahren können das z.B. sein: eine Karteikarte, ein Formblatt, ein Microfiche, einschließlich ihrer Kopien.

3. Beispiele

3.1 Anlegen und Bearbeiten von Dateien

3.1.1 Sicherungsziel

Beim Anlegen und Bearbeiten von Dateien ist durch geeignete Maßnahmen sicherzustellen, daß Unbefugte nicht an die in diesen Dateien enthaltenen Daten gelangen können.

3.1.2 Vorgehensweise

- Festlegen der Aufgabenstellung
- Festlegen der für die Erstellung befugten Personen
- Festlegen der Personen, die befugt sind, die Daten zu bearbeiten und zur Kenntnis zu nehmen
- Verhindern unbefugter Bearbeitung oder Kenntnisnahme

3.1.3 Beispiele für Maßnahmen

- Festlegen der Befugnisse für den Umgang mit Dateien etwa in Stellenbeschreibungen, Dienstanweisungen oder Geschäftsverteilungsplänen
- Festlegen der Zugangsberechtigung zu Räumen, in denen sich Dateien befinden
- Legitimation der befugten Personen etwa durch Berechtigung, Ausweis, Dienstausweis
- Kontrolle des Dateiinhalts etwa durch Führen von Bestandsverzeichnissen
- Auswahl, Schulung, Belehrung und Überwachung von Mitarbeitern
- Einstufung von Dateien nach ihrer Schutzbedürftigkeit
- Regeln für die Auskunftserteilung an Betroffene
- Regeln für Sperren und Löschen

3.2 Weitergeben von Daten, ihr Bereithalten zur Einsichtnahme und der Transport von Datenträgern

3.2.1 Sicherungsziel

Es ist zu gewährleisten, daß personenbezogene Daten nicht unbefugt zur Kenntnis genommen, verändert oder gelöscht werden können, wenn sie weitergegeben, zur Einsicht bereitgehalten oder wenn Datenträger transportiert werden. Werden personenbezogene Daten aus Dateien weitergegeben (z.B. auf Listen), so sind auch die dabei verwandten Datenträger zu sichern.

3.2.2 Vorgehensweise

- Festlegen der Empfänger
- Festlegen der Transporte
- Festlegen der Transportmittel
- Festlegen der Verfahren für das Weitergeben von Daten und ihr Bereithalten zur Einsichtnahme
- Festlegen der Verfahren für den Transport von Daten

3.2.3 Beispiele für Maßnahmen

- Kontrolle des Abgangs von Datenträgern etwa aufgrund von Bestandsführung oder durch Aushändigungsnachweise
- Bestimmen der Verantwortung für die Sicherung
- Bestimmen der berechtigten Empfänger
- Bestimmen der zur Weitergabe Berechtigten
- Bestimmen der Personen, die Einsicht in Daten gewähren dürfen
- Identifikation und Legitimation der Empfangsberechtigten
- Technische Sicherung etwa durch Anlage von Sichtblenden, verschlossene Behältnisse, besondere Versandformen wie Wertpaket, verschlossene Briefsen-

dung, Boten, Übergabe gegen Empfangsnachweis, Weitergabe von Hand zu Hand

3.3 Aufbewahren von Dateien

3.3.1 Sicherungsziel

Dateien sind so aufzubewahren, daß Unbefugte ihren Inhalt weder einsehen, verändern oder löschen, noch deren Datenträger entwenden oder zerstören können.

3.3.2 Vorgehensweise

- Festlegen von Art und Weise der Aufbewahrung

3.3.3 Beispiele für Maßnahmen

- Gesicherte Räume
- gesicherte Behältnisse, etwa Stahlschränke, Panzerschränke
- Trennung von Bearbeitungs- und Publikumszonen
- Archivsicherung
- Taschenverbot, Taschenkontrolle
- Besucherregelung

3.4 Vernichten von Datenträgern

3.4.1 Sicherungsziel

Sind Datenträger zu vernichten, dann ist zu gewährleisten, daß sie tatsächlich vernichtet werden und nicht in die Hände Unbefugter fallen.

3.4.2 Vorgehensweise

- Festlegung der Befugnisse
- Festlegung von Art und Verfahren

3.4.3 Beispiele für Maßnahmen

- Verbrennen, Reißwolf
- Chemische oder physikalische Vernichtung
- Kontrolle der tatsächlichen Vernichtung
- Übergabe an zuverlässige Unternehmen
- Vernichtungsprotokolle

II. Erläuterungen

1. Überblick

1.1 Vorbemerkungen

In den nachfolgenden Erläuterungen sollen in groben Zügen Funktion und Arbeitsweise der Aufsichtsbehörden nach den §§ 30, 40 BDSG, insbesondere also der Bereich der staatlichen Kontroll- und Einflußmöglichkeiten im Bereich privater Datenverarbeitung dargestellt werden.
Die Ausführung der im Bundesdatenschutzgesetz vorgesehenen staatlichen Aufsicht über private datenverarbeitende Stellen im Bereich des Datenschutzes obliegt den Ländern[1]. Nach Art. 85 GG sind die Länder verpflichtet, Behörden zur Durchführung der ihnen vom Bund übertragenen Aufgaben zu schaffen[2]. Inzwischen haben die Länder entsprechende Organisationsverordnungen erlassen, die die Zuständigkeiten als Aufsichtsbehörde gemäß §§ 30, 40 BDSG und verschiedentlich auch die Befugnis zur Ahndung von Ordnungswidrigkeiten gemäß § 42 BDSG festlegen. Durch diese Zuständigkeitsverordnungen wurden im allgemeinen keine neuen Datenschutzbehörden geschaffen; vielmehr wurde die Datenschutzaufsicht meist bestehenden obersten und mittleren Landesbehörden übertragen. Eine Ausnahme bilden Bremen und Schleswig-Holstein, die eine ausschließlich für den Datenschutz zuständige Aufsichtsbehörde errichtet haben, die organisatorisch in das Amt des Landes-Datenschutzbeauftragten eingegliedert ist[3].

1.2 Grundsätzliches zur Zusammenstellung der Rechtsnormensammlung im 9. Kapitel

Die Übertragung der Datenschutzaufsicht auf die Länder bedeutet auf Grund des föderativen Aufbaus der Bundesrepublik die Gefahr einer uneinheitlichen Anwendung des BDSG[4]. Um dieser Gefahr vorzubeugen, haben sich die Länder – jedenfalls was die Anwendung, bzw. Auslegung des BDSG angeht – teilweise auf einheitliche Kriterien verständigt[5], die sie im Hinblick auf die noch vielen offenen Fragen bei der Anwendung des BDSG zu Recht als „vorläufig" bezeichnet haben[6]. Getrennte Wege sind die Bundesländer bei der Bestimmung der Aufsichts-

---

1 Zur potentiellen Übertragung der Aufsicht auf Bundesbehörden vgl. *Ordemann/Schomerus*, § 30 Anm. 1; *Simitis* in *Simitis/Dammann/Mallmann/Reh*, § 30 Anm. 13.

2 Vgl. auch *Baumeister*, Probleme der Staatsaufsicht über private Datenverarbeiter, Vortrag auf dem IKD 1978, Berlin, Kongreßdokumentation.

3 Zur Zweckmäßigkeit dieser Lösung vgl. bei *Simitis* (Fn. 1) § 30 Anm. 88/89; *Ordemann/Schomerus*, § 30 Anm. 6.

4 *Simitis* (Fn. 1) § 30 Anm. 92.

5 Vgl. *Schweinoch*, Aufsichtsbehörden und allgemeine Verwaltungsvorschriften zum BDSG, DuD 1/78, S. 13f.

6 Zur Problematik der Verwaltungsvorschriften *Simitis* (Fn. 1) § 30 Anm. 93.

behörden gemäß §§ 30 Abs. 5, 40 Abs. 2 BDSG gegangen. Zwar haben alle Bundesländer eine Zuständigkeitsverordnung erlassen. Die Aufgaben mit denen die in den Ländern bestimmten Aufsichtsbehörden bislang befaßt waren, sind jedoch unterschiedlich. Einigkeit besteht allenfalls, soweit i.d.R. die Innenressorts als oberste Aufsichtsbehörden bestimmt wurden[7]. Die Verordnungen über die Zuständigkeiten der Aufsichtsbehörden sind daher in der Rechtsnormensammlung geschlossen abgedruckt. Die Hinweise, die einzelne Bundesländer den Aufsichtsbehörden für die Anwendung des Bundesdatenschutzgesetzes gegeben haben, wurden inhaltlich zwischen den Ländern abgestimmt[8]. Es erübrigte sich daher, die Durchführungshinweise sämtlicher Bundesländer abzudrucken. Stttdessen erscheinen hier als Beispiel die vorläufigen Verwaltungsvorschriften zum Datenschutz im nichtöffentlichen Bereich des hessischen Ministers des Innern[9] sowie als Beispiel einer verkürzten Wiedergabe dieser Hinweise die im Saarland verkündeten Vorschriften[10]. Als Beispiel einer gesonderten Festlegung der Grundsätze der Registerführung durch die Aufsichtsbehörden erscheint ferner die Bekanntmachung des Innenministers des Landes NRW[11]. Da die vorläufigen Verwaltungsvorschriften zum Datenschutz im nichtöffentlichen Bereich, Teil 2 am 1. 1. 1979 noch in keinem Bundesland veröffentlicht waren, werden sie hier gesondert abgedruckt[12]. Die Durchführungshinweise der Bundesländer – Verwaltungsvorschriften, Teil 1 – wurden, soweit veröffentlicht, durch Angabe der Fundstellen in die Rechtsnormensammlung einbezogen.

1.3 Adressen der Aufsichtsbehörden

Bei der Zuweisung der Datenschutzaufsicht haben die Länder und Stadtstaaten drei verschiedene Lösungen gefunden. Baden-Württemberg, Berlin, das Saarland und Schleswig-Holstein haben die Kontrollfunktion einem Ministerium und zwar dem Innenressort übertragen. Hamburg und Bremen haben die Behörde für Wirtschaft und Verkehr bzw. die Senatskanzlei (Landesdatenschutzbeauftragter) gewählt, Bayern, Hessen, Niedersachsen, Nordrhein-Westfalen und Rheinland-Pfalz haben die Aufsicht schließlich – wohl auf Grund der Größe der Länder – auf Behörden der Mittelstufe (Regierungen, Regierungspräsidenten) übertragen. § 30 Abs. 5 BDSG regelt die sachliche Zuständigkeit; die örtliche Zuständigkeit ergibt sich ausschließlich aus dem Sitz der speichernden Stelle. Von Belang für den Betroffenen wie den Anwender sind die Anschriften der Behörden, die nachstehend wiedergegeben werden:

---

7 Näheres bei *Simitis* (Fn. 1) § 30 Anm. 90f.

8 *S. Sandscheper*, BDSG – Ausführungsbestimmungen klären manches, aber nicht alles, Online – adl – nachrichten 4/1978, S. 275; ferner *Ruckriegel*, Staatsaufsicht über Private nach dem Bundesdatenschutzgesetz, ÖVD 4/1978, S. 2ff.

9 9. Kap., I, 6.2.

10 9. Kap., I, 10.2

11 9. Kap., I, 8.3.

12 9. Kap., I, 12.

Land	Oberste Aufsichtsbehörde	Aufsichtsbehörden gem. §§ 30, 40 BDSG
Baden-Württemberg	Innenministerium Baden-Württemberg Dorotheenstr. 6 7000 Stuttgart 1	Innenministerium Baden-Württemberg Dorotheenstr. 6 7000 Stuttgart 1
Bayern	Bayerisches Staatsministerium des Innern Odeonsplatz 3 8000 München 22	Regierung von Oberbayern Maximilianstr. 39 8000 München 22 Regierung v. Niederbayern Regierungsplatz 540 8300 Landshut Regierung der Oberpfalz Emmeransplatz 8/9 8400 Regensburg Regierung v. Mittelfranken Schloß 8800 Ansbach Regierung v. Unterfranken Peterplatz 9 8700 Würzburg Regierung von Schwaben Fronhof 10 8900 Augsburg
Berlin	Senator für Inneres Fehrbelliner Platz 2 1000 Berlin 31	Senator für Inneres Fehrbelliner Platz 2 1000 Berlin 31
Bremen	Senatskanzlei	Senatskanzlei
Hamburg	Freie und Hansestadt Hamburg Behörde für Wirtschaft Verkehr und Landwirtschaft Alter Steinweg 4 2000 Hamburg 11	Freie und Hansestadt Hamburg Behörde für Wirtschaft Verkehr und Landwirtschaft Alter Steinweg 4 2000 Hamburg 11

Land	Oberste Aufsichtsbehörde	Aufsichtsbehörden gem. §§ 30, 40 BDSG
Hessen	Hessischer Minister des Innern Fr.-Ebert-Allee 12 6200 Wiesbaden	Regierungspräsident Darmstadt Luisenplatz 2 6100 Darmstadt Regierungspräsident Kassel Postfach 3500 Kassel
Niedersachsen	Niedersächsischer Minister des Innern Lavesallee 6 3000 Hannover	Bezirksregierung Hannover Am Waterlooplatz 11 3000 Hannover Bezirksregierung Braunschweig Bohlweg 38 3300 Braunschweig Bezirksregierung Lüneburg Am Ochsenmarkt 3 3140 Lüneburg Bezirksregierung Weser-Ems Theodor-Tantzen-Platz 8 2900 Oldenburg
Nordrhein-Westfalen	Innenministerium des Landes Nordrhein-Westfalen Elisabethstr. 5 4000 Düsseldorf	Regierungspräsident Köln Zeughausstr. 5000 Köln Regierungspräsident Arnsberg Seibertzstr. 1 5770 Arnsberg 2

Land	Oberste Aufsichtsbehörde	Aufsichtsbehörden gem. §§ 30, 40 BDSG
Rheinland-Pfalz	Ministerium des Innern des Landes Rheinland-Pfalz Schillerplatz 5 6500 Mainz Ref. 326	Bezirksregierung Koblenz Stresemannstr. 3–5 5400 Koblenz
		Bezirksregierung Trier Mustorstr. 5500 Trier
		Bezirksregierung Rheinhessen-Pfalz Friedrich-Ebert-Str. 14 6730 Neustadt/Weinstraße
Saarland	Minister des Innern des Saarlandes Hindenburgstr. 21 6600 Saarbrücken	Minister des Innern des Saarlandes Hindenburgstr. 21 6600 Saarbrücken
Schleswig-Holstein	Innenminister des Landes Schleswig-Holstein Düsternbrooker Weg 70/90 Landeshaus 2300 Kiel	Innenministerium des Landes Schleswig-Holstein Düsternbrooker Weg 70/90 Landeshaus 2300 Kiel

2. Funktion der Aufsichtsbehörden

Die Aufsichtsbehörden gem. §§ 30, 40 BDSG sind die eigentlichen Kontrollorgane neben dem internen Datenschutzbeauftragten gem. §§ 28, 38 BDSG. Die Kontrolle durch die Aufsichtsbehörden wurde geschaffen, weil bei der Datenverarbeitung nicht öffentlicher Stellen für eigene und fremde Zwecke die internen Datenschutzbeauftragten nicht als ausreichend erachtet wurden, um die Beachtung des Bundesdatenschutzgesetzes hinreichend zu gewährleisten[13]. Die staatli-

13 Zur Ansicht der Bundesregierung, s. BT Drucksache 7/1027; vgl. ferner *Hörle/Wronka*, § 30 Anm. 1; *Simitis* (Fn. 1) § 30 Anm. 3f.

che Fremdkontrolle wurde jedoch weniger als strenge Staatsaufsicht, sondern eher als Beratung der Anwender und Hilfe für die Betroffenen verstanden[14]. Auch ein „gewandeltes Verständnis aufsichtsbehördlicher Kontrolle" kann nicht darüber hinwegtäuschen, daß die Staatsaufsicht hoheitliche Tätigkeit mit – von manchem als zu schwach empfundenen[15] – hoheitlichen Machtbefugnissen ist. Dies hat beispielsweise im härtesten Falle zur Folge, daß die Gewerbeaufsichtsämter gem. § 35 Abs. 1 Satz 1 BDSG einem Service-Rechenzentrum die Ausübung des Gewerbes untersagen.

Die Befugnisse der Aufsichtsbehörden, die abschließend im BDSG geregelt sind und nicht etwa in der Kompetenz der Bundesländer liegen, sind unterschiedlich: Unterliegt eine datenverarbeitende Stelle dem dritten Abschnitt des BDSG, so besteht die sog. *Anlaßaufsicht* (§ 30 Abs. 1 BDSG). Unternehmen, bei denen sich die Zulässigkeit der Datenverarbeitung nach dem vierten Abschnitt des BDSG richtet, unterliegen der *Amtsaufsicht* (§ 40 Abs. 1 BDSG).

Der Unterschied zwischen der Arbeitsweise der Aufsichtsbehörden bei der Anlaßaufsicht und der Amtsaufsicht zeigt sich in den Voraussetzungen, unter denen die Aufsichtsbehörde einschreiten darf. Bei der Anlaßaufsicht ist erforderlich, daß ein Betroffener oder ein Datenschutzbeauftragter die Verletzung von Rechten bei der Verarbeitung personenbezogener Daten rügt. Bei der Amtsaufsicht gemäß § 40 Abs. 1 BDSG sind diese Anforderungen nicht zu stellen; vielmehr muß die Aufsichtsbehörde – in der Theorie jedenfalls – von sich aus tätig werden, ohne daß es eines durch einen Einzelfall gegebenen Anlasses bedarf.

Neben den an die genannten Voraussetzungen gebundenen Kontrollfunktionen wird die Aufsichtsbehörde aber auch ohne ausdrückliche gesetzliche Regelung allgemeine Beratungsaufgaben gegenüber Betroffenen und Anwendern wahrnehmen. So wird sich ein Bürger in Zweifelsfragen ebenso an sie wenden können wie ein Betriebsrat oder ein Unternehmer[16], ggf. nur um auf den richtigen „Rechtsweg" zur Wahrnehmung seiner Belange hingewiesen zu werden.

Im Bereich der Datenverarbeitung für eigene Zwecke (Dritter Abschnitt des BDSG) sah der Gesetzgeber die Anlaßaufsicht als ausreichend an. Damit folgt er dem Gebot, die Staatsaufsicht im Wirtschaftsleben auf das erforderliche Minimum zu reduzieren, um dem verfassungsrechtlichen Gebot der freien Marktwirtschaft und der Beachtung der Art. 12 und 14 GG gerecht zu werden[17], worin *Simitis* jedoch eine „empfindliche" Einschränkung der Gewährleistung des Datenschutzes sieht[18].

Der rechtstheoretische Unterschied zwischen Anlaß-und Amtsaufsicht dürfte sich in der Praxis nicht wesentlich bemerkbar machen, denn auch für die Wahrnehmung der Amtsaufsicht wird i.d.R. erforderlich sein, daß der Aufsichtsbehörde

14 *Ruckriegel*, Online 12/1977, S. 1048f.; *Männecke*, Verwaltungsvorschriften der Länderaufsicht für den Datenschutz, DB 1978, S. 971.
15 *Simitis*, (Fn. 1) § 30 Anm. 9.
16 Vgl. *Ordemann/Schomerus*, § 30 Anm. 2.
17 Siehe *Auernhammer*, BDSG, § 30 Anm. 1 m.w.N.; *Schaffland/Wiltfang*, § 30 Anm. 3.
18 (Fn. 1) § 30 Anm. 5.

etwaige Rechtsverletzungen angezeigt werden, da routinemäßige Überprüfungen aller geschäftsmäßig tätigen Datenverarbeiter wohl nur in beschränktem Rahmen stattfinden werden. Schon daher und auf Grund der beschränkten Eingriffsmöglichkeiten der Aufsichtsbehörden sind Korrekturen im Bereich des Datenschutzes nur „auf dem Umweg über den Betroffenen zu erzielen“[19].

3. Aufgaben der Aufsichtsbehörden

3.1 Aufsichtsbehörden gemäß § 30 BDSG

Die Aufsichtsbehörden gemäß § 30 BDSG haben im Rahmen der Anlaßaufsicht die Aufgabe, nach Anrufung durch einen Betroffenen oder einen betrieblichen Datenschutzbeauftragten zu prüfen, ob im konkreten Fall Datenschutzbestimmungen verletzt sind. Sie haben also beispielsweise auch die Pflicht, dem Anwender nach Prüfung eines Sachverhalts mitzuteilen, ob er Rechte des Betroffenen oder ihm obliegende Pflichten verletzt, bzw. durch welche Maßnahmen diese Rechtsverletzungen beseitigt werden können. Dabei darf nicht verkannt werden, daß die kraft öffentlichen Rechts handelnden Aufsichtsbehörden regelmäßig ihrer Natur nach privatrechtliche Sachverhalte zu überprüfen haben. Die Tätigkeit der Aufsichtsbehörden kommt daher insoweit einer gutachterlich-richterlichen Aufgabe nahe[20], mit dem Unterschied, daß die Aufsichtsbehörden grundsätzlich nicht mit hoheitlichen Entscheidungsbefugnissen eines Richters ausgestattet sind. Dem Betroffenen ist es vielmehr überlassen, die rechtlichen Konsequenzen zu ziehen und seine Rechtsansprüche bei Gericht durchzusetzen.

Die Besonderheit bei Aufsichtsbehörden nach dem BDSG besteht darin, daß die Normen, deren Einhaltung sie zu überwachen haben, weitgehend nicht dem öffentlichen Recht, sondern dem *Privatrecht* zuzuordnen sind. Die Gewerbeaufsichtsämter oder die für die Einhaltung des Arbeitsschutzrechts im jeweiligen Einzelfall zuständigen Aufsichtsbehörden kontrollieren dagegen, ob Normen des *öffentlichen Rechts* durch die Wirtschaftsunternehmen eingehalten werden. Daß die Aufsichtsbehörden nach dem BDSG entgegen aller Regel nicht für die Einhaltung öffentlichen Rechts, sondern im wesentlichen dafür Sorge zu tragen haben, daß Bestimmungen, die im Verhältnis zwischen Privatrechtssubjekten, also im Verhältnis zwischen Kunden und einer Firma oder im Verhältnis Arbeitnehmer – Arbeitgeber eingehalten werden, verdient Beachtung. Dies ist eine atypische und der aufsichtsbehördlichen Tätigkeit fremde Sachlage, bei der gefragt werden kann, ob das Gewaltenteilungsprinzip des Art. 20 Abs. 2 Satz 2 GG noch gewahrt ist.

Wird die Aufsichtsbehörde auf eine konkrete Einzelanforderung hin tätig, so mag sie dabei feststellen, daß auch andere Datenschutz-Verletzungen vorliegen. Hier geht die Beschränkung auf die Anlaßaufsicht jedoch nicht soweit, daß die Behörde

19 So *Simitis*, (Fn. 1) § 30 Anm. 8.

20 Anders *Auernhammer*, § 30 Anm. 2; *Schaffland/Wiltfang*, § 30 Anm. 9; *Simitis* (Fn. 1) § 30 Anm. 23.

diese Verletzungen nicht beachten darf. Im Gegenteil ist sie befugt, entsprechende Anhaltspunkte aufzuhellen und Rechtsverstöße im Rahmen ihrer Möglichkeiten zu beanstanden[21].

Neben der Unterstützung eines Betroffenen oder eines Datenschutzbeauftragten, bzw. Anwenders zählt es u.a. zwecks Durchsetzung von Kontrollrechten zu den Aufgaben der Aufsichtsbehörden, die Verfolgung von Ordnungswidrigkeiten nach § 42 BDSG zu veranlassen oder im Rahmen von § 36 OwiG selbst durchzuführen. Stellen die Aufsichtsbehörden bei der rechtlichen Überprüfung von Sachverhalten, die ihnen bei einer veranlaßten Überprüfung zur Kenntnis gelangt sind, Straftaten i.S.d. § 41 BDSG fest oder entsteht der Verdacht einer derartigen Straftat, so haben sie die Möglichkeit, die zuständige Staatsanwaltschaft hierüber zu informieren[22]. Schließlich besteht für die Aufsichtsbehörden die Möglichkeit, durch die Mitteilung von Sachverhalten an die Gewerbeaufsichtsämter Sanktionen nach Maßgabe der Gewerbeordnung oder gewerberechtlicher Nebengesetze auszulösen[23]. Zu denken ist in diesem Zusammenhang an die vollständige, teilweise, vorübergehende oder dauernde Untersagung der Ausübung eines Gewerbes wegen Unzuverlässigkeit gemäß § 35 GewO, wenn der Betreiber wiederholt oder gravierend gegen das Bundesdatenschutzgesetz verstoßen hat und damit seine Unzuverlässigkeit feststeht. Schließlich kommen Sanktionen in Betracht, die spezielle sonstige Aufsichtsbehörden, wie z.B. die Versicherungsaufsicht bei Gesetzesverstößen gemäß § 81ff. VAG, aussprechen können, wobei die Datenschutzaufsichtsbehörde insoweit bei der zuständigen Behörde initiativ werden kann.

3.2 Aufsichtsbehörden gemäß § 40 BDSG

Zu der Aufsicht über geschäftsmäßige datenverarbeitende Stellen gemäß § 40 BDSG gehören einmal die bereits dargestellten und sich aus § 30 BDSG ergebenden Aufgaben der Anlaßaufsicht. Diese Aufgaben werden jedoch um zwei Merkmale erweitert: Während die Aufsichtsbehörde gemäß § 30 BDSG nur auf Antrag tätig werden kann, wandelt sich die Aufgabenstellung gemäß § 40 BDSG in eine eigenständige Amtsaufsicht, d.h., auch ohne daß es einer förmlichen Bitte um Unterstützung bedarf, kann und muß die Aufsichtsbehörde von sich aus die ihr zugewiesenen Kontrollaufgaben ständig wahrnehmen. Inhaltlich sind die Aufgaben weitgehend identisch. Für die im Rahmen des 4. Abschnitts des BDSG kontrollierenden Behörden kommt nur hinzu, daß sie gemäß § 40 Abs. 1 Satz 2 BDSG die Register der nichtöffentlichen Stellen, die Daten für fremde Zwecke verarbeiten, zu führen haben. Anmeldungen i.S.v. § 39 Abs. 2 BDSG sind daher an die Aufsichtsbehörden zu adressieren.

21 Vgl. bei *Simitis*, (Fn. 1) § 30 Anm. 25.
22 Siehe dazu *Gola/Hümmerich/Kerstan*, Datenschutzrecht II, S. 241f.
23 *Ruckriegel*, (Fn. 8); *Auernhammer*, § 30 Anm. 7.

4. Tätigkeit der Aufsichtsbehörden gemäß § 30 BDSG

4.1 Antrag des Betroffenen

Der Antrag des Betroffenen ist an keine Frist oder Form gebunden[24]. Der Betroffene hat der Aufsichtsbehörde jedoch, wie aus dem Wortlaut des § 30 Abs. 1 Satz 1 BDSG hervorgeht, „begründet" darzulegen, daß er bei der Verarbeitung seiner personenbezogenen Daten durch die in § 22 BDSG genannten Stellen in seinen Rechten verletzt worden ist.
Aus der Formulierung „verletzt worden ist" hat *Schedl*[25] geschlossen, daß es sich bei der Rechtsverletzung durch die verarbeitende Stelle um einen bereits in der Vergangenheit liegenden abgeschlossenen Vorgang handeln müsse. Diese restriktive Auslegung wird jedoch in der Literatur überwiegend nicht geteilt[26]. Vielmehr ist anerkannt, daß es ausreicht, wenn der Betroffene eine Rechtsverletzung anzeigt, die zwar schon begonnen hat, aber noch nicht abgeschlossen ist. Aus der Sicht des Betroffenen und aus der Aufgabenstellung der Aufsichtsbehörde kann es schließlich keinen Unterschied machen, ob die Rechtsverletzung bereits abgeschlossen ist oder ob sie noch andauert.
Es ist ferner anerkannt, daß die Aufsichtsbehörde auch dann tätig werden kann, wenn Rechtsverletzungen in Zukunft zu besorgen sind und die Aufsichtsbehörde zur Unterstützung durch den Betroffenen veranlaßt wird. Dies haben jedenfalls die Länderreferenten in den gemeinsamen vorläufigen Verwaltungsvorschriften über die Durchführung des Datenschutzes im nichtöffentlichen Bereich, Teil 1, vereinbart[27]. In seinem Antrag muß der Betroffene begründet darlegen, d.h. ausführen, daß über ihn personenbezogene Daten verarbeitet werden und daß z.B. die Verarbeitung nicht zulässig ist oder daß seine Korrekturrechte verletzt werden. Wie konkret die Angaben des Betroffenen sein müssen, ist Sache des Einzelfalls. Dabei ist einerseits zu berücksichtigen, daß dem Betroffenen regelmäßig die Sachkunde fehlt, seine Darstellung des Sachverhalts unter den in Betracht kommenden rechtlichen Gesichtspunkten präzise zu formulieren[28]. Andererseits kann die Behörde nur dann tätig werden, wenn die Angaben des Betroffenen zu Zweifeln an der Rechtmäßigkeit der Verarbeitung von Daten Anlaß geben. Insofern kann es als ausreichend angesehen werden, wenn der Vortrag des Betroffenen Anhaltspunkte für eine Rechtsverletzung enthält[29]. Der Vortrag darf deshalb im Einzelfall lückenhaft sein, insbesondere dann, wenn der Datenverarbeiter seinerseits dem Betroffenen nicht die gemäß § 26 BDSG geschuldeten Auskünfte erteilt

---

24 Ebenso *Ordemann/Schomerus*, § 30 Anm. 2; *Schaffland/Wiltfang*, § 30 Anm. 6; *Auernhammer*, § 30 Anm. 2.
25 BDSG, § 30 Anm. 5.
26 Vgl. *Ordemann/Schomerus*, § 30 Anm. 2; *Schaffland/Wiltfang*, § 30 Anm. 6
27 Siehe 9. Kap., I, 6.2, Nr. 6.3.5.
28 Siehe auch *Sendler*, Rechtsprobleme personenbezogener Datenverarbeitung im öffentlichen und privaten Bereich, DuD 2/77, S. 60; *Schweinoch* (Fn. 5).
29 Ähnlich: Vorl. Verwaltungsvorschriften Teil 1, 6.3.

bzw., wenn der Betroffene berechtigte Zweifel an der Vollständigkeit der Auskünfte hat. Gerade in dieser Grauzone des Datenschutzes muß gefordert werden, daß auch bruchstückhafte Angaben ausreichend sein können, um das behördliche Aufsichtsverfahren in Gang zu setzen. Es scheint daher verfehlt, eine neben dem BDSG angesiedelte Terminologie über den notwendigen Inhalt des Antrags des Betroffenen aufzubauen[30]. Reichen die Angaben des Betroffenen nicht aus, wird die Aufsichtsbehörde den Betroffenen um eine möglichst konkrete Darstellung des Sachverhalts bitten, ihn insbesondere darauf hinweisen, inwieweit der Vortrag zu ergänzen ist oder ihn auffordern, bestimmte Unterlagen vorzulegen. Unter diesen Umständen erscheint der von *Schaffland/Wiltfang*[31] gebildete Fall der rechtsmißbräuchlichen Inanspruchnahme der Aufsichtsbehörde nicht denkbar. Ob die Angaben im Antrag des Betroffenen ausreichend substantiiert sind, ist daher stets eine Frage des Einzelfalls, die kaum einer Erläuterung[32] und mit Rücksicht auf die allgemeine aufsichtsbehördliche Verwaltungspraxis auch keiner Problematisierung bedarf.

4.2 Antrag des Datenschutzbeauftragten

Die Aufsichtsbehörde hat gemäß § 30 Abs. 1 Satz 2 BDSG die Pflicht, den Datenschutzbeauftragten zu unterstützen. Der Fall, daß ein Datenschutzbeauftragter sich gemäß § 29 Abs. 1 Satz 2 BDSG an die Aufsichtsbehörde wendet, damit sie gegenüber dem Unternehmen, dem er angehört, tätig wird, mag graue Theorie sein. Jedoch soll die Aufsichtsbehörde nicht nur Sanktionen ergreifen – wozu sie nur im beschränkten Maße in der Lage ist –, sondern Hilfe leisten, insbesondere wenn es um Zweifelsfragen der Gesetzesanwendung geht. Insofern wird man nicht nur den Beauftragten, sondern auch „kleineren“ Anwendern, die keinen oder nur einen nebenamtlichen DSB bestellt haben, das Recht zugestehen, die beratende, vermittelnde Hilfe der Aufsichtsbehörde in Anspruch zu nehmen[33]. Der Weg des Anwenders zur Aufsichtsbehörde führt allerdings nicht zwangsläufig über den DSB. Fraglich erscheint dagegen, inwieweit der DSB im Konfliktfall mit der Unternehmensleitung die Aufsichtsbehörde zum Einschreiten auffordern wird bzw. muß, auch wenn er seine Tätigkeit bzw. Anstellung gefährdet. Sicherlich wird man nicht annehmen können, der Datenschutzbeauftragte begebe sich in einem solchen Fall in die Nähe einer Nötigung[34]. Auch kann in der Einschaltung der Aufsichtsbehörde nicht vorschnell eine Verletzung des Geschäftsbesorgungsvertrages durch den Datenschutzbeauftragten gesehen werden[35].

Die Bedenken sind vielmehr darin zu sehen, daß keinem Datenschutzbeauftragten daran gelegen sein dürfte, derartige Konflikte mit der Geschäftsleitung her-

30 So aber *Auernhammer*, § 30 Anm. 2, der Schlüssigkeit des Vortrages verlangt.
31 BDSG, § 30 Anm. 5.
32 Insofern ausreichend die Hinweise bei *Ordemann/Schomerus*, § 30 Anm. 2.
33 *Simitis*, (Fn. 1) § 30 Anm. 39.
34 Ähnlich aber *Hemelt*, Datenschutz in der Bank, Köln, 1978, S. 86.
35 Mißverständlich insoweit *Schaffland/Wiltfang*, § 30 Anm. 8.

beizuführen, zumal er nicht einmal sicher ist, daß sich die Aufsichtsbehörde seiner Auffassung anschließt. Schließlich hat jeder Datenschutzbeauftragte einen gewissen Ehrgeiz, selbst dafür zu sorgen, daß Datenschutzrechte in dem jeweiligen Unternehmen nicht verletzt werden. Es ist daher sicher weltfremd, den Antrag des Datenschutzbeauftragten auf Überprüfung des eigenen Unternehmens als eine häufige Fallkonstellation in Erwägung zu ziehen.

4.3 Rechtsanspruch auf Tätigwerden der Behörde

Hat der Betroffene begründet dargelegt, daß bei der Verarbeitung personenbezogener Daten eine Rechtsverletzung eingetreten oder noch zu befürchten ist oder hat sich ein DSB an die Behörde gewandt, so ist die Aufsichtsbehörde verpflichtet, dem eingegangenen Antrag nachzugehen. Der Betroffene hat nach dem Legalitätsprinzip einen Rechtsanspruch auf Tätigwerden der Behörde[36].
Nur unter der Voraussetzung, daß die Angaben des Antragstellers keinesfalls ausreichen, um ein aufsichtsbehördliches Ermittlungsverfahren zu ermöglichen, können die Aufsichtsbehörden davon absehen, den Antrag zu verfolgen. In derartigen Fällen wird jedoch, wie bereits erwähnt, die Aufsichtsbehörde zunächst den Betroffenen darauf hinweisen, welche weiteren Voraussetzungen an seinen Sachvortrag gestellt werden und inwieweit die Darstellung des Sachverhalts ergänzungsbedürftig ist. Kommt der Betroffene einer derartigen Aufforderung nicht nach, so braucht die Aufsichtsbehörde im Regelfalle nicht weiter tätig zu werden. Etwas anderes gilt, wenn ein dürftiger Sachvortrag des Antragstellers nur durch die Tätigkeit der Aufsichtsbehörde selbst wirksam erweitert werden kann. Haben beispielsweise die eigenen Ermittlungen des Antragstellers zu keinem Ergebnis geführt und kann der Frage, ob Rechtsverletzungen vorliegen, nur durch eine Nachschau durch die Aufsichtsbehörde nachgegangen werden, so sind die Aufsichtbehörden verpflichtet, von den ihnen in § 30 Abs. 3 BDSG eingeräumten Befugnissen Gebrauch zu machen.

4.4 Auslegungsgrundsätze nach den vorläufigen Verwaltungsvorschriften

Es wurde bereits darauf hingewiesen, daß die Länderreferenten „vorläufige" Verwaltungsvorschriften über den Datenschutz im nicht-öffentlichen Bereich inhaltlich abgestimmt haben. Diese Verwaltungsvorschriften sind bisher in zwei Teilen erschienen, und zwar betrifft Teil 1 die Anwendung und Auslegung bestimmter Begriffe des BDSG sowie die Zuständigkeiten der Aufsichtsbehörden und die Tätigkeit des DSB, während Teil 2 sich speziellen Problemen der Datensicherung widmet. Es kann davon ausgegangen werden, daß auch die Bundesländer, die die Verwaltungsvorschriften nicht oder nur teilweise veröffentlicht haben, diese – von gewissen Nuancen einmal abgesehen – als interne Arbeitsanweisung für ihre Aufsichtsbehörden praktizieren.

36 S. hierzu auch die Vorl. Verwaltungsvorschriften Teil I, 6.3.3.

Es darf nicht verkannt werden, daß die Herausgabe solcher Verwaltungsvorschriften einerseits im Interesee der Rechtseinheitlichkeit zu begrüßen ist, andererseits jedoch von Anwendern als „verbindliche Kommentierung" verstanden werden kann, was die Vorschriften weder sein können noch sollen.
Vielleicht wäre es sinnvoll gewesen, der Empfehlung von *Simitis*[37] zu folgen und zunächst Erfahrungen mit der BDSG-Anwendung anzuwarten. Dieser Problematik bewußt, hat man den Vorschriften auch die Überschrift „vorläufig" gegeben, wodurch ihre Grenzen aufgezeigt werden. Auf eine Kommentierung der Vorschriften in diesen Erläuterungen wurde bewußt verzichtet, soweit nicht in den Vorschriften Aussagen über die Tätigkeit der Aufsichtsbehörde selbst gemacht werden. Die Vorschriften sind vielmehr als eine Kommentierung unter anderen zu sehen, die sich jedoch insofern von sonstigen Literaturmeinungen abhebt, als sie für die Aufsichtsbehörden, solange die Gerichte nicht anders entscheiden, verbindlich ist. Bezeichnend für den derzeitigen Stand der Datenschutzimplementierung ist auch, daß die Verwaltungsvorschriften selbst noch des Kommentars bedürfen[38] bzw. manche kritische Würdigung erfahren haben[39].

4.4.1 Abgrenzung zwischen drittem und viertem Abschnitt des BDSG

Sorgfältig und ausführliche befassen sich die vorläufigen Verwaltungsvorschriften mit der für den Umfang der Kontrollbefugnisse bedeutsamen und teilweise schwierigen Abgrenzung zwischen dem dritten und vierten Abschnitt des BDSG. So haben sie insbesondere einen Katalog von drei Hauptanwendungsbereichen des vierten Abschnitts aufgestellt, nach dem die Vorschriften über die geschäftsmäßige (auf Wiederholung gerichtete) Datenverarbeitung privater Stellen für fremde Zwecke anzuwenden sind bei:
- der Datenverarbeitung zum Zwecke der Übermittlung an andere (Hauptanwendungsfälle: Auskunfteien, Adreßhändler, Adreßverlage);
- der Verarbeitung zu anonymisierten Daten (Hauptanwendungsfälle: Markt- und Meinungsforschungsinstitute);
- der Datenverarbeitung als Dienstleistungsunternehmen für andere (Hauptanwendungsfälle: Service-Rechenzentren, Datenerfassungsbüros).

Die Verwaltungsvorschriften schließen sich ferner der herrschenden Meinung[40] an, nach der das BDSG beim Begriff des verpflichteten Unternehmens (speichernde Stellen Dritter) generell von einer rein juristischen, nicht von einer wirtschaftlichen Betrachtungsweise ausgeht[41]. Außer Betracht bleiben sollen ferner Beteiligungsverhältnisse an einer anderen juristischen Person; die Pflichten aus dem Gesetz sollen jeweils die einzelne Gesellschaft treffen[42].

37 (Fn. 1) § 30 Anm. 18f.
38 Vgl. GDD-Dokumentation Nr. 15 und 16, Köln 1978.
39 Vgl. *Simitis* (Fn. 1) § 30 Anm. 29ff.
40 S. z. B. *Scheu*, BB 25/77, S. 275.
41 Anders *Gola/Hümmerich/Kerstan*, Datenschutzrecht I, S. 34f.; zustimmend: *Ungnade*, WM 78, S. 287.
42 Vorl. Verwaltungsvorschriften Teil 1, 6.2.3.3.

Bei der Abgrenzung zwischen Unternehmen, die Datenverarbeitung für eigene Zwecke und geschäftsmäßig für andere durchführen, haben die Verwaltungsvorschriften eine nützliche Klarstellung gebracht. Wird Datenverarbeitung teils für eigene, teils für fremde Zwecke betrieben, dann soll im Grundsatz für den Fremdanteil der 4. Abschnitt anzuwenden sein. Ein geringfügiger Anteil der Fremdarbeit ist jedoch ein Anzeichen dafür, daß die Datenverarbeitung insoweit nicht geschäftsmäßig als Dienstleistungsunternehmen betrieben wird[43].
Diese Abgrenzung führen die Durchführungshinweise für den Sonderfall der verbundenen Unternehmen und Konzerne konsequent fort[44]. Verbundene Unternehmen und Konzerne betreiben häufig die Datenverarbeitung für mehrere oder alle der einzelnen Gesellschaften gemeinschaftlich. Betreibt eine Gesellschaft die Datenverarbeitung für den Konzern und gleichzeitig auch für die eigene juristische Peron, dann ist für den „Eigenanteil" der 3. Abschnitt anzuwenden. Für den Teil der Datenverarbeitung, der für andere Konzernunternehmen durchgeführt wird, gilt im Grundsatz der 4. Abschnitt. Bei dieser Sachlage heben die Verwaltungsvorschriften zwei Fallkonstellationen hervor:
Wird eine gesamte Aufgabe (z.B. Vertrieb, Finanzbuchhaltung) einschließlich der hierfür erforderlichen Datenverarbeitung einer Gesellschaft im Konzern als Funktion übertragen, so soll nur der 3. Abschnitt Anwendung finden. Die Datenverarbeitung erfolgt dann für eigene Zwecke i.S.d. § 22 Abs. 1 BDSG, d.h. um die Aufgabe „Vertrieb" zu bewältigen. Verbleibt die Funktion, für die personenbezogene Daten verarbeitet werden, als Aufgabe bei den einzelnen Gesellschaften und wird lediglich die Datenverarbeitung von einer anderen Konzerngesellschaft betrieben, dann werden von letzterer die Daten im Auftrag der anderen Gesellschaften bearbeitet. Geschieht das geschäftsmäßig als Dienstleistungsunternehmen, dann findet gemäß § 31 Abs. 1 Nr. 3 BDSG der 4. Abschnitt des Gesetzes Anwendung.
Die Verwaltungsvorschriften weisen in diesem Zusammenhang darauf hin, daß die Überwachung nach § 40 BDSG durch die Aufsichtsbehörde in einem längeren Turnus im allgemeinen ausreichend sei, da in derartigen Fällen die Gefahr des Mißbrauchs i. d. R. geringer als bei reiner Fremdverarbeitung sei.

4.4.2 Geltung des BDSG bei grenzüberschreitendem Datenverkehr

Mit der herrschend vertretenen Ansicht im Schrifttum[45] gehen die Verwaltungsvorschriften davon aus, daß das BDSG auch anzuwenden ist, wenn personenbezogene Daten von im Ausland lebenden Betroffenen im Inland verarbeitet werden. Das Gesetz interessiert sich nicht dafür, welche Nationalität der Betroffene hat. Maßgebend ist vielmehr, daß personenbezogene Daten im Geltungsbereich des BDSG verarbeitet werden. Eine Folge hiervon ist, daß dem Betroffenen auch

43 Vorl. Verwaltungsvorschriften Teil 1, 6.2.3.4.
44 Vorl. Verwaltungsvorschriften Teil 1, 6.2.3.5.
45 S. nur *Simitis* (Fn. 1) § 22 Anm. 55.

dann Auskunft über seine Daten zu erteilen ist, wenn er nicht im Geltungsbereich des Gesetze wohnt, seine Daten jedoch in Deutschland verarbeitet werden. Gegen die herrschende Meinung[46] stellen sich die Autoren der Verwaltungsvorschriften, wenn sie ausführen, daß schutzwürdige Belange des Betroffenen bei der Übermittlung nicht schon dadurch beeinträchtigt werden, weil es im Empfängerland keine Datenschutzgesetze gibt[47]. Die Kommentarliteratur weist darauf hin, daß bei einer Übermittlung ins Ausland die schutzwürdigen Belange des Betroffenen nur unter der Voraussetzung gewahrt sind, daß die Daten in ein Land übermittelt werden, das eine dem BDSG vergleichbare Regelung kennt[48]. Hinzuweisen ist ferner, daß die Verwaltungsvorschriften sich dazu äußern, welche Grundsätze bei der Verarbeitung personenbezogener Daten von rechtlich selbständigen ausländischen Tochtergesellschaften eines deutschen Unternehmens im Inland gelten[49].

4.5 Befugnisse der Aufsichtsbehörden

Neben den Möglichkeiten der Aufsichtsbehörden, Verfahren wegen Ordnungswidrigkeiten herbeizuführen sowie bei dem Verdacht von Straftaten die zuständige Staatsanwaltschaft zu benachrichtigen, haben die Aufsichtsbehörden noch zwei herausragende Befugnisse zur Wahrnehmung ihrer Kontrollfunktionen: Sie sind zum einen gemäß § 30 Abs. 2 BDSG berechtigt, die zur Erfüllung ihrer Aufgaben erforderlichen Auskünfte zu verlangen. Zum anderen sind sie berechtigt, Grundstücke und Geschäftsräume der speichernden Stelle zu betreten, dort Prüfungen und Besichtigungen vorzunehmen und die nach § 29 Abs. 3 Nr. 1 BDSG vom Beauftragten für den Datenschutz zu führende Übersicht einzusehen (§ 39 Abs. 3 BDSG). Die Befugnisse der Aufischtsbehörden basieren damit auf zwei Rechten, nämlich auf den *Auskunftsrechten* des § 30 Abs. 2 BDSG und den *Nachschaurechten* gemäß § 30 Abs. 3 BDSG. Andererseits sind ihre Befugnisse auch auf diese Rechte beschränkt, da die Aufsichtsbehörden keine Weisungs- und Eingriffsrechte haben, also insbesondere nicht durch Verwaltungsakt anordnen können, daß bestimmte Daten zu löschen sind u. ä.[50].

4.5.1 Das Auskunftsrecht

Die Verpflichtung der datenverarbeitenden Stellen zur Auskunftserteilung ist im Grunde eine auch im Interesse dieser Stellen liegende Selbstverständlichkeit. Im Bereich der Anlaßaufsicht, in dem die Behörde nur auf Grund einer Beanstandung eines Betroffenen, bzw. nach vom Datenschutzbeauftragten mitgeteilten In-

---

46 *Auernhammer*, § 24 Anm. 9; *Ordemann/Schomerus*, § 24 Anm. 5; *Simitis* (Fn. 1) § 22 Anm. 58
47 Vorl. Verwaltungsvorschriften Teil 1, 6.2.4.3.
48 Vgl. Fn. 46.
49 Vorl. Verwaltungsvorschriften Teil 1, 6.2.4.1/2.
50 S. nur *Sendler* (Fn. 28); *Schaffland/Wiltfang*, § 30 Anm. 26.

formationen tätig wird, muß der Gegenseite vor einer „Entscheidung" der Behörde Gelegenheit zur Stellungnahme gegeben sein. Andererseits ist die Erteilung einer erschöpfenden und wahrheitsgemäßen Auskunft auch Voraussetzung zur Wahrung der Datenschutzrechte der Betroffenen[51]. Auskunftspflichtig ist nach § 30 Abs. 2 Satz 1 BDSG zunächst die speichernde Stelle, sei es eine juristische oder natürliche Person. Daneben begründet das Gesetz jedoch auch eine persönliche Auskunftspflicht der mit der Leitung der speichernden Stelle – entsprechend der Rechtsform des Unternehmens – betrauten Personen. Der Aufsichtsbehörde ist es freigestellt, an welchen Auskunftspflichtigen sie sich wendet und in welcher Form sie die Auskunft einholt[52]. Sie ist jedoch nicht befugt, solche Auskünfte zu verlangen, die zur Wahrnehmung ihrer Aufgaben im Hinblick auf die konkrete Beschwerde, bzw. Anfrage in keinem Bezug stehen. Für den Auskunftspflichtigen ergibt sich hieraus andererseits das Recht zu erfahren, aus welchem Grunde bzw. zu welchem Thema die Auskunft eingeholt werden soll bzw. welcher Fall die Behörde zur Intervention veranlaßt[53]. Im Rahmen der Auskunftspflicht kann die Behörde die Vorlage von Unterlagen verlangen, wobei sie sich jedoch – wie auch bei ihren sonstigen Maßnahmen – schon im Hinblick auf die entstehenden Kosten am Grundsatz der Verhältnismäßigkeit ausrichten muß.

Die Auskunft ist unverzüglich (§ 30 Abs. 2 Satz 2 BDSG), d. h. ohne schuldhaftes Zögern (§ 121 BGB) zu erteilen. Eine bestimmte Form ist nicht vorgeschrieben, die schriftliche Stellungnahme wird jedoch die Regel sein.

Wird die Auskunft vorsätzlich oder fahrlässig nicht, nicht richtig, unvollständig oder nicht rechtzeitig erteilt, stellt dies eine Ordnungswidrigkeit i. S. v. § 42 Abs. 1 Nr. 5 BDSG dar, die mit einer Geldbuße bis zu 50000 DM geahndet werden kann. Kommt die speichernde Stelle dem Auskunftsverlangen der Aufsichtsbehörde nicht nach, kann die Auskunft im Verwaltungsverfahren erzwungen werden[54]. § 30 Abs. 2 Satz 2 BDSG macht eine generelle Ausnahme von der Auskunftspflicht, wenn der Auskunftsverpflichtete ggf. sich selbst oder Angehörige belasten würde (vgl. § 283 Nr. 1–3 ZPO).

4.5.2 Das Nachschaurecht

Gemäß § 30 Abs. 3 Satz 1 BDSG sind die mit der Überprüfung beauftragter Mitarbeiter der Aufsichtsbehörde befugt, Geschäftsräume und Grundstücke der speichernden Stelle zu betreten und geschäftliche Unterlagen und gespeicherte Daten bzw. die Verarbeitungsprogramme einzusehen. Auch hier gilt – insbesondere im Hinblick auf die „Brisanz" dieses Kontrollrechts – der Grundsatz der Verhältnismäßigkeit[55]. So geht die Einholung der Auskunft der persönlichen Kontrolle als

51 Entsprechende Regelungen der Auskuft und Nachschau enthalten andere Aufsichtsregelungen wie z. B.: §§ 32 EichG, 52 BImSchG, 17 HandwO, 22 GaststättenG.

52 Vgl. bei *Simitis* (Fn. 1) § 30 Anm. 48f.

53 *Ordemann/Schomerus*, § 30 Anm. 3; *Schaffland/Wiltfang*, § 30 Anm. 12; *Simitis* (Fn. 1) § 30 Anm. 51.

54 Näheres bei *Simitis* (Fn. 1) § 30 Anm. 41ff.

55 Näheres bei *Simitis* (Fn. 1) § 30 Anm. 61f.

„schonenderes" Mittel wohl zunächst vor. Ebenfalls Zeit und Umfang der Kontrolle bestimmen sich in diesem Rahmen nach der jeweiligen Erforderlichkeit. Durch das Recht auf Einsicht in die Geschäftsunterlagen erhält die Behörde u. U. Kenntnis von sehr sensiblen personenbezogenen Daten Dritter sowie von Geschäftsgeheimnissen der speichernden Stelle. Die Kenntnisnahme dient jedoch ausschließlich dem datenschutzrechtlichen Kontrollauftrag und im Rahmen der Anlaßaufsicht des § 30 BDSG beschränkt sie sich auf den konkreten Fall. Hierfür sind die in § 30 Abs. 3 Satz 1 BDSG beispielhaft aufgezählten Unterlagen zunächst relevant; es können jedoch auch andere Unterlagen herangezogen werden. Die Einsicht hat in den Räumen der speichernden Stelle zu erfolgen, eine Vorlage von Akten in den Räumen der Aufsichtsbehörde kann nicht angeordnet werden. Die eigenen Kosten der Auskunft oder Einsicht (z. B. Probelauf von Programmen) trägt in jedem Falle die speichernde Stelle[56].

4.5.3 Die Geheimhaltungspflicht der Aufsichtsbehörde

Wie bereits ausgeführt, erfährt die Aufsichtsbehörde in Ausübung ihrer Kontrollrechte u. U. sehr vertrauliche Daten, an deren Geheimhaltung speichernde Stelle wie Betroffener ein maßgebliches Interesse haben können. Gesetzliche Grundlage der Geheimhaltung ist zunächst § 30 VwVfG, wonach die Behörde verpflichtet ist, bekanntgewordene Geheimnisse nicht unbefugt zu offenbaren. Daneben besteht für die Behördenangehörigen die strafrechtlich sanktionierte Schweigepflicht des § 203 Abs. 2 StGB[57]. Wenn also die Weitergabe von Daten nach außen im wesentlichen abgesichert ist, bleibt die Frage, inwieweit „intern" im Rahmen der Amtshilfe an dem Untersuchungsergebnis aus anderen als Datenschutzgründen interessierte Behörden unterrichtet werden, wie z. B. das Finanzamt bei gleichzeitig erkannten Verstößen gegen Strafgesetze. Hierbei handelt es sich um ein Problem, das datenschutzrechtlich zu lösen ist, ausgehend davon, daß die Weitergabe bzw. Ermittlung solcher Daten nicht in der Zuständigkeit der Aufsichtsbhörde liegt bzw. nicht zur Wahrung der Aufgaben der Empfangsbhörde erforderlich ist[58].

Andererseits kann die Geheimhaltungspflicht nicht gegenüber dem Betroffenen bestehen, der über das Ergebnis der von ihm veranlaßten Überprüfung zu unterrichten ist, schon um dann Maßnahmen zur Realisierung seiner Rechte ergreifen zu können. Der Umfang der Unterrichtung muß sich nach diesen Kriterien richten, d. h. es müssen ihm alle die Informationen mitgeteilt werden, die der Betroffene zur Wahrung seiner Rechte benötigt, gleichgültig ob die Behörde auf Antrag des Betroffenen oder von Amts wegen tätig wurde. Liegt kein Verstoß vor, so kann die Information andererseits kurz gehalten werden[59]. Selbstverständlich

---

56 *Auernhammer*, § 30 Anm. 6; *Simitis* (Fn. 1) 9 30 Anm. 70.

57 *Gola/Hümmerich/Kerstan*, Datenschutzrecht II, S. 238f.

58 Vgl. bei *Dammann* in (Fn. 1) § 10 Anm. 7f.

59 Vgl. bei *Simitis* (Fn. 1) § 30 Anm. 78; *Auernhammer*, § 30 Anm. 7; einschränkend *Schaffland/Wiltfang*, § 30 Anm. 26.

wird die Behörde auch die speichernde Stelle von dem Ergebnis der Überprüfung unterrichten und – wenn sie auch keine Weisungsbefugnisse hat – Empfehlungen aussprechen, um Datenschutzverletzungen zu vermeiden.

4.6 Sanktionen

Durch gesetzlich geregelte Sanktion wird der Auskunftsverpflichtete angehalten, seinen Pflichten aus § 30 Abs. 2 und 3 BDSG zu genügen. Wer die verlangte Auskunft nicht, nicht rechtzeitig erteilt oder wer der Behörde das Nachschaurecht nicht gewährt, handelt ordnungswidrig gemäß § 42 Abs. 1 BDSG. Die Ordnungswidrigkeit kann von der Aufsichtsbehörde unmittelbar mit einer Geldbuße geahndet werden, da die Aufischtsbehörden in allen Bundesländern zur zuständigen Verwaltungsbehörde i. S. v. § 36 Abs. 2 Ordnungswidrigkeitengesetz erklärt wurden. Diese Möglichkeit zur Verhängung von Ordnungsbußen besteht jedoch nur in den enumerativ aufgezählten Fällen von Verstößen gemäß § 42 BDSG. Wesentliche Bedeutung gewinnt daher die Vorschrift des § 30 Abs. 4 BDSG, die hinsichtlich der dem Datenschutz unterliegenden Gewerbebetriebe die Gewerbeordnung für unberührt, d. h. anwendbar erklärt. Demnach können sich Aufsichtsbefugnisse und Sanktionsmöglichkeiten auch aus der Gewerbeordnung ergeben. Zu beachten ist jedoch, daß diese Möglichkeiten aus der Gewerbeordnung keine unmittelbaren Rechte für die Datenschutzaufsichtsbehörden enthalten, sondern durch die Behörden wahrzunehmen und durchzuführen sind, die auf Grund der Gewerbeordnung oder von Spezialnormen (z. B. nach dem Versicherungsaufsichtsgesetz) diese Aufsichtsbefugnisse wahrzunehmen haben. Jedoch kann im Rahmen der Amtshilfe (§§ 4, 5 VwVfG) die Datenschutzaufsichtsbehörde das Gewerbeaufsichtsamt zum Einschreiten auffordern und dieser die entsprechenden Unterlagen und ermittelten Ergebnisse zur Verfügung stellen[60]. Ebenfalls sind Mitteilungspflichten gegenüber sonstigen Aufsichtsbehörden bzw. der Staatsanwaltschaft[61] denkbar.

5. Tätigkeit der Aufsichtsbehörde gemäß § 40 BDSG

Wie bereits erwähnt[62], werden die aufsichtsbehördlichen Befugnisse in § 40 BDSG um zwei Komponenten erweitert: An die Stelle der Anlaßaufsicht tritt die „ständige“ Amtsaufsicht; ferner führen die Aufsichtsbehörden gemäß § 40 BDSG ein Register der unter den 4. Abschnitt des BDSG fallenden datenverarbeitenden Stellen. Ein Weisungs- oder Verbotsrecht gegenüber den datenverarbeitenden Stellen im Hinblick auf die durchgeführten Verarbeitungen hat die Behörde jedoch auch hier nicht[63].

---

60 *Simitis* (Fn. 1) § 30 Anm. 75, 76.
61 *Gola/Hümmerich/Kerstan*, Datenschutzrecht II, S. 243ff.
62 Oben S.
63 *Simitis* (Fn. 1) § 40 Anm. 2.

Die Meldepflichten gemäß § 39 BDSG hat der Gesetzgeber geschaffen, um der gesteigerten Gefahr des Mißbrauchs personenbezogener Daten im Rahmen der geschäftsmäßigen Datenverarbeitung für fremde Zwecke Rechnung zu tragen[64]. Dabei ging es ihm ferner darum, die Verhältnisse bei der geschäftsmäßigen Verarbeitung geschützter personenbezogener Daten im Bereich des 4. Abschnitts transparent zu machen und zwar sowohl gegenüber der Aufsichtsbehörde als auch gegenüber dem Betroffenen[65].
Die Meldepflicht nach § 39 BDSG bedeutet das Minimum an Informationsübermittlung an die Aufsichtsbehörde, was für diese zur ordnungsgemäßen Erfüllung ihrer Amtsaufsicht notwendig ist[66]. Wenn auch dieser Norm die gesetzgeberische Intention zu Grunde liegen mag, den staatlichen Eingriff in Beruf und Gewerbe so gering wie möglich zu halten, so können die Befürchtungen *Steinmüllers*[67] nicht von der Hand gewiesen werden, daß hier ein „Spickzettel für die Konkurrenz" geschaffen wird. Schließlich sind die Register gemäß § 40 Abs. 1 Satz 2 2. Halbsatz BDSG öffentlich; sie können von jedermann eingesehen werden, wodurch eben die gesetzlich gewollte Publizität der Datenverarbeitung im Bereich des 4. Abschnitts des BDSG realisiert wird.
In den vorläufigen Verwaltungsvorschriften, Teil 1, werden die 8 Arten von Angaben erläutert, die gemäß § 39 Abs. 2 BDSG der Aufsichtsbehörde zur Registerführung zu melden sind. Die Anmeldung der speichernden Stellen bildet den Ausgangspunkt der Behörde für die Ausübung der Amtsaufsicht; erst durch die Anmeldung erhält sie Kenntnis von den zu beaufsichtigenden Datenverarbeitern, wenngleich sie davon ausgehen muß, daß die ihr vorliegenden Meldungen kaum vollständig sein werden[68].

6. Bedeutung des § 30 Abs. 4 BDSG

Umständlicher als der Gesetzgeber § 30 Abs. 4 BDSG gefaßt hat, kann man eine Gesetzesvorschrift kaum noch formulieren. Gemäß § 30 Abs. 4 BDSG bleibt die Anwendung der Gewerbeordnung auf die den Vorschriften des Abschnitts (3. Abschnitt) unterliegenden Gewerbebetriebe unberührt. Einfacher formuliert heißt dies, daß die allgemeinen gewerberechtlichen Befugnisse neben den aufsichtsbehördlichen Rechten aus § 30 BDSG bestehen bleiben.
Die Gewerbeordnung befaßt sich ausschließlich mit den spezifisch gewerberechtlichen Gefahren, d. h. solchen Gefahren, die in dieser Form nur bei Gewerbetreibenden auftreten können. Zu diesem Zweck kennt die Gewerbeordnung ver-

64 Vgl. z. B. *Hörle/Wronka*, § 39 Anm. 1.
65 *Auernhammer*, § 39 Anm. 1.
66 *Ordemann/Schomerus*, § 39 Anm. 1.
67 Stellungnahme anläßlich der Innenausschußsitzung des BT v. 31. 3. 76.; BT-Drucksache 724/2450, S. 99; vgl. aber auch *Simitis* (Fn. 1) § 40 Anm. 19f., der eine differenzierte Publizität der Anmeldung vorschlägt.
68 Vgl. hierzu den Erfahrungsbericht von *Baumeister* (Fn. 2).

schiedene Überwachungsmaßnahmen. Die sich aus der Gewerbeordnung ergebenden Überwachungsmaßnahmen dienen dem Schutz der Allgemeinheit. In diesen Schutz können aber auch einzelne Personen einbezogen sein, wie insbesondere die Arbeitsschutzvorschriften als gewerberechtliche Nebenbestimmungen deutlich machen.

6.1 Zweck der gesetzlichen Regelung

§ 30 Abs. 4 BDSG kann nur im Zusammenhang mit den Absätzen 2 und 3 des § 30 BDSG gesehen werden. In diesen beiden Absätzen sind die Aufgaben und Befugnisse geregelt, die den nach dem Landesrecht zuständigen Datenaufsichtsbehörden zugewiesen sind. Dabei ergeben sich im Vergleich zwischen § 30 BDSG und den gewerberechtlichen Vorschriften vom Wortlaut her weitgehende Übereinstimmungen.

Als Vergleich kann insbesondere § 139b GewO herangezogen werden. Auch nach dieser Vorschrift steht der Aufsichtsbehörde das Recht zu, die betrieblichen Räume zu betreten; Art. 13 GG wird insoweit ebenfalls eingeschränkt. Die Befugnisse der Aufsichtsbehörden nach Gewerberecht sind allerdings weiter gefaßt als die entsprechenden Regelungen nach dem BDSG. Nach § 139b Abs. 4 GewO ist eine nächtliche Durchsuchung möglich. § 139b Abs. 4 GeWO geht in seinem Anwendungsbereich sogar über die Voraussetzungen nächtlicher Durchsuchung von Räumen gemäß § 104 StPO hinaus.

Ebenso kennt die Gewerbeordnung Auskunftspflichten gegenüber der Aufsichtsbehörde[69]. Gleichartig ist darüberhinaus die Verpflichtung zur Aufnahme übermittelter Daten in ein Register[70].

Aufgrund der vergleichbaren Sachlage zwischen BDSG und GewO sah sich der Gesetzgeber veranlaßt, § 30 Abs. 4 BDSG in das Bundesdatenschutzgesetz aufzunehmen. Er wollte damit eindeutig festlegen, daß ein Zusammenhang zwischen den Befugnissen der Aufsichtsbehörden nach beiden Normen nicht besteht, auch wenn dem äußeren Anschein nach eine Identität festgestellt werden könnte. Gewerberecht und Datenschutzrecht beinhalten demnach zwei ihrem Wesen nach völlig verschiedene rechtliche Regelungen, denen jeweils eine andere Zielsetzung zu Grunde liegt[71].

Zweck des § 30 Abs. 4 BDSG ist es demnach, deutlich zu machen, daß neben die spezifische Kontrolle durch die Aufsichtsbehörden gemäß § 30 BDSG die allgemeine aufsichtsbehördliche Kontrolle nach der Gewerbeordnung sowie den gewerberechtlichen Nebenbestimmungen tritt[72].

Die Zusammenarbeit zwischen Datenschutzaufsichts- und Gewerbeaufsichtsbe-

---

69 Siehe nur § 139 Abs. 5 GewO.

70 Siehe §§ 30 Abs. 3 BDSG, 149 GewO.

71 So auch die Begr. der BundesReg. zum Reg.-Entwurf v. 21. 9. 1973 zu § 30 BDSG, BT-Drucksache 7/1027.

72 Siehe ferner Antwort der BundesReg. in der Fragestunde des BT v. 17. 3. 77, stenogr. Bericht der 18. Sitzung, S. 1116.

hörde steht unter dem Grundsatz der Amtshilfe. Das Verfahren der Amtshilfe richtet sich nach den gesetzlichen Regelungen in den §§ 4–8 VwVfG. Gemäß Art. 35 GG, § 4 VwVfG hat die Datenschutzaufsichtsbehörde die Möglichkeit und das Recht, eine andere Behörde um Amtshilfe zu ersuchen. Es sind Fallkonstellationen denkbar, in denen ein solches Ersuchen auch an die Gewerbeaufsichtsämter durch die Datenschutzaufsichtsbehörden gestellt wird. Gemäß § 7 VwVfG gilt dabei folgendes:

Die Maßnahme, zu der Hilfe geleistet werden soll, ist nur nach dem Recht der ersuchenden Behörde zu bewerten, d. h. in diesen Fällen nach dem Bundesdatenschutzgesetz. Daraus ergibt sich, daß die Gewerbeaufsichtsämter sich nicht die Befugnisse der Datenschutzaufsichtsbehörde aneignen können. Hinsichtlich ihrer Eingriffsmöglichkeiten in Rechte Dritter für den Einsatz von Mitteln in Bezug auf Verfahrens- oder Formvorschriften[73] gelten für sie ausschließlich die Gewerbeordnung und die hierzu bestehenden Nebengesetze. Datenschutzaufsichtsmaßnahmen können von den Gewerbeaufsichtsämtern wegen fehlender Regelung in den gesetzlichen Bestimmungen nicht durchgeführt werden.

6.2 Betriebe im Geltungsbereich der GewO

Der Aufsicht nach der GewO unterliegen alle Betriebe, die ein Gewerbe betrieben. Unter dem Betrieb eines Gewerbes versteht man eine auf dauernde Gewinnerzielung gerichtete, fortgesetzt ausgeübte, selbständige, erlaubte Tätigkeit mit Ausnahme der Urproduktion (beispielsweise Gewinnung von Bodenschätzen, Landwirtschaft) und bestimmter geistiger Tätigkeit[74].

Betriebe i. S. d. GewO sind Wirtschaftsbetriebe wie Industrie, Handel, die Hilfsgewerbe des Handels sowie die Vermittlung von Versicherung, die Verkehrsgewerbe, die Wirtschaftsgewerbe, die Darbietung persönlicher Dienstleistungen untergeordneter Art (einschl. Unterhaltung), bei denen ein höheres Interesse der Kunst oder Wissenschaft nicht gegeben ist. Voraussetzung ist dabei in allen Fällen, daß eine fortgesetzte Tätigkeit zu Erwerbszwecken und nicht nur gelegentliches Tätigwerden ohne Wiederholungsabsicht vorliegt[75].

Nicht unter den Anwendungsbereich der GewO fallen die nicht in § 6 GewO genannten Betriebe. Aus einer Lücke in der Aufzählung des § 6 GewO ergibt dies folgende Tätigkeitsgruppen:

- die Urproduktion (z. B. Fischerei, Bergwesen, Viehzucht),
- die Vermögensverwaltung (als Ausfluß des Eigentumsrecht ist die Verwaltung eigenen Vermögens kein Gewerbe[76]),
- wissenschaftliche, künstlerische und schriftstellerische Berufe (die Abgrenzung erfolgt danach, von welcher Qualität die Leistung ist und ob sie ausschließlich als wissenschaftliche oder künstlerische Einzelleistung zu werten ist),

---

73 *Meyer/Borgs*, Verwaltungsverfahrensgesetz, § 7, I, Anm. 2.
74 Diese Definition wird heute als herrschend im Gewerberecht anerkannt.
75 *Salewski* in *Landmann/Rohmer*, Gewerbeordnung, § 1 Anm. 3.
76 BFH NJW 61, S. 1231.

- Dienstleistungen höherer Art (Berufe, die eine gehobene Ausbildung voraussetzen, wie die Erteilung von Unterricht oder die Tätigkeit von Ärzten, Rechtsanwälten o. ä.).

Für die nicht unter § 6 GewO zählenden „Gewerbe" hat der Gesetzgeber teilweise Spezialgesetze auf Landes- (Beisp.: Unterrichtswesen, Bergwesen) oder Bundesebene (Beisp.: Wirtschaftsprüfung) geschaffen[77].

7. Untersagungsmöglichkeiten nach dem StGB

Gemäß § 70 StGB können als Rechtsfolgen einer strafbaren Handlung Berufsverbote durch das Gericht ausgesprochen werden. Ärzten, die strafbare Schwangerschaftsunterbrechungen vorgenommen haben, Lehrern, die wiederholt sexuelle Verfehlungen gegenüber Schülern begangen haben[78] oder Unternehmer, die es wiederholt unterlassen haben, Arbeitnehmerbeiträge an die Krankenkasse abzuführen[79] können im Rahmen einer strafrechtlichen Verurteilung mit einem Berufsverbot gemäß § 70 StGB belegt werden. Auch Journalisten[80] oder Rechtsanwälten kann durch Strafausspruch die Ausübung ihres Berufes untersagt werden. Das Berufsverbot kann gemäß § 70a StGB ausgesetzt sowie gemäß § 70b StGB widerrufen bzw. für erledigt erklärt werden.

Eine solche Untersagungsmöglichkeit gemäß § 70 StGB ist auch gegenüber Anwendern aus dem Bereich der EDV denkbar. Der Begriff des Berufs ist von seinem Inhalt her weiter als der des Gewerbes. Es kann daher die Fallkonstellation auftreten, daß ein Anwender, der sich gemäß § 41 BDSG oder gemäß den §§201 ff. StGB strafbar gemacht hat, mit einem Berufsverbot bei der Verurteilung belegt wird. Diese Fallkonstellation dürfte unter den gegenwärtigen Umständen allerdings näher an der Theorie als an der Wirklichkeit liegen.

Erinnert werden muß schließlich noch an die Möglichkeit des § 132a StPO. Gemäß § 132a StPO kann unter den dort erwähnten Voraussetzungen die Staatsanwaltschaft schon im Laufe der Ermittlungen ein vorläufiges Berufsverbot aussprechen.

8. Rechtsweg gegenüber der Aufsichtsbehörde

Für Streitigkeiten zwischen der Aufsichtsbehörde und Betroffenem, – z. B. weil die Behörde auf eine Beschwerde nicht tätig wird – oder Anwender – z. B. weil die ersuchte Auskunft als nicht anlaßgerecht betrachtet wird – sind grundsätzlich die Verwaltungsgerichte zuständig. Nicht angefochten werden kann der Inhalt der Überprüfung bzw. die Beurteilung des Datenschutzverstosses, da weder Betroffe-

---

77 Siehe dazu *Bender* in *Landmann/Rohmer*, § 6 Anm. 2.
78 Vgl. BGH MDR 1954, S. 529.
79 Siehe dazu *Martens*, NJW 1957, S. 1289.
80 BGHSt 17, S. 38; BGH NJW 1965, S. 225.

ner noch Anwender hierdurch beschwert sind. Für evtl. Nachteile aus einer mangelhaften Überprüfung können jedoch ggf. Ansprüche aus Amtspflichtverletzung (Art. 34 GG, § 839 BGB) in Betracht kommen[81].

III. Literaturhinweise

Auernhammer, Bundesdatenschutzgesetz, Köln/Berlin/Bonn/München 1977

Baumeister, Probleme der Staatsaufsicht über private DV, Kongreßdokumentation IKD, Berlin 1978

Bautsch, Datenschutz und Datenverarbeitung in Niedersachsen, Rechtsvorschriften mit Erläuterungen zum Datenschutzgesetz, Köln 1979

Bergmann/Möhrle, Datenschutzrecht, Stuttgart 1977

Gebhardt/Beilecke, Datenschutz und Datenverarbeitung in Schleswig-Holstein, Rechts- und Verwaltungsvorschriften mit Erläuterungen, (in Vorbereitung)

GDD-Dokumentationsdienst, Verwaltungsvorschriften zum BDSG, Teil 1, GDD-Dok 15, Bonn 1978

Grell, Datenschutzgesetz für Baden-Württemberg (in Vorbereitung)

Hemelt, Datenschutzgesetz in der Bank, 1978

Hergenhahn, Verbreitete Mißverständnisse um das Bundesdatenschutzgesetz, DuD 1977, S. 25

Hörle/Wronka, Bundesdatenschutzgesetz, Auswirkungen auf Werbung und Presse, Bonn 1977

Kutzmann, Datenschutz und Datenverarbeitung in Rheinland-Pfalz, Rechtsvorschriften mit Erläuterungen zum Landesdatenschutzgesetz, (in Vorbereitung)

Landmann/Rohmer, Gewerbeordnung und ergänzende Vorschriften, Bd. 1, Gewerbeordnung, 13. Aufl., 1976

Lindstaedt, Auftragsdatenverarbeitung und vorläufige Verwaltungsvorschriften zum BDSG, DuD 1978, S. 123ff.

Männecke, Verwaltungsvorschriften der Landesaufsicht für den Datenschutz, DB 1978, S. 971f.

Meyer/Borgs, Kommentar zum Verwaltungsverfahrensgesetz, 1976

Ordemann/Schomerus, Bundesdatenschutzgesetz, 2. Aufl., München 1979

Ruckriegel, Datenschutz und Datenverarbeitung in Nordrhein-Westfalen, (in Vorbereitung)

Ruckriegel, Die Verwaltungsvorschriften kritisch beachten, computerwoche v. 12. 5. 1978, S. 14

Ruckriegel, Stein des Weisen oder Stein des Anstoßes, ÖVD 4/78, S. 2

Ruckriegel, Land in Sicht, ÖDV 3/1978, S. 2

Ruckriegel, Staatsaufsicht über Private nach dem Bundesdatenschutzgesetz, Online-adl-nachrichten 1977, S. 1048ff.

Sandschepper, BDSG – Ausführungsbestimmungen klären manches, aber nicht alles, Online-adl-nachrichten, 4/1978, S. 275ff.

Schaffland/Wiltfang, Bundesdatenschutzgesetz, Berlin 1977

Scheu, BB 1977, Heft 25, S. 275

Schweinoch, Aufsichtsbehörden und allgemeine Verwaltungsvorschriften zum BDSG, DuD 1978, S. 11ff.

Schweinoch/Geiger, Bayerisches Datenschutzgesetz, Köln 1978

Sendler, Rechtsprobleme personenbezogener Datenverarbeitung im öffentlichen und privaten Bereich – Ein Beitrag zur Auslegung des BDSG, DuD 1977, S. 59ff.

81 Näheres bei *Simitis* (Fn. 1) § 30 Anm. 103f.

Simitis/Dammann/Mallmann/Reh, Kommentar zum Bundesdatenschutzgesetz, Baden-Baden 1978
Steinmüller, BT-Drucksache v. 31. 3. 1976, Nr. 724 – 2450, S. 99
Suppes, Datenschutz und Datenverarbeitung in Hessen, Rechtsvorschriften mit Erläuterungen zum Landesdatenschutzgesetz, (in Vorbereitung)
Ungnade, WM 1978, S. 287
Wissing, Datenschutzrelevante Dateien in der Kommunalverwaltung, Teil I, ÖVD 3/78, S. 4ff., Teil II, ÖVD 4/78, S. 26ff.

10. Kapitel: Die Organisation der ADV auf Länderebene

I. Rechtsnormen

1. Gesetz über die Datenzentrale Baden-Württemberg (BW EDVG) vom 17. November 1970 (Ges.Bl S. 492)

§ 1: Errichtung
(1) Die Zentrale für elektronische Datenverarbeitung Baden-Württemberg (Datenzentrale) wird als rechtsfähige Anstalt des öffentlichen Rechts errichtet.
(2) Sitz der Datenzentrale ist Stuttgart.
(3) Die Datenzentrale kann ihre Angelegenheiten durch Satzung regeln, soweit die Gesetze keine Vorschriften enthalten.
(4) Die Datenzentrale besitzt das Recht, Beamte zu haben. Die Mitglieder des Vorstands und leitende Bedienstete können zu Beamten auf Zeit ernannt werden.

§ 2: Aufgaben
(1) Die Datenzentrale hat die elektronische Datenverarbeitung in der öffentlichen Verwaltung zu koordinieren und zu fördern. Sie hat insbesondere
1. die zweckmäßige und wirtschaftliche Anwendung der elektronischen Datenverarbeitung in der Verwaltung des Landes, der Gemeinden und Gemeindeverbände im Benehmen mit diesen vorzubereiten und hierfür einen Rahmenplan auszuarbeiten, der den jeweiligen Veränderungen anzupassen ist,
2. zur einheitlichen Erfüllung von Verwaltungsaufgaben Programme für die Datenverarbeitung in Programmiersprachen, deren Anwendung grundsätzlich nicht auf Anlagen bestimmter Hersteller beschränkt ist, zu entwickeln; hierbei sind die Möglichkeiten der integrierten Datenverarbeitung zu beachten,
3. auf die sachgerechte Abgrenzung der Zuständigkeitsbereiche von Fachrechenzentren und regionalen Rechenzentren hinzuwirken,
4. auf den Betrieb geeigneter Anlagen der elektronischen Datenverarbeitung hinzuwirken und nach Bedarf eigene Anlagen zu betreiben,
5. den Aufbau eines integrierten, über die Zuständigkeitsbereiche der Fachrechenzentren und regionalen Rechenzentren hinausgehenden Informationssystems für das ganze Land zu unterstützen; das Nähere über den Aufbau des Informationssystems regelt ein Gesetz,
6. an der Aus- und Fortbildung von Angehörigen der öffentlichen Verwaltung auf dem Gebiet der elektronischen Datenverarbeitung mitzuwirken,
7. auf die automationsgerechte Gestaltung von Rechtsvorschriften hinzuwirken.

(2) Mit Zustimmung des Innenministeriums kann die Datenzentrale im Rahmen ihrer Aufgaben nach Absatz 1 für andere öffentliche Aufgabenträger tätig werden sowie andere Geschäfte besorgen.
(3) Die Landesregierung kann nach Anhörung der Datenzentrale dieser weitere Aufgaben auf dem Gebiet der Automation in der öffentlichen Verwaltung übertragen.

§ 3: Organe
Organe der Datenzentrale sind der Verwaltungsrat und der Vorstand.

§ 4: Verwaltungsrat
(1) Der Verwaltungsrat besteht aus acht Mitgliedern und ebenso vielen Stellvertretern, von denen je die Hälfte der staatlichen und der kommunalen Verwaltung angehört.
(2) Das Innenministerium beruft die Mitglieder und ihre Stellvertreter auf die Dauer von vier Jahren, längstens jedoch auf die Dauer ihres Hauptamts. Die Mitglieder und ihre Stellvertreter aus der staatlichen Verwaltung werden im Einvernehmen mit den anderen Mini-

sterien, die Mitglieder und ihre Stellvertreter aus der kommunalen Verwaltung auf Vorschlag der kommunalen Landesverbände berufen. Scheiden Mitglieder oder Stellvertreter im Laufe der Amtszeit aus, werden für den Rest der Amtszeit neue Mitglieder oder Stellvertreter berufen.
(3) Der Verwaltungsrat wählt aus der Mitte seiner Mitglieder den Vorsitzenden und einen oder mehrere Stellvertreter.
(4) Die stellvertretenden Mitglieder können an den Sitzungen des Verwaltungsrats beratend teilnehmen.

§ 5: Zuständigkeiten des Verwaltungsrats
Der Verwaltungsrat beschließt über
1. die Zahl der Mitglieder des Vorstands, deren Ernennung, Anstellung und Entlassung,
2. den Erlaß von Satzungen,
3. Beteiligungen,
4. die Errichtung von Außenstellen,
5. den Kauf und die Miete von elektronischen Datenverarbeitungs-Anlagen,
6. den Stellenplan,
7. die Vergütungsordnung für Angestellte,
8. den Wirtschaftsplan,
9. die Bestellung eines Abschlußprüfers,
10. die Genehmigung des Jahresabschlusses und die Entlastung des Vorstands,
11. die Grundsätze für die Aufgabenerfüllung der Datenzentrale,
12. die Übernahme weiterer Aufgaben nach § 2 Abs. 2 und 3,
13. andere wichtige Angelegenheiten der Datenzentrale nach näherer Bestimmung durch Satzung.

§ 6: Vorstand
(1) Der Vorstand besteht aus mindestens zwei Mitgliedern.
(2) Der Vorstand vertritt die Datenzentrale und führt ihre Geschäfte.
Er ist für alle Angelegenheiten zuständig, die nicht nach diesem Gesetz oder auf Grund dieses Gesetzes dem Verwaltungsrat zugewiesen sind.

§ 7: Fachbeirat
(1) Zur fachlichen Beratung des Vorstands wird ein Fachbeirat gebildet. Dem Fachbeirat gehören als stimmberechtigte Mitglieder je acht Vertreter der Landesverwaltung sowie der Gemeinden und Gemeindeverbände an. Je ein Vertreter des Statistischen Landesamts und der Gemeindeprüfungsanstalt sowie vier Mitglieder, die nicht der öffentlichen Verwaltung angehören, sind beratende Mitglieder. Ein Vertreter des Rechnungshofs Baden-Württemberg kann an den Sitzungen beratend teilnehmen. Die Vertreter der Landesverwaltung und die Vertreter, die nicht der öffentlichen Verwaltung angehören, werden von der Landesregierung, die Vertreter der Gemeinden und Gemeindeverbände von den kommunalen Landesverbänden benannt. Der Fachbeirat kann Sachverständige zu den Sitzungen hinzuziehen.
(2) Der Fachbeirat nimmt zu den ihm vom Vorstand der Datenzentrale vorgelegten Arbeitsplänen Stellung, die den sachlichen Umfang und den zeitlichen Ablauf der vorgesehenen Arbeiten enthalten. Er kann gemeinsame Grundsätze der Programmierung und des einheitlichen Datenaufbaus vorschlagen, soweit sie zur einheitlichen Erfüllung von Verwaltungsaufgaben im Lande zweckmäßig erscheinen. Er empfiehlt die für die technische Zusammenarbeit notwendige Maschinenausstattung.

§ 8: Wirtschaftsführung
(1) Auf die Wirtschaftsführung und das Rechnungswesen der Datenzentrale finden die Vorschriften über die Wirtschaftsführung und das Rechnungswesen der Eigenbetriebe sinngemäß Anwendung. Von der Festsetzung eines Stammkapitals kann abgesehen werden.

(2) Der Jahresabschluß ist unter Einbeziehung der Buchführung durch einen sachverständigen Prüfer (Abschlußprüfer) zu prüfen.

§ 9: Finanzierung

(1) Die Datenzentrale erhebt kostendeckende Entgelte, insbesondere für
1. die Benutzung ihrer Anlagen der elektronischen Datenverarbeitung,
2. Aus- und Fortbildungsveranstaltungen,
3. die Erledigung von Aufgaben nach § 2 Abs. 2 und 3.

Sie kann Benutzungsgebühren nach den für wirtschaftliche Unternehmen der Gemeinden geltenden Vorschriften des Kommunalabgabengesetzes erheben.

(2) Der nicht gedeckte Aufwand der Datenzentrale wird je zur Hälfte vom Land und von den Gemeinden und Gemeindeverbänden aufgebracht. Der Anteil der Gemeinden und Gemeindeverbände wird der kommunalen Finanzausgleichsmasse vorweg entnommen.

§ 10: Aufsicht

(1) Die Datenzentrale unterliegt der Rechtsaufsicht des Innenministeriums. Die §§ 118, 120 bis 127 der Gemeindeordnung finden sinngemäß Anwendung.

(2) Beschlüsse des Verwaltungsrats nach § 5 Nr. 1 bis 3 und 6 bis 10 sind der Rechtsaufsichtsbehörde anzuzeigen. Der Anzeige eines Beschlusses nach § 5 Nr. 10 ist der Jahresabschluß, der Jahresbericht und der Bericht des Abschlußprüfers anzuschließen.

§ 11: Regionale Rechenzentren

Regionale Rechenzentren sind Zusammenschlüsse von Gemeinden und Gemeindeverbänden zum gemeinsamen Betrieb von Anlagen der elektronischen Datenverarbeitung. Das Land hat das Recht, sich an diesen Zusammenschlüssen zu beteiligen.

§ 12: Zusammenarbeit des Landes, der Gemeinden und Gemeindeverbände mit der Datenzentrale

(1) Der Landtag, die Behörden des Landes, die Gemeinden und Gemeindeverbände sowie die regionalen Rechenzentren können sich der Datenzentrale bedienen. Nehmen sie die Erledigung von Aufgaben mit Hilfe der elektronischen Datenverarbeitung in Aussicht, ist der Datenzentrale Gelegenheit zur Stellungnahme zu geben. Sollen andere als die von der Datenzentrale aufgestellten oder geprüften Programme verwendet werden, sind sie der Datenzentrale anzuzeigen. Bedienen sich Behörden des Landes, Gemeinden und Gemeindeverbände sowie regionale Rechenzentren eigener Anlagen, sollen sie mit der Datenzentrale zusammenarbeiten. Ihre Maschinenausstattung soll so aufeinander abgestimmt sein, daß ein einheitlicher organisatorischer Aufbau der elektronischen Datenverarbeitung der öffentlichen Verwaltung im Lande nicht gefährdet wird.

(2) Die Landesregierung kann nach Anhörung der Datenzentrale durch Rechtsverordnung bestimmen, daß die Behörden des Landes, die Gemeinden und Gemeindeverbäde
1. bestimmte Aufgaben mit der elektronischen Datenverarbeitung nach einheitlichen, von der Datenzentrale bezeichneten Programmen erledigen, soweit dies zur einheitlichen Erfüllung dieser Aufgaben im Bereich des Landes geboten ist,
2. bestimmte Daten in einheitlicher Form bereitstellen, soweit dies zur gemeinsamen Anwendung der elektronischen Datenverarbeitung für bestimmte Aufgaben erforderlich ist.

§ 13: Sicherung der Datenbestände

(1) Über die von der Datenzentrale, den Fachrechenzentren und regionalen Rechenzentren geführten Datenbestände darf nur mit Zustimmung der Stellen verfügt werden, die die Daten gegeben haben. Dies gilt nicht für Daten, die keinen Bezug auf eine bestimmte Person erkennen lassen.

(2) Durch die Erledigung von Aufgaben mit Hilfe der elektronischen Datenverarbeitung werden Vorschriften über Zuständigkeiten und Geheimhaltung nicht berührt.

(3) Durch technische und organisatorische Maßnahmen ist sicherzustellen, daß Unbefugte nicht auf Daten zugreifen können.

§ 14: Änderung des Gesetzes über den kommunalen Finanzausgleich
Das Gesetz über den kommunalen Finanzausgleich in der Fassung der Bekanntmachung vom 22. Juni 1970 (GesBl S. 258) wird wie folgt geändert:
In § 2 wird
1. in Nummer 6 der Punkt durch einen Strichpunkt ersetzt,
2. folgende Nummer 7 angefügt:
„7. die von den Gemeinden und Gemeindeverbänden nach § 9 Abs. 2 des Gesetzes über die Datenzentrale Baden-Württemberg vom 17. November 1970 (GesBl S. 492) aufzubringenden Beträge bis zu einer Höhe von jährlich drei Millionen DM."

§ 15: Inkrafttreten
Dieses Gesetz tritt am Tage nach seiner Verkündung in Kraft.

2. Gesetz Über die Organisation der elektronischen Datenverarbeitung im Freistaat Bayern (Bay. EDVG) vom 12. Oktober 1970 (GVBl S. 457)

Erster Abschnitt. Allgemeines

Art. 1 (Zweck)
(1) Die öffentliche Verwaltung bedient sich der elektronischen Datenverarbeitung zur rationellen Erledigung automationsgeeigneter Aufgaben und zur Gewinnung von Planungsinformationen und Entscheidungshilfen. Das Datenverarbeitungssystem dient auch der Information des Landtags und des Senats. Die Staatsregierung ist deswegen verpflichtet, dem Landtag und den Fraktionen des Landtags sowie dem Senat die von diesen im Rahmen ihrer Zuständigkeiten verlangten Auskünfte aufgrund der gespeicherten Daten unverzüglich zu geben, soweit nicht Geheimhaltungsbestimmungen entgegenstehen.
(2) Der Landtag und der Senat haben Zugriff zu den gespeicherten Daten mit allgemeinem Informationsgehalt und mit planerischer Zielsetzung. Das Nähere wird durch Rechtsverordnung der Staatsregierung bestimmt, die der Zustimmung des Landtags bedarf.

Art. 2 (Zusammenarbeit)
Der Staat, die Gemeinden und Gemeindeverbände, die sonstigen Körperschaften des öffentlichen Rechts sowie die öffentlich-rechtlichen Anstalten und Stiftungen arbeiten nach Maßgabe dieses Gesetzes zusammen.

Zweiter Abschnitt. Bayerisches Landesamt für Datenverarbeitung

Art. 3 (Errichtung)
(1) Der Freistaat Bayern errichtet das Landesamt für Datenverarbeitung mit dem Sitz in München. Als Außenstellen des Landesamtes für Datenverarbeitung werden für den staatlichen Bereich Gebietsrechenstellen in der erforderlichen Zahl und an dafür geeigneten Orten eingerichtet.
(2) Das Landesamt für Datenverarbeitung ist der Staatskanzlei unmittelbar nachgeordnet. Die Staatsministerien haben die Fachaufsicht, soweit Aufgaben ihres Geschäftsbereichs bearbeitet werden.
(3) Das Nähere regelt die Staatsregierung durch Rechtsverordnung.

Art. 14 (Aufgabe)
(1) Das Landesamt für Datenverarbeitung hat die Datenverarbeitung in der öffentlichen Verwaltung zu fördern. Es hat insbesondere
1. als zentrale Leitstelle den Datenaustausch im staatlichen Bereich abzustimmen,

2. den Datenaustausch zwischen dem staatlichen, dem kommunalen und dem sonstigen nichtstaatlichen Bereich zu vermitteln,
3. bei den Gebietsrechenstellen Einrichtungen der Datenverarbeitung zu schaffen, deren sich die Geschäftsbereiche bei dezentraler Erledigung von staatlichen Aufgaben bedienen sollen,
4. Grundsätze für die Erstellung von Programmen zu erarbeiten, Programme zu entwickeln und einen Programmnachweis aufzubauen und fortzuführen,
5. die Aus- und Fortbildung von Angehörigen des öffentlichen Dienstes auf dem Gebiet der Datenverarbeitung zu fördern,
6. die öffentliche Verwaltung in der zweckmäßigen und wirtschaftlichen Anwendung der Datenverarbeitung zu beraten,
7. die Ausschüsse (Art. 8, Art. 11) in fachtechnischen Angelegenheiten zu beraten.

(2) Die Leistungen des Landesamtes für Datenverarbeitung und der Gebietsrechenstellen können auf Grund von Vereinbarungen auch von den in Art. 2 genannten nichtstaatlichen Aufgabenträgern in Anspruch genommen werden.

Art. 5 (Beirat)

(1) Beim Landesamt für Datenverarbeitung wird zur Beratung in fachlichen, organisatorischen und technischen Fragen ein Beirat gebildet.
(2) Der Beirat besteht aus fünfzehn Mitgliedern.
Die Staatsregierung bestellt fünf Beiratsmitglieder (darunter einen Hochschullehrer),
der Bayerische Landtag bestellt aus seiner Mitte fünf Beiratsmitglieder und der Bayerische Senat ein Beiratsmitglied,
die drei bayerischen kommunalen Spitzenverbände bestellen je ein Beiratsmitglied,
das Staatsministerium für Arbeit und soziale Fürsorge bestellt auf Vorschlag der seiner Aufsicht unterstehenden Sozialversicherungsträger in Beiratsmitglied.
Für jedes Beiratsmitglied wird zugleich ein Stellvertreter bestellt.
(3) Die Sitzungen des Beirats werden von dem Leiter des Landesamts für Datenverarbeitung einberufen und geleitet.
(4) Der Beirat gibt sich eine Geschäftsordnung, die der Zustimmung der Staatsregierung bedarf.

Dritter Abschnitt. Datenverarbeitungsanlagen und Datenbanken in den Geschäftsbereichen

Art. 6 (Geschäftsbereiche)

Die Geschäftsbereiche betreiben eigene Datenverarbeitungsanlagen, soweit dies nach Art und Umfang ihrer Aufgaben notwendig ist. Sie können bei Bedarf Datenbanken errichten.

Art. 7 (Datenverbund)

Die Datenverarbeitungsanlagen und Datenbanken der Geschäftsbereiche bilden untereinander und mit den Anlagen des Landesamtes für Datenverarbeitung einen Datenverbund. Das Nähere regelt die Staatsregierung.

Vierter Abschnitt. Koordinierungsausschuß Datenverarbeitung

Art. 8 (Errichtung, Aufgabe)

Zur Koordinierung des Einsatzes von Datenverarbeitungsanlagen im staatlichen Bereich wird ein Koordinierungsausschuß Datenverarbeitung errichtet, der die Auswirkungen des Einsatzes von Datenverarbeitungsanlagen in personeller, organisatorischer und finanzieller Hinsicht prüft und Empfehlungen abgibt.

Art. 9 (Zusammensetzung)

(1) Der Koordinierungsausschuß Datenverarbeitung setzt sich aus je einem Vertreter der

Staatskanzlei und sämtlicher Staatsministerien zusammen. Den Vorsitz führt der Vertreter des Staatsministeriums der Finanzen.
(2) Der Koordinierungsausschuß Datenverarbeitung tritt auf Antrag eines jeden seiner Mitglieder zusammen.

Fünfter Abschnitt. Staatlich-kommunale Zusammenarbeit

Art. 10 (Datenaustausch)

Staat, Gemeinden und Gemeindeverbände haben ihre Datenverarbeitungsanlagen so einzurichten und zu betreiben, daß zur Erfüllung ihrer gesetzlichen Aufgaben die Zusammenarbeit und der Datenaustausch gewährleistet sind.

Art. 11 (Staatlich-kommunaler Ausschuß)

(1) Beim Staatsministerium des Innern wird ein staatlich-kommunaler Ausschuß gebildet. Er hat die Aufgabe, die Entwicklung der Datenverarbeitung im staatlichen und kommunalen Bereich aufeinander abzustimmen und Regelungen im Sinne des Art. 12 vorzuberaten.
(2) Der Ausschuß besteht aus einem Vertreter des Staatsministeriums des Innern als Vorsitzendem, zwei von der Staatsregierung bestellten Mitgliedern und drei Mitgliedern, von denen die bayerischen kommunalen Spitzenverbände je eines bestellen. Für die Ausschußmitglieder sind Stellvertreter zu berufen.

Art. 12 (Weisungsrecht)

(1) Die Staatsregierung kann im Benehmen mit den kommunalen Spitzenverbänden durch Rechtsverordnung bestimmen, daß zur Durchführung der Art. 10 und 14
1. bei der Datenverarbeitung bestimmte organisatorische Verfahren anzuwenden sind, soweit das zur Erfüllung von Verwaltungsaufgaben geboten ist,
2. bestimmte Daten in einheitlicher Form zeitgerecht erfaßt, bereitgestellt und geliefert werden.

(2) Die Regelungen der Kommunalgesetze über das Informationsrecht der Aufsichtsbehörden bleiben unberührt.

Art. 13 (Ausbildung u. Fortbildung)

Für den Aufbau kommunaler Datenverarbeitungsanlagen, die Programmentwicklung und die Aus- und Fortbildung des Personals gewährt der Freistaat Bayern nach Maßgabe des Staatshaushalts finanzielle Förderung. Der staatlich-kommunale Ausschuß ist vorher zu hören.

Art. 14 (Kommunale Einrichtungen)

Die kommunalen Spitzenverbände können Einrichtungen für den Aufbau und die Durchführung der Datenverarbeitung im kommunalen Bereich schaffen, denen das Staatsministerium des Innern durch Rechtsverordnung die Rechtsform einer rechtsfähigen Anstalt des öffentlichen Rechts mit Dienstherrnfähigkeit verleihen kann. Solche Anstalten unterliegen der Aufsicht des Staatsministeriums des Innern. Ihre Verhältnisse werden durch Satzungen geregelt, die der Genehmigung der Aufsichtsbehörde bedürfen. Art. 10 ist anzuwenden.

Sechster Abschnitt. Geheimhaltung

Art. 15

(1) Jede mit Datenverarbeitung im Sinne dieses Gesetzes befaßte Stelle hat dafür zu sorgen, daß die Pflicht zur Amtsverschwiegenheit und besondere Geheimhaltungspflichten gewahrt werden, auch wenn sie die Daten durch andere Stellen ermitteln, erfassen, speichern oder verarbeiten läßt.
(2) Daten, die der Pflicht zur Amtsverschwiegenheit oder besonderen Geheimhaltungspflichten unterliegen, dürfen Dritten nur nach Maßgabe der hierfür geltenden Regelungen zugänglich gemacht werden. Die Staatsregierung kann durch Rechtsverordnung bestimmen,

in welcher Form solche Daten weitergegeben und welchen Stellen sie zugänglich gemacht werden dürfen.

Siebter Abschnitt. Strafbestimmungen, Inkrafttreten

Art. 16

(1) Mit Freiheitsstrafe bis zu einem Jahr oder mit Geldstrafe wird bestraft, wer

1. sich ein fremdes Geheimnis, namentlich ein zum persönlichen Lebensbereich gehörendes Geheimnis oder ein Betriebs- oder Geschäftsgeheimnis, das im Zusammenhang mit der Datenverarbeitung im Sinne dieses Gesetzes ermittelt oder erfaßt worden ist, unbefugt verschafft oder
2. ein solches unbefugt erlangtes Geheimnis unbefugt offenbart oder verwertet.

(2) Handelt der Täter gegen Entgelt oder in der Absicht, sich oder einen anderen zu bereichern, oder einen anderen zu schädigen, so ist die Strafe Freiheitsstrafe bis zu zwei Jahren oder Geldstrafe.

(3) Die Absätze 1 und 2 gelten nur, wenn die Tat nicht in anderen Vorschriften mit Strafe bedroht ist.

(4) Die Tat wird nur auf Antrag verfolgt.

Art. 17

Dieses Gesetz ist dringlich. Es tritt am 1. September 1970 in Kraft.

3. Verordnung über die Anstalt für kommunale Datenverarbeitung in Bayern (VO AKDB) Vom 26. Mai 1971 (GVBl S. 202)

Auf Grund des Art. 14 Satz 2 des Gesetzes über die Organisation der elektronischen Datenverarbeitung im Freistaat Bayern vom 12. Oktober 1970 (GVBl S. 457) erläßt das Bayerische Staatsministerium des Innern folgende Verordnung:

§ 1

Der vom Bayerischen Städteverband, dem Bayerischen Gemeindetag und dem Landkreisverband Bayern geschaffenen Einrichtung für den Aufbau und die Durchführung der Datenverarbeitung im kommunalen Bereich wird die Rechtsform einer rechtsfähigen Anstalt des öffentlichen Rechts mit Dienstherrnfähigkeit verliehen. Sie führt die Bezeichnung „Anstalt für kommunale Datenverarbeitung in Bayern (AKDB)".

§ 2

(1) Aufgabe der AKDB ist es, für die rationelle Erledigung automationsfähiger Arbeiten, die ihr von den kommunalen Gebietskörperschaften, dem Staat oder Dritten übertragen werden, zu sorgen; dabei soll die AKDB die Entwicklung der elektronischen Datenverarbeitung im kommunalen Bereich aufeinander abstimmen und die Zusammenarbeit und den Datenaustausch sicherstellen.

(2) Die AKDB kann kommunale Datenverarbeitungszentralen betreiben.

§ 3

Die AKDB unterliegt der Aufsicht des Staatministeriums des Innern. Die Vorschriften der Gemeindeordnung gelten entsprechend.

§ 4

Diese Verordnung tritt am 1. Juni 1971 in Kraft.

4. Richtlinien für die Organisation der automatischen Informationsverarbeitung in der hamburgischen Verwaltung (MittVw 1965, S. 151)

1. Zweck der Automation

Durch die automatische Verarbeitung von Informationen (Daten) zum Vollzuge von Verwaltungsaufgaben und für Planungszwecke sollen die Leistung und die Wirtschaftlichkeit der hamburgischen Verwaltung gesteigert werden. Sie dient auch der Zusammenarbeit der Verwaltungszweige bei der Erfüllung ihrer Aufgaben sowie der Anpassung an eine angespannte Arbeitsmarktlage.

2. Initiative

Wenn die Behörden beabsichtigen, Informationen automatisch zu verbreiten, ist das Organisationsamt zu beteiligen. Das Organisationsamt prüft, wie die notwendigen Untersuchungen und die Ausführung der Verwaltungsaufgaben organisatorisch und zeitlich in die Gesamtplanung der automatischen Informationsverarbeitung eingefügt werden. Die Automation von Verwaltungsaufgaben kann auch vom Organisationsamt angeregt werden.

3. Voruntersuchung

Über die Eigenart und den Umfang der Aufgaben sowie den Ablauf und die finanziellen Auswirkungen einer Automation stellen das Organisationsamt und die Behörden nach gegenseitiger Absprache Voruntersuchungen an, um zu klären, ob die Aufwendungen für eine eingehende Untersuchung der Möglichkeiten und der Zweckmäßigkeit einer Automation lohnen.

4. Untersuchung und Planung

Wenn die Voruntersuchung ein positives Ergebnis gehabt hat, obliegt es in der Regel den Behörden, die Aufgaben eingehend zu analysieren, den organisatorischen Ist-Zustand festzustellen, den Arbeitsablauf, insbesondere den Datenfluß für die Automation festzulegen und eine Wirtschaftlichkeitsberechnung aufzustellen.

In der Wirtschaftlichkeitsberechnung sind die Kosten erwägenswerter Verfahren – bei Umstellungen die Kosten des bisherigen und des neuen Verfahrens – unter Berücksichtigung der Maschinenkosten gegenüberzustellen. Daneben sind Leistungssteigerungen und Leistungsminderungen sowie sonstige Vor- und Nachteile (vgl. Ziff. 1) darzustellen.

Untersuchung und Planung sind besonders auf Möglichkeiten der Verbindung von Aufgaben in der automatischen Abwicklung, auch soweit der Vollzug über eine Behörde hinausgeht, zu erstrecken. Die anderen Behörden, deren Aufgaben in die Untersuchung und Planung einbezogen sind, werden beteiligt und haben die für die Automation ihres Verwaltungsvollzuges erforderlichen Untersuchungen zu führen. Soweit sich Untersuchungen und Planungen auf andere Behörden erstrecken oder für die gesamte Verwaltung geführt werden, können Kräfte anderer Behörden hinzugezogen werden. Werden Fragen des § 100 Abs. 2 RHO, insbesondere solche der Rechnungslegung berührt, ist der Rechnungshof zu beteiligen.

Die Untersuchungs- und Planungsarbeiten können in Stufen zerlegt werden, um Vorentscheidungen zu ermöglichen.

Das Organisationsamt kann an den Untersuchungen und Planungen teilnehmen. Ihm obliegt es insbesondere, die überbehördliche Verbindung des Aufgabenvollzuges und der Arbeitsabläufe sicherzustellen und die Vorschläge für die maschinelle Ausstattung (Ort und Kapazität) zu prüfen. Nach Möglichkeit sollen vorhandene Anlagen – evtl. nach Erweiterung – in Anspruch genommen werden. Das Organisationsamt unterrichtet den Rechnungshof und wegen der finanziellen Auswirkungen die Finanzbehörde. Die Beteiligung des Rechnungshofes nach § 100 RHO bleibt unberührt.

Nach dem Abschluß der Planungsarbeiten fertigt die Behörde über das Ergebnis einen ausführlichen Bericht, der das Untersuchungsergebnis und außer den organisatorischen Konsequenzen der Automation der betreffenden Verwaltungsaufgabe auch die fachlichen Einzelheiten enthält, die für die Erarbeitung der Maschinenprogramme benötigt werden (Problemanalyse).

5. Ausführung der Planung
Die Ausführung der Planung obliegt den Behörden. Sie bedarf der vorherigen Zustimmung des Organisationsamts. Die Behörden haben die Auswirkung der Rationalisierung zu erfassen und sicherzustellen, daß die vorgesehenen Vorteile eintreten. Das Organisationsamt wird über die Entwicklung unterrichtet.

6. Programmierung
Das Organisationsamt bearbeitet die grundsätzlichen Fragen der Programmierung. Soweit eine größere Gruppe von Programmierern bei einer Stelle ständig ausgelastet werden kann, überträgt das Organisationsamt die Programmierung der Behörde, in allen anderen Fällen obliegt sie dem Organisationsamt.

7. Maschinelle Verarbeitung
Die Maschinenstelle ist dafür verantwortlich, daß die Programme termingemäß und vollständig abgewickelt werden. Die für die Programmierung zuständige Stelle hat der Maschinenstelle die vollständige Ablaufanweisungen und die abgeschlossenen Programme zu übergeben. Die Programmakten müssen mindestens ein Blockdiagramm, eine Beschreibung des Programms und eine ausführliche Bedienungsanweisung enthalten; sie müssen stets dem neuesten Stand entsprechen.
Die Programmierer dürfen nicht in die Maschinenabläufe, die Maschinenbediener nicht in die Programme eingreifen.

8. Sonstige Koordinierung und allgemeiner Erfahrungsaustausch
Dem Organisationsamt obliegt die Federführung für Grundsatzfragen der Informationsverarbeitung, insbesondere für die Schulung, für die Information des mit der Automation befaßten Personals und für die Beobachtung der technischen Entwicklung. Es vermittelt zwischen den Behörden, die ihre Aufgaben durch automatische Informationsverarbeitung vollziehen, einen Erfahrungsaustausch.
Wenn in einer Behörde sich mehrere Stellen mit der Automation von Verwaltungsarbeiten beschäftigen, so sind die Maßnahmen zur Automation des Vollzugs – auch im Ablauf der Informationsverarbeitung – durch eine Stelle der Behörde zu koordinieren.

9. Aufhebung alter Vorschriften
Die Erlasse des Organisationsamts, betreffend Anwendung der automatischen Datenverarbeitung (Mitt-Vw 1952 Seite 13 – Geschäftsordnungsbestimmungen für die hamburgische Verwaltung D 81.5) und betreffend Bildung eines Lochkartenausschusses (MittVw 1954 Seite 43), werden aufgehoben.

5. Gesetz Über die Errichtung der Hessischen Zentrale für Datenverarbeitung (HZD) und Kommunaler Gebietsrechenzentren (KGRZ) Vom 16. Dezember 1969 (GVBl I S. 304) i.d.F. v. 28. September 1973 (GVBl I S. 380) und vom 31. Januar 1978 (GVBl I S. 96)

Erster Abschnitt. Hessische Zentrale für Datenverarbeitung

§ 1: Errichtung
(1) Die Hessische Zentrale für Datenverarbeitung wird als Körperschaft des öffentlichen Rechts errichtet.
(2) Sitz der Körperschaft ist Wiesbaden. Sie kann Außenstellen einrichten.
(3) Die Hessische Zentrale für Datenverarbeitung kann ihre Angelegenheiten im Rahmen der gesetzlichen Bestimmungen durch Satzung regeln.

§ 2: Garantie der Selbstverwaltung

Durch die Arbeit der Hessischen Zentrale für Datenverarbeitung darf das verfassungsmäßige Recht der kommunalen Gebietskörperschaften auf Selbstverwaltung nicht verletzt werden.

§ 3: Mitglieder

Mitglieder der Hessischen Zentrale für Datenverarbeitung sind das Land Hessen und die Kommunalen Gebietsrechenzentren. Die Kommunalen Spitzenverbände können Mitglieder werben.

§ 4: Aufgabe

(1) Die Hessische Zentrale für Datenverarbeitung soll die Erledigung von Verwaltungsarbeiten und anderen Aufgaben der Mitglieder, der Gemeinden, der Landkreise und der sonstigen Gemeindeverbände unter Einsatz elektronischer Datenverarbeitungsanlagen ermöglichen. Sie kann auch Arbeiten für Dritte übernehmen.
(2) Zur Erfüllung dieser Aufgaben arbeitet die Hessische Zentrale für Datenverarbeitung mit den Kommunalen Gebietsrechenzentren zusammen.
(3) Das Nähere regelt die Satzung.

§ 5: Zugriff auf Datenbestände

(1) Jedes Mitglied und jeder Auftraggeber hat das Zugriffsrecht auf seine Datenbestände.
(2) Durch die Erledigung von Verwaltungsarbeiten und anderen Aufgaben unter Einsatz von Datenverarbeitungsanlagen werden die Vorschriften über die Geheimhaltung nicht berührt.
(3) Durch geeignete Vorkehrungen ist sicherzustellen, daß Daten nicht durch Unbefugte abgerufen werden können.

§ 6: Fachliche Ausbildung

(1) Der Hessischen Zentrale für Datenverarbeitung obliegt die Schulung ihrer Bediensteten und der Bediensteten der Kommunalen Gebietsrechenzentren auf dem Gebiet der Datenverarbeitung.
(2) Die Lehr- und Stoffpläne werden vom Vorstand im Einvernehmen mit dem Hessischen Minister des Innern und dem Direktor des Landespersonalamts aufgestellt.

§ 7: Mitwirkung bei der Ausbildung und Fortbildung

(1) Die Hessische Zentrale für Datenverarbeitung unterstützt das Land und den Hessischen Verwaltungsschulverband bei der Ausbildung und Fortbildung auf dem Gebiet der Datenverarbeitung.
(2) Die Hessische Zentrale für Datenverarbeitung führt im Einvernehmen mit dem Direktor des Landespersonalamts Schulungsveranstaltungen auf dem Gebiet der Datenverarbeitung durch.

§ 8: Finanzierung, Haushaltsführung

(1) Die mit der Errichtung und dem Betrieb der Hessischen Zentrale für Datenverarbeitung verbundenen Kosten trägt das Land. Dies gilt nicht für Arbeiten nach § 4 Abs. 1 Satz 2.
(2) Für das Haushalts-, Kassen- und Rechnungswesen sowie für die Rechnungslegung und -prüfung finden die für das Land geltenden Bestimmungen Anwendung.

§ 9: Organe

Organe der Hessischen Zentrale für Datenverarbeitung sind
der Verwaltungsrat,
der Vorstand und
der Koordinierungsausschuß.

§ 10: Verwaltungsrat

(1) Der Verwaltungsrat besteht aus dem Vorsitzenden und siebzehn weiteren Mitgliedern. Der Vorsitzende und vier Mitglieder werden von der Landesregierung berufen. Vier Mit-

glieder werden vom Landtag aus seiner Mitte nach den Grundsätzen der Verhältniswahl gewählt. Vier Mitglieder werden von den Kommunalen Spitzenverbänden berufen. Je ein Mitglied beruft jedes Kommunale Gebietsrechenzentrum. Für jedes Mitglied ist ein Stellvertreter zu bestimmen. Die Mitglieder sind ehrenamtlich tätig.

(2) Die Mitglieder des Verwaltungsrats und ihre Stellvertreter werden auf die Dauer von vier Jahren, längstens auf die Dauer des für die Berufung maßgeblichen Haupt- oder Nebenamts berufen. Die vom Landtag entsandten Mitglieder und ihre Stellvertreter werden für die jeweilige Wahlperiode, längstens auf die Dauer ihrer Mitgliedschaft im Landtag gewählt. Wiederberufung und Wiederwahl sind zulässig.

(3) Der Verwaltungsrat ist beschlußfähig, wenn außer dem Vorsitzenden oder seinem Vertreter mindestens neun Mitglieder anwesend sind.

(4) Der Verwaltungsrat beschließt mit der Mehrheit von zwei Drittel die Satzung und deren Änderung. Er beschließt ferner über

a) den Haushaltsplan,
b) alle Angelegenheiten, die für die Hessische Zentrale für Datenverarbeitung von grundsätzlicher oder erheblicher wirtschaftlicher Bedeutung sind,
c) die ihm durch Gesetz oder Satzung zugewiesenen Angelegenheiten.

(5) Der Verwaltungsrat überwacht die Führung der laufenden Geschäfte durch den Vorstand und die Tätigkeit des Koordinierungsausschusses.

(6) Der Verwaltungsrat entscheidet ferner über Meinungsverschiedenheiten zwischen einem oder mehreren Kommunalen Gebietsrechenzentren und der Hessischen Zentrale für Datenverarbeitung sowie der Kommunalen Gebietsrechenzentren untereinander, soweit dies nicht in die Zuständigkeit des Koordinierungsausschusses fällt.

§ 11: Vorstand

(1) Der Vorstand besteht aus dem Vorsitzenden und zwei weiteren Mitgliedern. Der Vorsitzende und ein weiteres Mitglied sind hauptamtlich tätig. Beamtete Vorstandsmitglieder haben die Rechtsstellung von Wahlbeamten im Sinne des Hessischen Beamtengesetzes; die der Vertretungskörperschaft vorbehaltenen Entscheidungen trifft der Verwaltungsrat.

(2) Die Mitglieder des Vorstands werden vom Verwaltungsrat bestellt, und zwar die beiden hauptamtlichen Mitglieder für sechs Jahre auf Vorschlag der Landesregierung, das ehrenamtliche Mitglied für drei Jahre auf Vorschlag der Kommunalen Spitzenverbände. Wiederbestellung ist zulässig.

(3) Der Vorstand führt die Geschäfte der Hessischen Zentrale für Datenverarbeitung nach den Beschlüssen des Verwaltungsrats und den Bestimmungen der Satzung im Rahmen der bereitgestellten Mittel.

(4) Er vertritt die Körperschaft gerichtlich und außergerichtlich.

§ 12: Koordinierungsausschuß

(1) Der Koordinierungsausschuß besteht aus dem Vorstand der Hessischen Zentrale für Datenverarbeitung und den Direktoren der Kommunalen Gebietsrechenzentren. Ausschußvorsitzender ist der Vorsitzende des Vorstands der Hessischen Zentrale für Datenverarbeitung.

(2) Der Koordinierungsausschuß beschließt über maschinen- und programmtechnische Fragen von gemeinsamer Bedeutung und über die Übernahme von Verwaltungsaufgaben in die maschinelle Bearbeitung durch die Hessische Zentrale für Datenverarbeitung und die Kommunalen Gebietsrechenzentren.

(3) Der Vorstand der Hessischen Zentrale für Datenverarbeitung ist berechtigt, Einwendungen gegen die Beschlüsse des Koordinierungsausschusses zu erheben. Er hat seine Einwendungen schriftlich zu begründen und sie dem Verwaltungsrat zur endgültigen Beschlußfassung vorzulegen.

§ 13: Bedienstete

(1) Die Hessische Zentrale für Datenverarbeitung hat Dienstherrnfähigkeit. Die Beamten

werden vom Vorstand, die des höheren Dienstes mit Zustimmung des Verwaltungsrats ernannt.
(2) Der Vorstand ist oberste Dienstbehörde und Einleitungsbehörde im Sinne des Disziplinarrechts. Dienstvorgesetzter ist der Vorsitzende des Vorstands.
(3) Gegenüber dem Vorsitzenden des Vorstands nimmt die Obliegenheiten der obersten Dienstbehörde und der Einleitungsbehörde im Sinne des Disziplinarrechts der Verwaltungsrat, die des Dienstvorgesetzten der Vorsitzende des Verwaltungsrats wahr.

§ 14: Aufsicht
Die Hessische Zentrale für Datenverarbeitung steht unter der Aufsicht des Landes Hessen. Aufsichtsbehörde ist der Hessische Minister des Innern.

§ 15: Genehmigung der Satzung und des Haushaltsplans
Die Satzung und deren Änderung sowie der Haushaltsplan bedürfen der Genehmigung der Landesregierung. Der Haushaltsplan ist über den Hessischen Minister der Finanzen vorzulegen.

§ 16: Übernahme des Rechenzentrums der Hessischen Landesverwaltung
Das Rechenzentrum der Hessischen Landesverwaltung wird aufgelöst. Seine Aufgaben gehen auf die Hessische Zentrale für Datenverarbeitung über.

§ 17: Bekanntmachungen
Bekanntmachungen der Hessischen Zentrale für Datenverarbeitung erfolgen im Staats-Anzeiger für das Land Hessen.

Zweiter Abschnitt, Kommunale Gebietsrechenzentren

§ 18: Errichtung
(1) Als Körperschaften des öffentlichen Rechts werden Kommunale Gebietsrechenzentren in Darmstadt, Frankfurt am Main, Gießen, Kassel und Wiesbaden errichtet. Ihr Zuständigkeitsbereich wird durch Verordnung der Landesregierung festgelegt. Er soll sich mit den Grenzen der Planungsregionen decken und Landkreise nicht durchschneiden.
(2) Die Kommunalen Gebietsrechenzentren sind zur Zusammenarbeit untereinander und mit der Hessischen Zentrale für Datenverarbeitung verpflichtet.

§ 19: Mitgliedschaft
(1) Mitglieder der Kommunalen Gebietsrechenzentren können die kreisfreien Städte, die Landkreise sowie die kreisangehörigen Gemeinden werden.
(2) Gebietsfremde können Mitglieder eines Kommunalen Gebietsrechenzentrums werden, wenn die Aufsichtsbehörde ihre Zustimmung erteilt hat.

§ 20: Organe
(1) Organe der Kommunalen Gebietsrechenzentren sind der Verwaltungsrat und der Direktor.
(2) Der Verwaltungsrat besteht aus neun ehrenamtlichen Mitgliedern, von denen je drei vom Hessischen Städtetag, Hessischen Landkreistag und Hessischen Städte- und Gemeindebund aus dem jeweiligen Gebiet berufen werden. In den Verwaltungsrat des Kommunalen Gebietsrechenzentrums Kassel entsendet außerdem der Landeswohlfahrtsverband Hessen ein Mitglied. Die Satzung kann bestimmen, daß höchstens vier weitere Mitglieder berufen werden. Der Verwaltungsrat ist beschlußfähig, wenn mehr als die Hälfte der Mitglieder anwesend ist. Der Verwaltungsrat beschließt mit der Mehrheit von drei Vierteln die Satzung und deren Änderung.
(3) Der Direktor wird für sechs Jahre vom Verwaltungsrat bestellt. Er ist hauptamtlich tätig. Wiederbestellung ist zulässig. Ein beamteter Direktor hat die Rechtsstellung eines Wahlbeamten im Sinne des Hessischen Beamtengesetzes; die der Vertretungskörperschaft vorbehaltenen Entscheidungen trifft der Verwaltungsrat.

(4) Oberste Dienstbehörde und Einleitungsbehörde im Sinne des Disziplinarrechts ist der Verwaltungsrat. Dienstvorgesetzter ist der Direktor.

§ 21: Aufsicht
Die Aufsicht über die Kommunalen Gebietsrechenzentren führt der Hessische Minister des Innern nach den für die Kommunalaufsicht geltenden Vorschriften.

§ 22: Haushalt, Rechnungsprüfung
(1) Die Haushaltspläne der Kommunalen Gebietsrechenzentren sind nach den haushaltsrechtlichen Bestimmungen der Gemeinden aufzustellen. Sie sind über die Hessische Zentrale für Datenverarbeitung und den Hessischen Ministern der Finanzen der Landesregierung vorzulegen. Der Verwaltungsrat der Hessischen Zentrale für Datenverarbeitung fügt den Haushaltsplänen seine Stellungnahme bei.
(2) Für die Bewirtschaftung der Haushaltsmittel sind die Bestimmungen der Gemeinden entsprechend anzuwenden, in denen die Kommunalen Gebietsrechenzentren ihren Sitz haben. Die Rechnungsprüfungsämter dieser Gemeinden sind Vorprüfungsstellen des Rechnungshof des Landes Hessen.

§ 23: Verweisungen
Im übrigen sind § 1 Abs. 3, § 2, § 4 Abs. 1, § 5, § 8 Abs. 1, § 10 Abs. 1 vorletzter Satz, Abs. 2 Satz 1 und 3 Abs. 4 Satz 2, § 11 Abs. 3 und 4, § 13 Abs. 1 und 3, § 15 Satz 1, § 17 entsprechend anzuwenden.

Dritter Abschnitt, Schlußvorschriften

§ 24: Ausführungsvorschriften
Die Landesregierung erläßt die zur Ausführung dieses Gesetzes erforderlichen Rechtsverordnungen.

§ 25: Inkrafttreten
Dieses Gesetz tritt am 1. Januar 1970 in Kraft.

6. Gesetz über die Organisation der automatisierten Datenverarbeitung in Nordrhein-Westfalen (ADV – Organisationsgesetz – ADVG NW) Vom 12. Februar 1974 (GV. NW. S. 66), berichtigt am 18. März 1974 (GV. NW. S. 88)

§ 1: Allgemeines
(1) Zur rationellen Bearbeitung automatisierbarer Aufgaben, zur Gewinnung von Planungs- und Entscheidungshilfen sowie zur Wirkungskontrolle bedienen sich Land, Gemeinden und Gemeindeverbände sowie die Gesamthochschulen, wissenschaftlichen Hochschulen und Fachhochschulen der automatisierten Datenverarbeitung nach Maßgabe dieses Gesetzes.
(2) Soweit es für den Aufbau des Landesinformationssystems, zur Sicherstellung der Zusammenarbeit oder der einheitlichen Erledigung automatisierbarer Verwaltungsaufgaben erforderlich ist, kann die Landesregierung nach Anhörung des Beirats (§ 12) und mit Zustimmung des zuständigen Landtagsausschusses durch Rechtsverordnung bestimmen, daß dieses Gesetz oder einzelne seiner Vorschriften aurh für andere der Aufsicht des Landes unterstehende Körperschaften, Anstalten und Stiftungen des öffentlichen Rechts, die aufgrund landesrechtlicher Bestimmungen errichtet worden sind, gelten. Dies gilt nicht für den Westdeutschen Rundfunk Köln.

§ 2: Informationsgleirhgewicht
Durch den Einsatz der automatisierten Datenverarbeitung darf das Informationsgleichgewicht, insbesondere zwischen den Organen der gesetzgebenden und der vollziehenden Gewalt, nicht beeinträchtigt werden.

§ 3: Informationsrecht des Landtags und der kommunalen Vertretungsorgane
(1) Der Landtag, der Präsident und die Fraktionen des Landtags können von der Landesregierung und den obersten Landesbehörden, die kommunalen Vertretungsorgane und ihre Fraktionen von dem Hauptverwaltungsbeamten im Rahmen ihrer Aufgaben Auskünfte aufgrund der von diesen oder in deren Auftrag insbesondere im Landesinformationssystem gespeicherten Daten verlangen.
(2) Die Daten der Landesdatenbank (§ 13 Abs. 2) stehen dem Landtag im Direktzugriff auch für den Aufbau eines eigenen Informationssystems zur Verfügung.
(3) Das Nähere zum Verfahren wird in der Geschäftsordnung des Landtags und den Geschäftsordnungen der kommunalen Vertretungsorgane geregelt.

§ 4: Rahmenplanung und Koordinierung
(1) Dem Innenminister obliegen die Rahmenplanung und die Koordinierung der automatisierten Datenverarbeitung in Zusammenarbeit mit den beteiligten obersten Landesbehörden. Er entwickelt insbesondere die Grundkonzeption für die Integration der automatisierten Datenverarbeitung und für den Verbund zwischen Trägern öffentlicher Verwaltung. Zur Sicherstellung der Integration der automatisierten Datenverarbeitung sind die obersten Landesbehörden verpflichtet, die Automationsvorhaben ihrer Geschäftsbereiche mit dem Innenminister abzustimmen.
(2) Für die Landesverwaltung und die Gesamthochschulen, wissenschaftlichen Hochschulen und Fachhochschulen dürfen Datenverarbeitungssysteme einschließlich peripherer Geräte sowie Datenerfassungsgeräte und Einrichtungen zur Datenfernübertragung sowie für Verwaltungsaufgaben bestimmte umfangreiche Programmsysteme nur mit Zustimmung des Innenministers beschafft werden; bei Meinungsverschiedenheiten entscheidet die Landesregierung.

§ 5: Landesdatenverarbeitungszentrale
(1) Für die Durchführung aller Datenverarbeitungsaufgaben der Landesverwaltung ist grundsätzlich das Landesamt für Datenverarbeitung und Statistik zuständig, das als gemeinsame Landesdatenverarbeitungszentrale allen Geschäftsbereichen zur Verfügung steht. Das Landesamt für Datenverarbeitung und Statistik unterstützt den Innenminister bei der Wahrnehmung der in § 4 genannten Aufgaben und steht den anderen obersten Landesbehörden zur Beratung in Automationsfragen zur Verfügung.
(2) Das Landesamt für Datenverarbeitung und Statistik untersteht der Dienstaufsicht des Innenministers. Die obersten Landesbehörden üben die Fachaufsicht aus, soweit Aufgaben ihres Geschäftsbereichs erledigt werden.

§ 6: Gemeinsame Gebietsrechenzentren
Der Innenminister kann nach Anhörung des Beirats (§ 12) gemeinsame Gebietsrechenzentren errichten. Sie sind zuständig für alle dezentral zu erledigenden Datenverarbeitungsaufgaben der Landesverwaltung.

§ 7: Fachrechenzentren
(1) Mit Zustimmung des Innenministers und nach Anhörung des Beirats (§ 12) können die obersten Landesbehörden Fachrechenzentren errichten, wenn der Umfang und die Besonderheit fachbezogener Aufgaben dies erfordern. Bei Meinungsverschiedenheiten entscheidet die Landesregierung.
(2) Die Fachrechenzentren unterstehen der Dienst- und Fachaufsicht der obersten Landesbehörde, die sie errichtet. § 5 Abs. 2 Satz 2 findet entsprechend Anwendung.

§ 8: Hochschulrechenzentren

Alle Aufgaben der automatisierten Datenverarbeitung sind von den Gesamthochschulen, wissenschaftlichen Hochschulen und Fachhochschulen grundsätzlich in Hochschulrechenzentren durchzuführen.

§ 9: Kommunale Datenverarbeitungszentralen

(1) Die Gemeinden und Gemeindeverbände bedienen sich zu automatisierten Bearbeitung ihrer Aufgaben kommunaler Datenverarbeitungszentralen. In der Regel benutzen mehrere Gemeinden und Gemeindeverbände eine gemeinsame kommunale Datenverarbeitungszentrale. Gemeinden und Gemeindeverbände eines Kreises und der Kreis bedienen sich derselben kommunalen Datenverarbeitungszentrale.* Die Vorschrift des Gesetzes über kommunale Gemeinschaftsarbeit bleiben unberührt.

(2) Der Innenminister kann nach Anhörung des Beirats (§ 12) durch Rechtsverordnung die Anzahl und die Einzugsbereiche der kommunalen Datenverarbeitungszentralen festlegen. Dabei hat er sich von der Zielsetzung leiten zu lassen, daß der wirtschaftliche Einsatz leistungsfähiger Datenverarbeitungsanlagen, die sich für eine Integration und für den Aufbau des Landesinformationssystems eignen, ermöglicht wird. Bei der Abgrenzung der Einzugsbereiche sind die an dem zentralörtlichen Gliederungsprinzip orientierten Leitlinien und Ergebnisse der kommunalen Neugliederung zu berücksichtigen.

§ 10: Kommunaler Koordinierungsausschuß

(1) Zur Koordinierung der automatisierten Datenverarbeitung in der Kommunalverwaltung wird ein kommunaler Koordinierungsausschuß gebildet.

(2) Der kommunale Koordinierungsausschuß besteht aus acht stimmberechtigten Mitgliedern. Sechs Mitglieder werden von den kommunalen Spitzenverbänden und je ein Mitglied von den Landschaftsverbänden und von dem Innenminister benannt.

(3) Drei der von den kommunalen Spitzenverbänden zu benennenden Mitglieder müssen als Sachkundige der Datenverarbeitung in verschiedenen kommunalen Datenverarbeitungszentralen tätig sein.

(4) Für jedes Mitglied ist ein Vertreter zu benennen. Scheidet ein Mitglied aus dem Hauptamt, aufgrund dessen es benannt worden ist, aus, so erlischt die Mitgliedschaft im kommunalen Koordinierungsausschuß.

(5) Die Mitglieder und ihre Vertreter werden auf die Dauer von fünf Jahren benannt. Eine erneute Benennung ist zulässig.

(6) Die Mitglieder und ihre Vertreter sind ehrenamtlich tätig. Ihre Entschädigung richtet sich nach dem Gesetz über die Entschädigung der ehrenamtlichen Mitglieder von Ausschüssen vom 13. Mai 1958 (GV NW S. 193), zuletzt geändert durch Gesetz vom 5. Oktober 1971 (GV NW S. 327).

(7) Der kommunale Koordinierungsausschuß wird zu seiner ersten Sitzung vom Innenministerium einberufen. Er wählt aus seiner Mitte den Vorsitzenden und dessen Stellvertreter.

(8) Der Ausschuß gibt sich im Benehmen mit dem Innenminister eine Geschäftsordnung.

(9) Die Geschäfte des Ausschusses führt die von den kommunalen Spitzenverbänden des Landes getragene Koordinierungsstelle für automatisierte Datenverarbeitung.

§ 11: Aufgaben des kommunalen Koordinierungsausschusses

(1) Der kommunale Koordinierungsausschuß fördert die Zusammenarbeit der Gemeinden und Gemeindeverbände auf dem Gebiet der automatisierten Datenverarbeitung. Er wirkt auf eine planvolle, wirtschaftliche Anwendung und Integration der automatisierten Datenverarbeitung in der Kommunalverwaltung und aud den Verbund mit anderen Trägern öffentlicher Verwaltung hin.

---

* Die zwangsweise Zuordnung einer Gemeinde zu einem bestimmten KGRZ hat der VGH NW für verfassungswidrig erklärt (Urt. vom 9. 2. 1979 – Az: 7/78, 9/78, 13/77 NJw 1979, S. 1201 f. Die Entscheidungen des VGH NW haben Gesetzeskraft.

(2) Der kommunale Koordinierungsausschuß erarbeitet insbesondere Empfehlungen für:
1. die Anzahl, die Einzugsbereiche und die Organisation der kommunalen Datenverarbeitungszentralen;
2. den Verbund zwischen den kommunalen und anderen Datenverarbeitungszentralen;
3. die Planung und Organisation kommunaler Datenverarbeitungszentralen einschließlich ihrer technischen Ausstattung;
4. die einheitliche Anwendung von Programmiersprachen;
5. die arbeitsteilige oder gemeinsame Analyse und Verfahrensentwicklung für automatisierbare Aufgaben der Kommunalverwaltung;
6. die Aus- und Fortbildung in der automatisierten Datenverarbeitung.

§ 12: Beirat

(1) Zur Förderung der Zusammenarbeit zwischen Landtag, Landesverwaltung und Kommunalverwaltung auf dem Gebiet der automatisierten Datenverarbeitung wird ein Beirat bei dem Innenminister gebildet.
Im gehören an:
1. fünf vom Landtag gewählte Mitglieder;
2. je ein Vertreter des Ministerpräsidenten, den Innenministers, des Finanzministers und des Ministers für Wissenschaft und Forschung;
3. ein Vertreter des Landesamts für Datenverarbeitung und Statistik;
4. fünf Mitglieder des kommunalen Koordinierungsausschusses.

(2) Das zuständige Mitglied des Landesrechnungshofs ist berechtigt, an den Sitzungen des Beirats teilzunehmen.

(3) Die vom Landtag zu wählenden Mitglieder werden von diesem für die Dauer einer Wahlperiode, die Mitglieder des kommunalen Koordinierungsausschusses aus dessen Mitte für die Dauer von fünf Jahren gewählt. Wiederwahl ist zulässig. Die Vertreter des Ministerpräsidenten, des Innenministers des Finanzministers, des Ministers für Wissenschaft und Forschung und des Landesamts für Datenverarbeitung und Statistik werden von ihren Behörden benannt und von der Landesregierung bestellt. § 10 Abs. 4 gilt entsprechend.

(4) Der Beirat ist zu hören:
1. bei der Erarbeitung einer Grundkonzeption des Verbundes zwischen der Landesverwaltung und anderen Trägern öffentlicher Verwaltung;
2. bei der Systemwahl von Datenverarbeitungsanlagen für die Landes- und Kommunalverwaltung;
3. bei dem Erwerb umfangreicher Programmsysteme;
4. bei der Einbeziehung von sonstigen Körperschaften, Anstalten und Stiftungen des öffentlichen Rechts in den Geltungsbereich dieses Gesetzes (§ 1 Abs. 2);
5. bei der Errichtung, der Festlegung der Standorte und der Aufgabenverteilung gemeinsamer Gebietsrechenzentren (§ 6);
6. bei der Errichtung von Fachrechenzentren (§ 7);
7. bei der Festlegung der Anzahl und der Einzugsbereich der kommunalen Datenverarbeitungszentralen (§ 9 Abs. 2);
8. bei der Auswahl der in der Landesdatenbank zu speichernden Merkmale;
9. bei dem Erlaß einer Benutzungsordnung für die Landesdatenbank (§ 13 Abs. 2);
10. vor dem Erlaß von Rechtsverordnungen über die Einheitlichkeit von Verfahren, Programmen und Datenformaten (§ 14);
11. bei der Zulassung von Ausnahmen gemäß § 15 dieses Gesetzes.

(5) Spricht sich der Beirat bei der Anhörung nach Absatz 4 Nummer 4, 7, 9 und 10 gegen eine Rechtsverordnung aus, so bedarf dies der Zustimmung des zuständigen Landtagsausschusses.

(6) Der Beirat gibt sich eine Geschäftsordnung; seine Geschäfte führt der Innenminister.

§ 13: Landesinformationssystem

(1) Die Landesdatenverarbeitungszentrale, die gemeinsamen Gebietsrechenzentren, die

Fachzentren, die Hochschulzentren und die kommunalen Datenverarbeitungszentralen bilden die organisatorisch-technische Grundlage für den Aufbau eines Landesinformationssystems; sie stehen im Verbund. Im Landesinformationssystem tauschen die Träger öffentlicher Verwaltung im Sinne des § 1 insbesondere Daten in dem Maße und in der Weise aus, wie dies sachlich geboten, unter den Gesichtspunkten des Datenschutzes zulässig und unter organisatorischen, technischen und wirtschaftlichen Kriterien möglich ist. Das Land, die Gemeinden und Gemeindeverbände sowie die sonstigen Körperschaften, Anstalten und Stiftungen des ödfentlichen Rerhts, für die dieses Gesetz gemäß § 1 Abs. 2 für anwendbar erklärt worden ist, sind verpflichtet, die Voraussetzungen für den Verbund zu schaffen.
(2) Die Landesdatenbank ist Bestandteil des Landesinformationssystems. In ihr werden ausgewählte Daten für statistische Informationen, Planungs- und Entscheidungshilfen sowie zur Wirkungskontrolle gespeichert. Sie steht jedermann für Auskünfte und Auswertungen nach Maßgabe der geltenden Vorschriften zur Verfügung. Die Einzelheiten der Benutzung regelt die Landesregierung nach Anhörung des Beirats durch Rechtsverordnung; die Vorschrift des § 3 Abs. 3 bleibt unberührt.

§ 14: Einheitlichkeit von Verfahren, Programmen und Datenformaten

Soweit es für den Aufbau des Landesinformationssystems, zur Sicherstellung der Zusammenarbeit oder der einheitlichen Erledigung automatisierbarer Verwaltungsaufgaben erforderlich ist, kann die Landesregierung nach Anhöhung des Beirats (§ 12) durch Rechtsverordnung bestimmen, daß

1. bestimmte Aufgaben innerhalb einer angemessenen Frist zu automatisieren sind,
2. bei der automatisierten Bearbeitung von Aufgaben bestimmte Verfahren oder Programme angewandt werden,
3. Daten in bestimmer Form oder auf bestimmen Datenträgern zur Verfügung zu stellen oder in bestimmter Form zu übermitteln sind.

In der Rechtsverordnung ist die Kostenerstattung für die Gemeinden und Gemeindeverbände zu regeln.

§ 15: Ausnahmeregelung

Der Innenminister kann nach Anhörung des Beirats (§ 12) Ausnahmen von den Regelungen des § 4 Abs. 2, § 5 Abs. 1, § 6 und § 9 Abs. 1 zulassen.

§ 16: Übereinstimmung von Rechtsvorschriften

Rechtsverordnungen und Verwaltungsvorschriften, die Bestimmungen über den Einsatz der automatisierten Datenverarbeitung in der Verwaltung des Landes, der Gemeinden und Gemeindeverbände, der Gesamthochschulen, wissenschaftlichen Hochschulen und Fachhochschulen sowie der sonstigen der Aufsicht des Landes unterstehenden Körperschaften, Anstalten und Stiftungen des öffentlichen Rechts enthalten, müssen im Einklang mit den Bestimmungen dieses Gesetzes stehen. Soweit Gesetzentwürfe eine Abweichung vorsehen, ist dem Beirat (§ 12) Gelegenheit zur Stellungnahme zu geben.

§ 17: Änderung des Landesorganisationegesetzes

Das Landesorganisationsgesetz (LOG NW) vom 10. Juli 1962 (GV NW S. 421), zuletzt geändert durch Gesetz vom 18. Dezember 1973 (GV NW E. 562), wird in § 6 Abs. 2 wie folgt geändert:
Die Worte „das Statistische Landesamt" werden gestrichen; nach den Worten „das Landesamt für Besoldung und Versorgung" werden die Worte „das Landesamt für Datenverarbeitung und Statistik" eingefügt.

§ 18: Inkrafttreten

Dieses Gesetz tritt am Tage nach der Verkündigung in Kraft.

7. Gesetz über die Datenzentrale Schleswig-Holstein Vom 2. April 1968 (GVOBl. S. 92), i.d.F. des Änderungsgesetzes vom 30. September 1976 (GVOBl. S. 260)

§ 1: Errichtung

(1) Die Datenzentrale Schleswig-Holstein (Datenzentrale) wird als rechtsfähige Anstalt des öffentlichen Rechts errichtet.

(2) Sitz der Anstalt ist Altenholz. Sie kann bei Bedarf Außenstellen in anderen Orten des Landes einrichten.

(3) Die Datenzentrale führt das kleine Landessiegel.

§ 2: Aufgabe

Die Datenzentrale soll die Erledigung von Aufgaben der öffentlichen Verwaltung im Lande Schleswig-Holstein durch elektronische Datenverarbeitung ermöglichen. Mit Genehmigang der Aufsichtsbehörde kann sie auch andere Geschäfte, die der Erfüllung ihrer Aufgaben oder den Interessen ihrer Benutzer dienen, betreiben.

§ 3: Organe

Organe der Datenzentrale sind der Verwaltungsrat und der Vorstand.

§ 4: Verwaltungsrat

(1) Der Verwaltungsrat besteht aus 16 Mitgliedern, von denen je acht von der Landesregierung und von den kommunalen Landesverbänden vorgeschlagen werden. Der Ministerpräsident beruft sie auf die Dauer von vier Jahren. Er kann sie vorzeitig abberufen, die auf Vorschlag eines kommunalen Landesverbandes berufenen Mitglieder jedoch nur im Einvernehmen mit diesem. Aus den Mitgliedern des Verwaltungsrats bestimmt der Ministerpräsident den Vorsitzenden and auf Vorschlag des Verwaltungsrats den Stellvertreter des Vorsitzenden.

(2) Der Verwaltungsrat beschließt über

1. Änderungen der Satzung der Anstalt (§ 44 Abs. 1 des Landesverwaltungsgesetzes),
2. die Besoldungsordnang; § 30 des Landesbesoldungsgesetzes bleibt unberührt,
3. die grundsätzlichen Richtlinien für die Arbeit des Vorstandes,
4. den Wirtschaftsplan,
5. die Leistungsentgelte,
6. die Übernahme anderer Geschäfte nach§ 2 Satz 2,
7. die Bestellung des Abschlußprüfers.

Durch die Satzung können dem Verwaltungsrat oder von ihm gebildeten Ausschüssen weitere Gegenstände zur Beschlußfassung vorbehalten werden.

(3) Für die Beschlußfähigkeit und die Beschlußfassung gelten die §§ 102, 103 des Landesverwaltungsgesetzes entsprechend.

§ 5: Vorstand

(1) Die Mitglieder des Vorstandes werden vom Verwaltungsrat berufen. Die Berufung bedarf der Bestätigung durch den Ministerpräsidenten.

(2) Der Vorstand leitet die Datenzentrale im Rahmen der Beschlüsse des Verwaltungsrats. Er ist der gesetzliche Vertreter der Anetalt.

§ 6: Dienstkräfte

(1) Die Datenzentrale hat Dienstherrnf»higkeit.

(2) Über die Einstellung von Beamten, Angestellten und Arbeiten entscheidet der Vorstand vorbehaltlich näherer Regelung in der Satzung.

§ 7: Satzung

Die Landesregierung erläßt die Satzung der Datenzentrale.

§ 8: Aufsicht

(1) Der Innenminister führt die Aufsicht über die Datenzentrale.
(2) Der Genehmigung der Aufsichtsbehörde bedürfen
1. die Bestimmungen über die Reisekosten und Sitzungsgelder für die Mitglieder des Verwaltugsrats,
2. die Bestimmungen über die Dienstverhältnisse der Angestellten und Arbeiter einschließlich der Einstellungsbedingungen der Vorstandsmitglieder im Angestelltenverhältnis,
3. die Aufnahme von Darlehen,
4. Änderungen der Satzung und die Befreiung von einzelnen Vorschriften der Satzung,
5. die Festsetzung der Höhe einer Sicherheitsrücklage zur Deckung von Verlusten.

(3) Die vom Verwaltungsrat gefaßten Beschlüsse sind der Aufsichtsbehörde innerhalb von zwei Wochen nach der Sitzung schriftlich mitzuteilen. Die Aufsichtsbehörde kann gegen jeden Beschluß binnen zwei Wochen, nachdem ihr der Beschluß zugegangen ist, Einspruch einlegen. Wird Einspruch erhoben, so ist die Durchführung des Beschlusses vorläufig auszusetzen, bis der Verwaltungsrat in einer neu einzuberufenden Sitzung über den gleichen Gegenstand endgültig Beschluß gefaßt hat. Im übrigen bleibt § 52 des Landesverwaltungsgesetzes unberührt.

§ 9: Inkrafttreten

Dieses Gesetz tritt am Tage nach seiner Verkündung in Kraft.

8. Landesverordnung über die Satzung der Datenzentrale Schleswig-Holstein Vom 13. Mai 1968 (GVOBl. Schl.-H. S. 149) i.d.F.v. 10. 7. 1970 (Amtsblatt Schl.-H./AAz. 1970/178)

Auf Grund des § 7 des Gesetzes über die Datenzentrale Schleswig-Holstein vom 2. April 1968 (GVOBl. Schl.-H. S. 92) verordnet die Landesregierung:
Die Datenzentrale Schleswig-Holstein erhält folgende Satzung:

§ 1: Name, Sitz, Rechtsform

(1) Die Datenzentrale Schleswig-Holstein (Datenzentrale) ist eine rechtsfähige Anstalt des öffentlichen Rechts.
(2) Sitz der Anstalt ist Kiel. Die Datenzentrale kann Außenstellen in anderen Orten des Landes errichten.
(3) Die Datenzentrale führt das kleine Landessiegel mit der Inschrift „Datenzentrale Schleswig-Holstein, Anstalt des öffentlichen Rechts".

§ 2: Aufgaben der Anstalt

Die Datenzentrale soll die Erledigung von Aufgaben der öffentlichen Verwaltung im Lande Schleswig-Holstein durch elektronische Datenverarbeitungsanlagen ermöglichen. Mit Genehmigung der Aufsichtsbehörde kann sie auch andere Geschäfte, die der Erfüllung ihrer Aufgaben oder den Interessen ihrer Benutzer dienen, betreiben.

§ 3: Geschäftsgrundsätze

Die Geschäfte der Datenzentrale sind unter Beachtung wirtschaftlicher Gesichtspunkte nach kaufmännischen Grundsätzen zu führen.

§ 3a

(1) Das Grundkapital der Anstalt beträgt bis zu 25 Millionen Deutsche Mark.
(2) Als Eigenkapital zur Verfügung gestellte Zuwendungen aus dem Landeshaustalt und nach dem Gesetz über den Finanzausgleich in Schleswig-Holstein sowie Umwandlungen nach § 14 Abs. 2 Satz 2 sind Einzahlungen auf das Grundkapital.

§ 4: Organe

Organe der Datenzentrale sind:
1. der Verwaltungsrat,
2. der Vorstand.

§ 5: Verwaltungsrat

(1) Der Verwaltungsrat besteht aus 16 Mitgliedern. 8 Mitglieder werden auf Vorschlag der Landesregierung und 8 Mitglieder auf Vorschlag der kommunalen Landesverbände durch den Ministerpräsidenten berufen. Aus den Mitgliedern des Verwaltungsrats bestimmt der Ministerpräsident den Vorsitzenden und auf Vorschlag des Verwaltungsrats den Stellvertreter des Vorsitzenden.
(2) Die Amtsdauer der Mitglieder des Verwaltungsrats beträgt 4 Jahre. Wiederbestellung ist zulässig. Sind bei Beendigung ihrer Ämter neue Mitglieder noch nicht berufen, so führen die ausscheidenden Mitglieder ihre Ämter bis zu dem Zeitpunkt weiter, zu dem die neuen Mitglieder ihre Ämter antreten.
(3) Der Ministerpräsident kann Mitglieder vorzeitig abberufen; Mitglieder, die auf Vorschlag eines kommunalen Landesverbandes berufen worden sind, können nur im Einvernehmen mit diesem vorzeitig abberufen werden.
(4) Scheidet ein Mitglied aus dem Hauptamt aus, das bestimmend für seine Berufung in den Verwaltungsrat war, so erlischt gleichzeitig seine Mitgliedschaft im Verwaltungsrat.
(5) Bei vorzeitigem Ausscheiden eines Mitgliedes aus dem Verwaltungsrat ist ein Ersatzmitglied für die restliche Dauer der Amtszeit des ausgeschiedenen Mitglieds zu berufen.
(6) Die Mitglieder des Verwaltungsrats versehen ihr Amt ehrenamtlich; sie erhalten Reisekosten und Sitzungsgeld in der vom Verwaltungsrat mit Zustimmung der Aufsichtsbehörde bestimmten Höhe.

§ 6: Sitzungen des Verwaltungsrats

(1) Der Verwaltungsrat wird von seineo Vorsitzenden bei Bedarf einberufen. Er soll mindestens zweimal im Jahr zusammentreten. Er ist einzuberufen, wenn es die Aufsichtsbehörde verlangt oder mindestens vier Mitglieder des Verwaltungsrats oder der Vorstand die alsbaldige Beratung eines bestimmten Verhandlungsgegenstandes beantragen.
(2) Die Einladung muß die Tagesordnung enthalten. Sie soll den Mitgliedern spätestens 10 Tage vor der Sitzung zugehen.
(3) Der Verwaltungsrat ist beschlußfähig, wenn alle Mitglieder geladen und mindestens neun Mitglieder anwesend sind. Ist eine Angelegenheit wegen Beschlußunfähigkeit zurückgestellt worden und wird der Verwaltungsrat binnen zwei Wochen zur Behandlung desselben Gegenstandes erneut geladen, so ist er ohne Rücksicht auf die Zahl der Erschienenen beschlußfähig, wenn darauf in dieser Ladung hingewiesen worden ist. Zwischen der Zurückstellung und der erneuten Beratung müssen mindestens drei Tage liegen; diese Bestimmung findet keine Anwendung, wenn Gefahr im Verzuge ist.
(4) Beschlüsse des Verwaltungsrats werden mit Stimmenmehrheit gefaßt. Stimmengleichheit gilt als Ablehnung. Beschlüsse nach § 7 Abs. 1 Nr. 6 Buchst. a) und i) bedürfen einer Zweidrittelmehrheit der anwesenden Mitglieder, mindestens aber die Mehrheit aller Mitglieder.
(5) Über jede Sitzung des Verwaltungsrats ist eine Niederschrift zu fertigen, die die Namen der Sitzungsteilnehmer, die Verhandlungsgegenstände und das Beratungsergebnis enthält. Die Niederschrift ist von dem Vorsitzenden und dem Protokollführer zu unterzeichnen und den Verwaltungsratsmitgliedern bekanntzugeben.
(6) Beschlüsse können auch schriftlich im Umlaufverfahren gefaßt werden, wenn kein Mitglied widerspricht. Die Fristen für den Widerspruch und die Stimmabgabe sind zusammen mit der Übermittlung der Beschlußvorlage anzugeben.

§ 7: Aufgaben des Verwaltungsrats

(1) Dem Verwaltungsrat obliegt
1. die Aufstellung einer Dienstanweisung für den Vorstand,

2. die Überwachung der Geschäftsführung,
3. der Erlaß der in dieser Satzung vorgesehenen Richtlinien und Geschäftsanweisungen,
4. die Genehmigung des Jahresabschlusses und die Entlastung des Vorstandes sowie die Beschlußfassung über die Verwendung eines Gewinnes oder die Deckung eines Verlustes,
5. die Entscheidung über Beschwerden gegen Vorstandsmitglieder,
6. die Beschlußfassung über
a) Ernennung, Abberufung, Zurruhesetzung sowie Einstellung und Entlassung der Vorstandsmitglieder,
b) eine Benutzungsordnung,
c) die Leistungsentgelte,
d) den Wirtschaftsplan,
e) die Aufnahme von Darlehen,
f) die nach § 30 des Landesbesoldungsgesetzes aufzustellende Besoldungsordnung, die Einstellungsbedingungen der Vorstandsmitglieder im Angestelltenverhältnis und die erstmalige Aufstellung der Anstellungs- und Vergütungsgrundsätze für die übrigen Angestellten und Arbeiter,
g) die Errichtung von Außenstellen und die Schaffung und Auflösung wirtschaftlich selbständiger Einrichtungen sowie das Eingehen von Beteiligungen,
h) die Bestellung des Abschlußprüfers,
i) Änderungen dieser Satzung und die Befreiung von einzelnen Satzungsvorschriften,
k) die Übernahme anderer Geschäfte nach § 2 Satz 2 des Gesetzes.

(2) Für die Aufgaben und Rechte des Verwaltungsrats und seiner Ausschüsse finden die §§ 111 und 112 des Aktiengesetzes sinngemäß Anwendung, soweit sich aus dieser Satzung nichts anderes ergibt.

(3) Der Verwaltungsrat ist Dienstvorgesetzter der Vorstandsmitglieder.

(4) Die Vorstandsmitglieder sind verpflichtet, dem Verwaltungsrat auf dessen Verlangen Auskunft zu erteilen.

§ 8: Mitwirkung Sachverständiger

Der Verwaltungsrat kann sachverständige Personen zur beratenden Mitarbeit heranziehen.

§ 9: Arbeitsausschuß

(1) Der Verwaltungsrat bestellt aus seiner Mitte einen Arbeitsausschuß. Dieser besteht aus dem Vorsitzenden des Verwaltungsrats, seinem Stellvertreter und je zwei der von der Landesregierung und den kommunalen Landesverbänden benannten Verwaltungsratsmitgliedern.

(2) Der Arbeitsausschuß wird vom Vorsitzenden einberufen. Er ist einzuberufen, wenn es mindestens zwei Arbeitsausschußmitglieder oder der Vorstand der Datenzentrale unter Angabe des Beratungsgegenstandes beantragen.

(3) Der Arbeitsausschuß ist beschlußfähig, wenn mindestens vier Mitglieder anwesend sind.

(4) § 5 Abs. 2 bis 6 und § 6 Abs. 2 und 4 gelten entsprechend. Die im § 6 Abs. 2 genannte Frist beträgt jedoch nur ünf Tage.

§ 10: Aufgaben des Arbeitsausschusses

(1) Der Arbeitsausschuß
1. führt die laufenden Geschäfte des Verwaltungsrats,
2. bereitet die Sitzungen des Verwaltungsrats vor und
3. berät den Vorstand und entscheidet in den ihm vom Vorstand vorgelegten wichtigen Angelegenheiten, soweit nicht die Zustimmung des Verwaltungsrats erforderlich ist.

(2) Dem Arbeitsausschuß können vom Verwaltungsrat weitere Aufgaben übertragen werden.

§ 11: Vorstand

(1) Der Vorstand leitet die Datenzentrale im Rahmen der Besrhlüsse des Verwaltungsrats. Er ist ihr gesetzlicher Vertreter.

(2) Der Vorstand besteht aus dem Vorsitzenden und höchstens zwei weiteren Mitgliedern. Die Vorstandsmitglieder sollen nach Maßgabe der Besoldungsordnung in ein Beamtenverhältnis auf Zeit oder auf Lebenszeit berufen werden.
(3) Vorstandsbeschlüsse werden mit Mehrheit, jedoch nicht gegen die Stimme des Vorsitzenden gefaßt.
(4) Der Vorstand berichtet dem Verwaltungsrat vierteljärlich über die Gesrhäftslage der Datenzentrale nach Maßgabe der vom Verwaltungsrat festzulegenden Grundsätze. Der Vorstand unterrichtet den Vorsitzenden des Verwaltungsrats über alle Angelgenheiten von grundsätzlicher Bedeutung und erteilt ihm Auskunft.
(5) Auf die Sorgfaltspflicht und Verantwortlichkeit der Mitglieder des Vorstandes finden die Bestimmungen der §§ 93 und 94 des Aktiengesetzes sinngemäß Anwendung, soweit sich aus dieser Satzung nichts anderes ergibt.

§ 12: Vertretungs- und Zeichenbefugnis

Erklärungen sind für Datenzentrale nur rechtsverbindlich, wenn sie unter der Bezeichnung „Datenzentrale Schleswig-Holstein" abgegeben und von zwei Vorstandsmitgliedern unterschrieben sind. Der Vorstand kann die Vertretung für den laufenden Geschäftsverkehr in einem Unterschriftenverzeichnis ergänzend regeln.

§ 13: Geschäftsjahr, Jahresabschluß

(1) Geschäftsjahr ist das Kalenderjahr.
(2) Nach Abschluß des Geschäftsjahres stellt der Vorstand unverzüglich einen den Grundsätzen kaufmännischer Buchführung entsprechenden Jahresabschluß and einen Geschäftsbericht auf und läßt den Jahresabschluß und den ihn erläuternden Teil des Geschäftsberichts durch den Abschlußprüfer prüfen. Als Abschlußprüfer darf nur ein Wirtschaftsprüfer oder eine Wirtschaftsprüfungsgesellschaft im Sinne der Wirtschaftsprüferordnung vom 24. Juli 1961 (Bundesgesetzbl. 1 S. 1049) bestellt werden. Der Jahresabschluß mit Prüfungsbericht und der Geschäftsbericht sind innerhalb der ersten sechs Monate des neuen Geschäftsjahres dem Verwaltungsrat vorzulegen.
(3) Der Verwaltungsrat beschließt unverzüglich über die Genehmigung des Jahresabschlusses und die Entlastung des Vorstandes. Er legt den Jahresabschluß, den Gesrhäftsbericht, den Prüfungsbericht und den Beschluß des Verwaltungsrats der Aufsichtsbehörde vor.
(4) Der Jahresabschluß ist zu veröffentlichen. In allen Veröffentlichungen und Vervielfältigungen des Jahresabschlusses und des Geschäftsberichts ist das abschließende Prüfungsergebnis (Prüfungsvermerk) aufzunehmen.

§ 14: Verwendung des Gewinns

(1) Von dem Gewinn ist mindestens ein Drittel einer Sicherhede festgestzte Höhe erreicht tat.
(2) Über die Verwendungdes verbleibenden Gewinns beschließt der Verwaltungsrat.

§ 15: Deckung eines Verlustes

(1) Verluste sind aus der Sicherheitsrücklage (§ 14 Abs. 1) zu decken.
(2) Reichen die Sicherheitsrücklage und etwaige sonst bestehende Rücklagen zur Deckung eines Verlustes nicht aus, so ist der Fehlbetrag auf neue Rechnung vorzutragen und, soweit erforderlich, durch angemessene Anhebung der Leistungsentgelte für Ausgleich in der Zukunft zu sorgen.

§ 16: Auflösung der Datenzentrale

Bei Auflösung der Datenzentrale sind die Ansprüche Dritter zu befriedigen. Ein nach Beendigung der Abwicklung verbleibender Überschuß fällt dem Land Schleswig-Holstein und der Finanzausgleichsmasse nach § 6 Abs. 2 des Finanzausgleichsgesetzes je zur Hälfte zu.

§ 17: Aufsicht

(1) Die Aufsicht über die Datenzentrale führt der Innenminister.

(2) Die darch Maßnahmen der Aufsichtsbehörde, insbesondere durch eine Prüfung, entstandenen Kosten trägt die Datenzentrale.
(3) Die Wirtschaftsführung der Datenzentrale unterliegt im Rahmen der gesetzlichen Bestimmungen der Prüfung durch den Landesrechnungshof.

§ 18: Veröffentlichungen
Veröffentlichungen der Datenzentrale erfolgen im Amtsblatt für Schleswig-Holstein.

§ 19: Inkrafttreten
Diese Verordnung tritt mit dem Tage ihrer Verkündigung in Kraft.

II. Erläuterungen

1. Vorbemerkungen

Die Einführung der automatisierten Datenverarbeitung in der öffentlichen Verwaltung wirft eine Vielzahl methodischer Vorfragen auf, die unter organisatorischen, betriebswirtschaftlichen, juristischen und auch gesellschaftlichen[1] Aspekten zusammengestellt werden können. Die Rechtsinformatik hat versucht, Ansätze zu einer wissenschaftstheoretischen Lösung dieses Problembereichs zu liefern[2]. Daneben hat sich vor allem die von *Luhmann* entwickelte Theorie der Verwaltungswissenschaft[3] den Fragen der Automation in der öffentlichen Verwaltung angenommen. Insoweit lassen sich mit *Eberle*[4] zwei auffällige organisationsbezogene Problemkreise ausmachen:

1. Welche organisationsrechtlichen Auswirkungen bringt der durch den Einsatz der ADV veränderte Verwaltungsablauf?
2. Welche Organisationsmodelle sind für den Einsatz der ADV in der öffentlichen Verwaltung möglich und wie sind diese rechtlich zu beurteilen?

Diese Fragen im einzelnen zu untersuchen, stellt sich hier nicht als Aufgabe. Allerdings darf nicht übersehen werden, daß auch die Fragen der DV-Organisation datenschutzrechtliche Aspekte enthalten, insbesondere wenn man das Problem automatischer Informationsverarbeitung in seiner über den Schutz der Privatsphäre (Privacy) hinausgehenden Komplexität erkennt.[5] So kann bereits jetzt

---

1 Z.B. *Fiedler,* Datenschutz und „Gleichgewicht" gesellschaftlicher Gewalten, Vortrag auf dem IKD, 78, Berlin, Kongreßdokumentation.

2 *Eberle,* Organisation der automatischen Datenverarbeitung in der öffentlichen Verwaltung, Schriften zum öffentlichen Recht, Band 301, Berlin 1976, S. 67–71, mit Nachweisen.

3 *Luhmann,* Recht und Automation in der öffentlichen Verwaltung. – Eine verwaltungswissenschaftliche Untersuchung, Berlin 1976; *ders.,* Verfassungsmäßige Auswirkung der EDV in öffentlicher Verwaltung und Datenverarbeitung, ÖVD 1972, S. 42–47.

4 *Eberle,* (Fn. 2) S. 27.

5 S. dazu *Gola/Hümmerich/Kerstan,* Datenschutzrecht I, S. 90ff. *Steinmüller* (in *Steinmüller/Ermer/Schimmel,* Datenschutz bei riskanten Systemen, Berlin 1978, S. 73ff.) bezeichnet Datenschutz als Schutz vor gesellschaftlich unerwünschten Auswirkungen der EDV; *Fiedler* (Fn. 1) will jedoch den Begriff „Datenschutz" auf das Gebiet der „Privacy" begrenzt sehen.

festgestellt werden, daß die neuen Technologien der automatischen Informationsverarbeitung die öffentliche Verwaltung jene physischen Grenzen haben überschreiben lassen, die ihr durch die klassischen Mittel der Bürokratie gesetzt waren.

- Durch DV-gestützte Verwaltungssysteme werden eine viel größere Anzahl von Gesetzen und immer kompliziertere Vorschriften mühelos administrierbar.
- Durch Informationssysteme wird die Steuerungsfähigkeit politischer Zentralen erheblich gesteigert[6].

Auch bei gegebener rechts- und sozialstaatlicher Zielsetzung ergibt sich daraus eine nachhaltige Komplexitätssteigerung staatlicher Umverteilung und Steuerung. Sie führt zu der Frage, ob die Instrumente demokratischer Willensbildung und Regierungskontrolle eine ähnliche Leistungssteigerung erfahren und damit eine (weitere) politische Entmündigung des Bürgers verhindern.

Hier soll deshalb zusammenfassend dargestellt werden, wie die einzelnen Bundesländer durch rechtliche Regelungen die Organisation der automatisierten Datenverarbeitung in ihren Verwaltungen bis jetzt zu lösen versucht und welche datenschutzrelevanten Regelungen im weitesten Sinne sie dabei getroffen haben. Sichtbares Zeichen der neuen Organisationsformen beim Einsatz der ADV sind u. a. die ausschließlich zur Erledigung von ADV-Aufgaben geschaffenen Einrichtungen, wie die Datenzentralen einzelner Länder[7], wobei sich bereits die Frage stellt, ob diese Einrichtungen zentralisierende Funktionen haben oder ob sie lediglich Dienstleistungen für die Fachverwaltungen wahrnehmen sollen[8].

Es hat sich jedenfalls inzwischen die Auffassung durchgesetzt, wie die in den Ländern Bayern, Baden-Württemberg, Hessen, Nordrhein-Westfalen und Schleswig-Hostein erlassenen gesetzlichen Regelungen der Organisation der ADV im öffentlichen Bereich deutlich machen[9], daß der Einsatz der ADV in der öffentlichen Verwaltung nicht dem Einsatz sonstiger technisch-organisatorischer Hilfsmittel gleichgesetzt werden kann. Vielmehr können die mit der ADV verbundenen Vorteile im Bereich der öffentlichen Verwaltung nicht genutzt werden, ohne daß zugleich das institutionelle und organisatorische Gefüge der öffentlichen Verwaltung berührt wird[10].

Hinsichtlich der allgemeinen DV-Organisation und auch der sich hieraus ergebenen Regelungen der Organisation des Datenschutzes und der Datensicherung in den Verwaltungen der einzelnen Bundesländer sind zunächst die entsprechenden Zuständigkeiten von Interesse. Zuständig für die Fragen der Datenverarbeitung

---

6 So *Reese* in *Kubicek/Lange/Lutterbeck/Reese,* Bestandsaufnahme der Wirkungsforschung im Bereich der Informationstechnologie, Selbstverlag, GMD, Band II, S. 108ff. 1978, (Wirkungen im politisch-administrativen System).

7 Vgl. *Fuchs,* Gedanken zur organisatorischen Eingliederung der ADV in der öffentlichen Verwaltung, ÖVD 1973, S. 99–102.

8 Vgl. *Ruckriegel,* Quo vadis ADV?, ÖVD 1973, S. 3–16; *ders.,* Aspekte des DV-Verbundes, ÖVD 1974, S. 14–24.

9 Dazu unten, S. 256ff.

10 Vgl. *Eberle,* (Fn. 2), S. 62f.

Ressort:	koordinierende, ggf. zentrale Stelle der Datenverarbeitung:
Baden-Württemberg: Innenminister	Datenzentrale Baden-Württemberg (Anstalt)
Bayern: Staatsminister des Innern	Bayerisches Landesamt für DV (Staatliche Behörde)
Berlin: Senator für Inneres	Landesamt für Datenverarbeitung (Behörde im Bereich des Senators für Inneres)
Bremen: Präsident des Senats (Senatskanzlei)	Rechenzentrum der Bremischen Verwaltung (Behörde)
Hamburg: Behörde für Wirtschaft und Verkehr	Senatsamt für den Verwaltungsdienst (Behörde)
Hessen: Minister des Inneren	Hessische Zentrale für DV (Körperschaft)
Niedersachsen: Minister für Wirtschaft	Innenminister
Nordrhein-Westfalen: Innenminister	Landesamt für DV und Statistik (Behörde)
Rheinland-Pfalz: Innenminister	Innenminister-Koordinierungsstelle
Saarland: Innenminister	Zentrale DV-Stelle Saar, Koordinierungsstelle (Behörde)
Schleswig-Holstein: Innenminister	Datenzentrale Schleswig-Holstein (Anstalt)

und des Datenschutzes sind in den einzelnen Bundesländern folgende Ressorts[11]: Weitere öffentliche Datenschutz-Kontrollaufgaben nehmen die Aufsichtsbehörden[12] wahr, und soweit vorhanden, als unabhängige Kontrollinstanzen die Landes-Datenschutzbeauftragten[13], die den Datenschutz im Bereich der öffentlichen Verwaltung der Länder überwachen.

---

11 S. ferner die Zusammenstellungen bei *Burhenne/Perband,* EDV u. Recht, Abschnitt DO/L.

12 Dazu oben 9. Kapitel.

13 Beispiel: KGSt-Gutachten „Organisation kommunaler Datenverarbeitungszentralen" Köln 1975; KGSt-Bericht Nr. 8/74, „Automation im Einwohnerwesen"; Nr. 21/76, „Datenschutz in der Kommunalverwaltung"; Nr. 22/76,

2. ADV-Organisation auf kommunaler Ebene

Neben den auf Länderebene ergangenen Regelungen im Bereich der Verwaltungsautomation bestehen entsprechende Bemühungen im kommunalen Bereich, die vor allem von der kommunalen Gemeinschaftsstelle für Verwaltungsvereinfachung (KGSt) erfaßt, begutachtet und initiiert werden. Mitglieder der seit 1949 bestehenden KGSt sind inzwischen alle Gemeinden mit mehr als 20000 Einwohnern, einschl. der Stadtstaaten Berlin, Bremen und Hamburg, sowie die Mehrzahl der Kreise und Kommunen unter 20000 Einwohnern. Die KGSt entwickelt zusammen mit ihren Mitgliedern in Gutachterausschüssen Grundsätze und Regeln für eine wirtschaftliche Verwaltung. Auf dem Gebiet der automatisierten Datenverarbeitung wird diese Arbeit seit 1959 geleistet. Ihren Niederschlag fand sie u. a. in Gutachten und Berichten[13].

Zur Erledigung der Aufgaben der kommunalen Datenverarbeitung, d. h. der Planung und Entwicklung automatisierter Verfahren zur Ablösung geschlossener, bisher manuell oder mechanisch erledigter Arbeitsprozesse der Gemeindeverwaltung durch die ADV und die Realisierung entsprechender Programme und Programmsysteme wurden bundesweit sogenannte kommunale Datenverarbeitungszentren (KDZ) errichtet, die in Großstädten als kommunale Einzeldatenverarbeitunszentralen nur für eine Stadtverwaltung arbeiten, in der Mehrzahl der Fälle jedoch als gemeinsame kommunale Datenverarbeitungszentralen für eine Anzahl regional zusammengehörender Gemeinden und Kreise tätig sind[14]. Dieses Konzept der kommunalen Datenverarbietungszentralen ist – in teilweise unterschiedlicher Rechtsform –[15] in allen Ländern und Stadtstaaten der Bundesrepublik realisiert. Teils werden die KDZ in Form von Zweckverbänden, teils von Körperschaften und Anstalten, aber auch als BGB-Gesellschaften betrieben.

Einen Überblick über die bisher realisierten kommunalen Datenzentralen gibt nachfolgende Zusammenstellung[16]:

Baden-Württemberg: 9 KDZ, durchschnittliche Anzahl der einer KDZ angeschlossenen Gemeinden und Kreise: 110

Bayern: 3 KDZ, die neben ihrer unmittelbaren Funktion mit weiteren 6 KDZ als Außenstellen der Anstalt für kommunale Datenverarbeitung in Bayern (AkDB), München, zusammenarbeiten

Hessen: 5 KDZ, durchschnittliche Anzahl der einer KDZ angeschlossenen Gemeinden und Kreise: 100

Niedersachsen: 12 KDZ, durchschnittliche Anzahl der einer KDZ angeschlossenen Gemeinden und Kreise: 20

---

14 Vgl. die vom bayerischen statistischen Landesamt erstellte Übersicht über die Organisation der EDV in den Bundesländern, abgedruckt bei *Burhenne/Perband,* EDV u. Recht, Abschnitt DO/L, Kennzahl 21311ff.

15 Vgl. *Klander,* Organisation kommunaler Datenverarbeitungszentralen, ÖVD 1975, S. 100f.

16 Siehe auch *Burhenne/Perband* (Fn. 14).

Nordrhein-Westfalen: 37 KDZ, durchschnittliche Anzahl der einer KDZ angeschlossenen Gemeinden und Kreise: 85
Rheinland-Pfalz: 5 KDZ, durchschnittliche Anzahl der einer KDZ angeschlossenen Gemeinden und Kreise: 39
Saarland: 1 KDZ mit 47 Anwendern
Schleswig-Holstein: 1 staatlich-kommunale Datenzentrale mit Außenstellen.
Die Organisation der Zusammenarbeit im kommunalen Bereich beruht in 5 Bundesländern[17] auf gesetzlicher Grundlage, ansonsten besteht sie entweder aufgrund einer Verwaltungsanweisung oder durch Vereinbarung. Die Zusammenarbeit der staatlichen und kommunalen DV-Einrichtungen ist in 8 Ländern (3 × durch Gesetz, 1 × durch Verwaltungsanweisung, 4 × durch Vereinbarung geregelt)[18]. Nach den vorliegenden Planungen kann davon ausgegangen werden, daß in Zukunft rund 65 KDZ den ADV-Bedarf der Kommunen und Kreise bedienen werden.
Zusammenfassend läßt sich die Regelung der Organisation der ADV in den Ländern wie folgt darstellen[19]:

Länder	Auf staatlichem Gebiet			Auf kommunalem Gebiet			Zusammenarbeit beider Bereiche		
	durch Gesetz	durch Verwaltungsanweisung	durch Vereinbarung	durch Gegesetz	durch Verwaltungsanweisung	durch Vereinbarung	durch Gesetz	durch Verwaltungsanweisung	durch Vereinbarung
Baden-Württemberg	×	×		×		×	×		
Bayern	×			×			×		
Berlin		×		×					
Bremen		×			×			×	
Hamburg		×		×					
Hessen	×	×		×	×		×		
Niedersachsen		×				×			×
Nordrhein-Westfalen	×			×					
Rheinland-Pfalz		×				×			×
Saarland		×		×					×
Schleswig-Holstein	×	×		×		×			×

17 Vgl. Fn. 14.
18 Stand: 1. 1. 1978
19 Vgl. Erläuterungen zur tabellarischen Übersicht über die Organisation der EDV in den Ländern (Fn. 14), EDV-Recht DO/L 213f.

3. Die ADV-Organisationsgesetze der Länder

Die ADV-Organisation der Länder und Kommunen unterscheidet sich wesentlich von der Organisation des ADV-Einsatzes im Bereich der Bundesverwaltung. In der Bundesverwaltung findet die ADV-Organisation nahezu ausschließlich innerhalb der Grenzen der Ressorts statt und wird wohl auf absehbare Zeit nicht durch eine organisationsrechtliche Ausgestaltung, wie sie durch die ADV-Organisationsgesetze der Länder erfolgt ist, geregelt werden. Gesetzlich geregelt ist die Organisation des Einsatzes der ADV in der öffentlichen Verwaltung in folgenden 5 Bundesländern:

- *Baden-Württemberg:* Gesetz über die Datenzentrale Baden-Württemberg vom 17. 11. 1970 (GBl. S. 492) – BW. EDVG[20];
- *Bayern:* Gesetz über die Organisation der elektronischen Datenverarbeitung im Freistaat Bayern (EDVG v. 12. 10. 1970, GVBl. S. 457 – Bay. EDVG –[21];
- *Hessen:* Gesetz über die Errichtung der hessischen Zentrale für Datenverarbeitung (HZD) und kommunaler Gebietsrechenzentren (KGRZ) vom 16. 12. 1969 (GVBl. 1 S. 304) in der Fassung vom 28. 9. 1973 (GVBl. 1 S. 318) – Hess. EDVG –[22];
- *Nordrhein-Westfalen:* Gesetz über die Organisation der automatisierten Datenverarbeitung in Nordrhein-Westfalen (ADV-Organisationsgesetz) vom 12. 2. 1974 (GVBl. S. 66) – ADVG NW –[23];
- *Schleswig-Holstein:* Gesetz über die Datenzentrale Schleswig-Hostein vom 2. 4. 1968 (GVOBl. S. 92) – Schl.-H. EDVG –[24];

Die Rechtsnormensammlung des 10. Kapitels enthält neben diesen 5 Organisationsgesetzen noch folgende Vorschriften[25]:

- *Bayern:* Verordnung über die Anstalt für kommunale Datenverarbeitung in Bayern (AKDB) vom 26. 5. 1971[26];
- *Hamburg:* Richtlinien für die Organisation der automatischen Informationsverarbeitung in der hamburgischen Verwaltung[27];
- *Schleswig-Holstein:* Landesverordnung über die Satzung der Datenzentrale Schleswig-Hostein[28].

---

20 Hier S. 221.
21 Hier S. 224.
22 Hier S. 229.
23 Hier S. 233.
24 Hier S. 239.
25 Die bayerische Verordnung über die AKDB wurde hier der Vollständigkeit halber im Hinblick auf Art. 14 Satz 2 Bay. EDVG abgedruckt. Gleiches gilt bezüglich der Landesverordnung über die Satzung der Datenzentrale Schleswig-Holstein im Hinblick auf § 7 Schl.-H. EDVG. Die Richtlinien für die Organisation der automatischen Informationsverarbeitung in der hamburgischen Verwaltung sind ein Beispiel dafür, wie die Länder durch Verwaltungsanweisung die ADV-Organisation regeln und wurde aus diesem Grunde in die Vorschriftensammlung aufgenommen.
26 Hier S. 227.
27 Hier S. 228.
28 Hier S. 239.

Aus den fünf ADV-Organisationsgesetzen bleiben aus dem Blickwinkel des Datenschutzes und der Datensicherung folgende Eindrücke festzuhalten:

3.1 Gesetz über die Datenzentrale Baden-Württemberg:

Durch dieses Gesetz wird die Zentrale für elektronische Datenverarbeitung Baden-Württemberg als Anstalt des öffentlichen Rechts errichtet. Ihre Aufgabe ist es, den Einsatz der elektronischen Datenverarbeitung in der öffentlichen Verwaltung zu koordinieren und zu fördern. Hierzu gehört auch die Mitwirkung bei dem Aufbau eines integrierten, über die Zuständigkeitsbereiche der einzelnen Fachrechenzentren hinausgehenden Informationssystems für das ganze Land. Die Bildung regionaler Rechenzentren auf kommunaler Ebene wird gesetzlich vorgesehen. In § 13 ist eine Regelung über die Sicherung der Datenbestände enthalten, die u. a. festlegt, daß über personenbezogene Daten nur mit Zustimmung der Stellen verfügt werden darf, die die Daten übermittelt haben. Durch technische und organisatorische Maßnahmen muß gem. § 13 Abs. 3 sichergestellt werden, daß Unbefugte nicht auf die Daten zugreifen können.

3.2 Gesetz über die Organisation der elektronischen Datenverarbeitung im Freistaat Bayern:

Zweck des Einsatzes der elektronischen Datenverarbeitung ist gemäß diesem Gesetz neben der rationellen Erledigung von automationsgeeigneten Aufgaben die Gewinnung von Planungsinformationen, insbesondere auch für den Landtag und den Senat. Die Landesregierung wird verpflichtet, dem Parlament ein Zugriffsrecht einzuräumen. Die zentrale Aufgabe der Datenverarbeitung nimmt ein Landesamt für Datenverarbeitung wahr, das den Einsatz der Datenverarbeitung in der öffentlichen Verwaltung fördern soll. Die eigenständige Einrichtung von EDV-Anlagen durch die einzelnen Geschäftsbereiche und auf kommunaler Ebene wird ausdrücklich zugelassen. In Art. 15 des Gesetzes wird die Verpflichtung zur Sicherung der Amtsverschwiegenheit und der Wahrung besonderer Geheimhaltungspflichten ausgesprochen. Art. 16 enthält eine Strafbestimmung, die als äußerst weitgehend angesehen werden kann[29]. Selbst wenn andere Stellen die verarbeiteten Daten ermittelt oder gespeichert haben, machen sich die für die Verarbeitung verantwortlichen Personen strafbar, wenn die Speicherung der Daten unbefugt erfolgte.

3.3 Gesetz über die Errichtung der Hessischen Zentrale für Datenverarbeitung (HZD) und kommunaler Gebietsrechenzentren (KGRZ):

Durch das Gesetz wird die Hess. Zentrale für Datenverarbeitung als Körperschaft des öffentlichen Rechts errichtet. Gleichzeitig wird eine Garantie für das verfas-

29 Zur Frage landesrechtlicher Datenschutz-Strafnormen vgl. *LG Bad Kreuznach* NJW 1978, S. 1931 u. *Dammann*, Erste Erfahrungen mit dem Bundesdatenschutzgesetz, NJW 1978, S. 1906f.

sungsmäßige Recht der kommunalen Gebietskörperschaften auf Selbstverwaltung ausgesprochen. In § 5 Abs. 2 ist geregelt, daß durch die Datenverarbeitung die Vorschriften über die Geheimhaltung von Daten nicht berührt werden dürfen und daß geeignete Sicherheitsvorkehrungen getroffen werden müssen.

3.4 Gesetz über die Organisation der automatisierten Datenverarbeitung in Nordrhein-Westfalen (ADV-Organisationsgesetz – ADVG NW):

Das Gesetz legt die Grundsätze für den Einsatz der ADV bei Land, Gemeinden, Gemeindeverbänden und Hochschulen fest. Es sieht den Aufbau eines Landesinformationssystems vor. Es stellt den Grundsatz auf, daß durch den Einsatz der ADV das Informationsgleichgewicht insbesondere zwischen den Organen der gesetzgebenden und vollziehenden Gewalt nicht beeinträchtigt werden darf und legt das Informationsrecht des Landtages und der kommunalen Vertretungsorgane fest. Für die Durchführung aller Datenverarbeitungsaufgaben der Landesverwaltung begründet es die Zuständigkeit des Landesamts für Datenverarbeitung und Statistik, das als gemeinsame Landesdatenverarbeitungszentrale allen Geschäftsbereichen zur Verfügung steht. Daneben sieht das Gesetz für dezentral zu erledigende Aufgaben gemeinsame Gebietsrechenzentren, Fachrechenzentren, Hochschulrechenzentren und kommunale Datenverarbeitungszentralen vor.

3.5 Gesetz über die Datenzentrale Schleswig-Holstein:

Das Gesetz regelt die Errichtung der Datenzentrale Schleswig-Holstein als rechtsfähige Anstalt des öffentlichen Rechts und deren Organisation. Es trifft keine sonstigen Aussagen zum Einsatz der ADV oder zu Regelungen des Datenschutzes.

4. Datenschutzaspekte der ADV-Organisation

4.1 Datenschutzvorschriften in den Organisationsgesetzen

Die Regelungen der Organisation des Einsatzes der ADV in den einzelnen Bundesländern haben natürgemäß Auswirkungen auf die Erfordernisse des Datenschutzes und der Datensicherung[30]. Diesem Anliegen versuchen einige der Organisationsregelungen der Länder bereits dadurch Rechnung zu tragen, daß sie Bestimmungen über den Schutz der Privatsphäre bzw. Sicherung der Daten treffen. So findet sich in dem Gesetz über die Datenzentrale in Baden-Württemberg eine Regelung über die Sicherung der Datenbestände (§ 13). Diese Vorschrift bestimmt, daß über personenbezogene Daten nur mit Zustimmung der Stellen, die die Daten „gegeben“ haben, verfügt werden darf[31]. Es ist ferner geregelt, daß bei

30 *Von Berg/Busch/Rustemeyer,* Die ADV-Organisationsgesetze und Vereinbarungen der Bundesländer, ÖVD 1970, S. 319ff. und S. 380ff.; *Klander,* Organisation kommunaler Datenverarbeitungszentralen, ÖVD 1975. S. 100f.

31 Die Vorschrift wird evtl. durch ein Landesdatenschutzgesetz obsolet werden.

der Erledigung der Aufgaben mit Hilfe der DV die Vorschriften über die Geheimhaltung nicht berührt werden dürfen und daß der Zugriff Unbefugter auf Daten durch technische und organisatorische Maßnahmen zu verhindern ist.
Ein ähnliches Geheimhaltungsgebot ist in den hessischen und bayerischen Organisationsgesetzen enthalten. In Artikel 15 des bayerischen Gesetzes über die ADV-Organisation wird allen datenverarbeitenden Stellen die Pflicht zur Amtsverschwiegenheit aufgegeben, auch wenn sie die Daten durch andere Stellen ermitteln, speichern oder verarbeiten lassen. Daten, die besonderen Verschwiegenheitspflichten unterliegen, dürfen Dritten nur auf Grund besonderer Ermächtigung weitergegeben werden. In Artikel 16 ist das unbefugte Verschaffen oder Offenbaren von fremden Geheimnissen, insbesondere von Geschäfts- und Betriebsgeheimnissen, die in Zusammenhang mit der Datenverarbeitung erfaßt wurden, unter Strafe gestellt. Wesentlich ist insoweit, daß hier nicht nur auf den Schutz personenbezogener Daten, sondern auch auf den Schutz sonstiger Daten, soweit sie vertraulich sind, abgestellt wird, eine Vorschrift also, die auch neben den Geheimhaltungs- und Strafnormen des Landesdatenschutzgesetzes Bedeutung hat und mithin nicht obsolet wurde. Hier stellt sich die Frage, ob die Organisationsgesetze der Länder nicht allgemein dazu ausgebaut werden sollten, den Schutz nicht-personenbezogener Daten, die die öffentliche Hand speichert, im Rahmen der Datenverarbeitung zu gewährleisten, insbesondere im Hinblick auf das umfangreiche statistische Material der Datenzentralen.
Das EDVG-Baden-Württemberg nimmt die nicht-personenbezogenen Daten demgegenüber ausdrücklich aus dem Anwendungsbereich seiner Datenschutz-Regelungen aus (§ 13 Abs. 1 Satz 2 BW EDVG). Die Folge ist, daß die Datenzentrale Baden-Württemberg von Dritten übermittelte nicht-personenbezogene Daten grundsätzlich an jedermann, auch an die Industrie, weitergeben darf.
Rechtsregeln darüber, unter welchen Voraussetzungen personenbezogene wie nicht-persoenbezogene Daten gespeichert, verändert oder gelöscht werden dürfen, enthalten die ADV-Organisationsgesetze und Richtlinien nicht. Vielmehr beschränken sich das baden-württembergische (§ 13) und das hessische (§ 5 Abs. 3) EDVG darauf, Sicherungsgebote und Übermittlungsverbote zu verankern. Die übrigen Gesetze verzichten gänzlich auf die inhaltliche Ausgestaltung von Datenverarbeitungsbefugnissen. Die in fast allen ADV-Organisationsgesetzen ausgesprochenen Geheimhaltungsverpflichtungen dienen mehr dem ungestörten Geschäftsablauf als den Belangen des Betroffenen. Erst durch die Landesdatenschutzgesetze bzw. durch das BDSG bei privatrechtlich ausgestalteten Institutionen werden die Datenschutz-Lücken, die die ADV-Organisationsgesetze der Länder hinterlassen haben, ausgefüllt.
Ratsam wäre, bei einer Novellierung der ADV-Organisationsgesetze die teilweise mangelhafte Gesetzessprache der durch DIN-Normen[32] und Datenschutzgesetze

32 Also beispielsweise DIN 44 300, März 1972, S. 2–20; DIN 44 300, Beiblatt April 1975, S. 2–7; DIN 44 301, Oktober 1973, S. 2–5; DIN 44 302, Oktober 1968, S. 2f.; DIN 44 302, Beiblatt November 1973, S. 2–6.

geschaffenen Terminologie anzupassen. Zu denken ist beispielsweise an § 13 Abs. 1 BW EDVG, der von den „gegebenen" Daten spricht und damit die durch Dritte übermittelten Daten meint.

4.2 Gewährleistung des Informationsgleichgewichts

Versteht man Datenschutz im weiteren Sinne als Schutz der individuellen und staatlichen Freiheitsrechte des Bürgers und als Schutz vor unerwünschten gesellschaftlichen Auswirkungen der Datenverarbeitung[33], dann schafft der zunehmende Einsatz der ADV in der Verwaltung eine latente Bedrohung[34]. Die Verwendung der Informationstechnologie beeinflußt das politische System in doppelter und sich gegenseitig verstärkender Weise: Einmal bedingen die durch sie verursachten Veränderungen im ökonomischen und sozialen System nach staatlichen Eingriffen (z.B. durch die Datenschutzgesetze) – erweitern also erheblich den staatlichen Aufgabenkatalog. Zum anderen werden die Informationstechniken im politischen System selbst mehr und mehr angewendet und verändern es dadurch aus seinem Innern.

Bisherige Untersuchungen[35] lassen die Vermutung zu, daß die im staatlichen Bereich eingesetzten neuen Techniken zu einer ernsthaften Gefährdung der Demokratie führen können. Insbesondere ist zu befürchten, daß der Staat unter dem informationstechnologisch ausgelösten, gesellschaftlichen Problemdruck unter Einsatz der Informationstechnologie verstärkt zu Formen der Aufgabenerledigung übergeht, die eine steigende politische Entfremdung und soziale Kontrolle erwarten lassen. So zeichnen sich Tendenzen zur Bürokratisierung und zur politischen Zentralisierung bereits jetzt ab. Diese Tendenzen sind für die Bewahrung der Freiheitsrechte des Bürgers nicht unproblematisch. Sie haben zu einer verstärkten einseitigen bürokratischen Willens- und Entscheidungsbildung geführt, bei der die Teilnahmechancen des einzelnen Bürgers oft nur noch auf dem Papier stehen. So ist nicht zu übersehen, daß sich bei einem Vergleich der ADV-Länderlösungen einheitlich zentralistische Tendenzen zeigen, wie z.B. bei der Gründung kommunaler Datenzentralen, dem Funktionszuwachs von Dachorganisationen oder den Ansätzen staatlicher Steuerung des Datenverbundes. Aufgabe und Fernziel der verschiedenen Organisationsträger der ADV ist in allen Bundesländern die Einrichtung integrierter Informationssysteme und damit der Aufbau von zentralen Datenbanken und Planungssystemen kraft gesetzlicher Zuweisung. Diese Planung und der Einsatz umfassender zentraler Informationssysteme durch die staatliche Verwaltung auf Bundes- und Landesebene löst nicht ohne Grund die Besorgnis vor einem einseitigen Zuwachs an Informations- und Einflußmöglichkei-

---

33 So ausdrücklich Art. 1 des französischen Datenschutzgesetzes, wiedergegeben als Übersetzung in DuD 1978, S. 157ff.

34 *Fiedler* (Fn. 1); *ders.*, GMD-Spiegel Sept. 1977, S. 23ff.; s. auch die kritische Studie von *Kevenhoerster* in: *Jürgen Reese* (Herausgeber) Die politischen Kosten der DV-Technologie, März 1978, GMD-Selbstverlag.

35 Vgl. näheres bei *Reese* u.a. (Fn. 34).

ten der die ADV einsetzenden Verwaltungen aus. So wird bereits seit langem die Frage diskutiert[36], inwieweit das Informationsgleichgewicht zwischen Parlamenten und der die ADV einsetzenden Exekutive gewahrt werden kann. Ein ähnliches Problem zeigt sich für die Kommunen und Einrichtungen der Selbstverwaltung, denen durch die Tendenzen der ADV zur Zentralisierung ihre Selbständigkeit genommen werden könnte. Stellt man diese Entwicklung in Zusammenhang mit der finanziellen Abhängigkeit der Kommunen in weiten Bereichen gegenüber Land, Kreis oder Landschaftsverbänden, so können vor einer Bedrohung der kommunalen Selbstverwaltung kaum mehr die Augen geschlossen werden.

4.2.1 Die Informationsrechte der Parlamente

In der Diskussion über den Einsatz der ADV in der öffentlichen Verwaltung hat die Frage der Beteiligung und Zugriffsrechte der Parlamente bereits bisher eine gewichtige Rolle gespielt[37] und bereits frühzeitig – zumindest auf Landesebene – in einer Reihe von Fällen zu gesetzlichen Regelungen geführt. So bestimmte § 6 des hessischen Datenschutzgesetzes (a.F.) vom 7. 10. 1970[38], der das Auskunftsrecht von Landtag und kommunalen Vertretungskörperschaften festschrieb, u.a. folgendes:

(1) Die hessische Zentrale für Datenverarbeitung, die kommunalen Gebietsrechenzentren und die Landesbehörden, die Datenverarbeitungsanlagen betreiben, sind verpflichtet, dem Landtag, dem Präsidenten des Landtags und den Fraktionen des Landtags die von diesen im Rahmen ihrer Zuständigkeiten verlangten Auskünfte aufgrund der gespeicherten Daten zu geben, soweit die Voraussetzung des § 5 Abs. 3 vorliegt und Programme zur Auswertung vorhanden sind.

(2) Das Auskunftsrecht des Abs. 1 steht im Rahmen ihrer Zuständigkeiten den Gemeindevertretungen und Kreistagen sowie deren Franktionen und den entsprechenden Organen anderer in § 1 genannter Körperschaften und Anstalten gegenüber der hessischen Zentrale für Datenverarbeitung, dem zuständigen kommunalen Gebietsrechenzentrum sowie den sonstigen von Gemeinden und Landkreisen betriebenen Datenverarbeitungsanlagen zu. Der Antrag der Fraktionen ist über den Gemeindevorstand bzw. Kreisausschuß zu leiten.

(3) Im Zweifelsfall entscheidet die Aufsichtsbehörde.

Dieses Auskunftsrecht wurde im hessischen Datenschutzgesetz (n.F.) vom

---

36 Vgl. *von der Groeben,* Informationsrecht der Parlamente im Rahmen der Neuorganisation der ADV, ÖVD 1/1974, S. 38ff.; *Kamlah,* Der Informationsanspruch des Parlaments im Computer-Zeitalter, ÖVD 1971, S. 35ff. und 60ff.; *Luhmann,* ÖVD 1972, S. 44ff.; *Hoschka/Kalbhen* (Hrsg), Datenverarbeitung in der politischen Planung, Frankfurt/New York 1975, S. 233ff., die die Informationslücke des Parlaments schon unabhängig von der DV feststellen. Vgl. auch *Reese* (Hrsg), Die politischen Kosten der DV-Technologie, Selbstverlag GMD, 1978.

37 Vgl. *Tuner,* Verfassungsrechtlicher Datenschutz, Vortrag auf dem IKD Berlin, 1978, Kongreßdokumentation. Vgl. Fn. 3 und *Lutterbeck,* Rechtspolitische Probleme bei der Kommunikation zwischen Bürgern u. Parlament, ÖVD 75, S. 125.

38 Hess. GVBL I, S. 625; ebenso § 13 Abs. 1 u. 2 des neuen HDSG.

31. 1. 1978 in § 13 fortgeschrieben. § 1 dieses Gesetzes legt in Abs. 1 Ziff. 2 darüber hinaus fest, daß es Aufgabe des Datenschutzes ist, das auf dem Grundsatz der Gewaltenteilung beruhrende, verfassungsmäßige Gefüge des Staates, insbesondere der Verfassungsorgane des Landes und der Organe der kommunalen Selbstverwaltung untereinander und zueinander vor einer Veränderung infolge der automatisierten Datenverarbeitung zu bewahren.

Daß die Frage des „Informationsgleichgewichtes" für die „Entwicklung" des parlamentarischen Regierungssystems und für den Fortbestand einer eigenständigen Selbstverwaltung von zentraler Bedeutung ist, haben die Tätigkeitsberichte des hessischen Datenschutzbeauftragten immer wieder betont[39].

Andere Bundesländer haben Auskunfts- und Informationsrechte der Landtage und kommunalen Vertretungskörperschaften in den ADV-Organisationsgesetzen geregelt. So enthält Art. 1 des Gesetzes über die Organisation der elektronischen Datenverarbeitung im Freistaat Bayern vom 12. 10. 1970 ein Recht des Landtags und der Franktionen auf Auskunft. Darüber hinaus haben der Landtag und der Senat bei Daten mit allgemeinem Informationsgehalt und planerischer Zielsetzung sogar ein eigenes unmittelbares Zugriffsrecht.

Auffallend ist schließlich, daß das ADVG NW in § 2 bestimmt, daß durch den Einsatz der ADV das Informationsgleichgewicht, insbesondere zwischen den Organen der gesetzgebenden und der vollziehenden Gewalt, nicht beeinträchtigt werden darf. Dadurch, daß der Gesetzgeber die Forderung nach Informationsbalance quasi an den Anfang des Gesetzes stellt, bringt er zum Ausdruck, welchen Stellenwert er dem Informationsgleichgewicht einräumt. Solange die Parlamente organisatorisch und personell aber kaum in die ADV eingegliedert sind, bleibt diese Forderung eine Leerformel[40]. In der Praxis wird von den Informationsrechten der Parlamente, wie sie § 3 ADVG NW enthält, nicht sehr häufig Gebrauch gemacht[41]. Vielmehr wenden sich die Abgeordneten regelmäßig unmittelbar an die Exekutive, die dann wegen ihrer personellen Ausstattung und eines allgemeinen Informationsvorsprungs eine Auswahl treffen kann, welche Informationen dem Parlament zugängig gemacht werden sollen. Interessant ist, daß ausländische Gesetze bzw. Entwürfe keine derartigen „Gleichgewichts"-Vorschriften enthalten. Allein der *Privacy Act* der USA von 1974 sieht vor, daß die *Privacy Protection Commission* zukünftige Entwicklungsmöglichkeiten der ADV prüfen und auch Gefahren für die Beziehungen Bund/Bundesstaaten und für das Gewaltenteilungsprinzip festhalten soll[41a].

---

39 5. Tätigkeitsbericht, Ziff. 5.2. 4. Tätigkeitsbericht 5.1.

40 *Hoschka* (Fn. 36); vgl. auch *Tuner* (Fn. 37).

41 *Tuner,* Vorschriften zur Wahrung des Gleichgewichts der Gewalten in Datenschutzgesetzen und -entwürfen der Länder, DSWR 1979, S. 89ff.

41 *Tuner* (Fn. 41); *Stadler,* Erste Verwaltungserfahrungen mit dem Privacy Act der USA, ÖVD 1/2 1977, S. 18f. Ähnliche Beobachtungsaufträge erteilen ebenfalls einzelne Landesdatenschutzgesetze den Datenschutzbeauftragten (vgl. 8. Kap. S. 116f.).

4.2.2 Gewährleistung der kommunalen Selbstverwaltung

Die Gewährleistung, bzw. die Einschränkung der kommunalen Selbstverwaltung durch staatliche Vorhaben im Bereich der automatisierten Datenverarbeitung wird mit dem fortschreitenden Einsatz der ADV zunehmend aktuell. Niemand wird leugnen können, daß durch die ADV Zentralisierungstendenzen unterstützt und Vorhaben zentraler Datenspeicherung ermöglicht werden, die früher wegen organisatorisch-technischer Schwierigkeiten nicht realisierbar waren[42]. Unter den verschiedenen Begründungen wie dem Erfordernis überregionaler Planung, der Verbrechensbekämpfung oder möglicherweise im Rahmen des geplanten Bundesmeldegesetzes[43] werden Aufgaben der Sammlung und Auswertung von Daten die sich bisher im Bereich der Kommunen vollzogen, auf Landesinstitutionen übertragen.

Der Gefahr, durch zentrale Datenspeicherung und -auswertung und auch die daraus folgenden Planungen, die Entscheidungen der Gemeinden, z.B. durch Maßnahmen der finanziellen Förderung direkt oder indirekt zu steuern, haben einige Landesgesetzgeber bei der Abfassung der Landesorganisationsgesetze bzw. bei der Abfassung der Landesdatenschutzgesetze[44] Rechnung getragen. So ist in § 2 des Gesetzes über die Errichtung der hessischen Zentrale für Datenverarbeitung die generelle Garantie der Selbstverwaltung ausgesprochen. Es ist festgelegt, daß durch die Arbeit der hessischen Zentrale für Datenverarbeitung das verfassungsmäßige Recht der kommunalen Gebietskörperschaften auf Selbstverwaltung nicht verletzt werden darf. Auch in den anderen Ländern, in denen diese programmatische Aussage nicht in Gesetzeswortlaut gekleidet wurde, gilt dieser Grundsatz durch die Absicherung des Selbstverwaltungsrechts in Art. 28 GG sowie in den Landesverfassungen.

Nun darf nicht verkannt werden, daß sich die Gemeinden den modernen Methoden der Datenverarbeitung nicht verschließen können und bei einem sinnvollen und wirtschaftlichen Einsatz der ADV mit anderen Gemeinden, Gemeindeverbänden und dem Staat zusammenarbeiten müssen. Kommunale Selbstverwaltung muß sich im Computerzeitalter den modernen Erfordernissen und dem Wandel der Informationstechnologie und den neuen Kommunikationsstrukturen anpassen. Vermieden werden muß jedoch, soweit ein der ADV immanenter Sachzwang zur Zentralisation nicht vorliegt, daß die zweifelsohne bestehenden ADV-spezifischen Koordinationstendenzen vorschnell zu einer zentralistischen Handhabung führen.

---

42 Vgl. *Ruckriegel,* Land in Sicht, ÖVD-Online 3/1978, S. 2f.

43 *Wissing,* Für und wider die Landesadreßregister, ÖVD 4/1978, S. 11ff.; vgl. ferner die Nachweise in Fn. 46, 47. – Die Realisierung eines Bundesmeldegesetzes dürfte allerdings wieder in weite Ferne gerückt sein.Nach letzten Informationen ist nunmehr nur noch ein Rahmenrechtsgesetz vorgesehen.

44 Vgl. hierzu S. 116f.

4.2.3 Zusammenarbeit zwischen den Bundesländern

Im Rahmen des institutionell-föderativen Aufbaus der Bundesrepublik sind den Bundesländers vielfach Aufgaben zugewiesen, die für alle Länder von gemeinsamem Interesse sind bzw. die im Gesamtinteresse aller Länder einheitlich erledigt werden. Die insoweit bestehende Zusammenarbeit zwischen den Ländern ist nicht ohne Einfluß geblieben auf den Einsatz der automatisierten Datenverarbeitung. Durch einheitliche Systeme oder auch durch die zentrale Übertragung von Aufgaben der Datenverarbeitung an ein bestimmtes Land wird der Datenverbund bzw. der Datenaustausch zwischen den einzelnen Ländern erleichtert und systematisiert.

Das Beispiel der Einrichtung einer Informationszentrale für den Steuerfahndungsdienst mag dies deutlich machen. Gemäß einer Vereinbarung zwischen den Bundesländern wurde beim Finanzamt Wiesbaden eine Informationszentrale für den Steuerfahndungsdienst eingerichtet. Die Informationszentrale dient insbesondere der Erfassung derjenigen Steuerstraftäter, die den föderalistischen Aufbau der Bundesrepublik für ihre Zwecke nutzen und versuchen, sich durch ständigen Wechsel ihres Wohnsitzes oder ihres Betätigungsortes dem steuerlichen Zugriff zu entziehen. Für die Aufnahme in die Fahndungskartei sollen grunsätzlich nur solche Fälle in Betracht kommen, bei denen anzunehmen ist, daß ihnen überregionale Bedeutung zukommt[45].

Als eine der letzten und noch nicht ausdiskutierten Aktivitäten der zentralen „Erfassung" des Bürgers sei hingewiesen auf die Überlegungen zum geplanten Bundesmeldegesetz[46]. Zunächst war die Einrichtung einheitlicher, zentraler Landesadreßregister vorgesehen, über die dann die Grunddaten eines jeden Bundesbürgers in der gesamten Bundesrepublik einheitlich zur Verfügung gestanden hätten[47].

Mögen diese Maßnahmen der Vereinheitlichung der Datenverarbeitung und des Datenaustauschs zwischen den Ländern im Rahmen einer effektiven Verwaltung auch wünschenswert sein, so ist nicht zu verkennen, daß die Erfassung des Bürgers bedenkliche Ausmaße annimmt.

Der wohl weitaus umfassendste Datenaustausch zwischen Länderbehörden einerseits und Landes- und Bundesbehörden andererseits findet z.Z. bereits im Bereich der Sicherheitsbehörden statt. INPOL, PIOS oder DISPOL sind Begriffe für eine teils von bewunderndem, teils erschrecktem Staunen erfaßte Bevölkerung[48] geworden. Durch diese Kurzbezeichnungen werden folgende Informationssysteme der Landeskriminalämter, bzw. des Bundeskriminalamts gekennzeichnet: INPOL – Informationssystem der Polizei – ist die zentrale Datensammlung zu Verbre-

---

45 Vgl. Mitteilungen des *BMF* vom 12.1.1978, DB 1978. S. 615.; *Hergenhahn* DANA 1/78 S. 1ff.

46 Vgl. *Hege,* Bundesmeldegesetz, Gefahr oder Chance, ZRP 1978, S. 177ff.

47 S. dazu *Wilde,* Wann kommt ein Bundesmeldegesetz?, ÖVD-Online 1/2 78, 4ff.

48 Zum seit 1973 betriebenen Aufbau von INPOL: *Lodde,* Informationssystem INPOL, ÖVD 1975, S. 20, 75f.; *Steinmüller,* Der Spiegel Nr. 45/1978, S. 52ff.

chens- und Terrorismusbekämpfung. Sie enthält Daten sowohl über gewöhnliche Kriminelle, über Terroristen als auch über alle diejenigen, die mit oder ohne eigenes Dazutun in die „beobachtende Fahndung" (BEFA) gerieten. INPOL ermöglicht die jederzeitige Auskunftsbereitschaft für jeden Polizeibeamten an jedem Ort der Bundesrepublik und darüberhinaus[49]. Das BKA ist die zentrale Sammel- und Auswertungsstelle, die die in dem jeweiligen Bundesland gemeldeten Daten registriert und aufbereitet und an die Computer der einzelnen LKA verteilt. Die INPOL-Daten können inzwischen von 1400 Terminals aus abgefragt werden – gegenwärtig sind es 6 Mio Anfragen im Monat. Schon gibt es drahtlos arbeitende Terminals in Polizeifahrzeugen. Ab 1979 wird es taschenrechnergroße Terminals geben, die jeder Streifenbeamte bei sich tragen kann. Endausbaustufe sind 120000 mobile Funkterminals. Ein Teil vin INPOL, der zentrale Personenindex (ZPI), beantwortet auf Anfrage innerhalb von 1–2 Sekunden, was über wen wo zu finden ist. PIOS (= Personen, Institute, Objekte, Sachen) ist die Spezialdatei für die Terrorismusfahndung. In ihr sind Fundstellen zu Personen, Instituten, Objekten und Sachen, die im Zusammenhang mit der Terrorismusfahndung aufgetreten sind, aus ca. 10 Mio Blatt Akten gespeichert. Zugriff zu PIOS haben neben der Polizei auch die Verfassungsschutzämter mit ihrem zentralen Informationssystem NADIS. Im Bereich der eigentlichen Fahndung speichert INPOL durchschnittlich 250000 Personen, für die Haftbefehl besteht, die als Zeugen etc. gerichtlich gesucht werden, oder für die als Ausländer Ausweisungsbefehl vorliegt. Rund 150000 durchschnittlich registrierte gestohlene Kfz oder 28 Mio gespeicherter Lichtbilder machen den Umfang des System deutlich. In der Aufbauphase befindet sich noch DISPOL, das digitalisierte integrierte Breitband-Sondernetz der Polizei für Sprache, Bild und Daten. In diesem System sollen die bisherigen Kommunikationsmittel der Polizei wie Telefon, Fernschreiber etc. sternförmig um die zentrale Stelle BKA in einem neuen Kommunikationssystem zusammengefaßt werden. DISPOL soll die INPOL-Computer des BKA mit dem Ausländerzentralregister und den Registern des Kraftfahrzeugbundesamtes oder des Bundeszentralregisters verbinden[50]. Im Rahmen der Einrichtung solcher Informationsverbundsysteme zwischen einzelnen Bundesländern oder Bundesländern und Einrichtungen des Bundes stellen sich auch von den maßgebenden Landesdatenschutzgesetzen bzw. Organssationsgesetzen nicht eindeutig geklärte Fragen.

4.2.3.1 Bedürfen Informationssysteme einer gesetzlichen Ermächtigung?

Wohl noch nicht ausdiskutiert ist die Frage, ob derartige zentrale länderübergreifende Informationssysteme ohne spezielle Grundlage „einfach" per Behördenvereinbarung geschaffen werden können. Auch die Bundesregierung hatte sich bereits mit diesem Problem auf Grund einer Anfrage im Bundestag[50] im Hinblick auf die Einrichtung der bereits erwähnten bundesweiten Informationszentrale für

---

49 Insbesondere zur Fahndung nach gestohlenen Kfz stehen INPOL-Terminals in Bulgarien und Jugoslawien.

50 Vgl. auch das „stern"-Buch Freiheit 78, Hamburg 1978.

den Steuerfahndungsdienst[51] zu befassen. Der Vertreter der Bundesregierung sah jedoch kein Erfordernis einer besonderen gesetzlichen Ermächtigung durch ein Bundesgesetz, sondern hielt die Einrichtung der Informationszentrale für den Steuerfahndungsdienst durch § 9 Abs. 1 des Bundesdatenschutzgesetzes abgedeckt, nach dem das Speichern personenbezogener Daten zulässig ist, wenn es zur rechtmäßigen Erfüllung der in der Zuständigkeit der speichernden Stellen liegenden Aufgaben erforderlich ist. Für die Auffassung der anfragenden Abgeordneten, daß eine solche Institution, die tiefgreifend in die Rechte der Bürger eingreift, durch einen gesonderten Rechtsstatus geschützt werden sollte, zeigte er kein Verständnis. Mit *Hergenhahn*[52] muß man die Frage stellen, ob hier nicht in der Tat der Sinn des Bundesdatenschutzgesetzes umgekehrt wurde, wenn es nun als Ermächtigungsgesetz für staatliche Informationszentralen herhalten muß, abgesehen davon, daß das BDSG auf die Tätigkeit des Finanzamts Wiesbaden überhaupt nicht anwendbar ist. Vielmehr gilt für das Finanzamt als Landesbehörde, da in Hessen seit langem ein Landesdatenschutzgesetz erlassen ist, gemäß § 7 Abs. 2 BDSG das hessische Landesdatenschutzgesetz, gleichgültig ob das Finanzamt Landes- oder Bundesrecht ausführt.

Sollte die Einrichtung von umfassenden, in weitem Umfang in Persönlichkeitsrechte des Bürgers eingreifenden Informationssystemen tatsächlich keiner besonderen gesetzlichen Grundlage bedürfen, sondern hinsichtlich ihrer Zulässigkeit ausschließlich an dem entsprechenden Landesdatenschutzgesetz zu prüfen sein, so ist jedoch die erfreuliche Feststellung zu machen, daß zumindestens einige Landesdatenschutzgesetze hinsichtlich dieses Zulässigkeitskriteriums schärfere Anforderungen stellen als das Bundesdatenschutzgesetz. Bereits bei der Abfassung des Bundesdatenschutzgesetzes war von der Opposition vorgeschlagen worden, die Zulässigkeit der Verarbeitung der Daten in § 9 und 10 BDSG von der Erfüllung der in der Zuständigkeit der speichernden Stelle liegenden *gesetzlichen* Aufgaben abhängig zu machen. Während diese Anregung im Bundesdatenschutzgesetz selbst jedoch keinen Niederschlag fand, haben einige Landesgesetze eine solche Verschärfung der Zulassungsklausel inzwischen eingeführt[53]. In diesen Bundesländern wird man sich nun in der Tat die Frage stellen müssen, inwieweit es zu den gesetzlich festgeschriebenen Aufgaben einer Behörde gehört, mögen diese auch noch so weit formuliert sein, umfassende über den Bereich der eigenen Behörde hinausgehende Informationssysteme zu führen.

---

51 Vgl. Fn. 45.

52 Das BDSG: Ein Ermächtigungsgesetz für staatliche Informationszentralen, DANA 1/78, S. 1f.

53 Vgl. hier Kap. 8, S. 128ff.

4.2.3.2 Abwehrrechte des Bürgers im Bereich der Sicherheitsbehörden

Auch von Juristen inzwischen mit zunehmend kritischer Aufmerksamkeit[54] zur Kenntnis genommen werden die geschilderten Informationsverbundsysteme im Bereich der Polizei und Verfassungsbehörden, deren Dimensionen und entsprechende Kosten inzwischen auch die Kritik des Bundesrechnungshofs, wenngleich auch nicht aus Datenschutzgründen, gefunden hat[55]. Die Sicherheitsbehörden sind jedoch, jedenfalls was die Kontrollrechte des Bürgers angeht, ebenso wie im Bundesdatenschutzgesetz auch in allen Datenschutzgesetzen der Länder ausgeklammert worden. Begrüßenswert daher, daß die verwaltungsgerichtliche Rechtsprechung inzwischen erste Versuche unternommen hat, dem Bürger Datenschutz-Rechtsschutz auch gegenüber den Sicherheitsbehörden einzuräumen[56], wobei in dem hier dargestellten Zusammenhang von besonderem Interesse ist, daß Ausgangspunkt der Gerichte für die Zulässigkeitsprüfung des jeweiligen Datenverarbeitungsvorgangs der Sicherheitsbehörden die organisatorische oder funktionelle Einbindung der Polizei bzw. des Verfassungsschutzes in den gesamten Datenverarbeitungsprozeß des Staates ist – ein Ausgangspunkt, den ebenfalls das BDSG hat, wenn es die Zulässigkeit der Datenverarbeitung von den in der Zuständigkeit der speichernden Stelle (Behörde) liegenden Aufgaben abhängig macht.

III. Literaturverzeichnis

Adam, Zuständigkeit, Unzuständigkeit und Unzuständigkeitsfolgen in der staatlichen Verwaltungsorganisation, Diss., 1971

Bayerische Staatskanzlei (Hrsg.), Integrierte Datenverarbeitung in Bayern, München 1974

von Berg/Busch/Rustemeyer, Die ADV-Organisationsgesetze und Vereinbarungen der Bundesländer, ÖVD 1972, S. 319ff., S. 380ff.

von Berg/Harbort/Jarras/Lutterbeck, Schafft die Datenverarbeitung den modernen Leviathan?, ÖVD 2/1972, S. 3ff.

Birkelbach, Einfluß der automatischen Datenverarbeitung auf die verfassungsrechtliche Zuordnung staatlicher Aufgaben im Verhältnis des Parlaments zur Regierung, ZParl 1974, S. 326ff.

BMF, Mitteilung v. 12.1.1978, Betr. 1978, S. 615.

Burhenne/Perband, EDV und Recht, Berlin 1970ff., Stand: letzte Ergänzungslieferung.

Dammann, Datenschutz und Zugang zu Planungsinformationssystemen (Hrsg. Hessischer Datenschutzbeauftragter), Wiesbaden 1974

Dammann/Karhausen/Müller/Steinmüller, (Hrsg.), Datenbanken und Datenschutz, Frankfurt/NewYork 1974

Datenzentrale Baden-Württemberg, (Hrsg.), Rahmenplan-EDV, Stand Februar 1974 (mit Anlageband), Stuttgart 1974

---

54 Zur rechtlichen Zulässigkeit der Datenerhebung insbesondere im Bereich der präventiven Datenspeicherung: *Riegel,* Zur Frage des Auskunftsrechts nach allgemeinem Polizeirecht, DÖV 13/1978, S. 505.

55 Die Welt v. 30.9./1.10.1978.

56 *Schneider,* Rechtsschutz gegen Verfassungsschutz, NJW 1978, S. 1601ff.

Dobiey, Zur Frage des unmittelbaren Zugangs des Parlaments zu Datenbanken der Regierung, ZParl 1974, S. 316ff.
Dombrowski, Mißbrauch der Verwaltungsmacht. Zum Problem der Kopplung verschiedener Verwaltungszwecke, Mainz 1967
DVD-Formblatt, „Datenschutz geht alle an", Bonn 1978
Eberle, Verfassungsrechtliche Fragen der ADV-Organisation und das Denkmodell der „Modularen Datenverarbeitung", ÖVD 2/1972, S. 439ff.
Eberle, Organisation der automatisierten Datenverarbeitung in der öffentlichen Verwaltung. Eine Untersuchung unter besonderer Berücksichtigung organisationsrechtlicher Fragen, Berlin 1976
Eberle, ADV-Organisation in: Steinmüller, Wilhelm (Hrsg.): ADV und Recht, S. 113ff.
Eberle/Garstka, Soll das Verwaltungsverfahren durch einen bundesweiten Programmablaufplan determiniert werden?, ÖVD 2/1972, S. 265f.
Fiedler, Datenschutz und Gesellschaft, Lecture Notes in Computer Science 26/1975, S. 68ff.; *ders.,* Datenschutz und Gleichgewicht gesellschaftlicher Gewalten, Kongreßdokumentation IKD, Berlin 1978
Fuchs, Gedanken zur organisatorischen Eingliederung der ADV in der öffentlichen Verwaltung, ÖVD 1973, S. 99ff.
Gahlen/Schmitz, Das Verbundsystem der automatisierten Datenverarbeitung in Nordrhein-Westfalen, ÖVD 4/1974, S. 328ff.
Geiger, Datenschutz und Gewaltenteilung, in: Kilian u.a., Datenschutz, S. 173ff.
Grimm, Aktuelle Tendenzen in der Aufteilung gesetzgeberischer Funktionen zwischen Parlament und Regierung, ZParl 1970, S. 448ff.
Grimmer, Probleme der Instituierung von Informationssystemen im öffentlichen Bereich, in: Kilian u.a., Datenschutz, S. 237ff.
Grimmer, Probleme der Institutionalisierung von Informationszentren in der öffentlichen Verwaltung, ÖVD 4/1974, S. 61ff.
von der Groeben, Inforamtionsrecht der Parlamente im Rahmen der Neuorganisation der ADV, ÖVD 4/1974, S. 38ff.
Häussermann, Die administrative Organisation als Problem politischer Innovation, Das Beispiel Nordrhein-Westfalen, Leviathan 2/1974, S. 233ff.
Hergenhahn, Das BDSG – ein Ermächtigungsgesetz für staatliche Informationszentralen, DANA 1/1978, S. 1ff.
Hertel, Das bundeseinheitliche Personenkennzeichen, ÖVD 1/1971, S. 9ff.
Herzog, Möglichkeiten und Grenzen einer Beteiligung des Parlaments an der Ziel- und Ressourcenplanung der Bundesregierung (Gutachten für die Projektgruppe Regierungs- und Verwaltungsreform), Bonn 1971.
Hessische Zentrale für Datenverarbeitung (HZD) (Hrsg.), Politische Entscheidungshilfe und Dokumentation. Hessisches Planungsinformations- und Analysesystem (HEPAS), Wiesbaden 1971
Hoschka/Kalbhen, Datenverarbeitung in der politischen Planung 1978
Innenminister des Landes Schleswig-Holstein (Hrsg.), (EDV-Recht). Sammlung der wesentlichen Vorschriften auf dem Sektor EDV in Schleswig-Holstein (Stand 1. 1. 1973)
Institut für Städtebau und Wohnungswesen (Hrsg.), Planungs-Informations-Systeme für die Raumplanung, München 1973
Jähnig, Automatisierte Datenverarbeitung in der öffentlichen Verwaltung (Schriftenreihe Fortschrittliche Kommunalverwaltung, Bd. 25) Köln/Berlin 1971
Jochimsen, Parlamentarische Kontrolle der Regierungsplanung. Gutachtliche Stellungnahme (Hrsg. Präsident des Landtags Nordrhein-Westfalen), Düsseldorf 1973
Kamlah, Der Informationsanspruch des Parlaments im Computer-Zeitalter, ÖVD 1971, S. 35ff., S. 60ff.
Klander, Organisation kommunaler Datenverarbeitungszentralen, ÖVD 1975, S. 100.
Köhler, Das ADV-System in der bayerischen Kommunalverwaltung, ÖVD 4/1974, S. 412ff.

Kommunale Gemeinschaftsstelle für Verwaltungsvereinfachung (KGSt), Automation und Planung: Bestandanalyse, Köln 1974

Kregel/Oppel, Mechanisierte Katasterführung, Allgemeine Vermessungsnachrichten 1965, S. 58ff.

Kubicek/Lange/Lutterbeck/reese, Bestandsaufnahme der Wirkungsforschung im Bereich der Informationstechnologie, 1978

Landeshauptstadt München, Stadtentwicklungsreferat (Hrsg.), Analysierung des Stadtentwicklungsplans Nr. 2), München (o.J.)

Lodde, Informationssystem Inpol, ÖVD 1975, S. 20ff., S. 75ff.

Lorenz, Das Melderegister als Informationsquelle, ÖVD 28/1975, S. 151ff.

Luhmann, Recht und Automation in der öffentlichen Verwaltung, 1976

Luhmann, Verfassungsmäßige Auswirkung der EDV in der öffentlichen Verwaltung und Datenverarbeitung, ÖVD 1972, S. 42ff.

Lutterbeck, Entscheidungstheoretische Bemerkungen zum Gewaltenteilungsprinzip. Zur Problematik parlamentarischer Informationsrechte im Datenschutzrecht, in: Kilian u.a. Datenschutz, S. 187ff.; *ders.,* Rechtspolitische Probleme bei der Kommunikation zwischen Bürger und Parlament, ÖVD 1975, S. 125ff.

Mallmann, Christoph, Datenschutz in Verwaltungs-Informationssystemen. Zur Verhältnismäßigkeit des Austausches von Individualinformationen innerhalb der normvollziehenden Verwaltung (Rechtstheorie und Informationsrecht 2), München/Wien 1976

Meincke, Integrierte Datenverarbeitung in der öffentlichen Verwaltung, Stuttgart 1970

Mussgnug, Das Recht auf den gesetzlichen Verwaltungsbeamten? Überlegungen zum inkompetenten Verwaltungshandeln, Göttingen 1970.

Oberndörfer, Politische Planung, in: Projektgruppe für Regierungs- und Verwaltungsreform (Hrsg.), Erster Bericht 315ff.

Ostermann, Kommunale Verwaltung und die Rationalisierung der Planung, in: Institut für Städtebau und Wohnungswesen, Raumplanung S. 3ff.

Podlech, Verfassungsrechtliche Probleme öffentlicher Informationssysteme, DVR 1/1972/73, S. 149ff.

Podlech, Datenschutz im Bereich der öffentlichen Verwaltung. Entwurf eines Gesetzes zur Änderung des Grundgesetzes – Alternativentwurf (DVR Beiheft 1), Berlin 1973

Reese (Hrsg.), Die politischen Kosten der DV-Technologie, 1978

Riegel, Zur Frage des Auskunftsrechts nach allgemeinem Polizeirecht, DÖV 1978, S. 505ff.

Ruckriegel, Quo vadis ADV?, ÖVD 1973, S. 3ff.

Ruckriegel, Aspekte des DV-Verbundes, ÖVD 4/1974, S. 12ff.

Ruckriegel, Land in Sicht, ÖVD-Online 1978, S. 2f.

Seeger, Möglichkeiten der Beteiligung des Landtages an den Planungen der Landesregierung. Gutachten erstattet im Auftrag des Präsidenten des Landtags von Nordrhein-Westfalen (unveröffentlichtes Gutachten), Düsseldorf 1970

Seeger, Parlamentarische Kontrolle der Regierungsplanung, Gutachterliche Stellungnahme (Hrsg. Präsident des Landtags Nordrhein-Westfalen), Düsseldorf 1973

Simitis, Chancen und Gefahren der Datenverarbeitung, NJW 1971, S. 673ff.

Steinmüller, u.a. Grundfragen des Datenschutzes, Gutachten im Auftrag des Bundesministeriums des Innern (Anlage 1 zur Bundestagsdrucksache VI/3826), Bonn 1972, 5ff.

Steinmüller, „Recht", in: Mertens, Peter (Hrsg.), Angewandte Informatik, Berlin u.a. 1972, 111ff.

Steinmüller, Stellenwert der EDV in der öffentlichen Verwaltung und Prinzipien des Datenschutzrechts, ÖVD 2/1972, S. 11, 453ff.

Steinmüller, Gegenstand, Grundbegriffe und Systematik der Rechtsinformatik. Ansätze künftiger Theoriebildung, DVR 1972/73, S. 113ff.

Steinmüller, Objektbereich „Verwaltungsautomation" und Prinzipien des Datenschutzes, in: Kilian u.a. Datenschutz, S. 51ff.

Steinmüller, Rechtspolitische Fragen der Rechts- und Verwaltungsautomation in der Bundesrepublik Deutschland, DVR 1974, S. 57ff.

Tuner, Vorschriften zur Wahrung des Gleichgewichts der Gewalten in Datenschutzgesetzen und -entwürfen der Länder, DSWR 1979, S. 89ff.
Wilde, Wann kommt ein Bundesmeldegesetz?, ÖVD-Online 1978, S. 4ff.
Wissing, Für und wider die Landesadreßregister, ÖVD 4/1978, S. 11ff.

Anhang

1. **Kirchengesetz über den Datenschutz** vom 10. November 1977 (Kirchliches Amtsblatt der Evangelischen Kirche im Rheinland v. 22.6.1978, Nr. 6, S. 127)

Die Synode der Evangelischen Kirche in Deutschland hat aufgrund von Art. 10 Buchstabe b der Grundordnung folgendes Kirchengesetz beschlossen, das hiermit verkündet wird:

§ 1: Aufgabe des Datenschutzes im kirchlichen Bereich

(1) Aufgabe des Datenschutzes im kirchlichen Bereich ist es, die in den Gemeindegliederverzeichnissen und anderen kirchlichen Dateien einthaltenen personenbezogenen Daten bei der Datenverarbeitung vor Mißbrauch zu schützen.

(2) Die besonderen Bestimmungen über den Schutz des Beicht- und Seelsorgegeheimnisses sowie über die Amtsverschwiegenheit der Pfarrer und kirchlichen Mitarbeiter gehen den Vorschriften dieses Kirchengesetzes vor.

(3) Unberührt bleibt das Recht der Pfarrer und kirchlichen Mitarbeiter, in Wahrnehmung ihres Seelsorgeauftrages über ihren Dienst an Kirchenmitgliedern eigene Aufzeichnungen zu führen und zu verwenden.

§ 2: Datennutzung im kirchlichen Bereich

(1) Kirchliche Behörden, sonstige kirchliche Dienststellen sowie kirchliche Werke und Einrichtungen der Evangelischen Kirche in Deutschland und ihrer Gliedkirchen dürfen geschützte personenbezogene Daten nur für die Erfüllung ihrer Aufgaben verarbeiten und nutzen. Den Pfarrern und kirchlichen Mitarbeitern in den in Satz 1 bezeichneten kirchlichen Stellen ist es untersagt, diese Daten zu einem anderen Zweck zu nutzen.

(2) Die in Absatz 1 bezeichneten kirchlichen Stellen, Pfarrer und kirchlichen Mitarbeiter sind zur Einhaltung der Bestimmungen verpflichtet, die zum Schutz der personenbezogenen Daten vor Mißbrauch erlassen sind.

§ 3: Durchführung des Datenschutzes

(1) Die Evangelische Kirche in Deutschland und die Gliedkirchen sind jeweils für ihren Bereich für die Einhaltung eines ausreichenden Datenschutzes verantwortlich.

(2) Die Evangelische Kirche in Deutschland und die Gliedkirchen haben jeweils für ihren Bereich eine Übersicht zu führen über:

1. die Art der gespeicherten personenbezogenen Daten,
2. die Aufgaben, zu deren Erfüllung die Kenntnis dieser Daten erforderlich ist und
3. deren regelmäßige Empfänger.

§ 4: Auskunft an den Betroffenen

(1) Betroffenen Personen ist auf Antrag Auskunft über die zu ihrer Person gespeicherten Daten zu erteilen. In dem Antrag soll die Art der personenbezogenen Daten, über die Auskunft erteilt werden soll, näher bezeichnet werden.

(2) Die Auskunftserteilung unterbleibt, soweit

1. die Auskunft die Erfüllung des der speichernden Stelle obliegenden kirchlichen Auftrages gefährden würde.
2. die personenbezogenen Daten oder die Tatsache ihrer Speicherung nach einer Rechtsvorschrift oder ihrem Wesen nach, nämlich wegen der überwiegenden berechtigten Interessen einer dritten Person, geheimgehalten werden müssen.

§ 5: Berichtigung von Daten

Personenbezogene Daten sind zu berichtigen, wenn sie unrichtig sind.

§ 6: Beauftragte für den Datenschutz

(1) Die Evangelische Kirche in Deutschland und die Gliedkirchen bestellen jeweils für ihren Bereich einen Beauftragten für den Datenschutz.

(2) Zum Beauftragten für den Datenschutz darf nur bestellt werden, wer die zur Erfüllung seiner Aufgaben erforderliche Fachkunde und Zuverlässigkeit besitzt. Er ist auf die gewissenhafte Erfüllung seiner Amtspflichten und die Einhaltung der kirchlichen Ordnungen zu verpflichten.

(3) Der Beauftragte für den Datenschutz ist in Ausübung seines Amtes an Weisungen nicht gebunden und nur dem kirchlichen Recht unterworfen.

(4) Der Beauftragte für den Datenschutz ist verpflichtet, über die ihm amtlich bekanntgewordenen Angelegenheiten Verschwiegenheit zu bewahren. Dies gilt nicht für Mitteilungen im dienstlichen Verkehr oder über Tatsachen, die offenkundig sind oder ihrer Bedeutung nach keiner Geheimhaltung bedürfen. Die Verpflichtung besteht auch nach Beendigung des Amtsverhältnisses. Der Beauftragte für den Datenschutz darf, auch wenn er nicht mehr im Amt ist, über Angelegenheiten, die der Verschwiegenheit unterliegen, ohne Genehmigung seines Dienstherrn weder vor Gericht noch außergerichtlich aussagen oder Erklärungen abgeben; die gesetzlich begründete Pflicht, Straftaten anzuzeigen, bleibt unberührt.

(5) Der Beauftragte für den Datenschutz bei der Evangelischen Kirche in Deutschland untersteht der Rechtsaufsicht des Rates der Evangelischen Kirche in Deutschland und der Dienstaufsicht des Präsidenten der Kirchenkanzlei.

(6) Die Gliedkirchen regeln die Rechtsstellung des Beauftragten für den Datenschutz jeweils für ihren Bereich.

§ 7: Aufgaben des Beauftragen für den Datenschutz

(1) Der Beauftragte für den Datenschutz wacht über die Einhaltung der Vorschriften über den Datenschutz. Zu diesem Zweck kann er Empfehlungen zur Verbesserung des Datenschutzes geben und die in § 2 Abs. 1 bezeichneten kirchlichen Stellen in Fragen des Datenschutzes beraten. Auf Anforderung der kirchenleitenden Organe hat der Beauftragte für den Datenschutz Gutachten zu erstatten und Berichte zu geben.

(2) Die in § 2 Abs. 1 bezeichneten kirchlichen Stellen sind verpflichtet, den Beauftragten für den Datenschutz bei der Erfüllung seiner Aufgaben zu unterstützen. Ihm ist Auskunft auf Fragen sowie Einsicht in alle Unterlagen und Akten über die Verarbeitung personenbezogener Daten zu geben, insbesondere in die gespeicherten Daten und in die Datenverarbeitungsprogramme; ihm ist jederzeit Zutritt zu allen Diensträumen zu gewähren.

(3) Der Beauftragte für den Datenschutz führt ein Register der automatisch betriebenen Dateien, in denen personenbezogene Daten gespeichert werden. Das Register kann von jedem eingesehen werden, der ein berechtigtes Interesse nachweist. Die in § 2 Abs. 1 bezeichneten kirchlichen Stellen sind verpflichtet, die von ihnen automatisch betriebenen Dateien bei dem Beauftragten für den Datenschutz anzumelden.

(4) Die kirchlichen Beauftragten sollen untereinander und mit den staatlichen und kommunalen Beauftragten für den Datenschutz zusammenarbeiten.

§ 8: Anrufung des Beauftragten für den Datenschutz

Wer darlegt, daß er bei der Verarbeitung seiner personenbezogenen Daten durch eine der in § 2 Abs. 1 bezeichneten kirchlichen Stellen in seinen Rechten verletzt worden ist, kann sich an den Beauftragten für den Datenschutz wenden, wenn die zuständige Stelle nicht abhilft.

§ 9: Beanstandungsrecht des Beauftragten für den Datenschutz

(1) Stellt der Beauftragte für den Datenschutz Verstöße gegen die Datenschutzbestimmungen oder sonstige Mängel bei der Verarbeitung personenbezogener Daten fest, so beanstandet er dies gegenüber den zuständigen kirchlichen Stellen und fordert zur Stellungnahme innerhalb einer von ihm zu bestimmenden Frist auf.

(2) Der Beauftragte für den Datenschutz kann von einer Beanstandung absehen oder auf eine Stellungnahme verzichten, wenn es sich um unerhebliche Mängel handelt.

(3) Mit der Beanstandung kann der Beauftragte für den Datenschutz Vorschläge zur Beseitigung der Mängel und zur sonstigen Verbesserung des Datenschutzes verbinden.
(4) Die gemäß den Vorschriften des Absatzes 1 abzugebende Stellungsnahme soll auch eine Darstellung der Maßnahmen enthalten, die aufgrund der Beanstandung des Beauftragten für den Datenschutz getroffen worden sind.

§ 10: Ergänzende Bestimmungen
(1) Die Gliedkirchen erlassen für ihren Bereich die zur Ergänzung und Durchführung dieses Kirchengesetzes erforderlichen Bestimmungen. Die Bestimmungen der Evangelischen Kirche in Deutschland erläßt der Rat durch Rechtsverordnung.
(2) Soweit personenbezogene Daten von staatlichen oder kommunalen Stellen übermittelt werden, finden zum Schutz dieser Daten ergänzend die bundesrechtlichen Bestimmungen entsprechende Anwendung.

§ 11: Inkrafttreten
(1) Dieses Kirchengesetz tritt mit Wirkung für die Evangelische Kirche in Deutschland am 1. Januar 1978 in Kraft.
(2) Das Kirchengesetz tritt mit Wirkung für die Gliedkirchen in Kraft, wenn alle Gliedkirchen ihr Einverständnis erklärt haben. Jede Gliedkirche kann es für ihren Bereich zu einem früheren Zeitpunkt in Geltung setzen.

2. Kirchengesetz zur Übernahme des Kirchengesetzes der Evangelischen Kirche in Deutschland über den Datenschutz vom 12. Januar 1978 (Kirchliches Amtsblatt der Evang. Kiche im Rheinland v. 22.6.1978, Nr. 6, S. 129).

Die Landessynode der Evangelischen Kirche im Rheinland hat das folgende Kirchengesetz beschlossen.

§ 1
Das Kirchengesetz über den Datenschutz (kirchliches Datenschutzgesetz) vom 10. November 1977 (ABl EKD S. 2) wird für den Bereich der Evangelischen Kirche im Rheinland übernommen.

§ 2
Die Kirchenleitung wird ermächtigt, die zur Ergänzung und Ausführung des kirchlichen Datenschutzgesetzes erforderlichen Bestimmungen zu erlassen.

§ 3
Dieses Kirchengesetz tritt mit seiner Verkündung in Kraft.

3. Durchführungsverordnung zum kirchlichen Datenschutzgesetz (Kirchliches Amtsblatt der Evang. Kirche im Rheinland v. 22.6.1978, Nr. 6, S. 129).

Aufgrund von § 10 Abs. 1 des kirchlichen Datenschutzgesetzes der Evangelischen Kirche in Deutschland (KiDSG) vom 10. November 1977 in Verbindung mit § 2 des Kirchengesetzes der Evangelischen Kirche im Rheinland zur Übernahme des KiDSG vom 12. Januar 1978 hat die Kirchenleitung folgende Durchführungsbestimmungen erlassen:

1. Gegenstand des Datenschutzes (vgl. § 1 KiDSG)

1.1

Personenbezogene Daten sind Einzelangaben über persönliche oder sachliche Verhältnisse einer bestimmten oder bestimmbaren natürlichen Person (Betroffener).

1.2

Eine Datei ist eine gleichartig aufgebaute Sammlung von Daten, die nach bestimmten Merkmalen erfaßt und geordnet, nach anderen bestimmten Merkmalen umgeordnet und ausgewertet werden kann, ungeachtet der dabei angewendeten Verfahren.
Nicht hierzu gehören Akten und Aktensammlungen, es sei denn, daß sie durch automatisierte Verfahren umgeordnet und ausgewertet werden können.
In Dateien gesammelte personenbezogene Daten, die nicht zur Übermittlung an Dritte bestimmt sind und in nicht automatisierten Verfahren verarbeitet werden (Handkartei), sind nach 3.1 unter Verschluß zu halten.

1.3

Datenverarbeitung im Sinne von § 1 Abs. 1 KiDSG umfaßt alle Phasen der Datenverarbeitung ungeachtet der dabei angewendeten Verfahren: die Speicherung, die Veränderung, die Übermittlung und die Löschung von Daten.
1.3.1 Speichern ist das Erfassen, Aufnehmen oder Aufbewahren von Daten auf einem Datenträger zum Zweck ihrer weiteren Verwendung.
1.3.2 Verändern ist das inhaltliche Umgestalten gespeicherter Daten.
1.3.3 Übermitteln ist das Bekanntgeben gespeicherter oder durch Datenverarbeitung unmittelbar gewonnener Daten an Dritte in der Weise, daß die Daten durch die speichernde Stelle weitergegeben oder zur Einsichtnahme, namentlich zum Abruf, bereitgehalten werden. Dabei ist die „speicherndeStelle" jede der in § 2 Abs. 1 Satz 1 KiDSG genannten Stellen, die Daten für sich selber speichert oder durch andere speichern läßt. „Dritter" ist jede Person oder Stelle außerhalb der speichernden Stelle, ausgenommen der Betroffene oder die mit der Datenverarbeitung beauftragten Personen oder Stellen.
1.3.4 Löschen ist das Unkenntlichmachen gespeicherter Daten.

2. Datenschutzregelungen für bestimmte Arbeitsbereiche (vgl. § 2 KiDSG)

2.1 Datenverarbeitung im Auftrag

2.1.1 Werden geschützte personenbezogene Daten im Auftrag kirchlicher Stellen (§ 2 Abs. 1 KiDSG) durch andere Personen oder Stellen außerhalb der verfaßten Kirche verarbeitet, so ist die Datenverarbeitung nur im Rahmen der Weisungen des Auftraggebers zulässig. Sofern die kirchlichen Datenschutzbestimmungen auf den Auftragnehmer keine Anwendung finden, ist der Auftraggeber verpflichtet, sicherzustellen, daß der Auftragnehmer die Bestimmungen dieser Vorschriften beachtet und sich der Kontrolle des kirchlichen Datenschutzbeauftragten unterwirft.
2.1.2 Eine solche Beauftragung bedarf der Genehmigung des LKA. Die Genehmigung zur Beauftragung des Rheinischen Rechenzentrums für Kirche und Diakonie (RKD) gilt als allgemein erteilt.

2.2 Datenspeicherung

Das Speichern und das Verändern personenbezogener Daten ist zulässig, wenn es zur Erfüllung des der speichernden Stelle obliegenden kirchlichen Auftrags erforderlich ist. Werden Daten beim Betroffenen aufgrund einer Rechtsvorschrift erhoben, dann ist er auf sie, sonst auf die Freiwilligkeit seiner Angaben hinzuweisen.

2.3 Datenübermittlung durch kirchliche Stellen an Dritte

2.3.1 Die Übermittlung personenbezogener Daten an Kirchenbehörden und sonstige kirchliche Stellen der verfaßten Kirche gemäß § 2 Abs. 1 KiDSG ist zulässig, wenn sie zur Erfüllung des kirchlichen Auftrags erforderlich ist, der der übermitteltnden Stelle oder dem Empfänger obliegt.

2.3.2 Die Übermittlung personenbezogener Daten an kirchliche Werke, Verbände und Einrichtungen, die nicht unter § 2 Abs. 1 KiDSG fallen, insbesondere solche in privatrechtlicher Trägerschaft, ist in entsprechender Anwendung von Absatz 2.3.1 zulässig, sofern sichergestellt ist, daß bei dem Empfänger Datenschutzmaßnahmen entsprechend diesem Kirchengesetz getroffen worden sind.

2.3.3 Die Übermittlung personenbezogener Daten an Stellen anderer öffentlich-rechtlicher Religionsgesellschaften ist zulässig, wenn sie zur Erfüllung des Auftrags erforderlich ist, der der übermittelnden Stelle oder dem Empfänger obliegt, und sofern sichergestellt ist, daß bei dem Empfänger ausreichende Datenschutzmaßnahmen getroffen werden.

2.3.4 Die Übermittlung personenbezogener Daten an Behörden und sonstige öffentliche Stellen des Bundes, der Länder, der Gemeinden und Gemeindeverbände und der sonstigen der Aufsicht des Bundes oder eines Landes unterstehenden juristischen Personen des öffentlichen Rechts und für deren Vereinigungen ist zulässig, wenn sie zur Erfüllung des Auftrags erforderlich ist, der der übermittelnden Stelle oder dem Empfänger obliegt, und soweit sie nach staatlichem oder kirchlichem Recht erlaubt ist.

2.3.5 Die Übermittlung personenbezogener Daten an Personen und andere Stellen ist zulässig, wenn sie zur Erfüllung des kirchlichen Auftrags der übermittelnden Stelle erforderlich ist oder soweit der Empfänger ein berechtigtes Interesse an der Kenntnis der zu übermittelnden Daten glaubhaft macht und dadurch schutzwürdige Belange der Betroffenen nicht beeinträchtigt werden.

2.4 Datenverarbeitung im Rahmen der Personalsachbearbeitung

Soweit die Datenverarbeitung frühere, bestehende oder zukünftige dienst- oder arbeitsrechtliche Rechtsverhältnisse betrifft, gelten die §§ 23–27 BDSG entsprechend.

2.5 Verpflichtung der Mitarbeiter

Die mit der Führung der Gemeindegliederverzeichnisse (§ 14 Kirchenmitgliedschaftsgesetz) oder sonst mit der Datenverarbeitung personenbezogener Daten beauftragten Mitarbeiter sind bei der Aufnahme ihrer Tätigkeit besonders über den Datenschutz zu belehren und auf seine Einhaltung schriftlich zu verpflichten. Ihre Pflichten bestehen auch nach Beendigung ihrer Tätigkeit fort.

3. Durchführung des Datenschutzes (vgl. § 3 KiDSG)

3.1 Technische und organisatorische Maßnahmen

Wer im Rahmen von § 2 Abs. 1 KiDSG personenbezogene Daten verarbeitet, hat die technischen und organisatorischen Maßnahmen zu treffen, die erforderlich sind, um die Ausfüh-

rung der kirchlichen Datenschutzbestimmungen, insbesondere die in der Anlage zu dieser Verordnung genannten Anforderungen zu gewährleisten. Erforderlich sind Maßnahmen nur, wenn ihr Aufwand in einem angemessenen Verhältnis zu dem angestrebten Schutzzweck steht.
Die in der Anlage genannten Anforderungen werden unter Beachtung der Grundsätze in § 6 Abs. 2 Satz 2 und 3 BDSG vom Landeskirchenamt fortgeschrieben, sofern die Fortschreibung nicht für alle Gliedkirchen gemeinsam durch die Organe des EKD erfolgt.

3.2 Kirchliche Aufsicht

Die Aufsicht über die Einhaltung eines ausreichenden Datenschutzes obliegt für die Kirchengmeinden, Gesamtverbände und Gemeindeverbände dem Kreissynodalvorstand, unbeschadet der allgemeinen Aufsicht des Landeskirchenamtes. Die Aufsicht gegenüber den Kirchenkreisen und den Kirchenkreisverbänden liegt bei dem Landeskirchenamt. Die Aufsicht über die Einhaltung des ausreichenden Datenschutzes im landeskirchlichen Bereich liegt bei der Kirchenleitung.

3.3 Register

Die Übersichten gemäß § 3 Abs. 2 KiDSG werden vom Landeskirchenamt geführt, das diese Aufgabe auf andere kirchliche Stellen delegieren kann.

4. Auskunft an Betroffene (vgl. § 4 KiDSG)

Die Auskunft erteilen die zur Führung der Gemeindegliederverzeichnisse verpflichteten kirchlichen Stellen (Gemeindeämter, Verwaltungsämter, Dienststellen der Gesamt- und Gemeindeverbände). Soweit die Gemeindegliederdaten im Auftrag der kirchlichen Körperschaften in einem kirchlichen Rechenzentrum gespeichert werden, kann das kirchliche Rechenzentrum mit der Erteilung der Auskünfte beauftragt werden.

5. Weitere Datenschutzmaßnahmen (vgl. § 5 KiDSG)

5.1 Sperrung

Wenn die Richtigkeit personenbezogener Daten von Betroffenen bestritten wird und sich weder die Richtigkeit noch die Unrichtigkeit feststellen läßt, sind diese Daten zu sperren. Sie sind ferner zu sperren, wenn ihre Kenntnis für die speichernde Stelle zur Erfüllung des ihr obliegenden kirchlichen Auftrages nicht mehr erforderlich ist. Gesperrte Daten sind mit einem entsprechenden Vermerk zu versehen, sie dürfen nicht mehr verarbeitet, insbesondere übermittelt oder sont genutzt werden, es sei denn, daß die Nutzung zu wissenschaftlichen Zwecken, zur Behebung einer bestehenden Beweisnot oder auch sonstigen im überwiegenden Interesse der speichernden Stelle oder eines Dritten liegenden Gründen unerläßlich ist oder der Betroffene der Nutzung zugestimmt hat.

5.3 Löschung

Personenbezogene Daten können gelöscht werden, wenn ihre Kenntnis für die speichernde Stelle zur Erfüllung des ihr obliegenden kirchlichen Auftrags nicht mehr erforderlich ist und kein Grund zu der Annahme besteht, daß durch die Löschung schutzwürige Belange des Betroffenen beeinträchtigt werden. Sie sind zu löschen, wenn ihre Speicherung unzulässig war oder wenn es in den Fällen von Ziffer 5.1 Satz 2 der Betroffene verlangt.

Datenschutzbeauftragte (vgl. §§ 6–9 KiDSG)

6.1 Rechtsstellung

Der kirchliche Datenschutzbeauftragte wird von der Kirchenleitung für eine Amtszeit von 4 Jahren berufen; Wiederberufung ist zulässig. Die Dienstaufsicht führt die Kirchenleitung. Die Berufung und der Dienstsitz werden im Kirchlichen Amtsblatt bekanntgegeben.

6.2 Privatrechtliche Einrichtungen

Für juristische Personen, Gesellschaften und andere Personenvereinigungen des privaten Rechts, bei denen der Evangelischen Kirche im Rheinland oder ihren öffentlich-rechtlichen Körperschaften die Mehrheit der Anteile gehört oder die Mehrheit der Stimmen zusteht, gelten die §§ 6–9 KiDSG entsprechend, soweit diese Personen oder Personenvereingungen geschützte personenbezogene Daten im Auftrag kirchlicher Stellen gemäß § 2 Abs. 1 KiDSG verarbeiten. Darauf ist bei der Anmeldung an die staatliche Aufsichtsbehörde gemäß §§ 30 oder 40 BDSG hinzuweisen.
Privatrechtlich geführte Einrichtungen (z.B. diakonische Werke, Rechenzentrum für Kirche und Diakonie) bestellen außerdem unter den Voraussetzungen der §§ 28 und 38 BDSG einen betrieblichen Datenschutzbeauftragten, der der Leitung unmittelbar unterstellt ist. Auf die besondere Meldepflicht gemäß § 39 BDSG wird hingewiesen.

6.3 Anmeldung beim Datenschutz-Beauftragten

Zur Anmeldung automatisch betriebener Dateien (; 7 Abs. 3 KiDSG) sind die zuständigen Leitungsorgane für ihren Bereich verpflichtet. Eine Anmeldung ist nicht erforderlich, soweit lediglich die aufgrund der Rechtsverordnung gemäß § 14 Kirchenmitgliedschaftsgesetz vorgesehenen Daten für Gemeindemitglieder und deren Familienangehörige im Gemeindegliederverzeichnis geführt werden.

6.4 Beanstandungen

Beanstandungen des kirchlichen Datenschutzbeauftragten gemäß § 9 KiDSG erfolgen gegenüber den Leitungsorganen der betroffenen Körperschaft oder Einrichtung unter Benachrichtigung der gemäß Ziffer 3.2 aufsichtsführenden Stellen und des Landeskirchenamtes. Beanstandungen im landeskirchlichen Bereich erfolgen gegenüber der Kirchenleitung.

7. Übergangs- und Schlußbestimmungen

7.1

Das Landeskirchenamt kann ergänzende Ausführungsbestimmungen erlassen.

7.2

Die kirchlichen Datenschutzbestimmungen treten mit der Veröffentlichung im Kirchlichen Amtsblatt in Kraft. Die Rundverfügung des LKA Nr. 10656 Az. 12-22-5 vom 22. 4. 1977 mit der vorläufigen Datenschutzanweisung wird aufgehoben.

7.3

Abweichend von 7.2 tritt Ziff. 3.1 und die Anlage hierzu am 1. 1. 1979 in Kraft.

Anlage zu 3.1

Werden personenbezogene Daten automatisch verarbeitet, sind zur Ausführung der Vorschriften dieses Gesetzes Maßnahmen zu treffen, die je nach der Art der zu schützenden personenbezogenen Daten geeignet sind,ücklage zuzuführen. bis diese eine vom Verwaltungsrat mit Genehmigung der Aufsichtsbehör ;. Unbefugten den Zugang zu Datenverarbeitungsanlagen, mit denen personenbezogene Daten verarbeitet werden, zu verwehren (Zugangskontrolle),

2. Personen, die bei der Verarbeitung personenbezogener Daten tätig sind, daran zu hindern, daß sie Datenträger unbefugt entfernen (Abgangskontrolle),

3. die unbefugte Eingabe in den Speicher sowie die unbefugte Kenntnisnahme, Veränderung oder Löschung gespeicherter personenbezogener Daten zu verhindern (Speicherkontrolle),

4. die Benutzung von Datenverarbeitungssystemen, aus denen oder in die personenbezogene Daten durch selbsttätige Einrichtungen übermittelt werden, durch unbefugte Personen zu verhindern (Benutzerkontrolle),

5. zu gewährleisten, daß die zur Benutzung eines Datenverarbeitungssystems Berechtigten durch selbsttätige Einrichtungen ausschließlich auf die ihrer Zugriffsberechtigung unterliegenden personenbezogenen Daten zugreifen können (Zugriffskontrolle),

6. zu gewährleisten, daß überprüft und festgestellt werden kann, an welche Stellen personenbezogene Daten durch selbsttätige Einrichtungen übermittelt werden können (Übermittlungskontrolle),

7. zu gewährleisten, daß nachträglich überprüft und festgestellt werden kann, welche personenbezogene Daten zu welcher Zeit von wem in Datenverarbeitungssysteme eingegeben worden sind (Eingabekontrolle),

8. zu gewährleisten, daß personenbezogene Daten, die im Auftrag verarbeitet werden, nur entsprechend den Weisungen des Auftraggebers verarbeitet werden können (Auftragskontrolle),

9. zu gewährleisten, daß bei der Übermittlung personenbezogener Daten sowie beim Transport entsprechender Datenträger diese nicht unbefugt gelesen, verändert oder gelöscht werden können (Transportkontrolle),

10. die innerbehördliche oder innerbetriebliche Organisation so zu gestalten, daß sie den besonderen Anforderungen des Datenschutzes gerecht wird (Organisationskontrolle).

Sachregister

Kolibri 360 GmbH
Ferdinand-Jühlke-Straße 7
99095 Erfurt, Deutschland
produktsicherheit@kolibri360.de